es 1692
edition suhrkamp
Neue Folge Band 692

Brot und Wein standen über verblüffend lange Epochen hinweg im Zentrum abendländisch-christlicher Weltbilder. Nun ist die Leistung des Abendmahls auch keine geringe. Es läßt – so will es die katholische wie die lutherische Lehre – Gottes Sohn stets erneut leiblich gegenwärtig sein. Brot und Wein bedeuten eben nicht nur, sondern sind wahrhaftig Christi Leib und Blut. In den Abendmahlelementen verschränken sich demnach Sein und Sinn. Das Abendmahl verspricht in buchstäblich substantieller Weise, daß Sein sinnvoll und daß Sinn existent ist. Jochen Hörisch charakterisiert deshalb die Leistung des Abendmahls als eine onto-semiologische: es vermittelt die Logik des Seins mit der der Zeichen. Das ist eine Leistung, die Theologen, Philosophen und Dichter seit jeher fasziniert hat. *Brot und Wein* entfaltet die Geschichte dieser Faszination – und die Geschichte ihrer Erosion. Es beginnt seinen thematischen Gang bei den neutestamentarischen Quellen und führt über die Reformation und das Barock, Goethe und Hölderlin bis zu Thomas Manns *Zauberberg* und Peter Handkes *Lehre der Sainte-Victoire*. Das Abendmahl, so die leitende These, verliert nämlich in dem Maße an Plausibilität, wie Geld für funktionale und neue Medien für simulative Korrelationen von Sein und Sinn sorgen.

Jochen Hörisch lehrt Germanistik und Medienanalyse an der Universität Mannheim.

Jochen Hörisch

Brot und Wein

Die Poesie des Abendmahls

Suhrkamp

edition suhrkamp 1692
Neue Folge Band 692
Erste Auflage 1992

Erstausgabe

Satz: Leingärtner, Nabburg
Druck: Nomos Verlagsgesellschaft, Baden-Baden
Umschlagentwurf: Willy Fleckhaus
Printed in Germany

2 3 4 5 6 – 97 96 95 94 93 92

Inhalt

Für Renate, Hannah, Felix und Jacob
zum 12. 12. 1991

1. Vorwort: Das Abendmahl, das Geld und die neuen Medien

I

Vor einem Fernsehgerät – so will es die 1977 erschienene Erzählung *Die Widmung* von Botho Strauß – sitzt ein junger Mann, der sich zuvor anderen Aufmerksamkeiten verschrieben hatte. Schroubek ist sein auf einen Protagonisten Kafkas anspielender Name, Buchhändler ist sein Beruf (gewesen), Lesen war seine eine, ein Tagebuch mit Aufzeichnungen der Geschichte seiner Liebe zu Hannah zu füllen, war seine andere Leidenschaft. Nun aber ist sein lesendes, liebendes und schreibendes Leben an einen Nullpunkt gekommen. »Schroubek schrieb nicht mehr weiter. Er hatte kaum noch die Kraft, aufrecht im Stuhl zu sitzen. (...) Der Fernsehschirm strahlte unentwegt auf ihn ab. Solange noch keine Sendungen liefen, starrte er das Testbild an, gerade so, als sei es ein Vexierbild, das man auf etwas anderes hin durchschauen müsse. Zu jeder vollen Stunde hörte er die gesprochenen Nachrichten. Abends streifte er dann, wie immer, durch die Programme, (...) bemüht, von keiner Sendung den Faden zu verlieren. Dabei konnte er kaum noch unterscheiden, ob die Fülle und die Zersetzung der Erscheinungen dem Apparat vor ihm oder seinem Fieberkopf entstiegen. Nachts, vom Sendeschluß bis zum ersten Frequenzton am Morgen, fiel der dichte schwarz-weiße Schnee, und er duldete sein eintöniges Rauschen, den toten blauen gottgestohlenen Schimmer, unter dem er schließlich Ruhe fand.«[1]

Der Passion des ehemaligen Buchhändlers und seiner starren Aufmerksamkeit noch für das Testbild der Fernsehprogramme wird keine aufblitzende Einsicht zuteil. »Auf etwas anderes hin« ist das »Vexierbild« am Bildschirm nämlich nicht zu durchschauen. Nur das »eintönige Rauschen« und der »dichte schwarzweiße Schnee« in den späten Stunden, da schlechthin nichts gesendet wird, lassen beim Entschlummernden die Ahnung aufkommen, der »tote blaue Schimmer«, den das leerlaufende Gerät ausstrahlt, sei »gottgestohlen«. Durchschaubar ist das rau-

1 Botho Strauß: Die Widmung, p. 125 sq.

schende, flimmernde, Testbilder ausstrahlende Mediengerät allenfalls noch auf den Schein eines bestohlenen, um jede Botschaft gebrachten Gottes. Am ehemaligen Tagebuchschreiber und Buchhändler bewahrheitet sich die Diagnose von Hans Magnus Enzensberger, danach das Fernsehen zum »Nullmedium« geworden ist, um das man sich wie um ein Lagerfeuer versammelt, ohne noch irgend programmatische Botschaften zu erwarten. Was das Fernsehgerät sendet, ist kaum mehr bedeutend. Daß es sendet, daß es schimmert, daß es scheint, zählt allein. Der anachronistische Buchhändler, der aufmerksam bemüht ist, »von keiner Sendung den Faden zu verlieren«, verhält sich zum neuen Medium, als sei es immer noch ein Element der Gutenberg-Galaxis. So verkennt er, daß der Faden gerissen ist, den alte Medien noch spannen zu können glaubten – der Faden, der Sein und Sinn in eins verknüpft, verwebt, vertextet, verdichtet. So erkennt er aber auch, in unzeitgemäßer Verrückung das ursprüngliche Zeichen suchend, von dem das Testbild das Vexierbild ist, daß es einst Aufgabe der Medien war, Vermittlung von etwas zu sein.

Die neuen Medien aber haben nichts zu vermitteln, was anders wäre als sie selbst. Sie haben – nach McLuhans unübertroffener Diagnose – schlechthin keine andere Botschaft als eben die des Mediums, das sie sind. Enzensberger macht den handfesten Test auf diese These und wirft einen Blick in die täglichen Ankündigungen einer Programmzeitschrift. Dort steht u.a. zu lesen: »Budenzauber. Mini-ZiB. Ei elei, Kuck elei. Du schon wieder (8). Wenn abends die Heide träumt. Almerisch g'sunga und g'schpuit. Weltcup-Super G der Herren. Helmi. X-Large. Die Goldene Eins. Betthupferl. Bis die Falle zuschnappt.« Und Enzensberger, der einst einen Baukasten zu einem emanzipierten Mediengebrauch vorführte, konstatiert lakonisch: »Daß man derartige Erscheinungen mit anachronistischen Begriffen wie ›Medium‹ oder ›Programm‹ nicht mehr fassen kann, bedarf wohl keiner weiteren Erläuterung. Neu an den Neuen Medien ist die Tatsache, daß sie auf Programme (die inhaltlich zu vermitteln wären, J.H.) nicht mehr angewiesen sind. Zu ihrer wahren Bestimmung kommen sie in dem Maß, in dem sie sich dem Zustand des Nullmediums nähern.«[2]

2 H. M. Enzensberger: Das Nullmedium oder Warum alle Klagen über das Fernsehen gegenstandslos sind; in: H. M. E.: Mittelmaß und Wahn, p. 95

Bemerkenswert an der Erzählung von Botho Strauß und an dem Essay von Hans Magnus Enzensberger ist vieles und zumal, daß sie nicht einfach die Tradition der hilflosen Medienkritik fortschreiben, sondern das, was an den elektronischen Medien spezifisch neu ist, als ihre Wahrheit zu denken aufgeben. Wer viel und zerstreut fernsieht, ist demnach nicht einfach lesefaul, blöde, unkultiviert und darauf aus, sich zu Tode zu amüsieren. Er verhält sich vielmehr geschichtsphilosophisch einer Zeit adäquat, in der man nicht Derridas und Lyotards Schriften gelesen haben muß, um wissen zu können, daß es keine universal beglaubigungsfähigen transzendentalen Signifikate und keine großen Erzählungen mehr gibt, die auf mediale Vermittlung angewiesen wären. Wer sich zerstreut ans Nullmedium ankoppelt, kann schnell viel wissen und schnell viel vergessen; eines aber weiß er mit geradezu sinnlicher Gewißheit: daß es, von »XY ungelöst« über »Das Wort zum Sonntag« und einige späte Reklameclips in den privaten Sendern zur Sportschau und zum »Ratgeber Gesundheit« springend, keinen Sinn hat, jenen semontologischen Zentralpunkt zu suchen, der die Welt im Innersten zusammenhält. Semontologisch oder ontosemiologisch darf dieses Zentrum heißen, weil es darum bemüht ist, Sinn und Sein zu versammeln und in eins zu bilden. Mit den elektronischen Medien ist die Geschichte dieser Suche an ein Ende, an einen Nullpunkt gekommen. Denn in den neuen Medien hat sich das von Nietzsche prognostizierte Zeitalter der »Bedeutungslosigkeit« eingestellt.

Es hat sich mittlerweile zu erkennen gegeben: als das Medienzeitalter universaler Zerstreuung – einer medialen Zerstreuung in jedem Wortsinn. Bis zur Omnipräsenz universalisiert haben sich die Medien genau in dem Maße, wie die semontologischen Botschaften, die sich zu vermitteln lohnten, sich zerstreut haben. Zumindest das unterscheidet die neuen von den alten Medien. Denn letztere hatten ein entschiedenes Interesse daran zu versammeln – in jedem Wortsinne zu versammeln. Nämlich die Aufmerksamkeit von versammelten Subjekten auf das Zentrum zu konzentrieren, in dem Sein und Sinn semontologisch zu einer unio zusammengefaßt werden konnten. Nietzsche hat die Effekte, die die Zerstreuung solcher Zentren mit sich bringt, in einer seiner späten Aufzeichnungen grell pointiert. »Je oberflächlicher und gröber zusammenfassend, um so *wertvoller*, bestimmter, schöner, bedeutungsvoller *erscheint* die Welt. Je tiefer man hineinsieht, um so mehr verschwindet unsere Wertschätzung – *die Bedeutungslosigkeit naht sich!* Wir haben die Welt, welche Wert hat, geschaffen! Dies erkennend, erkennen wir auch, daß die Verehrung der Wahrheit schon die *Folge* einer *Illusion* ist – und daß man, mehr als sie, die bildende, vereinfachende, gestaltende, erdichtende Kraft zu schätzen hat.«[3]

Nietzsches vor einem Jahrhundert ergangene Wort formuliert ein unheimliches Gesetz – das des Nihilismus. Danach erstrahlt die Welt um so blendender im paradoxen Zeichen der Bedeutungslosigkeit, je mehr wir über sie wissen: das (im doppelten Sinne) bedeutende Gewicht der Welt schwindet mit dem Wachsen der Einsicht in ihr schieres Funktionieren. Und mit dem komplementären Erstaunen darüber, daß alles Wissen, welches über die Frage »wie funktioniert das?« bzw. »wie läßt sich das rekonstruieren oder schalten?« hinausgeht, niemals unstrittiges Wissen, sondern eben nur Effekt wert- und wahrheitsverleihender Akte oder Projektionen sein kann.

Mit dieser Feststellung aber ist kurz vor der letzten Jahrhundertwende eine Grundannahme bedroht, die mindestens zweitausend Jahre lang alteuropäische Geltung besaß: daß Sein per se sinnvoll und daß umgekehrt Sinn überhaupt vorhanden ist. Den Sinn von Sein und das Da-Sein von Sinn zu erweisen, sicherzustellen und verbindlich zu machen, ist die geradezu obsessive Aufgabe, vor die sich das Zeitalter der Metaphysik gestellt sah. Mit Nietzsche, der sich als das Aufzeichnungsinstrument dieser endenden Bewegung verstand, ist die Epoche der Metaphysik abgeschlossen: eine »clôture«, um Derridas sicherlich überabstraktes und eben deshalb doch das, was an der okzidentalen Metaphysik überabstrakt ist, treffendes Wort zu verwenden. Seit 1900 steht nämlich nicht mehr allein zur Diskussion, *wie, wo, wann und unter welchen rituellen Umständen* Sein und Sinn ihr offenbares Rendezvous haben, sondern *ob* sie überhaupt zur Deckung kommen können. Und das heißt, um das Wort Meta-Physik buchstäblich zu übersetzen: ob nach und hinter dem, was der Fall ist, sich noch etwas ausmachen lasse, das dem, was da ist, allererst Sinn verleihe; ob die Vexierbilder des Realen auf einen anderen, eigentlichen Schauplatz hin durchschaubar seien.

3 Nietzsche: Aus dem Nachlaß der achtziger Jahre; in: Werke III, p. 424

Nietzsches Wirkung auf die Dichter um und nach 1900 (ob auf Rilke oder Kafka, Musil oder George, Thomas oder Heinrich Mann, Hofmannsthal oder Trakl) war bekanntermaßen unerhört.[4] Das ist kaum verwunderlich. Denn Nietzsche muß ebenso entschieden, wie er die verbindliche Bedeutsamkeit der Welt bestreitet, das, was einmal Thema der Metaphysik gewesen zu sein schien, in oder als Schein und also in bzw. als einen Effekt von Poiesis überführen – als Produkt einer »bildenden, vereinfachenden, gestaltenden, erdichtenden Kraft«. In den doppeldeutigen Huldigungszeilen des »Prinzen Vogelfrei«, die den Titel *An Goethe* tragen, hat er diese poetische Destruktion aller Metaphysik mitsamt der komplementären poetischen Konstruktion des Scheins in anspielungsreiche Verse gebannt:

Das Unvergängliche
Ist nur dein Gleichnis!
Gott, der Verfängliche,
Ist Dichter-Erschleichnis …

Welt-Rad, das rollende,
Streift Ziel auf Ziel:
Not – nennts der Grollende,
Der Narr nennts – Spiel …

Welt-Spiel, das herrische,
Mischt Sein und Schein: –
Das Ewig-Närrische
Mischt *uns* – hinein! …[5]

Mit diesen Versen hat Nietzsche nichts Geringeres als die Geburt des Nihilismus aus dem Ende des metaphysischen Vertrauens in die Korrelation von Sein und Sinn bilanziert. Wenn Sein und Sinn nicht mehr vereint sind, weil der Ort, an dem sie sich ineinander verfangen, weil »Gott, der Verfängliche«, hinfällig geworden und als bloße »Dichter-Erschleichnis« ausgewiesen ist, dann ist »das Unvergängliche« als das genuine Thema der ontotheologischen Metaphysik nur mehr noch »dein Gleichnis« und also keine intersubjektiv verbindliche Wahrheit mehr; dann vermischen sich dort, wo zuvor Sein und Sinn in eins sich verdichtet fanden, »Sein und Schein« im Spiel der Welt; und dann hat mit der Ontotheologie

4 Cf. u.a. B. Hillebrandt (ed.): Nietzsche und die deutsche Literatur
5 Nietzsche: Werke II, p. 261

auch das alteuropäische Projekt einer Ontosemiologie[6], das sich um verläßliche Algorithmen von Sinn und Sein bemüht, sein Ende gefunden.

II

Möglich ist Nietzsches Destruktion abendländischer Ontosemiologie überhaupt nur, weil sie frühe Zeitgenossin der medialen Zerstreuung des verfänglichen Zusammenhangs von Sein und Sinn ist. Der erste Denker, der eine Schreibmaschine benutzte und mit ihrer Hilfe notierte: »Unser Schreibzeug arbeitet mit an unseren Gedanken«[7], ist aufmerksamster Zeitgenosse der medientechnischen Innovationen, die eine traditionelle Semontologie einfach nicht mehr plausibel erscheinen lassen: Foto bzw. Film, Grammophon, Typewriter.[8] Sie zerstreuen jedes Vertrauen in ursprüngliche und göttlich garantierte Verdichtungen von Sein und Sinn, weil sie von geradezu schamloser Oberflächlichkeit sind, die keine geheimnisvolle, meta-physische Tiefendimension mehr verspricht. Licht- oder Schallwellen in ihrer schlichten Positivität lassen, sobald sie einfach registrierbar, reproduzierbar und also in jeder Weise (nach)machbar sind, sämtliche metaphysisch-semontologischen Fragen nach dem Zusammenhang von Sinn und Sein zuschanden werden. Aufzeichnungsmaschinen dokumentieren mit den realen Ton- und Lichtschwingungen, daß die Frage nach dem auratischen Ort, da Symbolisches und Reales sich kreuzen, überflüssig geworden ist. Das Medium ist fortan das Medium. Sein und Sinn fallen so auseinander. Technik kümmert sich seit den letzten Jahrzehnten des 19. Jahrhunderts nicht mehr nur um Zurichtungen des Seins, sondern (als beginnende Medientechnik) auch des Sinns (und der Sinne). In einem viel entschiedeneren Sinn, als Jürgen Habermas es

6 Cf. dazu J. Hörisch: Das Sein der Zeichen und die Zeichen des Seins. Der dort vorgetragene Versuch, das Phänomen der Bedeutsamkeit überhaupt temporalontologisch auszuweisen, wird im vorliegenden Text bewußt nicht wieder aufgenommen. Es geht vielmehr darum, diskurspositivistisch zu zeigen, wie Sein und Sinn medienhistorisch aufeinander bezogen worden sind – unabhängig davon, ob diese »Beziehungsarbeit« sachlich haltbar ist.

7 Brief von Ende Februar 1882; in: Briefwechsel – Kritische Gesamtausgabe III/1, p. 172. Cf. dazu F. A. Kittler: Grammophon, Film, Typewriter, p. 292 sqq.

8 Cf. F. A. Kittler: l.c.

meinte, ist fortan »Technik als Ideologie«[9] zu denken – als Medientechnik nämlich, die Sein und Sinn nicht versammelt, sondern derart zerstreut, daß keine noch so kommunikative Kompetenz sie wieder einzusammeln vermag.

Der entsprungene Pfarrerssohn Nietzsche hat demnach allen Grund, sich als Chronisten einer gewaltigen und gewaltsamen Verwerfung zu verstehen: aus einer Welt, deren Sein Sinn hat, ja Sinn ist, weil sie auf etwas anderes (und d.h. paradigmatisch: auf den offenbaren Gott) hin durchschaubar ist, ist gegen 1900 virtuell eine Welt geworden, deren Sein sich registrieren und deren Sinn oder Unsinn sich medial schalten und simulieren läßt. Rein medientechnisch driften um 1900 Sein und Sinn auseinander. Und diese Auseinanderdrift ermöglicht erst den distanzierten und analytischen Blick auf die Formationen, die zuvor Sein und Sinn in eins bildeten: das Abendmahl und das Geld. Sie haben, bevor Medientechnik den (doppelsinnigen) Zusammenfall von Sein und Sinn nur mehr simuliert, für reale bzw. funktionale Synthesen von Sein und Sinn, von Realem und Symbolischem gesorgt.

Insofern markieren das Abendmahl, das Geld und die neuen Medien die drei großen Formationen semontologischer bzw. ontosemiologischer Synthesis. Das heißt aber auch: sie sind (anders etwa als Sprache oder kantische Schemata) Medien in einem spezifischen, nämlich in einem historisch-transzendentalen Sinn.[10] Es gibt einen einfachen Test für die These, derzufolge das Abendmahl, das Geld und die neuen Medien Rundfunk bzw. Fernsehen die ontosemiologischen Leitmedien unserer Kulturtradition sind: sie sind (anders als etwa die Medien Theater, Fotografie oder Buch) nicht oder doch nur um den Preis deutlicher Stigmatisierung vermeidbar. Wer nie ins Theater geht, sich nicht fotografieren läßt oder keine Bücher liest, mag Probleme mit seinem Sozialprestige (gehabt) haben. Wer hingegen in hochreligiösen Zeiten nicht zur

9 J. Habermas: Technik und Wissenschaft als ›Ideologie‹; im gleichnamigen Essayband. Wie sehr sich in den letzten 20 Jahren die sozial- und geisteswissenschaftliche Diskussionslage verschoben hat, wird auch daran deutlich, daß dieser zeitdiagnostische Essay von Habermas Massenmedien nur en passant erwähnt (p. 100).

10 Die Frühromantiker haben erstmals versucht, vermeintlich transzendentale Aprioris zu historisieren. Foucault hat (natürlich ohne direkte Bezugnahme auf dieses romantische Projekt und) unter methodisch anderen Prämissen ähnliches versucht. Das Begriffspaar »historisch-transzendental« verwenden beide, F. Schlegel und M. Foucault, explizit (F. S.: Kritische Ausgabe XVIII, p. 101/ M. F.: Archäologie des Wissens, p. 176).

Kirche ging oder sich heute nicht an Radio und Fernsehen anschließt, ist von Exkommunikation bedroht. Eucharistie- und Fernsehverweigerer wurden bzw. werden verdächtigt, aufgespürt, registriert und verfolgt. Und Geld zu negieren, ist noch für den Dieb, den Kommunisten oder den Anarchisten eine pragmatische Unmöglichkeit. Ontosemiologische Medien sind eben per definitionem keine Privatangelegenheit.

Medien überhaupt hat die Systemtheorie Luhmanns als »diejenigen evolutionären Errungenschaften (plausibel gemacht), die an (den) Bruchstellen der Kommunikation ansetzen und funktionsgenau dazu dienen, Unwahrscheinliches in Wahrscheinliches zu transformieren«.[11] Das schlechthin Unwahrscheinliche und deshalb die Sollbruchstelle jeder Kommunikation aber ist, daß Sein sinnvoll und daß Sinn vorhanden ist. Diese Unwahrscheinlichkeit transformieren das Abendmahl, das Geld und die neuen Medien in eine Wahrscheinlichkeit. Und sie leisten dies, indem sie (wie im Abendmahl) *reale* oder (wie im Geld) *funktionale* oder (wie in den elektronischen Medien) *simulierte* Schnittstellen von Sein und Sinn ausweisen. Gemeinsam ist diesen ontosemiologischen Formationen zumindest dies: daß sie ihre Leistung rituell erbringen und daß sie auf breite Beglaubigung angewiesen sind. Die Kirche, die Bankschalterhalle und die medialen Hausaltäre, an denen sich mittlerweile (dank BTX) auch finanzielle Transaktionen schalten lassen, sind die auratischen Orte (gewesen), die das Rendezvous von Sein und Sinn arrangieren.

Bei diesen Arrangements sind Rückgriffe der neuen Medien auf die Inhalte der alten und auf die alten Medien als Inhalte nicht die Ausnahme, sondern die Regel. »In God we trust« steht bekanntlich auf den Dollarnoten zu lesen, die mit dieser medialen Rückkoppelungsschleife für Vertrauen nicht etwa in die theologische, sondern in die fiskalische Illusion werben, Algorithmen zwischen Sachen und Werten seien verläßlich. Doch nicht nur das theologieintensive Medium Geld greift auf Momente des religiösen Codes zurück. Auch die kapitalintensiven elektronischen Medien stellen mediale Rückkoppelungen her. So läßt Edgar Reitz in seinem epischen Fernsehfilm *Heimat* die Bewohner des Hunsrückdorfes Schabbach im Jahre 1919 zum ersten Mal Radio hören. In der Burgruine Baldenau hat der aus dem Ersten Weltkrieg heimge-

11 N. Luhmann: Soziale Systeme, p. 220

kehrte Funker Paul Simon eine aufwendige Antenne installiert: »Plötzlich ertönt Orgelmusik aus dem Trichterlautsprecher. / Alle lauschen gespannt. / Eduard und Häns'chen laufen auf das Radio zu. / Paul: Das ist das drahtlose Hochamt aus dem Kölner Dom. / Wiegand: Da hätt mir heute morgen gar net in die Kirch gehe müssen. / Katharina: Nä, nä, die ganze Baldenau is eine einzige Kirch! / Ohne darauf Rücksicht zu nehmen, zieht Paul die Antennenstekker aus dem Apparat. / Es entsteht Stille. / Pauline: Paul, die schöne Musik! / Paul ist vollkommen in seine technischen Probleme vertieft. / Paul: Das kommt ja alles noch viel besser. Ich muß erstmal die Antenne abstimmen und ne Erdung machen.«[12]

Wenn auch der Rundfunk an erster Stelle ein Hochamt aus dem Kölner Dom überträgt und wenn es auch gelingt, den Empfang der sphärischen Strahlen dauerhaft zu vererden – den Faden, der Sein und Sinn in eins verdichtet, ist dennoch gerissen. Elektronische Medien sind, nachdem bereits das Medium Geld die Korrelation von Sein und Sinn zugleich funktionaler gestaltete und austrocknete, die Erfüllung und also das Ende des alten Projektes einer Ontosemiologie. Nietzsche hat diese Verschiebung von einer realistischen über eine funktionale zu einer simulativen Semontologie bzw. Ontosemiologie mit ebenso großer Faszination wie Ambivalenz registriert. Der militante Antichrist ist nämlich auch Bewunderer dessen, was am Christentum »bildende, vereinfachende, gestaltende Kraft« ist. Fast alle seine Ausfälle gegen das Christentum lassen sich deshalb auch als Lob seiner Kraft, die noch jedem ihm eigentümlichen Paradox überlegen ist, lesen.

So auch die Kritik des denkenden Altphilologen am christlichen furor hermeneuticus als einem Beziehungswahn, wie ihn nur ein überstarkes semontologisches Zentrum der Versammlung von Sein und Sinn stiften kann: »Wie wenig das Christentum den Sinn für Redlichkeit und Gerechtigkeit erzieht, kann man ziemlich gut nach dem Charakter seiner Gelehrten abschätzen: sie bringen ihre Mutmaßungen so dreist vor wie Dogmen und sind über der Auslegung einer Bibelstelle selten in einer redlichen Verlegenheit. Immer wieder heißt es ›ich habe Recht, denn es steht geschrieben –‹ und nun folgt eine unverschämte Willkürlichkeit der Auslegung, daß ein Philologe, der es hört, mitten zwischen Ingrimm und Lachen stehen bleibt und sich immer wieder fragt: ist es möglich! Ist

12 E. Reitz/P. Steinbach: Heimat, p. 71

dies ehrlich? Ist es auch nur anständig? (...) was soll man von den Nachwirkungen einer Religion erwarten, welche in den Jahrhunderten ihrer Begründung jenes unerhörte philologische Possenspiel um das Alte Testament aufgeführt hat: ich meine den Versuch, das Alte Testament den Juden unter dem Leibe wegzuziehen, mit der Behauptung, es enthalte nichts als christliche Lehren und *gehöre* den Christen als dem *wahren* Volke Israel: während die Juden es sich nur angemaßt hätten. Und nun ergab man sich einer Wut der Ausdeutung und Unterschiebung, welche unmöglich mit dem guten Gewissen verbunden gewesen sein kann: wie sehr auch die jüdischen Gelehrten protestierten, überall sollte im Alten Testament von Christus und nur von Christus die Rede sein, überall namentlich von seinem Kreuze, und wo nur ein Holz, eine Rute, eine Leiter, ein Zweig, ein Baum, eine Weide, ein Stab genannt wird, da bedeute dies eine Prophezeiung auf das Kreuzesholz; selbst die Aufrichtung des Einhorns und der ehernen Schlange... – alles Anspielungen und gleichsam Vorspiele des Kreuzes! Hat dies jemals jemand *geglaubt*, der es behauptete?«[13]

Begründet ist diese »Wut der Ausdeutung und Unterschiebung« im zentralen Sakrament des Christentums, mit dessen Beglaubigung es auch möglich wird, den von Nietzsche so sehr kritisierten wie untergründig als Willen zur Macht bewunderten hermeneutischen Beziehungswahn zu stiften. Nicht umsonst ist das Christentum spätestens seit dem Sieg der realistischen Eucharistielehre und ihrer Kanonisierung durch die von Papst Leo IX. im Jahre 1050 einberufene Synode auf ein semontologisches Sakrament von unüberbietbarer Substantialität zentriert: auf das Abendmahl. Es ist das (im Rahmen unserer Tradition) überragende kultische Paradigma einer Verdichtung von Sein und Sinn. Der Ritus um Brot und Wein faßt in der Tat Sein und Sinn beeindruckend oberflächlich und grob zusammen und läßt deshalb die Welt um so »wertvoller, bestimmter, schöner (und) bedeutungsvoller erscheinen«. Indem das Abendmahl das göttliche Wort immer erneut Fleisch werden und mitten unter uns wohnen läßt, garantiert es die erfüllte Identität von Sein und Sinn. Im Sakrament von Brot und Wein wird Sinn sinnlich erfahrbar. Ein Ritual, das durch seine Unwahrscheinlichkeit offenbar noch an Reiz und Überzeugungskraft gewinnt: als Zeichen aller Zeichen muß das Abendmahl mehr als ein bloßes Zei-

13 Nietzsche: Werke I, p. 1067 sq.

chen sein; es muß als Zeichen sinnlich (und also nicht bloß als flatus vocis) anwesend sein, weil in ihm der Sinn von Sein und das Sein von Sinn sinnliche Gewißheit werden.

Ohne Paradoxien ist ein solches Metazeichen, dem als Metazeichen überdies noch der Status sinnlicher Gewißheit zukommen soll, kaum zu haben. Denn »der allem Sinn immanente Weltbezug schließt es aus, daß wir Sinn als *Zeichen* definieren. Man muß Verweisungsstruktur und Zeichenstruktur sorgfältig unterscheiden. Die Funktion eines Zeichens erfordert immer Verweisung auf etwas Bestimmtes unter Ausschluß von Selbstreferenz. Sie erfordert Asymmetrisierung einer basalen, rekursiven Selbstreferenz. Es gibt, anders gesagt, weder ein Weltzeichen noch ein sich selbst bezeichnendes Zeichen. Beides, Universalität und Selbstreferenz, ist aber unabdingbare Eigenschaft von Sinn. Sinn ist daher der fundierende Sachverhalt: Ein Zeichen muß Sinn haben, um seine Funktion erfüllen zu können, aber Sinn ist kein Zeichen.«[14]

Das Abendmahl hingegen läßt sich, spätestens seitdem sich sein realpräsentes Verständnis kanonisch und (seit 1264 durch das von Urban IV. vorgeschriebene Fronleichnamsfest) lebensweltlich durchgesetzt hat, auf eben diese hochparadoxe Konstruktion ein: sowohl selbstreferentiell als auch universal begründend bzw. verweisend und also »Weltzeichen« zu sein. Universale Identität von Sein und Sinn kann es jedoch nur um den Preis einer (temporal verschobenen) Differenz sein: Brot und Wein transsubstantiieren in Fleisch und Blut des Erlösers. Seinen ungeheuren ontosemiologischen Status fundiert das Sakrament des Abendmahls in Form zahlreicher Einzelparadoxien: in Brot und Wein ist Christus real präsent – aber nur für die, die an ihn glauben; das Abendmahl ist ein Gedächtnismahl – aber zugleich die Feier der Präsenz Christi und ein eschatologisches Mahl; die sakralen Elemente sind mehr als nur Zeichen – aber sie bedürfen, um mehr als Zeichen zu sein, der Wandlungsworte; die Kraft wandelnder Worte kommt der priesterlichen Epiklese zu – aber sie ist bloßes Zitat der ursprünglichen Einsetzungsworte des Herrn; und schließlich – zentrale Paradoxie –: in den transsubstantiierten Elementen wird die Gegenwart des Gottessohnes gefeiert, um dann – verzehrt zu werden. Sein ist demnach sinnvoll nur auf der Folie seiner vergangenen Erlösung und seiner erlösten Zukunft, ja: seines Verschwindens.

14 N. Luhmann: l.c., p. 107

Es ist nicht verwunderlich, daß die kühne Unwahrscheinlichkeit dieses Sakraments immer wieder (und verstärkt um 1800) zum poetischen Thema geworden ist. Novalis und Hölderlin etwa (um nur zwei Dichter zu nennen, von deren Texten sich schon der Gymnasiast Nietzsche faszinieren ließ) haben die Paradoxien um Brot und Wein in den Mittelpunkt ihrer bekanntesten Verse (der *Hymnen an die Nacht* und der Elegie *Brod und Wein*) gestellt. Sie haben dies zu einer Zeit getan, da die eucharistischen Elemente bereits in eine tiefe Krise ihrer Beglaubigung geraten waren. Ihren philosophischen und notwendig metaphysikkritischen Ausdruck fand diese Krise in den Theorien von Kant und Fichte, die bemerkenswert barsch gegen das polemisierten, was sie als »Fetischmachen« und »Fetischdienst«[15] charakterisierten: das Festhalten an der Verehrung von Dingen, die viel mehr als bloße Dinge zu sein behaupten – und seien diese Dinge Brot und Wein. Sie sind, so Kants geharnischte Kritik, nie und nimmer in der Lage, verläßliche Algorithmen von Sein und Sinn zu stiften. Seit Kants Demonstration, daß »Sein kein reales Prädikat« sein kann, sind Ableitbarkeiten oder gar Implikationsverhältnisse zwischen Existenz und Begriff, zwischen Sein und Prädikat, zwischen Realem und Symbolischem argumentativ schlechterdings nicht mehr auszuweisen. Und so ist das Abendmahl fortan kein ontosemiologisches Fundament mehr, sondern allenfalls noch – in beredter Paradoxierung – ein Faktum des Glaubens. Ob es mehrheitlich oder auch nur vielfach beglaubigt wird, wird dabei immer unwichtiger. Denn die Aufgabe, ontosemiologische Verbindlichkeit herzustellen, hat das Abendmahl längst an den Gott des Geldes abgetreten.

III

In der Durchführung seiner berühmten Kritik am ontologischen Gottesbeweis[16], der eine solche metabasis eis allo genos vom Begriff zur Existenz versucht, bedient sich Kant eines Analogiearguments, welches aller Aufmerksamkeit wert ist. Daß es der mo-

15 Kant: Die Religion innerhalb der Grenzen der blossen Vernunft, B 273, 277 u.ö.

16 Cf. zur Geschichte dieses Beweises und seiner Kritik: D. Henrich: Der ontologische Gottesbeweis. Der philosophiehistorisch zentrale Text – das »Proslogion« des Anselm – liegt mitsamt der klugen Kritik des Zeitgenossen Gaunilo in der Edition von Kurt Flasch vor.

netären Sphäre entnommen ist, macht mehr als nur symptomatisierenden Sinn. »Sein ist offenbar kein reales Prädikat, d.i. ein Begriff von irgend etwas, was zu dem Begriffe eines Dinges hinzukommen könne. (...) Im logischen Gebrauch ist es lediglich die Kopula eines Urteils. (...) das Wörtchen: *ist*, ist (noch in Sätzen des Typs: Gott ist allmächtig, oder auch nur: Gott ist, J.H.) nicht noch ein Prädikat oben ein, sondern nur das, was das Prädikat beziehungsweise aufs Subjekt setzt. (...) Es kann daher zu dem Begriffe, der bloß die Möglichkeit ausdrückt, darum, daß ich dessen Gegenstand als schlechthin gegeben (durch den Ausdruck: er ist) denke, nichts weiter hinzukommen. Und so enthält das Wirkliche nichts mehr als das bloß Mögliche. Hundert wirkliche Taler enthalten nicht das mindeste mehr, als hundert mögliche. (...) Aber in meinem Vermögenszustande ist mehr bei hundert wirklichen Talern, als bei dem bloßen Begriffe derselben (d.i. ihrer Möglichkeit).«[17]

Kants Talerbeispiel verweist – mit welchem Grad an konstruktiver Bewußtheit auch immer – auf eine Problemdimension, deren Tiefenstrukturen kaum ganz zu überschauen sind: darauf, daß Geld zum »god term« nachmetaphysischer Weltbilder geworden ist.[18] Den Platz der irdischen Realpräsenz Gottes in Brot und Wein, die die Versammlung von Sein und Sinn garantiert, hat Geld eingenommen. Das Medium Geld wird so zum funktionalen Äquivalent des substantialistischen Mediums der theologisch-realistischen Ontosemiologie. Das ist eine immerhin erstaunliche Transsubstantiation, die Formen des Substanzdenkens überhaupt hinter sich läßt. Denn zwischen dem (christlichen) Gott und dem Geld, zwischen dem Gottessohn, der die Händler aus dem Tempel treibt, und dem Mammon herrscht in den biblischen Quellen eine Feindschaft von so deutungsunbedürftiger Klarheit, daß sich Hans Blumenberg veranlaßt sah, von der »Chrematophobie« des Christentums zu sprechen.[19] Dennoch sind seit dem hohen Mittelalter Tendenzen unverkennbar, Gott und Geld zu versöhnen. In seiner Studie über *Wucherzins und Höllenqualen* hat Jacques Le Goff eindringlich gezeigt, wie um das Jahr 1200 eigens das den biblischen Schriften gänzlich unbekannte Fegefeuer erfunden und nach

17 Kant: Kritik der reinen Vernunft, B 626-628
18 Cf. u.a. N. Luhmann: Die Wirtschaft der Gesellschaft, p. 242 sqq.
19 H. Blumenberg, Matthäuspassion, p. 51

dem Bild der rückzahlbaren Verschuldung eingerichtet wurde, um irdischen Zins- und Zahlungsverkehr theologisch zu entschuldigen.[20] Seitdem kann man durchaus, wenn auch gegen den klaren Sinn von Herrenworten wie Matthäus 6, 24, zwei Herren dienen: dem Gott und dem Mammon.

Nicht umsonst hat die Reformation, die ja tatsächlich wiederherstellen wollte, was sich zu zerstreuen drohte, mit einem Streit um die theologische Vertretbarkeit des Ablaßhandels begonnen. Zu Recht mochte es einigen Historikern der Reformation nicht ganz einleuchten, daß so viele deutsche Fürsten aus schieren Glaubensnöten zu einem Rebellen überliefen. Der volkswirtschaftlich (wenn man bei kleindeutschen Staaten überhaupt von Nationalökonomie reden kann) ruinöse Kapitalexport nach Rom dürfte nämlich an feudalen Sympathien für Luther nicht unbeteiligt gewesen sein. Daß aber der reformatorische furor gegen die Vermengung von Gott und Geld nicht nur nicht erfolgreich war, sondern der Protestantismus (nach Max Webers berühmter Studie) umgekehrt geradewegs zum mentalen Motor der kapitalintensiven Moderne wurde, hat einen so verdeckten wie konsequenzenreichen Grund: daß Geld nämlich Algorithmen von Sein und Sinn oder (in geldspezifischer Transformation:) von Sachen und Wert- bzw. Denkformen plausibler und doch unauffälliger, kurzum: funktionsgerechter einrichtet, als das realistische Abendmahl es vermochte.

Von der im Talerbeispiel immerhin angedeuteten Möglichkeit, im Medium Geld den »god term« eines analytischen Denkens nach der kantischen Vernunftkritik zu erkennen, haben die Begründer der Transzendentalphilosophie jedoch keinen Gebrauch gemacht. Fichtes Lehre vom »geschlossenen Handelsstaat« versucht umgekehrt geradezu offensiv, die Kraft transzendentaler Vernunft gegen die subversive Kraft des Tausches und des Geldes zu immunisieren. Für ein Ensemble transzendentaler Subjekte darf es kein Ausland und überhaupt kein Außen geben, das über das bewußtseinskonstitutive Medium Geld der Binnenlogik von Vernunft implementierbar wäre. Fichtes Konstruktion liest sich dann auch wie eine Antwort auf die verlegene Frage, ob die Unterscheidung von transzendentalen und empirischen Sachverhalten selbst eine empi-

20 Cf. J. Le Goff: Wucherzins und Höllenqualen – Ökonomie und Religion im Mittelalter.

rische oder transzendentale sei. Beschreibt Fichtes Schrift doch konsequent die handgreiflich empirische Logik des Ausschlusses alles Fremden, unter deren totalitären Bedingungen Vernunft allein autonom und transzendental heißen dürfte. Transzendentale Subjektivität selbst muß demnach als »geschlossener Handelsstaat« konzipiert werden.[21]

Wenn sich im Deutschland des 19. Jahrhunderts das (sei's drum:) idealistische Bild vom konstitutiven Menschen durchsetzte, so dürfte dies auch damit zu tun haben, daß seine beamteten Theoretiker (wie Kant und Fichte) in einem vergleichsweise geldfreien Raum lebten, sofern »die bildungsbürgerliche Familie, zu der im 19. und bis weit ins 20. Jahrhundert hinein vorrangig auch die Haushalte der Pfarrer, Universitätstheologen (und anderer Theorieproduzenten, J.H.) gehörten, eine vom kapitalistischen System wenig berührte ›Oase‹ darstellte. Das Geld, über das man kaum sprach, erhielten diese Haushalte von staatlichen oder staatlich getragenen Stellen, so daß sich das bildungsbürgerliche Bewußtsein weitgehend unbeeinflußt von den Stätten kapitalistischer Produktion und Zirkulation erhalten konnte.«[22] Unter diesen geschlossenen Bedingungen entwickelte sich in der Transzendentalphilosophie eine theoretische Ablösungsfigur von tradierten ontosemiologischen Begründungsgängen, die alle Anzeichen einer ebenso komplexen und subtilen wie unwahrscheinlichen Kompromißtheorie aufweist. Luhmann hat diese Figur mit der heiligen Nüchternheit des Systemtheoretikers beschrieben:

»Nach der hochriskanten Ablehnung aller religiösen oder metaphysisch-kosmischen Instituierung von Erkenntnis konnte man nicht sogleich den nächsten Schritt tun und jeden Gedanken an eine letztgewisse Außenfundierung fahren lassen. Man kam diesem Schritt so weit wie möglich entgegen und verlegte das, was die Funktion einer Außenfundierung hatte, in das Bewußtsein. Dazu mußte Bewußtsein als ein über Empirizitäten hinausgehender ›transzendentaler‹ Sachverhalt, als ›Subjekt‹ der Welt begriffen

21 Cf. J. G. Fichte: Der geschlossene Handelsstaat: in: Werke III, p. 433: »Der Bürger eines geschlossenen Handelsstaates kann nur mit einem Bürger desselben Staates in Verkehr kommen, und schlechthin mit keinem anderen Menschen. (...) Hierdurch entstände ein *Landesgeld*: bei welchem es auch nicht einmal in Frage kommt, ob dasselbe im Ausland werde genommen werden, oder nicht: indem für einen geschlossenen Handelsstaat das Ausland so gut als gar nicht vorhanden ist.«

22 F. Wagner: Geld oder Gott, p. 7

werden. So konnte die Selbstreferenz des Bewußtseins, Subjekt genannt, als Quelle der Erkenntnis und als Quelle der Erkenntnis der Bedingungen der Erkenntnis zugleich in Anspruch genommen werden. Eine im Erkenntnisprozeß nicht mehr disponible Ebene kontrollierbarer Bedingungen war denkbar gemacht, und zugleich war jedem, der an Erkenntnis teilnehmen wollte, zugemutet, sie in sich selbst als unumstößliche Gewißheit zu erfahren. / Ein geniales, höchst erfolgreiches, merkwürdiges Kompromiß zwischen Zugeständnis und Ablehnung von Selbstreferenz. Ein Apriori in Begründungsfunktion, als ob nicht schon das ein Widerspruch in sich selbst wäre. Die Überlieferung hat diesen Gedanken bewahrt, ausgebeutet und wiederholt revitalisiert. Er ist in der Tat, wenn man das Problem ernst nimmt, das er sich stellt, nicht zu überbieten. Aber der Plausibilitätsentzug schreitet unaufhaltsam fort. Man findet heute wohl kaum noch jemanden, der authentisch so denkt. Wer transzendentales Denken vertritt – und man kann das natürlich, wenn man Bücher schreibt oder Kongreßreferate hält –, begründet dies historisch mit Theoriewissen: mit Kant.«[23]

Warum auch immer: die Umstellung der tradierten, aufs Abendmahl zentrierten realistischen Ontosemiologie auf das funktionale Zentralmedium Geld fand in den Theoriebildungen um 1800 (zum Schaden nicht nur der Theorieentwicklung im Deutschland des 19. und 20. Jahrhunderts) keine angemessene Analyse. Statt im Medium des Geldes das neue funktionale Zentrum der Korrelation von Sein und Sinn zu erkennen, haben Kant und Fichte Selbstbewußtsein als diejenige Instanz auszuweisen versucht, in der Sein und Sinn (oder in kantischer Brechung: Sinnlichkeit und Verstand bzw. Anschauung und Begriff) synthetisiert und schematisiert werden. Offensichtlich ist ja auch, wie Hegel wenn nicht zuerst, so doch mit größter geschichtsphilosophischer Aufmerksamkeit anmerkte, das cartesianische »cogito ergo sum«-Argument nach dem Bild des ontologischen Gottesbeweises gestaltet: »Das Denken als Sein und das Sein als Denken, das ist meine Gewißheit, Ich. Dies ist das berühmte *Cogito, ergo sum*; Denken und Sein ist darin (so J.H.) unzertrennlich verbunden« wie im ontologischen Gottesbeweis.[24] In der Tat erfährt Subjektivität in der Transzendentalphilosophie ihre Vergöttlichung: eine Verkennung von enormen Di-

23 N. Luhmann: Soziale Systeme, l.c., p. 649
24 Hegel: Geschichte der Philosophie; in: Werke 19, p. 131

mensionen, die nur um den Preis von Widersprüchen zu haben ist, die denen um das reale Welt- und Sinnzeichen des Abendmahls kaum nachstehen. Muß doch transzendentale Subjektivität – nach Hegels klarer Analyse – zugleich »der Inhalt der Beziehung und das Beziehen selbst sein«[25] und sich also als die Menge des wissenden Bewußtseins begreifen, die sich selbst als ge- und bewußtes Element enthält. Letztfundierungen und -gewißheiten sind ohne Widerspruchsstrukturen im striktesten Sinne auch und gerade dann nicht zu haben, wenn selbstbewußte Identität mit sich selbst dieses letzte Fundament sein soll.

Theoriegeschichtlich war die Umbesetzung, die den Menschen als konstitutive Schnittstelle von Sein und Sinn konzipiert, ihren quasigöttlichen Paradoxien zum Trotz ungemein erfolgreich. Dieser Erfolg hat gewiß viele Väter und den Narzißmus sowie den Willen zur Macht über das Sein zum Übervater. Nicht umsonst ist »Selbstbewußtsein« sowohl ein transzendentaler als auch ein psychologischer Zentralbegriff. Hegel wiederum war es vorbehalten, den Erfolg der Subjektivitätsphilosophie auch darauf zurückzuführen, daß ihr »das *Sein* die Bedeutung des *Seinen*«[26] hat. Wie eine Substantivbildung zum Possessivpronomen (S/sein) erfährt auch Heinrich von Ofterdingen die Korrelation von Sein und Sinn. Im Gespräch mit dem Weisen Sylvester übersetzt er, der als Träumer von der blauen Blume begann, dessen Tiefsinn (»Alle Sinne sind am Ende Ein Sinn«) in ökonomischen Klartext: »Also wäre der Sinn ein Anteil an der neuen durch ihn eröffneten Welt selbst? Man verstünde die Sache nur, wenn man sie hätte?«[27] Ontologie und Semontologie zumal sind gegen Ende des 18. Jahrhunderts in das Zeitalter ihrer Monetarisierung eingetreten.

Im Zeichen einer possessiven Logik des Habens und des Geldes steht – nach der erstaunlich frühen und präzisen Diagnose des Novalis – noch das transzendentale Denken selbst. Nüchterne Umbesetzungen an den Leitbegriffen der Philosophie, die konstitutive Subjektivität an die Stelle des Abendmahls setzt, hat er nicht nur in seinem Roman, sondern auch theoretisch ausdrücklich vorgenom-

25 Hegel: Phänomenologie des Geistes; in: Werke 3, p. 132
26 Ibid., p. 185
27 Novalis: Heinrich von Ofterdingen, ed. J. Hörisch, p. 168. Cf. zu Novalis' Umschrift von reiner Vernunftkritik in Geldtheorie J. Hörisch: Übergang zum Endlichen – Zur Modernität des ›Heinrich von Ofterdingen‹ = Nachwort zum zitierten Band, p. 228 sqq.

men. Und zwar in bemerkenswerter Prägnanz. Schlug er doch vor, die Fichtesche Wissenschaftslehre als Vexierbild einer Geldtheorie zu lesen. »Die Wissenschaftslehre oder die reine Philosophie ist das Relationsschema der Wissenschaften überhaupt. – Sie entsteht aus dem *Einfall* statt würcklicher namhafter, individueller Dinge – allgemeiner Dinge, denen jedes Ding substituirt werden kann (vid.) Begriff von *Geld.* (...) Constructions oder Verhältnisformeln wurden – allgemein *Geltende* Sätze. (...) Diese Erscheinung entsteht aus der Behandlung dieser Gegenstände, als Waare.«[28] Eben die Kategorien, die der Wissenschaftstheoretiker Fichte auf der Ich=Ich-Identität des Selbstbewußtseins fundieren wollte, kann der romantische Dichter in schwer zu überbietender Nüchternheit aus der bewußtseinskonstitutiven Struktur der Waren- und Geldform plausibel machen.

Geld und geltende Sätze sind tatsächlich die zwei Seiten einer Medaille. Denn Geld ist – nach der schönen Formulierung von Alfred Sohn-Rethel – »die bare Münze des Apriori«.[29] Es übernimmt »die prekäre Rolle des Vermittlungsgliedes zwischen Sein und Bewußtsein«.[30] Der geldvermittelte Tausch synthetisiert Sachen und Werte, Reales und Abstraktes. Und er tut dies in notwendig intersubjektiv verbindlicher Weise. So korreliert er nicht nur in funktionaler Sachlichkeit Sein und Sinn, er verpflichtet auch Subjekte auf verbindliche Figuren der Intersubjektivität. Und überdies bedingt er, geradezu systematisch Ungleiches äquivalent setzend, jene Denk- und Realabstraktionen, die Kant als genuine Leistung transzendentaler Subjektivität ausweisen wollte. »Im Innersten der Formstruktur der Ware« ist – nach dem in jeder Weise unerhörten Wort von Alfred Sohn-Rethel – »das Transzendentalsubjekt zu finden«.[31] Im Medium Geld findet es zu Zeiten auch seiner industriellen Massenproduktion ein universales, Anschauung und Begriff vermittelndes Schema.

28 Novalis: Schriften III. Stuttgart 1972, p. 378 sq.
29 A. Sohn-Rethel: Das Geld, die bare Münze des Apriori
30 Ibid., p. 47
31 A. Sohn-Rethel: Geistige und körperliche Arbeit, p. 12

IV

Eine komplexe und schizoide Formation löst danach die Ontosemiologie des Abendmahls ab und auf: funktional stellt fortan Geld die Korrelationen von Sein und Sinn her – auf der Ebene ausdrücklichen Selbster- (und immer schon Selbstver-) kennens aber übernimmt Subjektivität diese Aufgabe. Sie ist damit restlos überlastet. Daß Geld zum ontosemiologischen Leitmedium der Neuzeit wird und also über seine wirtschaftsspezifischen Aufgaben hinaus alte religiöse Problembestände unausdrücklich (aber um so effektiver!) mitbetreut, macht auch die hartnäckige Debatte um die reale Dekkung von Geldwerten deutlich. Je näher Geld sich noch zu religiösen Formationen und Epochen verhält, um so deutlicher treten Versuche hervor, realistische bzw. substantialistische Deckungen des Geldwertes (etwa durch Goldbestände bei Nationalbanken oder durch das Bruttosozialprodukt einer Volkswirtschaft) zu behaupten. Diese Geldwerttheorien sind nach dem Bild des Abendmahlstreites entworfen. Wie die göttliche Realpräsenz in Brot und Wein, so ist jedoch auch die reale Deckung des Geldwertes immer unplausibler geworden.

Plausibilitätsverluste sind nicht eben das bevorzugte Thema der Formationen, deren Funktionen auf plausible Beglaubigungen durch reale Deckungen angewiesen sind. Geistliche sprechen nicht gerne über die Gründe, die ihr Brot und Wein verteilendes Tun problematisch erscheinen lassen; und Bankiers haben kein überragendes Interesse daran zu fragen, ob Geldwerte (um von Krediten zu schweigen) heute überhaupt in toto gedeckt werden können. Diesen Tabus zum Trotz spricht analytisch alles dafür, daß die Moderne genau in dem Maße, in dem sie sich als Moderne komplex entfaltet und ausdifferenziert, immer stärker im Zeichen der Autoreflexivität ihrer Teilsysteme steht. Man kann es auch schlichter sagen: Glaube ist – seit Luther beginnt sich diese Einsicht durchzusetzen – nur mehr durch Glaube (und nicht durch einen in Brot und Wein gegenwärtigen Gott oder durch einen ontologischen Gottesbeweis) fundiert; und Geld ist – Luhmann plaudert das offenbare Geheimnis gerne aus[32] – nur mehr durch Geld gedeckt.

Deutlich wird dies schon durch eine schlichte Phänomenologie des Geldes in der Postmoderne: es ist zu überwältigenden Teilen

32 N. Luhmann: Die Wirtschaft der Gesellschaft, l.c., p. 201

substanzlos geworden. Kein Metall trägt und fundiert mehr seinen Wert. Das Mißtrauen, das Goethes *Faust II* in die Assignaten setzte, muß heute dem reinen, in langen Kolonnen über Monitore flimmernden Mediengeld gelten. So wie das funktionale Medium Geld das substantialistische Medium Brot und Wein austrocknete, so haben heute schon die simulativen Medien die Suprematie über Geld inne. Der computergesteuerte Börsenkrach vom Oktober 1987 ist nicht so sehr als Signal für eine weitere Wirtschaftskrise zu verstehen. Er ist vielmehr das Geschichtszeichen dafür, daß sich zur Zeit eine neue Formation der Ontosemiologie durchsetzt: nämlich die mediale, die Korrelationen von Sein und Sinn allenfalls noch simuliert. In ihr vollendet und beschließt sich das ontosemiologische Projekt der Suche nach Deckungsverhältnissen von Sein und Sinn überhaupt: das Medium ihrer Begegnung ist eben das Medium, das die Botschaft ist. Das aber heißt: Sinn ist heute (wenn überhaupt) nur durch Sinn, und Sein ist nur mehr durch Sein zu decken. Nicht zuletzt deshalb werden beide, Sinn und Sein, zu Ressourcen, von denen kaum mehr auszumachen ist, ob sie extrem knapp oder inflationär sind.

»Erkenne die Lage!«[33] Unter diesen Imperativ hat nicht nur Gottfried Benn seine poetische Produktivität gestellt. Dichtung ist, gerade weil sie ein in jeder Weise exzentrisches Medium ist, in der Lage, die Lage zu erkennen. Denn sie ist von schwer zu überbietender Funktionslosigkeit; ja, sie ist von einer Ohnmacht, die sie wie selbstverständlich in gereizte Distanz zu den erfolgreichen Medien Abendmahl, Geld und eben Medien bringt; und sie ist, weil sie sich im Gegensatz zu diesen als Medium diesseits und jenseits von Wahrheit und Lüge zu erkennen gibt, von bemerkenswerter Illusionslosigkeit. Das genuine Medium des Scheins erkennt, was an den anderen Medien Schein ist. Nachdem Hölderlin in seiner Elegie *Brod und Wein* den ontosemiologischen Anspruch des Abendmahls dekonstruiert hat, stellt er – anders als etwa Fichte, in dessen Vorlesungen er saß – kein alternatives Letztfundament vor, sondern gesteht: »Was zu thun indeß und zu sagen, / Weiß ich nicht und wozu Dichter in dürftiger Zeit?«[34] Es gehört zu den Eigentümlichkeiten der Entwicklungslogik von Dichtung,

33 Zu dieser Lieblingswendung von G. Benn cf. K. Theweleit: buch der könige – orpheus (und) eurydike, p. 20 sqq.

34 Hölderlin: Brod und Wein; in: Frankfurter Ausgabe 6, p. 251 (Unemendierter Text)

daß sie in dem Maße, in dem sie an Bedeutung verliert, recht bekommt. Bestätigt sich doch heute in seltsamer Evidenz ihre geradezu gattungsspezifische Vermutung, daß die Korrelationen von Sein und Sinn keine ontologisch verbindlichen, sondern poetische und das heißt: gemachte und geschaltete sind, ohne daß sich ein identifizierbares Subjekt dieser Schaltungen ausweisen ließe.

Einer der frühen Zeitgenossen von Gottfried Benn hat diese ontosemiologische Lage frühzeitig erkannt: Kafka in seinem abgründig klaren Text aus dem Jahr 1922: »Viele beklagen sich, daß die Worte der Weisen immer wieder nur Gleichnisse seien, aber unverwendbar im täglichen Leben, und nur dies allein haben wir. Wenn der Weise sagt: ›Gehe hinüber‹, so meint er nicht, daß man auf die andere Seite hinübergehen solle, was man immerhin noch leisten könnte, wenn das Ergebnis des Weges wert wäre, sondern er meint irgendein sagenhaftes Drüben, etwas, das wir nicht kennen, das auch von ihm nicht näher zu bezeichnen ist und das uns also hier gar nichts helfen kann. Alle diese Gleichnisse wollen eigentlich nur sagen, daß das Unfaßbare unfaßbar ist, und das haben wir gewußt. Aber das, womit wir uns jeden Tag abmühen, sind andere Dinge. / Darauf sagt einer: »Warum wehrt ihr euch? Würdet ihr den Gleichnissen folgen, dann wäret ihr selbst Gleichnisse geworden und damit schon der täglichen Mühe frei.‹ / Ein anderer sagte: ›Ich wette, daß auch das ein Gleichnis ist.‹ / Der erste sagte: ›Du hast gewonnen.‹ / Der zweite sagte: ›Aber leider nur im Gleichnis.‹ / Der erste sagte: ›Nein, in Wirklichkeit: im Gleichnis hast du verloren.‹«[35]

Die Verwirrung, die Kafkas Text stiftet, ist Effekt seiner Klarheit. Macht die Legende doch überdeutlich, daß zwischen Gleichnis und Wirklichkeit, zwischen Sinn und Sein keine Schnittmenge mehr existiert. Es gibt kein Geheimnis hinter den Dingen, der Sprache und der Zeit. Sie selbst sind das Rätsel.[36] Wir haben tatsächlich in (der) Wirklichkeit gewonnen und im Gleichnis verloren. Das ist die Evidenz des Medienzeitalters. In ihm geraten beide, das Gleichnis wie das Wirkliche, in den einen Strudel der Derealisierung und der Unentscheidbarkeit. Mit den neuen Medien beginnt das Ende der Vorstellung von Sein und Sinn.

Die Poesie des Abendmahls hat der vorliegende Band zum Thema. Ihm sollen zwei weitere Bände folgen – zur *Poesie des Geldes* und zur *Poesie der Neuen Medien*.

Der Gesellschaft der Freunde und Förderer der Universität Mannheim danke ich für die Förderung der Arbeit. Ebenso dem DAAD, der mir einen Forschungsaufenthalt in Paris ermöglichte. Anja Flender bin ich für nie ermüdende Mitarbeit sehr dankbar.

35 Kafka: Sämtliche Erzählungen, p. 359
36 Nach Cl. Rosset: Das Reale – Traktat über die Idiotie.

2. Ein wenig Wein und ein wenig Brot: Der grüne Heinrich im Konfirmationsunterricht

Tief sind die Geheimnisse von Brot und Wein. Und erheblich können deshalb die Anstrengungen sein, die diese Geheimnisse offenbar machen sollen. Von einer offensichtlichen Fehlform angestrengter Initiation in die Mysterien des Abendmahls berichtet auch Gottfried Kellers Roman *Der grüne Heinrich*. Um in das Geheimnis dieses zentralen christlichen Sakraments, dessen Zeit doch eine abendliche ist, eingeweiht zu werden, muß sein trauriger Titelheld erst einmal die irdische Zumutung bestehen, barbarisch früh aufzustehen.

Nun rückte der Winter heran und mit ihm das Weihnachtsfest. Wöchentlich dreimal früh um fünf Uhr mußte ich in das Haus des Pfarrhelfers gehen, wo in einer langen schmalen riemenförmigen Stube an vierzig junge Leute zur Konfirmation vorbereitet wurden. Wir waren Jünglinge, wie man uns nun nannte, aus allen Ständen; am oberen Ende, wo einige trübe Kerzen brannten, die Vornehmen und Studierenden, dann kam der mittlere Bürgerstand, unbefangen und mutwillig, und zuletzt, ganz in der Dunkelheit, arme Schuhmacherlehrlinge, Dienstboten und Fabrikarbeiter, etwas roh und schüchtern, unter denen nur dann und wann eine plumpe Störung vorfiel, während weiter oben man sich mit Geschicklichkeit fortwährend unruhig verhielt. Diese Ausscheidung war gerade nicht absichtlich angeordnet, sondern sie hatte sich von selbst gemacht. Wir waren nämlich nach unserem Verhalten und nach unserer Ausdauer geordnet; da nun die Vornehmsten von Haus aus zum äußeren Frieden mit der Kirche streng erzogen wurden und die meiste Sicherheit im Sprechen besaßen und dies Verhältnis durch alle Grade herunterging, so war dem Scheine nach die Rangordnung ganz natürlich, besonders da die Ausnahmen sich dann von selbst zu ihresgleichen hielten und durchaus nicht sich unter die anderen Stände mischen wollten. Es geziemte sich auch, daß diejenigen, welche vermöge ihrer Verhältnisse darauf gewiesen waren, als Männer einst in der Kirche eine Stütze für ihre politischen und sozialen Grundsätze und einen Schutz für das »Eigentum« zu finden, in dieser geweihten Werkstätte des Christentumes obenan saßen und sich aufmerksam verhielten, während dem gezeichneten Häuflein, welchem eingeprägt werden mußte, daß Christi Reich nicht von dieser Welt sei, zur heilsamen Übung auch hier der unterste Platz gebührte.[1]

1 G. Keller: Der grüne Heinrich – Erste Fassung; SW Bd. 2, hg. von G. Kaiser, Ffm 1985, p. 367. Eingeklammerte Seitenangaben referieren im folgenden auf diesen Text.

Profaner könnte eine Schilderung der Initiation in die Ordnung christlichen Glaubens kaum ausfallen. Dieser Glaubensordnung entspricht plastisch die Ordnung des Sozialen, die zugleich eine Ordnung des Diskurses ist. Wer über »Sicherheit im Sprechen« verfügt, wird auch zu den »Vornehmsten« zählen und also »am oberen Ende« der schmalen Stube Platz nehmen. Wer sich »mit Geschicklichkeit fortwährend unruhig« zu verhalten weiß, ist als Angehöriger des »mittleren Bürgerstandes« zu erkennen und sitzt denn auch in der Mitte des riemenförmigen Raumes. Wer hingegen nur noch sporadischer »plumper Störungen« fähig ist, verschwindet »zuletzt, ganz in der Dunkelheit«. Versammelt aber sind diese drei klar getrennten Gruppen, um eine Vereinigungslehre kennenzulernen, der ihre Institutionalisierung hohnspricht. Dient diese »geweihte Werkstätte des Christentumes« doch offensichtlich weniger dem geistlichen Geheimnis als vielmehr dem »Schutz des ›Eigentums‹« und der tradierten Ordnung des Sozialen.[2]

Was den grünen Heinrich aber mehr noch als diese nicht einmal »absichtliche« Ordnung irritiert, ja entsetzt, ist das krasse Mißverhältnis zwischen diesem schrecklichen großen Aufwand, dem es ganz offensichtlich ernst ist, und dem heiteren, exotischen und kleinen Gegenstand, um den der so unästhetische, ja banausische Unterricht verbissen kreist.

Dort aber mußte ich mich gewaltsam aus Schlaf und Traum reißen, um in der düsteren Stube zwischen langen Reihen einer Schar anderer schlaftrunkener Jünglinge das allerfabelhafteste Traumleben zu führen unter dem eintönigen Befehl eines weichlichen Schwarzrockes, mit dem ich sonst auf der Welt nichts zu schaffen hatte.

Was unter fernen östlichen Palmen vor Jahrtausenden teils sich begeben, teils von heiligen Träumern geträumt und niedergeschrieben worden war, ein Buch der Sage, zart und luftig und weise wie alle Sage, das wurde hier als das höchste und ernsthafteste Lebenserfordernis, als die erste Bedingung, Bürger zu sein, Wort für Wort durchsprochen und der Glaube daran auf das genaueste reguliert. Die wunderbarsten Ausgeburten menschlicher Phantasie, bald heiter und reizend, bald finster, brennend und blutig, aber immer durch den Duft einer entlegenen Ferne gleichmäßig umschleiert, mußten als das wirklichste und festeste Fundament unseres ganzen Daseins angesehen werden und wurden uns nun zum letzten Male und ohne allen Spaß bestimmt erklärt und erläutert, zu dem Zwecke, im Sinne jener Phantasien ein wenig Wein und ein wenig Brot am richtigsten genießen zu können (368).

2 In der Zweitfassung seines Romans von 1878-80 hat Keller diesen geharnischten letzten Satz gestrichen.

Eine Gegenführung, die gläubige Christen verletzen muß und offenbar soll, organisiert diesen Text. Gottfried Keller arbeitet mit dem intrikatesten Modell der Kritik: er lobt. Er lobt das Neue Testament aber nicht etwa als Dokument einer offenbarten Wahrheit, sondern als ein »Buch der Sage, zart und luftig und weise wie alle Sage«, kurzum: als ein poetisches Meisterwerk. Als eine Dichtung zumal, die es gegen ihre von allen poetischen Geistern verlassenen Exegeten zu schützen gilt.[3] Denn diese verkennen elementar und »ohne allen Spaß«, daß sie es mit »wunderbarsten Ausgeburten menschlicher Phantasie« und nicht etwa mit einem Buch zu tun haben, das dogmatischen Regelungsbedarf befriedigt, wenn sie das Neue Testament lesen. Das aber heißt: Gottfried Keller läßt seinen Helden die Geschichten Christi lesen, als handele es sich dabei um das 1800 Jahre avant la lettre eingelöste romantische Projekt einer Neuen Mythologie.

Hatten doch schon die frühen Romantiker eine »Neue Mythologie« gefordert, die – wie es 1800 programmatisch Friedrich Schlegels *Gespräch über die Poesie* entwickelte – ihren Kunstcharakter deutlich werden lassen solle. »Denn Mythologie und Poesie, beide sind eins und unzertrennlich«[4]: beide nämlich erheben erst gar nicht den Anspruch, »wahr« und das heißt aus Sätzen mit propositionalen Gehalten kombiniert zu sein. Mythologie und Poesie sind vielmehr unzertrennlich, weil sie ihr tertium comparationis darin haben, schlechterdings überreizte Wahrheitsansprüche abzuweisen und in quasi-ästhetische Geltungsansprüche zu überführen. So notierte schon Novalis, seinem Freund Friedrich Schlegel symphilosophisch beistimmend: »Das oberste Princip muß schlechterdings Nichts Gegebenes, sondern ein Frey Gemachtes, ein *Erdichtetes*, *Erdachtes*, seyn, um ein allgemeines metaphysisches System zu begründen, das von Freyheit anfängt und zu Freyheit geht.«[5] Neue Mythologie ist ebenso erdichtet wie erdacht. Gerade weil sie deshalb ersichtlich keine grundsätzlichen Geltungsansprüche stellen kann, ist sie attraktiv. Befreit sie doch von allen Zumutungen, die erstehen, wenn Verbindlichkeiten noch dort eingeklagt werden, wo nur poetische Vermutungen Platz greifen können. Man kann es mit Gottfried Benn und Hesiod auch deutlicher sagen: »die Mythe log«, so wie die Dichter lügen.

3 Cf. dazu J. Hörisch: Die Wut des Verstehens
4 F. Schlegel: Gespräch über die Poesie; in: Kritische Ausgabe II, p. 313
5 Novalis: Schriften II, p. 273

In der lebhaften neueren Diskussion dieses frühromantischen Programms wird häufig diese allerschlichteste Pointe der Forderung nach einer Neuen Mythologie verkannt. Sie verlangt nämlich, anders als etwa das Neue Testament, gerade nicht nach »something to hold to«.[6] Sie will kein neues und verbindliches Sinnzentrum errichten.[7] Sie will vielmehr die Geschichte des verbindlichen und monozentrischen Sinns konterkarieren: »Denn das ist der Anfang aller Poesie, den Gang und die Gesetze der vernünftig denkenden Vernunft aufzuheben und uns wieder in die schöne Verwirrung der Fantasie, in das ursprüngliche Chaos der menschlichen Natur zu versetzen, für das ich kein schöneres Symbol bis jetzt kenne, als das bunte Gewimmel der alten Götter.«[8]

Wer am Ort und anstelle eines verbindlichen Monotheismus ein schönes Chaos mitsamt buntem Göttergewimmel einkehren lassen will, ist sicher unverdächtig, alles »der Kontrolle durch einen obersten Entwurf« unterstellen zu wollen und die »Leistung des Mythos« ausgerechnet »im normativen Bereich«[9] zu suchen. Umgekehrt: das frühromantische Projekt einer Neuen Mythologie will Dasein gerade nicht dem Oktroi zentralen und zentralisierenden Sinns unterstellen und dessen Zumutungen allenfalls durch ästhetisch-mythologische Veranstaltungen akzeptabler machen. Das wäre auch ein gänzlich überflüssiges Vorhaben – ist doch eben dies mit dem Christentum und seinem so zentralen wie liturgisch-festlich ausgestalteten Sakrament der fast zwei Jahrtausende währende Normalfall.

Das Christentum nämlich hat, anders als die antike Mythologie, den Anspruch gestellt, universal beglaubigt zu werden, weil es durch Offenbarung Überleitungsregeln von propositionalen zu metaphysischen Sätzen angibt. Auf diesen eigentümlichen Doppelstatus des christlichen Diskurses hat bereits Novalis energisch hingewiesen: »Die Geschichte Xsti (=Christi) ist eben so gewiß

6 M. Frank: Der kommende Gott – Vorlesungen über die Neue Mythologie – Teil I, p. 267

7 Cf. ibid., p. 209 sqq.

8 F. Schlegel: l.c., p. 319. Jochen Fried hat diese Pointe nachdrücklich herausgearbeitet. In seiner Studie zur *Symbolik des Realen* in der neuen Mythologie der Frühromantiker heißt es (S. 257): »Einen imaginären Mittelpunkt wollten die Frühromantiker mit der neuen Mythologie konstituieren, keineswegs als Surrogat, sondern als eine wirkliche Alternative zu allen realen Zentrismen.«

9 M. Frank: l.c., p. 10 sq.

ein *Gedicht*, wie eine Geschichte.«[10] Geschichten, die mit empiriegesättigten Sätzen beginnen wie »Es begab sich aber zu der Zeit, daß ein Gebot vom Kaiser Augustus ausging«, dürfen dann mit Wendungen wie »Denn er ist wahrhaft auferstanden« enden. Und in der Tat können die biblischen Geschichten historischer Forschung ja grundsätzlich standhalten. Nüchterner, aber auch poetischer Kritik nicht standhalten aber kann die metabasis sachhaltiger in metaphysische Sätze. Denn eine solche metabasis unterstellt – wie Lyotard grundsätzlich dargetan hat – »ungeprüft, daß ein teleologisches Prinzip den Übergang von einer Diskursart (der kognitiven) zur anderen (Satz der Idee) bestimmt. (...) Einzig die Verkettung (von Sätzen, J.H.) ist notwendig, nichts weiter. Innerhalb einer Diskursart gehorchen die Verkettungen Regeln, die Einsätze und Zwecke festlegen. Aber im Übergang von einer Diskursart zur anderen kennt man weder derartige Regeln noch einen allgemeinen Zweck.«[11]

Monotheistische Offenbarungsreligionen aber lassen glauben, solche Metaregeln, die metaphysische an empiriehaltige Sätze anschließbar machen, seien auszuweisen. Mythologische Erzählungen hingegen werden – Paul Veyne hat diese so gern vergessene Selbstverständlichkeit nachdrücklich in Erinnerung gerufen – gerade eben nicht beglaubigt. Sie sind insofern zugleich deutlich nüchterner und poetischer als Offenbarungsreligionen, als sie das Unmögliche: ein Kontinuum von Wissen und Glauben, gar nicht erst versprechen. Denn »der Mythos war ein *tertium quid*, weder wahr noch falsch«.[12] Fragen wie die, ob Zeus Chronos denn wirklich entmannte, ob Hermes die Kuhherde seines Bruders Apoll wahrhaftig gestohlen habe und ob Orpheus Eurydike tatsächlich aus dem Totenreich herauszuführen versuchte, brauchen, ja dürfen nicht gestellt werden, weil die ihnen zugrunde liegenden Sätze gar nicht zu schildern beanspruchen, was der Fall ist oder war. Vielmehr wollen sie einen Raum für Reden eröffnen, die nicht viel mehr als brüchig-schöne Reden zu sein vorgeben.

Einem entsprungenen Pfarrerssohn und großen Gottfried-Keller-Bewunderer blieb es vorbehalten, diesen so schlichten wie krassen Kontrast zwischen einer pluralen poetischen Mythologie

10 Novalis: Schriften III, p. 566
11 F. Lyotard: Der Widerstreit, p. 60
12 P. Veyne: Glaubten die Griechen an ihre Mythen?, p. 41

einerseits und einer monozentralen Glaubenswahrheit, die an empiriehaltige Sätze anknüpft, andererseits festzuhalten. »Mit den alten Göttern ging es ja lange schon zu Ende: – und wahrlich, ein gutes fröhliches Götter-Ende hatten sie! – Sie ›dämmerten‹ sich nicht zu Tode – das lügt man wohl! Vielmehr: sie haben sich selber einmal zu Tode – *gelacht!* / Das geschah, als das gottloseste Wort von einem Gotte selber ausging – das Wort: ›Es ist *ein* Gott! Du sollst keinen andern Gott haben neben mir!‹ / ein alter Grimm-Bart von Gott, ein eifersüchtiger, vergaß sich also: – / Und alle Götter lachten damals und wackelten auf ihren Stühlen und riefen: ›Ist das nicht eben Göttlichkeit, daß es Götter, aber keinen Gott gibt?‹«[13]

Mit diesem einen Gott und den kultischen Weisen, ihm nahezukommen, soll der grüne Heinrich nunmehr vertraut gemacht werden. Dies aber kann kaum gelingen bei einem, der allzu forschen Übergängen von dem, »was unter fernen östlichen Palmen vor Jahrtausenden ... sich begeben«, zu dem, was »von heiligen Träumern geträumt und niedergeschrieben worden war«, gründlich mißtraut. Der geistliche Lehrer verwickelt sich, um sachlich zu sprechen, ständig in die abenteuerlichsten Kategorienfehler, welche Fehler er dann durch schiere Gewaltsamkeit überwinden will.

... und wenn dies nicht geschah, wenn wir uns dieser fremden wunderbaren Disziplin nicht mit oder ohne Überzeugung unterwarfen, so waren wir ungültig im Staate, und es durfte keiner nur eine Frau nehmen. Von Jahrhundert zu Jahrhundert war dies so geübt und die verschiedene Auslegung der poetischen Vorstellung hatte schon ein Meer von Blut gekostet, der jetzige Umfang und Bestand unseres Staates war größtenteils eine Folge jener Kämpfe, so daß für uns die Welt des Traumes auf das engste mit der merklichsten und greifbarsten Wirklichkeit verbunden war. Was als geschichtliches Dokument vergangener Geistesträume von der größten poetischen Meisterschaft und künstlerischen Vernunftmäßigkeit war, wenn man es unbefangen betrachten durfte, das wurde als aufgedrungene gegenwärtige Realität mit einem Schlage zu einem beängstigenden Unsinn, und es ward mir zumute, wenn ich den widerspruchlosen Ernst sah, mit welchem ohne Mienenverzug das Fabelhafte behandelt wurde, als ob von alten Leuten ein Kinderspiel mit Blumen getrieben würde, bei welchem jeder Fehler und jedes Lächeln Todesstrafe nach sich zog. (368 sq.)

Gewaltsamkeit, so die erschreckende Einsicht des grünen Heinrich, Gewaltsamkeit ist die Wahrheit über das rituelle Abendmahl. Denn es wird von »einer Ausgeburt menschlicher Phantasie«

13 Nietzsche: Also sprach Zarathustra; in: Werke II, p. 431

durch genauestens regulierende Disziplin zum »wirklichsten und festesten Fundament unseres ganzen Daseins« umgeformt – und das »ohne allen Spaß«. So konstatiert der grüne Heinrich in heiliger Nüchternheit ein groteskes Mißverhältnis zwischen einer Religion der Liebe und einer gewaltsamen Dogmatik, die »schon ein Meer von Blut gekostet« hat. Deshalb gehört auch der grüne Heinrich in die lange Reihe der Dissidenten, die die »Person Christi lieben« und eben deshalb ihr »Antichristentum« pflegen müssen (364). Sein Antichristentum aber kultiviert der grüne Heinrich als freundliche Subversion.

Nachdem er lernen mußte, »ein wenig Wein und ein wenig Brot am richtigsten genießen zu können«, darf er »am Weihnachtsmorgen« erstmals das kirchliche »Nachtmahl« als vollwertiges Gemeindemitglied einnehmen. Dieses erste wird auch das letzte Ma(h)l sein. »Ich war schon in der Frühe guter Laune, noch ein paar Stunden und ich sollte frei sein von allem geistigen Zwange, frei wie der Vogel in der Luft! Ich fühlte mich daher mild und versöhnlich gesinnt und ging zur Kirche, wie man zum letzten Mal in eine Gesellschaft geht, mit welcher man nichts gemein hat, daher der Abschied aufgeweckt und höflich ist.« (384 f.) Diese aufgeweckte Distanz ermöglicht dem grünen Heinrich einen geradezu ethnologisch dimensionierten fremden Blick auf die eigene Kultur. Und vorbereitet ist diese Distanz durch einen kindlichen Akt mythologischer Ästhetisierung, an den der Konfirmand sich zur rechten Zeit erinnert: hat der grüne Heinrich doch, noch bevor er das Mahl sakramental genießen durfte, einst auf das »wenige Brot« einer Oblate »ein Osterlämmchen gemalt mit einem Amor, der darauf reitet«.

Meine Stimmung ward immer heiterer, endlich wurde das Nachtmahl genommen; aufmerksam verfolgte ich die Zurüstungen und beobachtete alles sehr genau, um es nicht zu vergessen; denn ich gedachte nicht mehr dabei zu erscheinen. Das Brot besteht aus weißen Blättern von der Größe und Dicke einer Karte und sieht feinem glänzendem Papiere ähnlich. Der Küster backt es und die Kinder kaufen sich bei ihm die Abfälle als einen unschuldigen Leckerbissen, und ich selbst hatte mir manchmal eine Mütze voll erworben und mich gewundert, daß man eigentlich doch nichts daran äße. Zahlreiche Kirchendiener bieten es aus, den Reihen entlang, worauf die Andächtigen eine Ecke davon brechen und die Blätter weitergeben, während andere Beamtete den Wein in hölzernen Bechern nachfolgen lassen. Manche Leute, besonders die Frauen und Mädchen, behalten gern ein Blättchen zurück, um es andächtig in ihr Gesangbuch zu legen. Auf ein sol-

ches, das ich im Buche einer meiner Basen gefunden, hatte ich einst ein Osterlämmchen gemalt mit einem Amor, der darauf reitet, und bei der Entdeckung ein strenges Verhör nebst Verweis zu bestehen gehabt; als ich jetzt mehrere solcher Blätter in der Hand hielt, erinnerte ich mich daran und mußte lächeln; auch gelüstete es mich einen Augenblick lang, eins zurückzubehalten, um irgendein lustiges Erinnerungszeichen an meinen Abschied von der Kirche darauf zu malen. Aber ich besann mich, daß ich in dem väterlichen Stuhle stand, und gab das Brot weiter, nachdem ich eine Ecke davon in den Mund gesteckt, zum andächtigen aber allerletzten Abschiede von der Kinderzeit und der Kinderspeise, die ich beim Küster gekauft hatte. Als ich den Becher in der Hand hielt, blickte ich fest in den Wein, ehe ich trank; aber es rührte mich nicht, ich nahm einen Schluck, gab die Schale weiter und, indem ich mit den Gedanken schon weit auf dem Wege nach Hause, den Wein hinabschluckte, drehte ich ungeduldig mein Sammetbarett in der Hand und mochte kaum das Ende des Gottesdienstes abwarten, da es mich anfing, gewaltig an den Füßen zu frieren und das Stillstehen sehr schwierig wurde. (387 sq.)

Diese Erinnerung an eine Neue Mythologie, die das Osterlamm mit Amor und also antiken Eros mit christlicher Caritas nicht »ohne Spaß« amalgamiert[14], markiert den Abschied des grünen Heinrich vom Christentum. Gefeiert wird anschließend dieser Abschied und nicht etwa die Initiation des Konfirmanden in die christliche Diskursordnung der Metaregeln. Das festliche Mahl, das der ansonsten so kargen Küche der Mutter entspringt, steht denn auch in krassem Kontrast zu »ein wenig Wein und ein wenig Brot«. Und das nicht nur, weil die Opulenz des profanen der Kargheit des geistlichen Mahles erfolgreich konkurriert, sondern auch deshalb, weil die zu Gast geladene verwitwete Nachbarin dieses Nachtmahl in ein Erinnerungsmahl an ihren gründlich mißratenen und dennoch geliebten Sohn umgestaltet.

Am Weihnachtstage wird immer das erste Sauerkraut genossen, und so wurde es auch hier aufgestellt mit schmackhaften Schweinsrippchen. Die Beurteilung desselben gab den Frauen einen guten Anfang zum Gespräche. Die Witwe war von ebenso gutmütiger als polternder Gemütsart; als hierauf eine Pastete kam, schlug sie die Hände über dem Kopfe zusammen und versicherte, sie esse gewiß nichts davon, es wäre schade dafür. Den Schluß machte ein gebratener Hase, den der Oheim gesendet hatte. Diesen, ermahnte die Frau, sollten wir unangetastet lassen und auf den zweiten Feiertag versparen, es sei nun schon mehr als genug; trotzdem aßen wir alle mit trefflichem Appetit und saßen lange bei Tisch… (389)

14 Cf. H. Anton: Mythologische Erotik in Kellers ›Sieben Legenden‹ und im ›Sinngedicht‹

Mit diesem Mahl zelebriert der grüne Heinrich im Medium sinnlicher Gewißheit eine Einsicht, die ihm aus dem reflektierten Abschied von der christlichen Dogmatik schon zuvor zuwuchs: »Gott ist nicht geistlich, sondern ein weltlicher Geist, weil er die Welt ist und die Welt in ihm; Gott strahlt von Weltlichkeit.« (382)[15]

Man kann diese deutlich von Feuerbach inspirierte minima theologia Gottfried Kellers Materialismus nennen und hätte damit doch ihre Pointe verfehlt. Bei aller entschiedenen, ja verletzenden Kritik am Christentum übernimmt Keller nämlich dennoch die Orientierung am Ideal des Problems, das zu lösen das Abendmahl-Sakrament antritt: wie nämlich auszuweisen sei, daß Sein und Sinn zur Deckung kommen können. Daß Sein sinnvoll und bedeutend ist und daß umgekehrt Sinn und Bedeutung wirklich (da) sind – dies ist ja eben das Versprechen, das das Abendmahl gibt: in Brot und Wein ist Christus so bedeutend wie leiblich gegenwärtig. Und damit versichert er geradezu sinnlich gewiß das Sein des Sinns und den Sinn des Seins. Wenn auch Kellers großer Roman vermutet, daß diese ungeheure Zusicherung, daß dieses Versprechen sich gewissermaßen versprochen hat, so hält er doch entschieden an der regulativen Idee fest, die da ver/sprochen wurde. Darum umkreisen auch Kellers drastische Paraphrasierungen immer erneut dieses Problem: wie die »merklichste und greifbarste Wirklichkeit« mit der »Welt des Traums« und wie umgekehrt die um Sinn kreisenden »Geistesträume« mit der »gegenwärtigen Realität« zusammengebracht werden können.

Das Rendezvous von Sein und Sinn, das im Abendmahl ritualisiert wird, ist in der Perspektive des grünen Heinrich von geradezu abenteuerlicher Unplausibilität. Die Korrelation von Sein und Sinn wird nämlich in diesem Sakrament »aufgedrungen« und »mit *einem* Schlage zu einem beängstigenden Unsinn«, wenn »ein wenig Wein und ein wenig Brot« die ungeheure Leistung erbringen sollen, Sein und Sinn zu einem ontosemiologischen bzw. semontologischen Kontinuum zu synthetisieren. Die dogmatisierte Abendmahllehre ist so unwahrscheinlich wie die Geschichte des Mannes, der in der Erstfassung des Romans Ölfinger heißt und den die

15 Cf. die schöne Studie von G. Schmid: Brot und Wein – Gedanken über G. Kellers Weltfrömmigkeit, p. 172: »Was für die Konfirmanden künstliche, überanstrengte Allegorie war, hat hier die Kraft des einfachen, dichten Symbols zurückgewonnen.«

Zweitfassung auf den Namen Wurmlinger umtauft: »Es lebte in unserer Stadt ein Mann, welcher sich ein Vergnügen daraus machte, den Leuten, welche sich mit ihm abgaben, allerlei Erfindungen und Aufschneidereien vorzutragen, um sie nachher ihrer Leichtgläubigkeit wegen zu verhöhnen, indem er erklärte, die Geschichte sei gar nicht wahr.« (375) Da Ölfinger/Wurmlinger aber auch dem inversen Laster verfällt, »Wunderbares erzwingen« zu wollen, nimmt es mit ihm ein böses Ende: bei einem Spaziergang »mit einer lustigen Gesellschaft über eine Felsenhöhe am Seeufer« stürzt er sich, eben um den Glauben an seine wunderbaren Fähigkeiten zu erzwingen, »mit einem mächtigen Satz über den Rand hinaus in den See, hoch hinunter, wo der versunkene Wald lag. Erst eine geraume Weile nachher, als die lachende Gesellschaft sich einigermaßen gesammelt hatte, bemerkten sie sein Verschwinden, suchten ihn überall, traten an den Rand des Abgrundes, aber niemand hat ihn wieder gesehen« (379). Wer gewaltsam Unglaubliches unter Beglaubigungszwang stellt, muß eben dran glauben.

An die Geschichte dieses traurigen Sonderlings muß der grüne Heinrich denken, als im Konfirmandenunterricht der Glaube zum zentralen Thema wird. Und wieder bewährt sich der quasi-ethnologische Blick des Romanhelden: der Sonderling erhellt, was am Institutionalisierten nicht minder sonderlich ist; die Institution verdeutlicht, was am Sonderling institutionell ist. So tritt die »Neurose als Institutionsminiatur«[16] und die Institution als zwanghafte und deshalb stabile Makroneurose in drastische Erscheinung: »Will man die Bedeutung des Glaubens kennen, so muß man nicht sowohl die orthodoxen Kirchenleute betrachten, bei denen der Institutionen wegen alles über *einen* Kamm geschoren ist und das Eigentümliche daher zurücktritt, als vielmehr die undisziplinierten Wildlinge des Glaubens, welche außerhalb der Kirchenmauern frei umherschwirren, sei es in entstehenden Sekten, sei es in einzelnen Personen. Hier treten die rechten Beweggründe und das Ursprüngliche in Schicksal und Charakter hervor und werfen Licht in das verwachsene und fest gewordene Gebilde der großen geschichtlichen Masse.« (374 f.)

Als verwachsenes und fest gewordenes Gebilde verfällt auch das zur Institution geronnene kirchliche Sakrament der bösen Kritik

16 U. Sonnemann: Negative Anthropologie – Vorstudien zur Sabotage des Schicksals, p. 287 sqq.

des grünen Heinrich. Als »Wildling des Glaubens« hält er hingegen an dessen problemlogischem Impuls fest. Der Lösung des Geheimnisses aber, wie Sein und Sinn zueinander finden mögen, kommt der Dissident näher als alle Institutionen, die das Unwahrscheinliche, ja schlechterdings Unplausible zum universal Gültigen »machen« wollen. »Ich empfand, daß man nichts ›machen‹ kann, und daß die Vergänglichkeit, der ewige Wandel alles Irdischen schon genugsam für poetisch sehnsüchtigen Reiz sorgen.« (386) Kellers unscheinbare Wendung verdient alle Aufmerksamkeit. Denn sie steht nicht zufällig im Kontext einer elementaren Auseinandersetzung mit den Geheimnissen von Brot und Wein. Kellers nicht genug zu rühmender Roman versteht das Abendmahl (in einer Textnähe, die die institutionellen Exegesen nicht erreichen können und nicht erreichen wollen) als Fest der Zeitlichkeit, der Endlichkeit und der Vergänglichkeit. Ja, er versteht das Abendmahl eben nicht als Feier der Präsenz Gottes von Ewigkeit zu Ewigkeit, sondern als Lob der Zeitlichkeit, die »genugsam für poetisch sehnsüchtigen Reiz« und also dafür sorgt, daß Dasein das Gewicht der Welt (als) bedeutsam erfahren kann. Zeitlichkeit, Endlichkeit und Vergänglichkeit sind eins mit der Möglichkeitsbedingung von Sinn und Bedeutsamkeit. Ihr rechtes Verständnis verspielt deshalb, wer Zeit durch (z. B. eucharistisch halluzinierte, institutionell »gemachte«) Dauerpräsenz vergessen machen will. Kellers Roman bricht in fröhlichem Positivismus mit solchen gewaltsamen Halluzinationen. Er pflegt statt dessen einen heilignüchternen Kultus der Erinnerung an Vergänglichkeit und des Andenkens an Zeit und Sein, an Brot und Wein.

3. Die Quellen

Sehr gründlich ist der kirchliche Unterricht offenbar nicht gewesen, den der grüne Heinrich genossen hat. Textnah oder gar quellenkritisch den Überlieferungen des Abendmahlgeschehens auf den Grund zu gehen, kommt dem »geistlichen Lehrer« nicht in den Sinn. In den Mittelpunkt seines Unterrichts stellt er nämlich nicht die Texte des Neuen Testaments, sondern die der christlichen, spezifischer der protestantischen Dogmatik. Die »Lehren« von der »Sündhaftigkeit«, vom »Glauben«, von der »Liebe« und vom »Geiste« strukturieren (in dieser Reihenfolge) den nicht eben überzeugungsmächtigen Vortrag des Lehrers. Sein exegetisches Wort findet, da es ein zumutungsreich interpretierendes und also den Zugang zu den phantasieanregenden Quellen verstellendes ist, in der nüchtern-poetischen Welt des grünen Heinrich keinen Anklang: »Glaube! O wie unsäglich blöde klingt mich dies Wort an!« (373) Lektüren der neutestamentarischen Abendmahlstexte unterbleiben in diesem (und wohl nicht nur in diesem) Unterricht. Aus gutem Grund: sind sie doch so befremdlich, daß sie in der Tat der »fremden wunderbaren Disziplin«, die da Exegese heißt und die der junge vorhermeneutische Schleiermacher als »Wut des Verstehens«[1] kritisierte, unterworfen werden müssen, um institutionalisierungstauglich zu sein.

Kellers großer Roman ist, seiner Heiterkeit zum Trotz oder aber wegen, eine ziemliche Zumutung für kirchengläubige Christen. Solchen Zumutungen begegnet aber häufig, wer sich mit poetischen Darstellungen und Deutungen des Abendmahls beschäftigt. Und dies einfach deshalb, weil schöne und schreckliche Literatur die Widersprüche der Abendmahlberichte nicht dogmatisch ausblendet, sondern an ihnen das wildeste Interesse hat. Sind die Brüche und Widersprüche der Quellen doch eins mit dem Ort, der den poetischen Diskurs über das Abendmahl nicht nur ermöglicht, sondern geradewegs nahelegt. Dichtung (und Abendmahlpoesie zumal) ernst nehmen heißt darum, daß man auch den fremden Blick auf die eigene Kultur nachvollzieht, den gelingende Dich-

1 F. Schleiermacher: Über die Religion, p. 80 bzw. 144 (Paginierung der Erstausgabe): »Mit Schmerzen sehe ich es täglich, wie die Wut des Verstehens den Sinn gar nicht aufkommen läßt ...« Cf. dazu J. Hörisch: Die Wut des Verstehens

tung – erstaunten Kindern gleich – auf das vermeintlich Vertrauteste wirft. Literatur aber kann das Medium einer verkennungsfernen und also zumutungsreichen Binnenethnologie nur um den Preis ihrer Funktionsentbundenheit sein. Weil sie – funktional gesehen – ein Überfluß ist, weil sie anders als etwa liturgische, informierende, juristische und administrative Diskurse keine unmittelbar funktionalen Leistungen erbringt, kann sie sich (bis zur irritierenden Erfahrung radikaler Dysfunktionalität) den fremden Blick auf die eigene Kultur leisten. Exegesen und Interpretationen müssen dann einigen Aufwand betreiben, um das entspringende poetische Medium, das den Buchstabensinn des Wortes Dis-kurs (Auseinanderdriften) erfüllt, wieder auf funktionale Leistungen zu verpflichten.

Die Berichte über das Abendmahlgeschehen im Neuen Testament sind recht heterogen und schon deshalb kaum geeignet, über den Leisten eines und nur eines »wahren Verständnisses« (369) oder gar einer verbindlichen Exegese geschlagen zu werden. Das zeigt bereits ein Blick auf den entstehungsgeschichtlich frühesten unter den Abendmahlberichten, auf den *ersten Brief des Paulus an die Korinther.* Er wurde vermutlich im Jahre 54 verfaßt und kritisiert im elften Kapitel die Fehlformen des Lebens der Gemeinde in Korinth. Der Text ist in mehreren Handschriften überliefert, die allerdings, was die Abendmahlpassage angeht, nur im Vers 24 voneinander abweichen. In einigen Varianten fehlt dort das Partizip »gebrochen«, so daß es nur heißt »das ist mein Leib (gebrochen) für Euch« – vielleicht, um dem Text die ansonsten anklingende theophage Härte zu nehmen. Der nachstehende Auszug 1. Korinther 11, 17-34 folgt (wie auch die späteren Textwiedergaben) der Luther-Bibel von 1545:

JCH mus aber dis befelhen / Jch kans nicht loben / das jr nicht auff besser
weise / sondern auff erger weise / zusamen komet. [18] Zum ersten / wenn jr
zusamen kompt in der Gemeine / höre ich / Es seien Spaltung vnter euch /
vnd zum teil gleube ichs. [19]Denn es müssen Rotten vnter euch sein / Auff
das die / so rechtschaffen sind / offenbar vnter euch werden. [20]Wenn jr nu
zusamen komet / so helt man da nicht des HErrn Abendmal. [21]Denn so
man das Abendmal halten sol / nimpt ein jglicher sein eigens vor hin / Vnd
einer ist hungerig / der ander ist truncken. [22]Habt jr aber nicht Heuser / da
jr essen vnd trincken müget? Oder verachtet jr die gemeine Gottes / vnd be-
schemet die so da nichts haben? Was sol ich euch sagen? Sol ich euch loben?
Hierinnen lobe ich euch nicht.

Jch habe es von dem HErrn empfangen / das ich euch gegeben
habe / Denn der HErr Jhesus / in der nacht da er verrhaten ward /
nam er das Brot /[24]dancket / vnd brachs / vnd sprach / Nemet / esset
/ das ist mein Leib / der für euch gebrochen wird / Solchs thut zu
meinem Gedechtnis. [25]Desselbigen gleichen auch den Kelch / nach
dem Abendmal / vnd sprach / Dieser Kelch ist das newe Testament
in meinem Blut / Solchs thut / so offt jrs trincket / zu meinem Gedechtnis.

[27]DEnn so offt jr von diesem Brot esset / vnd von diesem Kelch trincket
/ solt jr des HErrn tod verkündigen / bis das er kompt. [27]Welcher nu vnwir-
dig von diesem Brot isset / oder von dem Kelch des HErrn trincket / der ist
schüldig an dem Leib vnd Blut des HErrn. [28]Der Mensch [a]prüfe aber sich
selbs / vnd also esse er von diesem Brot / vnd trincke von diesem Kelch.
[29]Denn welcher vnwirdig isset vnd trincket / der isset vnd trincket im selber
das Gerichte / da mit das er nicht [b]vnterscheidet den Leib des HErrn.

[30]DArumb sind auch also viel Schwachen vnd Krancken vnter euch / vnd
ein gut teil schlaffen. [31]Denn so wir vns selber richteten / so würden wir
nicht ge//richtet. [32]Wenn wir aber gerichtet werden / so werden wir von
dem HErrn gezüchtiget / Auff das wir nicht sampt der Welt verdampt wer-
den. [33]Darumb / meine lieben Brüder / wenn jr zusamen komet zu essen /
so harre einer des andern. [34]Hungert aber jemand / der esse da heimen /
Auff das jr nicht zum Gerichte zusamen kompt. Das ander wil ich ordenen
/ wenn ich kome.

In eigentümlicher Weise mischt dieser apostolische Brief Pragmatisches mit dem, was er zum Grundsätzlichen erklärt. Pragmatisch orientiert ist der unmittelbare Kontext: Paulus kritisiert deutliche Mißstände im Leben der frühchristlichen Gemeinde und macht z.B. Reglementierungsvorschläge für die Haupttracht während des Gottesdienstes. Wie Paulus denn überhaupt bereits in der frühesten Gemeinde erhebliche Verwahrlosungserscheinungen und also großen Ordnungsbedarf feststellt. Einen Ordnungsbedarf, der so stark ist, daß dieser Brief allein ihn nie und nimmer stillen kann – nur das Wichtigste soll die Epistel klären: »das ander wil ich ordenen / wenn ich kome.« Extrem ordnungsbedürftig aber ist augenscheinlich, daß die frühe und doch schon dekadente christliche Gemeinde keine scharfe Zäsur zwischen dem gemeinsam genossenen profanen Sättigungsmahl (Agape) und dem anschließenden Kultmahl (mehr) kennt.

Mit dem thematischen Übergang vom Sättigungs- zum Kultmahl geht ein rhetorischer Wechsel einher. Den pragmatischen Anweisungen zur Ordnung folgen feierliche Wendungen, die unmittelbar Christi Einsetzungsworte selbst zitieren, um sie dann –

dritte Textqualität – mit einer kleinen und doch ungeheuer wirkungsmächtigen theologischen Exegese in nuce zu versehen. Danach verschränkt das Abendmahl alle Ekstasen der Zeitlichkeit. Denn in Brot und Wein ist Christus gegenwärtig – aber als der, dessen Tod verkündigt wird, »bis das er (wieder) kompt« (v. 26). So gilt der paulinischen Theologie das Abendmahl als Gedächtnismahl und als eschatologisches Mahl zugleich. Es ist zu verzehren, »bis das er kompt«. Zwischen diesen beiden Anwesenheiten, zwischen der vergangenen und der zukünftigen Gegenwart des Herrn und somit in der Zwischenzeit von Christi Tod bis Christi Wiederkehr, ist der gekreuzigte Gottessohn supplementär in Brot und Wein gegenwärtig.

Das Heil dieser sinnlichen Gewißheit in der dürftigen Zeit der irdischen Abwesenheit des Erlösers erfährt nun aber eine seltsame Einschränkung. Wird es doch nur denen zuteil, die Brot und Wein nicht »unwürdig« essen, die also den Leib des Herrn von profaner Speise zu unterscheiden wissen. Damit ist implizit ein Paradox statuiert, das die Abendmahl-Exegese bis heute beschäftigen wird: das Paradox einer sinnlichen Gewißheit, die so sinnlich gewiß nun auch wieder nicht ist, da sie in doppelter Gestalt figuriert. Ob, um Goethes Worte zu bemühen, ein und dasselbe Ding heilig ist oder profan, ob es als eine Mahlzeit zum Heil oder zum Gericht taugt – darüber entscheidet nicht etwa die substantielle Positivität des Vorhandenen (und auch noch kein wandlungskräftiges Priesterwort), sondern allein das Bewußtsein dessen, der das Abendmahl einnimmt. Dem Element der Glaubensgewißheit selber eignet, so will es bereits das erste Zeugnis, ein Doppelcharakter. Das Sakrament der Einheit steht schon anfänglich im Zeichen zumindest einer Differenz. Wer Einheit und Ordnung sät, wird Differenz und Unordnung ernten.

Ohne exegetischen Anspruch tritt das zweite Zeugnis auf: das *Markus-Evangelium* (14, 22-25). Es ist kurz vor dem Jahr 70 entstanden und – zumal im Hinblick auf den Abendmahlbericht – recht einheitlich überliefert (im Folgenden die vv. 1-26):

VND NACH ZWEEN TAGEN WAR OSTERN / VND DIE tage der Süssenbrot. Vnd die Hohenpriester vnd Schrifftgelerten suchten / wie sie jn mit listen grieffen / vnd tödten. 2Sie sprachen aber / Ja nicht auff das Fest / Das nicht ein Auffrhur im Volck werde.

VND da er zu Bethanien war in Simonis des Aussetzigen hause / vnd sas zu tisch / Da kam ein Weib / die hatte ein glas mit vngefelschtem vnd köst-

lichem Nardenwasser / vnd sie zubrach das glas / vnd gos es auff sein
Heubt. [4]Da waren etliche / die wurden vnwillig / vnd sprachen / Was sol
doch dieser vnrat? [5]Man künd das Wasser mehr denn vmb drey hundert
Grosschen verkaufft haben / vnd dasselb den Armen geben. Vnd murreten
vber sie.

[6]JHesus aber sprach / Lasset sie mit frieden / was bekümmert jr sie? Sie
hat ein gut werck an mir gethan. [7]Jr habt alle zeit Armen bey euch / vnd
wenn jr wolt könnet jr jnen guts thun / Mich aber habt jr nicht allezeit. [8]Sie
hat gethan / was sie kund / Sie ist zuuor komen meinen Leichnam zusalben
zu meinem begrebnis. [9]Warlich ich sage euch / wo dis Euangelium gepredi-
get wird in aller Welt / Da wird man auch das sagen zu jrem Gedechtnis /
das sie jtzt gethan hat.

VND Judas Jscharioth / einer von den Zwelffen / gieng hin zu den Ho-
henpriestern / das er jn verrhiete. [11]Da sie das höreten / wurden sie fro / vnd
verhiessen jm das Geld zu geben. Vnd er suchete / wie er jn füglich ver-
rhiete.

VND AM ERSTEN TAGE DER SÜSSENBROT / DA MAN das Osterlamb opfferte
/ sprachen seine Jünger zu jm / Wo wiltu / das wir hin gehen vnd bereiten /
das du das Osterlamb essest? [13]Vnd er sandte seiner Jünger zween / vnd
sprach zu jnen / Gehet hin in die Stad / vnd es wird euch ein Mensch bege-
gen / der tregt einen Krug mit wasser / folget jm nach / [14]Vnd wo er eingehet
/ da sprechet zu dem Hauswirte / Der Meister lesset dir sagen / Wo ist das
Gasthaus / darinne ich das Osterlamb esse mit meinen Jüngern? [15]Vnd er
wird euch einen grossen Saal zeigen / der gepflastert vnd bereit ist / Daselbs
richtet fur vns zu. [16]Und die Jünger giengen aus / vnd kamen in die Stad /
vnd fundens / wie er jnen gesagt hatte / Vnd bereiteten das Osterlamb.

[17]AM abend aber kam er mit den Zwelffen. [18]Vnd als sie zu tische sassen
vnd assen / sprach Jhesus / Warlich / Jch sage euch / Einer vnter euch / der
mit mir isset / wird mich verrhaten. [19]Vnd sie wurden trawrig / vnd sagten
zu jm / einer nach dem andern / Bin ichs? Vnd der ander / Bin ichs? [20]Er ant-
wortet / vnd sprach zu jnen / Einer aus den Zwelffen / der mit mir in die
Schüssel tauchet. [21]Zwar des menschen Son gehet hin / wie von jm geschrie-
ben stehet. Weh aber dem Menschen / durch welchen des menschen Son
verrhaten wird / Es were dem selben Menschen besser / das er nie geborn
were.

VND IN DEM SIE ASSEN / NAM JHESUS DAS BROT / DANCKET / VND BRACHS
/ VND GABS JNEN / VND SPRACH / NEMET / ESSET / DAS IST MEIN LEIB. [23]VND
NAM DEN KELCH / VND DANCKET / VND GAB JNEN DEN / VND SIE TRUNCKEN
ALLE DRAUS / [24]VND ER SPRACH ZU JNEN / DAS IST MEIN BLUT / DES NEWEN
TESTAMENTS / DAS FUR VIELE VERGOSSEN WIRD. [25]Warlich / Jch sage euch /
das ich hinfurt nicht trincken werde vom gewechse des Weinstocks / bis
auff den tag / da ichs newe trincke / in dem reich Gottes.

VND DA SIE DEN LOBGESANG GESPROCHEN HATTEN / giengen sie hin aus
an den Oleberg.

Eindeutig schildert Markus die Urszene des christlichen Abendmahls als ein Passahmahl. Dieses Familienmahl (aus einem Lamm, bitteren Kräutern und ungesäuertem Brot bestehend) fand am Abend des 14. Nisan und also des ersten Frühlingsvollmonds statt, um festlich an den Auszug des Volkes Israel aus der ägyptischen Gefangenschaft zu erinnern (2. Moses 12, 13). Auch im christlichen Kontext geht »am ersten Tage der süssenbrot« (v. 12) dem eigentlichen Abendmahl, das Jesus nunmehr einsetzt, ein solches Passahmahl voraus: »Vnd als sie zu tische sassen und assen...« (v. 18) / »vnd indem sie assen...« (v. 22). Der Bericht des Evangelisten enthält sich (anders als der Paulus-Brief) weitgehend ausdrücklicher theologischer Deutungen, weist aber stilistisch Merkmale legendarischer Erzählungen auf. Und so schafft er durch die deutliche Bezugnahme auf das Passahfest, durch den legendarischen Stil und durch Allusionen auf Wendungen des Alten Testaments gleichwohl einen Bild- und Assoziationsraum, der nicht weniger theologieträchtig ist als das exegetische Paulus-Wort.

Das Markus-Evangelium nämlich versteht das Blut Christi als Sühneopfer und knüpft damit an die Verheißung von Jesaja 53, 10 sq. an, in der es heißt: »Wenn er – der Herr – sein Leben zum Schuldopffer gegeben hat / so wird er Samen haben / vnd die lenge leben / vnd des HERRN Fürnemen wird durch seine Hand fort gehen. Darumb das seine Seele geerbeitet hat / wird er seine Lust sehen / vnd die Fülle haben. Vnd durch sein Erkentnis wird er mein Knecht / der Gerechte / viel gerecht machen / Denn er tregt jre Sünde.« Komplementär zum Sühneopfer steht die Qualität des Abendmahls, in der sich das alttestamentarische Bundesopfer wiederholt und zugleich über den Kreis des jüdischen Volkes hinaus universalisiert (nach Exodus 24,8: »Alle Sabbath für vnd für / sol er sie – die Denkbrote, wie Luther schön übersetzt – zurichten für den Herrn / von den kindern Jsrael / zum ewigen Bund«). Markus begreift die Ereignisse um Christus ausdrücklich und nicht nur in diesem Textteil nach dem typologischen Schema, das die Verheißungen des Alten durch die Ereignisse des Neuen Testaments erfüllt sieht: »Das ist mein Blut / des newen Testaments.« (v. 24) Daß Markus der Evangelist und Chronist der im Typus Jesus Christus erfüllten Erwartung ist, betont noch einmal der 49. Vers: die Geschehnisse, von denen nicht nur das 14. Kapitel berichtet, haben statt, »auff das die Schrifft erfüllet werde«.

Wie Paulus, so läßt auch Markus das Abendmahl in beiderlei

Gestalt geschehen – gemeinsam werden Brot *und* Wein genossen. Anders als Paulus aber charakterisiert er das Abendmahl nicht als Gedächtnismahl, wohl aber als typologisches Erfüllungs- und als eschatologisches Mahl: »... bis auff den tag / da ichs newe trincke / in dem reich Gottes.« Eine unscheinbare Textqualität wird eineinhalb Jahrtausende später noch den streitbaren Köpfen protestantischer und katholischer Exegeten Schwierigkeiten bereiten: Markus läßt Christus die bedeutenden Worte »dies ist mein Blut« erst sprechen, *nachdem* er und die Jünger bereits aus dem Kelch getrunken haben. Worte, denen später einmal wandelnde Kraft selbst dann zuerkannt wird, wenn sie nur priesterlich zitiert werden, folgen also dem realen Vollzug und gehen ihm nicht etwa voraus. Doch das ist eine andere, spätere und dogmatische Geschichte, die der geistliche Lehrer des grünen Heinrich seinen Schülern triumphierend erzählt haben mag, um katholische Exegetenkonkurrenz zu diskreditieren.

Der dritte Abendmahlbericht lehnt sich eng an den des Markus-Evangeliums an. Der Judenchrist *Matthäus* verfaßte sein Evangelium kurz nach dem Jahre 70 in aramäischer Sprache und offenbar in Kenntnis des Markus-Evangeliums. Textkritisch bereitet die Passage (26, 17-29) kaum Probleme; die Handschriften stimmen weitestgehend überein. Weitgehend stimmen auch die Berichte des Markus und des Matthäus vom letzten Mahl Jesu überein. Dennoch gibt es in den synoptischen Abendmahlberichten einige Abweichungen. So macht – wichtigste Variante – Matthäus aus dem Indikativ bei Markus (»Vnd sie truncken alle draus«) einen Imperativ: »Trincket alle draus.« (Im Folgenden die vv. 17-29):

ABER AM ERSTEN TAGE DER SÜSSENBROT / TRATten die Jünger zu Jhesu / vnd
sprachen zu jm / Wo wiltu / das wir dir bereiten das Osterlamb zu essen?
[18]Er sprach / Gehet hin in die Stad / zu einem / vnd sprecht zu jm / Der Mei-
ster lesst dir sagen / meine zeit ist hie / ich wil bey dir die Ostern halten / mit
meinen Jüngern. [19]Vnd die Jünger thaten / wie jnen Jhesus befolhen hatte /
vnd bereiteten das Osterlamb.

[20]VND am abend satzte er sich zu tisch mit den Zwelffen. [21]Vnd da sie as-
sen / sprach er / Warlich ich sage euch / Einer vnter euch wird mich verrha-
ten. [22]Vnd sie wurden seer betrübt / vnd huben an / ein jglicher vnter jnen /
vnd sagten zu jm / HErr / bin ichs? [23]Er antwortet / vnd sprach / Der mit
der hand mit mir in die Schüssel tauchet / der wird mich verrhaten. [24]Des
menschen Son gehet zwar da hin / wie von jm geschrieben stehet / Doch
weh dem Menschen / durch welchen des menschen Son verrahten wird / Es
were jm besser / das der selbige Mensch noch nie geborn were. [25]Da ant-

wortet Judas / der jn verrhiet / vnd sprach / Bin ichs Rabbi? Er sprach zu jm / Du sagests.

DA SIE ABER ASSEN / NAHM JHESUS DAS BROT / DANCKET / VND BRACHS VND GABS DEN JÜNGERN / VND SPRACH / NEMET / ESSET / DAS IST MEIN LEIB. [27]VND ER NAM DEN KELCH / VND DANCKET / GAB JNEN DEN / VND SPRACH / TRINCKET ALLE DRAUS / [28]DAS IST MEIN BLUT DES NEWEN TESTAMENTS / WELCHES VERGOSSEN WIRD FUR VIEL / ZUR VERGEBUNG DER SÜNDEN. [29]Jch sage euch / Jch werde von nu an nicht mehr von diesem gewechs des weinstocks trincken / bis an den tag / da ichs newe trincken werde mit euch in meines Vaters Reich.

Anders als das Markus- und das Matthäus-Evangelium bereitet der um das Jahr 80 entstandene Bericht des *Lukas-Evangeliums* (Kap. 22) vom Abendmahl erhebliche textkritische Schwierigkeiten. Denn er ist in gleich mehreren Lang- und Kurzversionen überliefert. Die Kurzversionen[2] lassen in der Regel die Verse 19a und 20 aus, so daß – ähnlich wie bei Paulus – die Wendung »(mein Leib), der für euch gegeben wird. Das tut zu meinem Gedechtnis« wegfällt. Daß darüber hinaus in den Kurzversionen noch der gesamte 20. Vers und also die Einnahme des Weines aus dem Kelch weg-

2 Zu den textkritischen Problemen cf. u. a. J. Jeremias: Die Abendmahlsworte Jesu, p. 145 sqq. und die dort diskutierte Literatur

fällt. Daß darüber hinaus in den Kurzversionen noch der gesamte 20. Vers und also die Einnahme des Weines aus dem Kelch wegfällt, dürfte mit der Eigentümlichkeit zusammenhängen, daß andernfalls (also in den Langversionen) der Kelch gleich doppelt erwähnt wird (vv. 17, 20). In der quellenkritischen Forschung ist bis heute umstritten, welcher Textvariante die chronologische Priorität zukommt. Den überzeugendsten Lösungsvorschlag in dieser Hinsicht hat wohl H. Lessig gemacht: »Lukas folgt in der Abendmahlsperikope einer Sondertradition. Sie enthielt die Verse 15-20. Diese Sondertradition zeichnet sich durch die Tendenz aus, die Abendmahlworte fester in den Passarahmen einzugliedern als dies bei Matthäus und Markus der Fall ist. Die Abendmahlworte selbst (19, 20) sind sowohl mit 1. Korinther 11 als auch mit Markus 14 verwandt und begreifen sich als eine dritte Form. Aus diesem ursprünglichen Langtext entstand der Kurztext durch Streichung, aus diesem als Verbesserungen die umgestellten und erweiterten Kurzformen.«[3] Im folgenden Lukas 22, 1-30:

ES WAR ABER NAHE DAS FEST DER SÜSSENBROT / das da Ostern heisset. [2]Vnd
die Hohenpriester vnd Schrifftgelerten trachten / wie sie jn tödten / Vnd
furchten sich fur dem Volck. [3]Es war aber der Satanas gefaren in den Judas
/ genant Jscharioth / der da war aus der zal der Zwelffen. [4]Vnd er gieng hin
vnd redet mit den Hohenpriestern / vnd mit den Heubtleuten / wie er jn
wolte jnen vberantworten. [5]Vnd sie worden fro / vnd gelobten jm Geld zu
geben. [6]Vnd er versprach sich / vnd suchte gelegenheit / das er jn vberantwortet on rhumor.

ES KAM NU DER TAG DER SÜSSENBROT / AUFF WELCHEN man musste opffern das Osterlamb. [8]Vnd er sandte Petrum vnd Johannem / vnd sprach /
Gehet hin / bereitet vns das Osterlamb / auff das wirs essen. [9]Sie aber spra-
chen zu jm / Wo wiltu / das wirs bereiten? [10]Er sprach zu jnen / Sihe / wenn
jr hin ein kompt in die Stad / wird euch ein Mensch begegnen / der tregt einen Wasserkrug / Folget jm nach in das Haus / da er hin ein gehet / [11]vnd sa-
get zu dem Hausherrn / Der Meister lesst dir sagen / Wo ist die Herberge /
darinne ich das Osterlamb essen müge mit meinen Jüngern? [12]Vnd er wird
euch einen grossen gepflasterten Saal zeigen / da selbs bereitet es. [13]Sie gien-
gen hin / vnd funden / wie er jnen gesagt hatte / vnd bereiteten das Osterlamb.

[14]VND da die stunde kam / satzte er sich nider / vnd die zwelff Apostel
mit jm / [15]vnd er sprach zu jnen / Mich hat hertzlich verlanget dis Oster-
lamb mit euch zu essen / ehe denn ich leide. [16]Denn ich sage euch / Das ich
hinfurt nicht mehr dauon essen werde / bis das erfüllet werde im reich Got-

3 H. Lessig: Die Abendmahlsprobleme, p. 37

tes. 17Vnd er nam den Kelch / dancket vnd sprach / Nemet denselbigen /
vnd teilet jn vnter euch / 18Denn ich sage euch / Jch werde nicht trincken
von dem gewechse des Weinstocks / bis das reich Gottes kome.

VND ER NAM DAS BROT / DANCKET VND BRACHS / VND GABS JNEN / VND
SPRACH / DAS IST MEIN LEIB / DER FUR EUCH GEGEBEN WIRD / DAS THUT ZU
MEINEM GEDECHTNIS. 20DESSELBIGEN GLEICHEN AUCH DEN KELCH / NACH
DEM ABENDMAL / VND SPRACH / DAS IST DER KELCH / DAS NEWE TESTA-
MENT IN MEINEM BLUT / DAS FUR EUCH VERGOSSEN WIRD.

21DOch sihe / die hand meines Verrheters / ist mit mir vber tische. 22Vnd
zwar des menschen Son gehet hin / wie es beschlossen ist / Doch weh dem
selbigen Menschen / durch welchen er verrhaten wird. 23Vnd sie fiengen an
zu fragen vnter sich selbs / Welcher es doch were vnter jnen / Der das thun
würde?

ES erhub sich auch ein Zanck vnter jnen / Welcher vnter jnen solte fur
den Grösten gehalten werden. 25Er aber sprach zu jnen / Die weltlichen
Könige herrschen / vnd die Gewaltigen heisset man gnedige Herrn. 26Jr
aber nicht also / Sondern der Grössest vnter euch / sol sein wie der Jüngste
/ vnd der Furnemest wie ein Diener. 27Denn welcher ist der grössest? Der
zu tische sitzt? oder der da dienet? Jsts nicht also / das der zu tische sitzt?
Jch aber bin vnter euch / wie ein Diener. 28Jr aber seids / die jr beharret habt
bey mir / in meinen anfechtungen. 29Vnd ich wil euch das Reich bescheiden
/ wie mir mein Vater bescheiden hat / 30das jr essen vnd trincken solt vber
meinem Tische in meinem Reich / vnd sitzen auff Stüelen / vnd richten die
zwelff geschlechte Jsrael.

Den philologischen Komplikationen entsprechen die hermeneutischen Ambivalenzen des Lukas-Textes. Seine Kurzversionen scheuen offenbar die (von Johannes endlich als Skandal offen benannte – s. u.) Härte, die in der Wendung vom zum Verzehr »gegebenen« Leib liegt. Auch Lukas läßt das Abendmahl in enger Anlehnung an die Passahfeier erscheinen, ja, er arbeitet geradezu die mögliche Parallelisierung von Brot und Passahlamm bzw. Kelch und Passahbecher heraus. Eine spezifisch christliche Wende erlangt dieses Mahl in der deutlichen Betonung seines Gedächtnischarakters – der zumindest bei buchstäblicher Lektüre auf das Brot beschränkt bleibt. Wie Lukas denn überhaupt das Brot gegenüber dem Wein privilegiert: die spätere Diskussion darüber, ob die Kommunion in beiderlei Gestalt statthaben müsse, wird sich mit dieser Passage beschäftigen.

Gegenüber der Gedächtnisqualität des Abendmahls verblaßt bei Lukas seine eschatologische Dimension, die nur in den Worten *vor* der Einsetzung anklingt (v. 18). Die Gedächtnisfunktion des Abendmahls ist demnach gleichsam gesicherter als die eschatologische. So stellt Lukas als der Historiker und Geschichtsphilosoph unter den Evangelisten die Christologie auf die Bedürfnisse der Zwischenzeit um. »Mit dem letzten, von Jesus gehaltenen, Passahmahl des alten Bundes ist dessen prophetische Funktion beendet. Sie wird erst erfüllt, wenn mit der eschatologischen Parusie das Reich Gottes ankommt. Im Sinne der lukanischen Theologie ist für die Zwischenzeit, die Zeit der Kirche, das Abendmahl als Gedächtnis an Jesus und seinen Tod eingesetzt. Auf diese Weise hat Lukas die ihm vorliegenden zwei sich widersprechenden Traditionen von der eschatologischen Verheißung und der Stiftung des Gedächtnisses zusammengebracht.«[4]

Weitaus größer noch als die um das Lukas-Evangelium sind bekanntlich die philologischen und interpretatorischen Schwierigkeiten, die das *Evangelium des Johannes* (Kap. 6.) bereitet. Denn es birgt viele Geheimnisse. Nicht einmal der Verfasser und die Entstehungszeit sind präzise zu bestimmen. Am plausibelsten ist die Autorschaft des Presbyters Johannes von Ephesos, der zu Beginn des zweiten Jahrhunderts lebte. Das Johannes-Evangelium enthält – seltsam genug – keinen Bericht vom letzten Mahl Jesu und seiner Jünger. Formulierungen, die den Abendmahlworten irritierend nahe sind und sie doch und noch sprengen, finden sich hingegen im Kontext des Berichtes von der wundersamen Speisung. In diesem Zusammenhang läßt Johannes Jesus theophage Worte sprechen, die, wie die Reaktion der Hörer bezeugt, als hochgradig skandalös empfunden wurden: »Das ist eine harte Rede / Wer kan sie hören?« (v. 60). Im folgenden Johannes 6, 26-63:

JHEsus antwortet jnen / vnd sprach / Warlich / warlich ich sage euch / Jr suchet mich / nicht darumb / das jr Zeichen gesehen habt / sondern das jr von dem Brot gessen habt / vnd seid sat worden. 27 Wircket speise / nicht die vergenglich ist / sondern die da bleibet in das ewige Leben / welche euch des menschen Son geben wird / Denn denselbigen hat Gott der Vater versiegelt.

28 DA sprachen sie zu jm / Was sollen wir thun / das wir Gottes wercke wircken? 29 Jhesus antwortet / vnd sprach zu jnen / DAS IST GOTTES WERCK / DAS JR AN DEN GLEUBET / DEN ER GESAND HAT. 30 Da sprachen sie zu jm / Was thustu fur ein Zeichen / auff das wir sehen vnd gleuben dir? Was wirckestu? 31 Vnser Veter haben Manna gessen in der Wüsten / wie geschrieben stehet / Er gab jnen Brot vom Himel zu essen. 32 Da sprach Jhesus zu jnen / Warlich / warlich / ich sage euch / Moses hat euch nicht Brot vom Himel ge-

4 H. Feld: Das Verständnis des Abendmahls, p. 31

geben / Sondern mein Vater gibt euch das rechte Brot vom Himel. 33Denn dis ist das brot Gottes / das vom Himel kompt / vnd gibt der Welt das Leben.

34DA sprachen sie zu jm / HErr / gib vns allewege solch brot. 35Jhesus aber sprach zu jnen / JCH BIN DAS BROT DES LEBENS / WER ZU MIR KOMPT / DEN WIRD NICHT HUNGERN / VND WER AN MICH GLEUBET / DEN WIRD NIMER MEHR DÜRSTEN. 36Aber ich habs euch gesagt / das jr mich gesehen habt / vnd gleubet doch nicht. 37Alles was mir mein Vater gibt / das kompt zu mir / Vnd wer zu mir kompt / den werde ich nicht hin aus stossen. 38Denn ich bin vom Himel komen / nicht das ich meinen willen thu / sondern des / der mich gesand hat. 39DAS IST ABER DER WILLE DES VATERS / DER MICH GESAND HAT / DAS ICH NICHTS VELIERE VON ALLEM / DAS ER MIR GEGEBEN HAT / SONDERN DAS ICHS AUFFERWECKE AM JÜNGSTENTAGE. 40DAS IST ABER DER WILLE DES DER MICH GESAND HAT / DAS / WER DEN SON SIHET / VND GLEUBET AN JN / HABE DAS EWIGE LEBEN / VND ICH WERDE JN AUFFERWECKEN AM JÜNGSTENTAGE.

DA murreten die Jüden darüber / das er sagte / Jch bin das Brot / das vom Himel komen ist / 42Vnd sprachen / Jst dieser nicht Jhesus Josephs son / des Vater vnd Mutter wir kennen? Wie spricht er denn / Jch bin vom Himel komen?

JHesus anwortet / vnd sprach zu jnen / Murret nicht vnternander. 44Es kan niemand zu mir komen / es sey denn / das jn ziehe der Vater / der mich gesand hat / vnd ich werde jn aufferwecken am Jüngstentage. 45Es stehet geschrieben in den Propheten / SIE WERDEN ALLE VON GOTT GELERET SEIN. Wer es nu höret vom Vater / vnd lernets / der kompt zu mir. 46Nicht / das jemand den Vater habe ge-//sehen / on der vom Vater ist / der hat den Vater gesehen. 47Warlich / warlich / Jch sage euch / WER AN MICH GLEUBET / DER HAT DAS EWIGE LEBEN. 48JCH BIN DAS BROT DES LEBENS. 49Ewer Veter haben Manna gessen in der wüsten / vnd sind gestorben. 50Dis ist das Brot das vom Himel kompt / auff das / wer dauon isset / nicht sterbe. 51Jch bin das lebendige Brot / vom Himel komen / Wer von diesem Brot essen wird / der wird leben in ewigkeit. Vnd das Brot / das ich geben werde / ist mein Fleisch welchs ich geben werde / fur das Leben der Welt.

52DA zancketen die Jüden vnternander / vnd sprachen / Wie kan dieser vns sein Fleisch zu essen geben? 53Jhesus sprach zu jnen / Warlich / warlich / Jch sage euch / Werdet jr nicht essen das Fleisch des menschen Sons / vnd trincken sein Blut / so habt jr kein Leben in euch. 54Wer mein Fleisch isset / vnd trincket mein Blut / der hat das ewige Leben / Vnd ich werde jn am Jüngsten tage aufferwecken. 55Denn mein Fleisch ist die rechte Speise / vnd mein Blut ist der rechte Tranck. 56Wer mein Fleisch isset / vnd trincket mein Blut / der bleibt in mir / vnd ich in jm. 57Wie mich gesand hat der lebendige Vater / vnd ich lebe vmb des Vaters willen / Also / wer mich isset / der selbige wird auch leben vmb meinen willen. 58Dis ist das Brot / das vom Himel komen ist. Nicht wie ewer Veter haben Manna gessen / vnd sind gestorben / Wer dis Brot isset / der wird leben in ewigkeit.

SOlchs saget er in der Schule da er lerete / zu Capernaum. [60]Viel nu seiner Jünger / die das höreten / sprachen / Das ist eine harte Rede / Wer kan sie hören? [61]Da Jhesus aber bey sich selbs mercket / das seine Jünger darüber murreten / sprach er zu jnen / Ergert euch das? [62]Wie / wenn jr denn sehen werdet des menschen Son aufffaren da hin / da er vor war? [63]DER GEIST ISTS / DER DA LEBENDIG MACHT / DAS FLEISCH IST KEIN NÜTZE. DIE WORT DIE ICH REDE / DIE SIND GEIST VND SIND LEBEN.

Dieser Bericht fällt kraß aus dem Rahmen der synoptischen Evangelien. Obwohl er definitiv keiner von Jesu letztem Mahl ist, spielt er darauf doch in aller Eindeutigkeit an. Die Worte 6,56 sind denn auch fester Bestandteil der katholischen Meß-Liturgie.[5] Und dies, obwohl oder weil Johannes, anders als die übrigen neutestamentarischen Zeugen, den evidenten Skandal des Abendmahls eindeutig ausspricht und ausführlich kommentiert: daß es (je nach Perspektive) ein theophages, ein kannibalistisches oder ein totemistisches Mahl ist: »Wie kan dieser vns sein Fleisch zu essen geben?« (v. 52) Die Erregung derer, die bei der wundersamen Speisung und bei Christi Rede zugegen sind, ist denn auch ungeheuer. Das ist kaum verwunderlich. Liegt dem johanneischen Christus doch offenbar daran, diesen Skandal nicht etwa herunterzuspielen, sondern in krasseste Erscheinung treten zu lassen. Gleich dreifach betont er, seine Rede sei nicht metaphorisch zu verstehen: »Ich bin das Brot des Lebens« (1. - v. 35). Seine Hörer aber sind offenbar geneigt, diese Wendung metaphorisch zu rezipieren. Auch so ist sie anstößig genug. Ergeht doch die Versicherung, es handle sich um das Brot, »das vom Himel komen ist« (v. 41), aus dem Munde dessen, den seine Hörer durchaus als profanen Menschen identifizieren können: »Jst dieser nicht Jhesus Josephs son / des Vater vnd Mutter wir kennen? Wie spricht er denn / Ich bin vom Himel komen?«

Christi Antwort läßt es mit der Versicherung seiner göttlichen Abkunft nicht ihr Bewenden haben. Offenbar ist ihr daran gelegen, über der ja schon hinreichend aufregenden Behauptung, Gottes Sohn zu sein, den Skandal nicht vergessen zu machen, daß er sich als dieser Gottessohn zum Verzehr anbietet: »Ich bin das Brot des Lebens«, wiederholt er deshalb (2. - v. 48), um dann einigermaßen undiplomatisch seine jüdischen Hörer davon zu überzeu-

5 Cf. die einschlägigen liturgischen Handbücher. Wie problematisch die Verse aus der Johannes-Offenbarung rezipiert wurden, zeigt paradigmatisch die aufschlußreiche und quellengesättigte Studie von R. Trottmann über *Die Eucharistische Liturgie*.

gen, daß die kultische Speise, die sie bisher genossen haben, gleichsam ein Nichts ist im Vergleich zu dem, was er (in nunmehr dritter Betonung) zu bieten habe/ »Ewer Veter haben Manna gessen in der wüsten / vnd sind gestorben. Dis ist das Brot das vom Himel kompt. (...) Wer von diesem Brot essen wird / der wird leben in ewigkeit« (vv. 49-51). Und als sei dies nicht zumutungsreich genug, gibt Christus gleich anschließend zu verstehen, daß mit dem Brot buchstäblich sein Fleisch gemeint sei. Einige Exegeten haben in dieser Wendung eine Kritik der frühchristlichen doketischen Sektenlehre gesehen, die Christus nur einen Scheinleib zuschrieb und so den persönlich-leiblichen Kreuzestod des Gottessohn leugnen konnte. Der Sinn der so insistent wiederholten johanneischen Formeln läge dann darin, »die Realität der Fleischwerdung bis hin zum Kreuzestod gegen alle doketische Vergeistigung zu sichern, sie noch ärgerlicher, noch entschiedener zu bezeugen, als es die vorangehenden Worte Jesu schon taten«.[6]

Wie auch immer – ob Abwehr eines frühen Sektenglaubens oder ursprüngliche Versicherung: der Text, den Johannes Jesus von Nazareth sprechen läßt, ist eine Ungeheuerlichkeit sondergleichen. Und eine schiere Unerträglichkeit zumal, aber sicher nicht nur für fromme Juden, die schon davor zurückschrecken, tierisches Blut zu verzehren. Nun gar menschliches Fleisch und Blut zu genießen, ist die Unausdenkbarkeit. Steigerungen dieses Tabus scheinen so kaum vorstellbar. Und doch spricht Jesus sie konzentriert aus – er bietet Gottesblut zu trinken an. Das ist das Tabu, das Sakrileg schlechthin. Und um dieses skandalöse Sakrileg insistent, ja mit offenbarer Lust an der Provokation herauszustellen, handelt Jesus Christus nunmehr nicht länger vom Brot, sondern von seinem Fleisch – und dies nun gar in gleich vielfach wiederholter, stets krasserer Weise, um dann so lakonisch wie schockierend zusammenzufassen: »Also / wer mich isset / der selbige wird auch leben vmb meinen willen« (v. 57).

In der Tat: »Das ist eine harte Rede / Wer kan sie hören?« (v. 60) Selbst Christi Jünger mögen diese harte Rede nicht hören; sie »murreten darüber«. Und sie wie fast alle kirchlichen Exegeten sind glücklich, daß nach so vielen skandalträchtigen Worten denn doch eine milde hermeneutische Geste ergeht. Ausdrücklich, um die Aufgebrachten zu besänftigen, konvertiert Christus seine

6 E. Schweizer: Das johanneische Zeugnis vom Herrenmahl, p. 394

fleischliche Drastik in geistige Sublimation: »Ergert euch das? Wie / wenn jr denn sehen werdet des menschen Son auffaren da hin / da er vor war? Der Geist ists / der da lebendig macht / Das fleisch ist kein nütze. Die wort die ich rede / die sind Geist vnd sind Leben.« (v. 61-63) Die Theologie hat diese Wendung – einigermaßen erleichtert – alsbald und dann immer wieder aufgegriffen, um elegant (und gewiß nicht unzutreffend) vom »Dualismus« der johanneischen Christologie zu sprechen. Tatsächlich hat kein zweiter unter den Autoren des Neuen Testaments Christus so überdeutlich auf der zackigen Demarkationslinie zwischen Fleisch und Wort, Leib und Geist oder eben (um das herrliche griechische Wortspiel nicht erst des Johannes zu bemühen) zwischen σῶμα und σῆμα (soma/sema – Körper/Zeichen) exponiert. Wie soma und sema, wie das Reale und die Zeichen, wie Sein und Sinn zusammenkommen können – das ist tatsächlich das insistente Problem, das Johannes so radikal wie kein anderer neutestamentarischer Autor[7] bedacht hat.

7 Cf. auch den Hebräerbrief 13, 9, der vom Abendmahl nur andeutungsweise handelt.

4. Im Zeichen des Weinstocks: Dionysos und Christus

Das Wort ward Fleisch, das Sein ward Sinn, soma und sema verschränken sich: so lautet die ebenso frohe wie esoterische Botschaft, die das Evangelium des Johannes ergehen läßt. Unüberhörbar ist an dieser frohen Botschaft zumindest für diejenigen, die Ohren haben zu hören, daß sie ihre Kraft nicht aus einer typologischen Anverwandlung alttestamentarischer Verheißung bezieht. Geradezu verletzend kraß nämlich bricht Johannes mit den Synoptikern, die Christi Abendmahl auf das Passahfest beziehen. Er versteht das Abendmahl nicht als Erfüllung, als messianische Überbietung des Mahles, das an die Befreiung des erwählten Volkes aus dem ägyptischen Exil erinnert. Vielmehr wertet er ohne sonderliches Feingefühl den tradierten Kult des Gedächtnisses daran ab, daß »eure Väter Manna gegessen haben in der Wüste« und – dennoch gestorben sind.

Johannes, der Griechenchrist, macht aus seinen anti-jüdischen Tendenzen kein Geheimnis. »Jr«, so spricht der johanneische Jesus zu den Juden, die darauf bestehen, »Abrahams Samen zu sein« und Gott zum Vater zu haben (Joh. 8, 37 und 41), »jr seid von dem Vater dem Teufel / vnd nach ewers Vaters lust wolt jr tun. Derselbige ist ein Mörder von anfang« (Joh. 8, 44). Aussagen, die entschieden dazu beitragen, die fürchterliche Wirkungsgeschichte des christlichen Antisemitismus freizusetzen.[1] Aussagen aber auch, die eine theologische Pointe enthalten, an der eben jene christlichen Exegeten konsequent vorbeilasen, die diese Johannesverse gerne zur rassistischen Aufrüstung verwandten. Angedeutet wird diese Pointe mit subtiler Konsequenz schon durch die Umdatierungen, die Johannes am Ostergeschehen vornimmt.

Die spezifisch johanneische Chronologie der Osterereignisse beruht auf einer eigentümlichen Vordatierung. Nach den Synoptikern hat Jesus an einem Donnerstagabend das Passahmahl zu seinem letzten Abendmahl überformt. Exodus 12, 6 sqq. schreibt für

1 So hat Goebbels, der sich in seinen Tagebuch-Aufzeichnungen vom Juni 1924 emphatisch zum Christentum bekannte, in den johanneischen Schriften eine Bestätigung seines grauenhaften Antisemitismus gesehen. Cf. die Studie von Claus-E. Bärsch: Goebbels und die Apokalypse

dieses Mahl die Nacht vom 14. auf den 15. Nisan vor. Jesu Todestag, der Karfreitag, fällt danach im jüdischen Kalender auf den 15. Nisan. Das Johannes-Evangelium aber läßt die Juden, die Jesus vor Pilatus anklagen, das Prätorium nicht betreten – offenbar, um die kultischen Verunreinigungen zu vermeiden, die ihnen das bevorstehende Essen des Passahlammes verbieten würden. Nach dieser Chronologie wäre Jesus also schon am Rüsttag zum Passahfest, am 14. Nisan gekreuzigt worden. Und sein letztes Mahl hätte am 13. Nisan stattgehabt und wäre eben kein Passahmahl gewesen.

Für die Liturgie der Ostkirche ist diese johanneische Zeitordnung bis heute bestimmend. Die byzantinischen Liturgien verzichten ostentativ auf die Passah-Allusion und verwenden zur Konsekration gesäuertes Weizenbrot; die westlichen hingegen konfessionsübergreifend ungesäuertes Brot (Mazzen).[2] Wenn Johannes Jesus so bewußt aus dem Bild- und Verheißungsraum des Passahfestes exiliert, daß er noch die verläßlichere Chronologie der Synoptiker verwirft und die Einsetzungsworte des Abendmahls im Kreis der Jünger auf die Massenspeisung vordatiert, so hat dies einen aufregenden, bis heute immer wieder exegetisch heruntergespielten Hintergrund, den erst Hegel, Hölderlin und Schelling wieder entschieden aufgedeckt haben: ganz offenbar ist Johannes darum bemüht, Jesus jüdischen Kontexten zu entwenden, um sein Sakrament griechischen Mysterientraditionen anverwandeln zu können.

In griechische Mysterienkulte (und in die von Eleusis zumal) war Johannes mit hoher Wahrscheinlichkeit eingeweiht. Er, der die Kunst der Allusion so souverän wie kein zweiter neutestamentarischer Autor beherrscht, ist denn auch wiederholt bemüht, Christus und Dionysos einander anzunähern, ja zu verbrüdern. Johannes charakterisiert Christus als den »wahren Weinstock« (15, 1 und 4) und läßt ihn so überbietend ins Zeichen des Dionysos treten. Auf Dionysos verweist schon die johanneische Schilderung

2 Einen ganz knappen Überblick zu den unterschiedlichen Liturgien überhaupt vermittelt W. Jungs: Liturgisches Wörterbuch. *Die Geschichte der Liturgie im Westen und Osten* seit den Anfängen stellt H. A. J. Wegmann dar. In jüngerer Zeit bedingen offenbar weniger theologische als pragmatische Überlegungen die Ausgestaltung des Abendmahls: »Aus Angst vor Aids immer seltener zum Abendmahl?« so fragt schon der Titel des Berichtes von K.-A. Odin in der FAZ vom 20.9.1988, p. 9, um dann von Überlegungen der evangelischen Kirche zu berichten, das gemeinsame Trinken aus einem Kelch aufzugeben. Cf. dazu auch M. Holde: Infektionsherd Abendmahl?

der Hochzeit zu Kana. Kana ist wohl, wie J. Grill gezeigt hat[3], nicht der Name eines Ortes, sondern einfach das hebräische Äquivalent für griech. νάρθηξ / Narthexrohr und also für das heilige Symbol des Dionysoskults, das die Bakchanten bei den Festumzügen trugen. Und auf Jünger dieses Kultes, die im dionysischen Weinrausch trunken sind, trifft Christus dort ganz offenbar. Bevor er sie zu Proselyten seiner geistigeren Weisheit machen will, die im Zeichen nüchterner Trunkenheit steht, wandelt sich Christus Dionysos an. Wie dieser nämlich vermag er, Wasser zu Wein werden zu lassen (Joh. 2) – ein dionysisches Wunder, das spätestens seit seiner Schilderung in den *Bakchen* des Euripides geradezu klassischen Signalwert hat. Dort heißt es von den Anhängerinnen des antiken Weingottes:

> Manch eine auch schlug mit dem Thyrsos an den Felsen,
> und gleich sprang einer Quelle frisches Naß hervor.
> Manch andere stieß ihre Gerte in den Boden,
> da ließ die Gottheit einen Born von Wein aufsprudeln.
> Wenn eine Durst nach Milch verspürte, brauchte sie
> den Boden nur mit Fingerspitzen aufzukratzen,
> schon floß ihr Milch in Strömen. Von den Efeustäben
> jedoch troff süßer Honigseim. Ja, wärest du
> dabei gewesen, hättest du bei diesem Anblick
> den Gott, den jetzt du tadelst, im Gebet verehrt![4]

Nicht nur die Texte des Alten Testaments, sondern auch zentrale Passagen der griechischen Klassik sind offenbar – so das Pathos des Johannes – typologisch auf Christus zu beziehen. Gewiß auch die folgenden Verse aus den *Bakchen*, die den »neuen Gott« Dionysos als verspotteten und dennoch siegreichen charakterisieren:

> Der neue Gott hier, über den du spottest – ja,
> mir fehlt die Kraft, zu sagen, wie gewaltig er
> in Hellas herrschen wird! Zwei Güter, junger Herr,
> besitzen für die Menschen höchsten Wert: Demeter,
> das ist die Erde, kannst sie nennen, wie du willst;
> sie nährt die Sterblichen mit ihren trocknen Gaben.
> Gleichwertiges erfand Semeles Sohn und führte

3 Cf. J. Grill: Untersuchungen über die Entstehung des vierten Evangeliums. Cf. dazu auch L. Weber: Arznei der Unsterblichkeit – Die Eucharistielehre bei Ignatius von Antiochien und im Johannes-Evangelium

4 Euripides: Bakchen, vv. 704-713

es bei den Menschen ein, den Traubensaft, den Trank,
der die geplagten Sterblichen vom Leid befreit,
wenn sie am Strom der Reben sich erquicken, und
den Schlummer bringt, Vergessen aller Qual des Tages;
er ganz allein schafft Hilfe gegen jede Not.
Er, selbst ein Gott, wird Göttern dargebracht als Spende,
so daß durch ihn der Mensch das Gute ernten kann.[5]

Es fällt gar nicht so schwer, Dionysos und Christus als Brüder zu stilisieren. Einen Signalwert im Rahmen dieses johanneischen Projekts hat auch das griechische Wort, das der Evangelist in anderen Kontexten verwendet: Er läßt Jesus nämlich mainadisch »rasen« (Luther übersetzt die Stelle Joh. 10, 20 zurückhaltend mit »Er ist unsinnig«, wo im griechischen Text μαίνεται / rasen zu lesen ist, von dem sich das Wort »mänadisch« direkt herleitet). Johannes läßt Jesus also eben das tun, was als prototypisch dionysisch gilt. Man kann sich in der Tat nur darüber wundern, »daß der spätere Bearbeiter diesen (so identifikationsträchtigen, J.H.) Ausdruck stehen ließ«.[6] Christus und Dionysos aufeinander zu beziehen, war aber offenbar nicht bloß ein exquisites Privattheologomenon des Johannes, sondern eine verbreitete kultische Tendenz. Jedenfalls sieht sich der Hebräerbrief veranlaßt, vor »fremden Lehren« und falscher Götterspeise zu warnen: »Lasset euch nicht mit mancherley und frembden Lehren umbtreiben. Denn es ist köstlich ding / das das hertz feste werde / Welchs geschicht durch Gnade / nicht durch Speisen / dauon keinen nutz haben / so damit vmgehen.« (Hebräer 13, 9 sq.).

Der skandalöse theophage Klartext, den das 6. Kapitel des Johannes-Evangeliums Jesus sprechen läßt, ist also so kontextlos nicht. Er verweist vielmehr auf die dionysische Qualität Christi. Wenn Jesus (um die abgründigen Wendungen aus dem sechsten Kapitel des Johannes-Evangeliums wörtlich zu übersetzen) dazu auffordert, sein Fleisch »mit Zähnen zu zerbeißen« und sein »Blut auszutrinken«, so zitiert er nichts anderes als Zentralstücke aus dem Dionysosmythos, der die Titanen das Fleisch des göttlichen Kindes zerkauen, und den Dionysoskultus, der die Mainaden rohes Fleisch mit den Zähnen zerreißen läßt. Der johanneische Jesus

5 Ibid., vv. 272-285

6 C. Schneider: Geistesgeschichte der christlichen Antike, p. 91. Cf. hierzu und zum folgenden auch F. Hahn: Zum Stand der Erforschung des urchristlichen Herrenmahls

erfüllt und überbietet demnach die eleusinischen Mysterien und nicht so sehr die Verheißungen des alten Bundes. Zerreißungen und Zerfleischungen aber stehen im kultischen Zentrum dieser Mysterien, die eben darin eine sakramentale Vereinigung mit dem Gott sehen. Ihre Geheimnisse wurden – nicht zuletzt durch die Androhung schlimmer Strafen – gut gewahrt. Und doch ist der Verlauf der eleusinischen Mysterien einigermaßen verläßlich rekonstruierbar (nicht nur durch archäologische Befunde, sondern auch durch die Berichte etwa von Pindar, Platon, Plotin, Jamblichos, Proklos, Marc Aurel, Pausanias u.a. sowie durch poetische Dokumente wie z.B. Euripides' Tragödie *Die Bakchen* und Aristophanes' Komödie *Die Frösche*).

Seit dem 7. Jahrhundert[7] vor Christus bis zur Zerstörung der eleusinischen Bauten durch die Truppen von Alarich im Jahre 396 fanden danach jeweils im Frühjahr in Athen kleine und im Herbst in Eleusis große Mysterien statt.[8] Eleusis, nordwestlich von Athen in einer weiten Bucht gelegen, war (und ist) über die 22 km lange heilige Straße zu erreichen. Die Teilnehmer an dieser Prozession – es dürften alljährlich zwischen 550 und 3000 gewesen sein – hatten sich schon Tage zuvor auf die Mysterien vorzubereiten. Priester, die aus Eleusis nach Athen gezogen waren, prüften, ob die, die an den Weihen teilzunehmen wünschten, die Voraussetzungen dafür erfüllten: von Verbrechen reine Hände zu haben, »verständlich« und also griechisch zu sprechen, d.h. kein »Barbar« zu sein, einen »rechten Lebenswandel« zu führen und im Vorjahr an den kleinen Weihen auf dem sogenannten Wildfeld in Athen teilgenommen zu haben. Unerlaubte Teilnahme wurde mit dem Tode bedroht.

Nach diesen bürokratischen Vorprüfungen fanden die kultischen Vorbereitungen statt. Am frühen Morgen des 16. boédromion (etwa Mitte September – der Name dieses kultischen Monats ist herzuleiten von »boé« / Ruf und »dromos« / Lauf) erscholl

7 Cf. zum folgenden u.a. die gründliche Studie von H.-J. Klauck: Herrenmahl und hellenistischer Kult; W. Burkert: Antike Mysterien. K. Kerényi: Die Mysterien von Eleusis; D. Lauenstein: Die Mysterien von Eleusis und natürlich auch die Artikel *Eleusis, Dionysos, Mysterien* in den gängigen Reallexika (RAC, Pauly-Wissowa u.a.)

8 Ausgefallen sind sie nur in den Jahren 480 v. Christus wegen der Seeschlacht bei Salamis, 335 v. Chr. nach der Vernichtung von Theben durch Alexander und von 160-173 n. Chr., als die Kostovoken das Heiligtum zerstört hatten.

durch Athen der Ruf: »Mysten zum Meer!« Dort reinigten die Teilnehmer nicht nur sich selbst, sondern auch die Ferkel, die zur anschließenden Opferung an die Unterirdischen im Eleusinion zu Athen bestimmt waren. Danach erst kam es zum eigentlich priesterlichen Opfer eines Schafes für Demeter und eines Widders für Persephone. Am frühen Morgen des 19. boédromion verließ der schwarz gekleidete Zug der Mysten noch im Dunkeln endlich Athen. Priester gingen fackelschwingend mit einem Dionysos-Iakchos-Bild voran. Pausanias, der um das Jahr 160 n. Chr. Attika bereiste, hat den heiligen Weg nach Eleusis ausführlich und in der nüchternen Distanz des einzelnen Wanderers, nicht des teilnehmenden Mysten beschrieben:

Geht man von Athen nach Eleusis auf der Straße, welche die Athener die Heilige nennen, so steht gleich außerhalb des Stadttores das Grabmal für Anthemokritos. Gegen ihn haben die Megarer ruchlos gehandelt, indem sie ihn ermordeten, obwohl er attischer Herold war, der sie aufzufordern hatte, das Heilige Land nicht mehr zu bebauen. (...) Nach der Säule für Anthemokritos kommt... der Ort Skiron. Er heißt so, weil Skiros, ein Seher aus Dadona, zu den Eleusiern kam, als diese Krieg gegen den (attischen König) Erechtheus führten. Vorher hatte er zu Phaleron (dem ältesten Hafen Athens) das Heiligtum der Athene Skiras gegründet. Skiros fiel, und die Eleusier begruben ihn an dem Gießbach, der seinen Namen empfing. (...) Geht man so fort, findet man einen Altar des Zephyros (des regentragenden Westwindes) und ein Heiligtum für Demeter und ihre Tochter. Dort werden mit diesen beiden zugleich Athene und Poseidon verehrt.[9]

Bislang hat der Zug ehrfurchtsvolles Schweigen gewahrt. Nun aber gelangt er an die Brücke über den Kephissos, und auf diese Brücke sendet Demeter aus Eleusis ihre Magd Iambe den Mysten entgegen. Eine Magd hatte einst Demeters starre und stumme Trauer über den Raub ihrer Tochter Persephone durch obszöne Scherze und Tänze gelöst. Und eben dies tut Iambe – auch Baubo / Bauch genannt – in mystischer Wiederholung hier und jetzt: sie hebt auf der Brücke vor dem Zug der Mysten unzüchtig ihr Kleid und bietet ihnen ein geistiges Getränk an, das ihre bisherige Stummheit löst. Am frühen Abend gelangt der mystische Zug, der nunmehr sein anfängliches Schweigen zugunsten rhythmischer »Iakchos«-Hochrufe auf Dionysos gebrochen hat, an den Steg, der die Flüsse

9 Pausanias: 1.36,3 / 1.36,4 / 1.37,2. Hier nach der Wiedergabe bei D. Lauenstein: l.c., p. 166 sq.

vor Eleusis überbrückt. Die Mysten haben ihn einzeln zu überschreiten, dabei Schmähungen zu erleiden und nochmals zu erklären, daß sie die Voraussetzungen für die Teilnahme an den Mysterien erfüllt haben. Danach folgt ein erster Höhepunkt der Mysterien: am Demeter geweihten Brunnen tanzen die schon angelangten Jugendlichen, denen die Weihe bevorsteht, in Mädchenkleidern beschwörend die Geschichte, die zusammen mit der von Dionysos im kultischen Zentrum von Eleusis steht: die Mythe von Demeter, Persephone und Hades. In den *Fröschen* hat Aristophanes einen solchen Mystenchor dazu singen lassen:

> Iakchos im Heiligtum bei Eleusis!
> Iakche, komm' auf die Wiese zum Tanz,
> zum Schwarm deiner Mysten!
> Schütt'le den Myrtenkranz,
> stampfe mit keckem Fuß,
> tanze den mystischen Reigen!
> Aufflammen die Fackeln.
> Wenn du kommst, Iakche,
> bist du beim nächtlichen Fest
> der Frühstern!
> Seliger, leuchte voran dem schwebenden Jünglingsreigen,
> als glänzender Leitstern zieh' ihn
> zum blumig-betauten Elysion[10].

Anschließend wurde die (vielfach überlieferte[11]) Mythe selbst gesungen. Mit Worten, die denen der homerischen Hymne an Demeter nahe gewesen sein mögen, wurde also immer erneut in Erinnerung gerufen, wie Persephone, die (häufig auch typisierend nur als »Kore« / Mädchen ausgesprochene) Tochter der Frucht(barkeits)göttin Demeter, mit ihren Freundinnen Artemis und Athene im Frühling tanzte und dabei vom Todesgott Pluto in sein finsteres Reich, den Hades, entführt wurde. Demeter, die den gellenden Schrei ihrer Tochter vernommen hat, irrt neun Tage lang erfolglos suchend umher, bis sie endlich von Helios, dem alles sehenden Sonnentitanen, vom schrecklichen Ereignis erfährt. In ihrer stolzen und kühnen Trauer wendet Demeter sich von den Göttern ab und den Menschen zu. Als alternde Frau sitzt sie abends am Stadt-

10 Aristophanes: Die Frösche, nach D. Lauenstein: l. c., p. 183

11 Cf. u. a. die Schilderung der Persephone-Mythe im Homerischen Hymnos an Demeter, bei Appolodoros, in der 146. Fabel des Hyginus und im 5. Buch der Metamorphosen des Ovid

brunnen vor Eleusis, läßt sich als Amme in einem reichen Haus anwerben und dort ihre starre Trauer durch derbe erotische Scherze vertreiben. Den Knaben aber, der ihr anvertraut ist, nährt sie nicht mit irdischer Speise. Entsetzt muß seine Mutter eines Nachts sehen, wie die alte Amme ihn ins Herdfeuer legt. Auf ihren Aufschrei hin gibt die Göttin sich und die Absicht ihres geheimnisvollen Tuns zu erkennen. Die frühe Hymne an Demeter (7. Jh. v. Chr.) hat diese Szene festgehalten:

Törichte Menschen! ohne Verständnis, das Schicksal zu ahnen,
Mag es euch nun zum Vorteil kommen oder als Unheil!
Weitsicht kanntest auch du nicht, drum bist du für immer verblendet.
Unerbittliches Wasser der Styx, du göttlicher Schwurort,
Wisse! Jung alle Tage, unsterblich hätt ich den lieben
Sohn dir gemacht, ihm unvergängliche Ehren gestiftet.
Jetzt aber kann er nimmer entrinnen dem Tod und dem Schicksal.
Unvergängliche Ehre soll dennoch ihm werden; er ist ja
Mir auf den Knieen gestanden und hat mir in Armen geschlummert.
Ihn zu ehren werden im Laufe der Jahre in jedem
Frühling alle Tage untereinander Eleusis'
Söhne immer Krieg beginnen und schreckliche Feldschlacht.
Ich aber bin Demeter, die Ehrenvolle, zur größten
Freude und Hilfe für Götter und Menschen geschaffen. Wohlan denn!
Euer ganzes Volk soll mir einen mächtigen Tempel
Baun, den Altar daneben, nahe der Stadt, eine steile
Mauer werde erstellt auf Kallíchoros ragendem Hügel.
Weihen aber will selber ich stiften, damit ihr in Zukunft
Schuldlos in Handel und Wandel mein Herz zur Versöhnung bereit
[macht.[12]

Um die zornige Göttin zu versöhnen, bauen die aufgeschreckten Eleusier ihr das Anaktoron, das Haus der Herrin. Dorthin zieht sich die von Göttern wie von Menschen enttäuschte Demeter zurück. Ein ganzes Jahr lang verweigert sie, die Göttin der Fruchtbarkeit, in trostloser Trauer über den Raub ihrer Tochter alles Blühen und Keimen, bis endlich die Götter aus Furcht um alles Leben Hermes in den Hades senden. Seinem Verhandlungsgeschick gelingt es, Pluton zur Freigabe der geraubten Persephone zu veranlassen. Doch diese hat bereits im Hades Speise und genauer den Kern eines Granatapfels genossen. Und deshalb ist sie für je drei Monate des Jahres dem Aufenthalt im Schattenreich verpflichtet.

12 Homerischer Hymnos an Demeter, vv. 256-274

Der uralten Göttin Rheia gelingt es, die zürnende Demeter erneut mit den Olympischen zu versöhnen. Wie nach dieser göttlichen Versöhnung auch ihr Zorn gegenüber den Menschen zu lösen sei, gibt Demeter selbst zu verstehen: eben durch die Einrichtung von ihr gewidmeten Mysterien. Die Hymne an Demeter hat diese kultische Szene so beschrieben:

Also sprach sie; die schön bekränzte Demeter gehorchte,
Ließ in den großen Schollen der Äcker sogleich wieder Früchte
Wachsen, daß weithin die Erde strotzte von Blättern und Blüten,
Ging zu den Königen dann, den Wahrern des Rechtes, und zeigte
Erst dem Triptolemos, Diokles dann, dem Meister der Pferde,
Keleos auch, dem Führer der Männer, der Kraft des Eumolpos,
Allen den Opferdienst und beschrieb die erhabenen Weihen,
Erst dem Triptolemos, dann Polyxeinos, Diokles wieder.
Keiner darf je sie verletzen, erforschen, verkünden; denn große
Ehrfurcht vor den Göttern läßt Menschenrede verstummen.
Selig der Erde bewohnende Mensch, der solches gesehen!
Doch wer die Opfer nicht darbringt, oder sie meidet, wird niemals
Teilhaft solches Glücks; er vergeht in modrigem Düster.
Aber als nun alles die himmlische Göttin gestiftet,
Brachen sie auf zum Olympos, zum Kreise der anderen Götter.
Dort nun wohnen sie beide bei Zeus, dem Meister des Blitzes,
Ehrbar und hehr. Hochselig die Erde bewohnenden Menschen,
Denen die beiden sich gütig und liebend erzeigen; sie schicken
Plutos bald in ihr großes Haus als Genossen am Herde;
Der aber stiftet reiches Vermögen den sterblichen Menschen.
Ihr aber, denen das Volk des duftumwölkten Eleusis,
Paros im Meer und Antron im Felsengebirge gehören,
Waltende Herrin, Deo, Mutter des Jahres, von Gaben
Strahlende! Wunderschöne Tochter Persephoneia!
Spendet gütig zum Lohn für mein Lied erfreuende Nahrung.
Ich aber werde deiner und anderen Sanges gedenken.[13]

Affinität und Differenz dieser Mythe zur Christologie sind unübersehbar. Im thematischen Zentrum beider Berichte steht das Sterben und Auferstehen eines göttlichen Kindes. Und im Zentrum beider Kulte – des Abendmahlsakraments wie der eleusinischen Mysterien – steht eine Erinnerungsverpflichtung, die mit Verheißungen aufs engste verknüpft ist. Diese Erinnerung bzw. Verheißung aber gilt einmal gänzlich patrilinear der Geschichte des einen göttlichen Vaters, der seinen einen Sohn opferte, das andere

13 Ibid., vv. 470-495 (= Schluß der Hymne)

Mal gänzlich matrilinear der Geschichte einer verzweifelten göttlichen Mutter, die ihre Tochter ausgerechnet an den tödlichen unter den vielen Göttern verlor. Der irreversiblen Einmaligkeit der Zeitordnung, die Christus mit der Auferstehung verspricht, widerspricht denn auch die ewige Wiederkehr des Sterbens und Werdens, für das die Mutter-Tochter-Mythe ebenso einsteht wie der Mythos von Dionysos.

Die eleusinischen Mysterien haben allen Grund, beide Mythen kultisch zu verschränken und den Zug der Mysten unter Hochrufen auf Dionysos zum Demeter-Heiligtum gelangen zu lassen. In einigen Überlieferungen wird Demeter selbst gar zur Mutter des Dionysos erklärt.[14] Doch die ausschlaggebenden Quellen wollen es anders. Schon der Homerische Hymnos auf Dionysos weist die Tochter des Königs Kadmos von Theben Semele (d.h. Mond) als seine Mutter aus. Sie hat ihn von Zeus empfangen, der sich ihr gegenüber als Sterblicher verrätselte. Die eifersüchtige Hera gibt deshalb, sich als Nachbarin verstellend, Semele den Rat, ihren geheimnisvollen Liebhaber zur Preisgabe seiner Identität aufzufordern. Als Zeus dies verweigert, verweigert Semele ihm das Liebeslager. Im Zorn vernichtet der Gott die Geliebte, indem er ihr in göttlicher Übergewalt als Donner und Blitz erscheint. Hermes aber rettet den sechs Monate alten Gottessohn, indem er ihn in den Schenkel des Zeus näht und zur rechten Zeit ein zweites Mal geboren sein läßt: Dionysos, der zweifach Geborene – zu zwei Zeiten, aus zwei Geschlechtern, aus einer Irdischen und dem Himmlischen schlechthin.

Heras Eifersucht ist grenzenlos. Sie befiehlt den Titanen, den buchstäblich eingeborenen Sohn ihres göttlichen Gatten in Stücke zu reißen. An der Stelle, da dies geschieht, erwächst aus dem Blut des Kindes ein Granatapfelbaum. Der zerrissene Dionysos (Zagreus – der Zerrissene) aber wird von Rheia, der Mutter des Zeus, zusammengefügt, wiederbelebt und keiner anderen als Persephone anvertraut. Um ihn vor Heras Wut zu schützen, verwandelt Zeus seinen Sohn in einen Widder, der von einer Schar Nymphen – unter ihnen Bakche – großgezogen und weiblich verzogen wird. Im Wein, den er auf dem Berg Nysa entdeckt, findet er das Glück des Rausches, das ihn zu eben dem Wahnsinn disponiert, mit dem ihn Hera, kaum daß sie ihn wiedererkannte, schlägt. Und rasend zieht

14 So etwa bei Diodorus Siculus (III, 62 und 74; IV, 4)

er fortan, von seinem Erzieher Silen sowie einer wilden Schar von Satyrn und Mainaden begleitet bis nach Indien, wo er auf dem Rücken eines von Zeus geschickten Tigers den Fluß Tigris überschreitet.

Zahllose Abenteuer und seine Lust an Dissoziationen verleihen ihm den auratischen Ruf, dem zumal Frauen nicht widerstehen können. Die Frauen von Theben schließen sich gar dauerhaft seinen Saturnalien an und ziehen mit ihm auf den Berg Cithairon. Von dort aus verbreiten sie die Freude und den Schrecken, in deren doppelten Zeichen er, der zweifache, steht. Selbst die von Theseus verlassene und trauernde Ariadne auf Naxos kann sich seiner Faszinationskraft nicht entziehen. Seinen Ausschweifungen zum Trotz (oder aber aufgrund eben dieser seiner Lust) vermag er schließlich seine weltweite Anbetung und seine Aufnahme an den Tisch der zwölf großen olympischen Götter durchzusetzen, nachdem er Hera beschwichtigen und – da der Platz an der göttlichen Tafel eng bemessen ist – die bescheidene Göttin Hestia zum Verzicht auf ihre Göttlichkeit bewegen konnte.

Eine Engführung der Demeter/Persephone-Mythe mit der von Dionysos liegt vielfach nahe. Sie ist nicht nur in Eleusis kultisch vollzogen, sondern auch bis hin zu Hans Castorps sonnig-trunkener Mysterienvision auf dem verschneiten ›Zauberberg‹ (und darüber hinaus) immer wieder poetisch verdichtet worden. Diese – auch durch »geistige Getränke« freigesetzte – Halluzination des Thomas-Mann-Helden führt aus Schweizer Winterhöhen in den Tempel von Eleusis zu Demeter und Persephone, um dann dionysisch von Freude in Schrecken umzuschlagen:

Auch er sah rückwärts... Mächtige Säulen, ohne Sockel, aus zylindrischen Blöcken getürmt, in deren Fugen Moos sproßte, ragten hinter ihm – die Säulen eines Tempeltors, auf dessen in der Mitte offenem Stufenunterbau er saß. Schweren Herzens stand er auf, stieg seitlich die Stufen hinab und ging in den tiefen Torweg hinein, hindurch, auf einer mit Fliesen belegten Straße fort, die ihn alsbald vor neue Propyläen führte. Er durchschritt auch sie, und nun lag vor ihm der Tempel, massig, grau-grünlich verwittert anzusehen, mit steilem Treppensockel und breiter Stirn, die auf den Kapitälen solcher gewaltiger und fast gedrungener, nach oben sich verjüngender Säulen lag, aus deren Gefüge manchmal ein gekehlter Rundblock, verschoben, seitlich austrat. Mit Mühe, auch unter Gebrauch der Hände und seufzend, denn immer beengter wurde es ihm ums Herz, erkletterte Hans Castorp die hohen Stufen und gewann den Hallenwald der Säulen. Der war sehr tief, er ging darin umher wie zwischen den Stämmen des Buchenwaldes am blassen Meer, indem er absichtlich die Mitte vermied und auszuweichen suchte. Doch schweifte er wieder zu ihr zurück und fand sich, wo die Säulenreihen auseinandertraten, vor einer Statuengruppe, zwei steinernen Frauenfiguren auf einem Sockel, Mutter und Tochter, wie es schien: die eine, sitzend, älter, würdiger, recht milde und göttlich, doch mit klagenden Brauen über den sternlos leeren Augen, in faltenreicher Tunika und Oberkleid, den gewellten Matronenscheitel mit einem Schleier bedeckt; die andere, stehend, von jener mütterlich umschlungen, mit rundem Jungfrauengesicht, Arme und Hände in die Falten ihres Übergewandes geschlungen und darin verborgen.

In der Betrachtung des Standbildes wurde Hans Castorps Herz aus dunklen Gründen noch schwerer, angst- und ahnungsvoller. Er getraute sich kaum und war doch genötigt, die Gestalten zu umgehen und hinter ihnen die nächste doppelte Säulenreihe zurückzulegen: Da stand ihm die metallene Tür der Tempelkammer offen, und die Knie wollten dem Armen brechen vor dem, was er mit Starren erblickte. Zwei graue Weiber, halbnackt, zottelhaarig, mit hängenden Hexenbrüsten und fingerlangen Zitzen, hantierten dort drinnen zwischen flackernden Feuerpfannen aufs gräßlichste. Über einem Becken zerrissen sie ein kleines Kind, zerrissen es in wilder Stille mit den Händen – Hans Castorp sah zartes blondes Haar mit Blut verschmiert – und verschlangen die Stücke, daß die spröden Knöchlein ihnen im Maule knackten und das Blut von ihren wüsten Lippen troff. Grausende Eiseskälte hielt Hans Castorp in Bann. Er wollte die Hände vor die Augen schlagen und konnte nicht. Er wollte fliehen und konnte nicht. Da hatten sie ihn schon gesehen bei ihrem greulichen Geschäft, sie schüttelten die blutigen Fäuste nach ihm und schimpften stimmlos, aber mit letzter Gemeinheit, unflätig, und zwar im Volksdialekt von Hans Castorps Heimat. Es wurde ihm so übel, so übel wie noch nie. Verzweifelt wollte er sich von der Stelle reißen – und so, wie er dabei an der Säule in seinem Rücken seitlich hingestürzt, so fand er sich, das scheußliche Flüsterkeifen noch im Ohr, von kaltem Grausen noch ganz umklammert, an seinem Schuppen im Schnee, auf einem Arme liegend, mit angelehntem Kopf, die Beine mit den Ski-Hölzern von sich gestreckt.[15]

Thomas Manns poetische Ver-dichtung dürfte den kultischen Vollzügen, die in Eleusis statthatten, näher sein als manche altphilologisch-lexikalische Aufarbeitung. Auch die vier (jeweils etwa ein- bis zweistündigen) »Orgien«, die die eleusinische Mysteriennacht skandierten, kreisten um die Freuden und Schrecken, die zeitliches Dasein intensivieren. Mit dem Zyklus von Geburt und Tod konfrontiert denn auch gleich die erste Orgie, an der die Mysten teilnehmen, die nach dem Tanz am Brunnen durch ein Tor in

15 Th. Mann: Der Zauberberg, p. 690 sqq.

eine große Halle eingetreten sind. Dort wartet ihrer die starr trauernde Demeter. Sie wird durch die erotischen Scherze der jungen Magd Iambe aus dieser Erstarrung gelöst. Ihr nackter lasziver Empfängnis-Tanz endet mit einer deutungsunbedürftigen Fruchtbarkeitssymbolik. Iambe reicht Demeter ein Ei. Hera und Athene treten hinzu, so daß drei Muttergottheiten versammelt sind. Zu diesem weiblichen Geschehen komplementär steht die Erinnerung daran, daß der Schmied Hephaistos Athenes Geburt aus dem Haupt ihres Vaters Zeus ermöglichte. Hephaistos schlägt dann einem der beiden Jünglinge, die, von Sartyrn und Wolfsmenschen begleitet, herbeigeeilt sind, um (wie Faust) schaudernd dem Wunder der Mutterschaft beizuwohnen, die Hörnerkappe vom Kopf und befiehlt, ihn zu binden und zu geißeln.

Im Zentrum der zweiten Orgie – zu ihr leitet der Gang vom ersten zum zweiten Tempelhof über, in dessen Verlauf der gegeißelte Junge gepflegt und mit einem roten Mantel geschmückt wird – im Zentrum der zweiten Orgie stehen Dionysos und seine Amme Ino. Und auch die dritte Orgie wird eröffnet, indem den Mysten der Blick auf Dionysos freigegeben wird. Er sitzt vor dem Eingang des Anaktoron: in einem langen blauroten Kleid, ein Narthexrohr in der Rechten und eine auf Demeter verweisende goldene Ähre in der Linken haltend. Die Handlungen dieser Orgie geschehen gleichsam im Krebsgang: erinnert, ja wiederholt wird die Geburt des Dionysos, und erfleht wird von den Mysten ein Leben in seinem Zeichen. In Urpraktiken des angemessenen Umgangs mit Zeichen führt auch der Vogelflug ein, der zu dieser Orgie gehört. Aphrodite läßt eine Taube und Athene eine Eule fliegen. Den Ausgang dieses Zusammentreffens – ob die Taube bei Aphrodite Schutz findet oder von der Eule erfolgreich gejagt wird – hat jeder Myste im Hinblick auf sein Schicksal und das seiner Stadt zu deuten.

Der Feier von Persephone und Dionysos ist die letzte Orgie gewidmet. Aus dem Fest der Lebenden und der Toten, das in einer erneuten Demeter-Huldigung gipfelt, leitet Hermes Psychopompos die Mysten wieder hinaus in den beginnenden Morgen. Am Ausgang des Tempels gibt eine Priesterin jedem Mysten festlich die Hand und gemahnt ihn streng an das Gebot, über alles hier Erfahrene zu schweigen.

An dieses Schweigegebot hat sich wohl auch der mysterienvertraute Evangelist Johannes gehalten. Und doch gibt seine Kunst der Anspielung ebenso wie die theophage Drastik der Sätze, die er Jesus sprechen läßt, deutlich zu erkennen, daß er ihn als Bruder des Dionysos stilisiert. Eine Stilisierung, der weitere Engführungen Christi mit antiken Göttern und Heroen korrespondieren. Charakterisiert Johannes doch Christus auch als wahren Herakles, wenn er ihn – wiederum anders als die Synoptiker – mit dessen Worten auf den Lippen sterben läßt: »Es ist vollbracht.« (Joh. 19,30).[16] Und versteht er ihn doch auch als den wahren Asklepios – die Formel dieses Wunderarztes »Wenn du stirbst, so bist du nicht gestorben«, macht der johanneische Christus (und nur dieser) sich zu eigen.

Keine Frage: Johannes mobilisiert seine ganze erhebliche Darstellungs- und Allusionskunst, um Christus als den zu charakterisieren, der die Versprechungen der antiken Götter und die des Dionysos zumal erfüllt. Dichtern und Philologen, die wie Hölderlin und Nietzsche im Zeichen des Wahnsinns standen, blieb es vorbehalten, an diese ursprüngliche Verbindung von Antike und Christentum zu erinnern. Neben ihr verblaßt die scholastische Abbildung aristotelischer Sätze auf christliche Offenbarungen – wie sie sich theologisch im christlichen Abendland durchsetzte – zur schieren Langeweile. Der Wahnsinn, der den antichristlichen Pfarrerssohn und Altphilologen Nietzsche seinen letzten Gruß an Cosima Wagner (»Ariadne, ich liebe Dich«) und an den Baseler Kollegen Jakob Burckhardt mit »Dionysos« bzw. »Der Gekreuzigte« unterschreiben läßt, hat hingegen nicht nur Methode, sondern auch ein bemerkenswertes Fundament.

16 Cf. F. Pfister: Herakles und Christus

5. Die Logifizierung des Gottes: Theologische Überformungen des Abendmahls

Die mystisch-ästhetischen Reize der tradierten katholischen Messe sind vielfach bezeugt. Und es häufen sich in den letzten Jahren gerade bei den Gebildeten unter den Verächtern retrograder Frömmelei die Klagen über den Verlust der Reize, die diese klassische Zusammenführung von Sinnen und Sinn souverän in Szene zu setzen verstand. Seit dem »Konzil der Buchhalter«[1] und also seit der Liturgiereform des Zweiten Vatikanischen Konzils von 1963 hat die Arbeit der Trauer über diesen Verlust zunehmend ihren aufgeklärt-verschämten Charakter abgelegt. Die Verlustrechnung ist denn auch in der Tat beeindruckend und wohl nur von denen zu begrüßen, die sogar noch die religiöse Erfahrung des totaliter aliter zur kontrafaktisch antizipierten kommunikativen Veranstaltung von Dialogpartnern umformen wollen, in der der zwanglose Zwang des besseren Arguments sich durchsetzt. An die Stelle, die das mysterium tremendum et fascinans[2] innehatte, tritt dann die vollends aufgeklärte Erde, die im Zeichen triumphalen Unheils erstrahlt. Wo keine Götter sind, walten eben Gespenster.

Osternacht, schwäbisch, um 1958. Die Ratschenbuben laufen durch das Dorf, mit lärmendem Singsang und häßlichem Schnarren die Glocken ersetzend, die in der Karwoche schweigen müssen. Der Kirchhof schwarz von Menschen. Ein hochaufgetürmter Scheiterhaufen, Reisig, Zaunlatten, Besenstiele, Pfähle und Balken. Der Boden liegt voller Ketten, die sich sternförmig im umstehenden Volk verlieren. Stille. Ein leises Picken: es wird Feuer geschlagen. Nach kurzem Knistern lodert eine meterhohe Flamme gen Himmel. Der Priester waltet seines Amtes, betet, segnet, räuchert und weiht, entzündet schließlich eine Kerze am Feuer. Feierlich schreitet er zum Portal und zieht in die nachtdunkle Kirche ein, wo schweigend die Menge harrt. Er trägt sein einsames Kerzenflämmchen, bleibt stehen, singt »Lumen Christi«, die Gemeinde antwortet »Deo gratias«, er entzündet die Kerzen des Volkes an der seinen. Er schreitet weiter, singt höher, entzündet weiter, singt und entzündet ein drittes Mal, bis er, am Altar angekommen, die Osterkerze erstrahlen läßt, bis die Orgel aufbraust,

1 A. Lorenzer: Das Konzil der Buchhalter

2 So hat R. Otto in seiner religionsphänomenologischen Studie: Das Heilige bestimmt.

alle Glocken läuten, der Diakon das Exsultet anstimmt, jubelnd »O felix culpa, quae talentae tantum meruit habere redemptorem« – »O glückliche Schuld, die einen so großen Erlöser zu erhalten verdiente!«

Draußen fällt währenddessen das Feuer im Nu zusammen, denn die Ketten enthüllen jetzt ihren Sinn, die Burschen des Dorfes ziehen daran nach allen Seiten glühende Hölzer heraus, galoppieren damit wie die Rasenden davon, zucken wie Irrlichter über den nächtlichen Kirchhof, rasseln zwischen den Beinen der in die Kirche Drängenden hindurch, nach Hause, um dort mit der geweihten Glut das Herdfeuer anzuzünden.

Osternacht, Maingebiet, zwanzig Jahre später. Eine restaurierte gotische Kirche. Wo das Osterfeuer sei? Erst nach mehrmaligem Fragen wußte es einer. Draußen in einem Winkel stand ein Priester vor einem kleinen eisernen Töpfchen, einer Art Kanonenofen ohne Deckel, und verrichtete seine Zeremonien. Das Volk fehlte. Der Priester zog ein, sang »Christus, das Licht«, aber heller konnte es dadurch nicht werden, denn das elektrische Licht war schon vorher an. Die Orgel hatte das »Dank sei Gott« anstimmen geholfen und war dann beim Exsultet sowenig eine Überraschung wie die Glocken, die ohnehin schon zum Gottesdienst gerufen hatten.[3]

Diese Zeiten-Klage ist (wie sollte es anders sein?) nicht neu. Und sie vergißt bei aller Hellsichtigkeit, daß die christliche Religion in ihren Anfängen ja selbst ein Unterfangen radikaler ästhetischer Ernüchterung war. Was ist der so auffallend alltagsnahe Verzehr von Brot und Wein im Vergleich mit den antiken Kulten? Wie hoch man also auch immer die klassisch-katholische Inszenierung des Absoluten schätzen mag – sie verblaßt fraglos gegenüber den Schrecken und Freuden, die die Eleusinischen Mysterien zu bereiten verstanden. Zumal die Abendmahle, die die frühesten christlichen Gemeinden feierten, zeichneten sich durch eine geradezu heilige Nüchternheit aus, die keinem Vergleich mit den kathartischen Effekten der Eleusinischen Mysterien standhält. Warum sich dieser und anderer Defizite zum Trotz das Christentum in der Welt der Antike dennoch durchzusetzen vermochte, ist immer erneut gefragt worden. Die gängigen Antworten haben zumindest eines gemeinsam: sie unterstellen eine irreversible Entwicklungslogik, die »vom Mythos zum Logos« führt. Und zweifellos sind monotheistische Hochreligionen in einem spezifischen Sinne abstrakter und rationaler als Bildräume, die von so reizvollen wie chaotischen polytheistischen Kompetenz- und Funktionsstreitigkeiten

3 Hermann Kurzke: Ästhetische Betrachtungen zur Liturgiereform; in: FAZ vom 3.9.1988

durchwaltet sind. Um von den genealogischen Überkomplexitäten und den diffusen Grenzen zwischen göttlicher und irdischer Sphäre zu schweigen, die die antike Götterwelt anarchisiert und allen binären Orientierungsschemata hohnspricht.

Die aktuellen Klagen über den Sinnlichkeitsverlust des religiösen Geschehens wiederholen in geradezu verblüffender Weise die Argumente, die vor genau 200 Jahren Schillers epochales Gedicht *Die Götter Griechenlands* poetisch ausgebreitet hatte, um die Defizite der christlichen Beglaubigung nur *eines* gestorbenen und auferstandenen Gottessohnes von der schönen Vielfalt der griechischen Götterwelt kraß abzusetzen (Strophen 1-3 und 12-16):

Die Götter Griechenlands

Da ihr noch die schöne Welt regieret,
An der Freude leichtem Gängelband
Selige Geschlechter noch geführet,
Schöne Wesen aus dem Fabelland!
Ach, da euer Wonnedienst noch glänzte,
Wie ganz anders, anders war es da!
Da man deine Tempel noch bekränzte,
Venus Amathusia!

Da der Dichtung zauberische Hülle
Sich noch lieblich um die Wahrheit wand –
Durch die Schöpfung floß da Lebensfülle,
Und was nie empfinden wird, empfand.
An der Liebe Busen sie zu drücken,
Gab man höhern Adel der Natur,
Alles wies den eingeweihten Blicken,
Alles eines Gottes Spur.

Wo jetzt nur, wie unsre Weisen sagen,
Seelenlos ein Feuerball sich dreht,
Lenkte damals seinen goldnen Wagen
Helios in stiller Majestät.
Diese Höhen füllten Oreaden,
Eine Dryas lebt' in jedem Baum,
Aus den Urnen lieblicher Najaden
Sprang der Ströme Silberschaum.

(...)

Schöne Welt, wo bist du? Kehre wieder,
Holdes Blütenalter der Natur!

Ach, nur in dem Feenland der Lieder
Lebt noch deine fabelhafte Spur.
Ausgestorben trauert das Gefilde,
Keine Gottheit zeigt sich meinem Blick,
Ach, von jenem lebenwarmen Bilde
Blieb der Schatten nur zurück.

Alle jene Blüten sind gefallen
Von des Nordes schauerlichem Wehn,
Einen zu bereichern unter allen,
Mußte diese Götterwelt vergehn.
Traurig such ich an dem Sternenbogen,
Dich, Selene, find ich dort nicht mehr,
Durch die Wälder ruf ich, durch die Wogen,
Ach, sie widerhallen leer!

Unbewußt der Freuden, die sie schenket,
Nie entzückt von ihrer Herrlichkeit,
Nie gewahr des Geistes, der sie lenket,
Selger nie durch meine Seligkeit,
Fühllos selbst für ihres Künstlers Ehre,
Gleich dem toten Schlag der Pendeluhr,
Dient sie knechtisch dem Gesetz der Schwere,
Die entgötterte Natur.

Morgen wieder neu sich zu entbinden,
Wühlt sie heute sich ihr eignes Grab,
Und an ewig gleicher Spindel winden
Sich von selbst die Monde auf und ab.
Müßig kehrten zu dem Dichterlande
Heim die Götter, unnütz einer Welt,
Die, entwachsen ihrem Gängelbande,
Sich durch eignes Schweben hält.

Ja, sie kehrten heim, und alles Schöne,
Alles Hohe nahmen sie mit fort,
Alle Farben, alle Lebenstöne,
Und uns blieb nur das entseelte Wort.
Aus der Zeitflut weggerissen, schweben
Sie gerettet auf des Pindus Höhn,
Was unsterblich im Gesang soll leben,
Muß im Leben untergehn.[4]

Die Antithetik von Antike und Christentum, die diese Fassung von 1788 epochemachend formuliert, hat Schiller in der Zweitfas-

4 Schiller: Die Götter Griechenlands, WW 1, pp. 673-676

sung von 1800 deutlich gemildert. Und auch ein weiteres Schiller-Gedicht, das fast gleichzeitig mit dieser Umarbeitung entstand, ist deutlich bemüht, nicht etwa Kontraste, sondern Affinitäten zwischen griechischen Mysterien und Christentum herauszustellen. *Das Eleusische Fest* ist der Titel der philosophierenden Lyrik, die Schiller 1799 verfaßte. In ihr mildert er den dionysischen Demeterkultus geradewegs zu einem Erntedankfest: »›Blutge Tigermahle netzen‹«, so läßt er dort Demeter/Ceres sprechen, als sie zur »rohen Schar« tritt, die ihr eine »blutgefüllte Schale … zum Opfer darbringt«, »blutge Tigermahle netzen / Eines Gottes Lippen nicht. / Reine Opfer will er haben, / Früchte, die der Herbst beschert, / Mit des Feldes frommen Gaben / Wird der Heilige verehrt.«[5]

Schillers Wille, seine antichristlichen Affekte alsbald umzuschreiben, vollzieht in nuce den welthistorischen Erfolg der neuen monotheistischen Religion nach. Auch Schiller ist ein poetischer Saulus/Paulus des Christentums. Und auch er kann und muß an die johanneische Geste anknüpfen, die Übergänge von antik-polytheistischer Daseinslust zu christlich-monotheistischer Auferstehungsfixierung allererst ermöglichte. Am Siegeszug des Christentums (zumal in der hellenischen Welt) hat die johanneische Stiftung von Anknüpfungs- und Überbietungs-Verhältnissen eben nicht im Hinblick auf jüdische, sondern griechische Traditionen gewiß entscheidenden Anteil. Stilisiert sie Christus doch als universal-typologischen Gott, der die Verheißungen fast aller alten Götter zu erfüllen vermag. Und als den Gott zumal, der die Versagungen noch des faszinierendsten Kultes zu überwinden scheint. Das hat kein anderer als Novalis mit einer poetischen Exaktheit herausgearbeitet, die in religionswissenschaftlichen Abhandlungen kaum eine Entsprechung finden dürfte.

Denn der Frühromantiker aus pietistischem Haus benennt genau die funktionale und diskursive Überlegenheit des Christentums, die dieser unwahrscheinlichen Religion so entscheidende Durchsetzungschancen erst einräumte: die Möglichkeit, noch darüber verbindliche und Sinn heischende Redeweisen herzustellen, worüber im Rahmen der antiken Welt »selbst die Götter keinen Rat wußten« – über den Tod. Auch Novalis läßt keinen Zweifel daran erstehen, daß das Johannes-Evangelium ihn zu der so poeti-

5 Schiller: Ibid., p. 695. Cf. auch Schillers Gedicht: Klage der Ceres

schen wie diskursanalytisch exakten Rede ermuntert hat, die die fünfte unter den ›Hymnen an die Nacht‹ ist. Schreibt sie doch fort, was der »unter Hellas heiterm Himmel geborene Sänger« vorgeschrieben hatte. Die personal eindeutige Identifizierung dieses »Sängers« mag problematisch sein. In der interpretierenden Literatur sind denn auch so unterschiedliche Figuren wie die Apostel Thomas und Paulus, wie Orpheus oder eben Johannes genannt worden[6]. So zahlreich aber die Namen sein mögen, die sich mit dem »Sänger« assoziieren lassen, so deutlich ist doch seine funktionale Bestimmung: er verbindet »Hellas« mit dem jüdischen Messianismus, und er zieht – in nunmehr deutlicher imitatio des Dionysos – »voll Freudigkeit nach Indostan«. Wie denn überhaupt unverkennbar ist, daß Novalis mit der Wendung vom »Gott in den Trauben« und der »liebenden, mütterlichen Göttin, empor wachsend in vollen goldenen Garben« Dionysos und Demeter huldigt, um dann gleichwohl das Manko zu benennen, das Christus zum überlegenen Diskursbegründer macht: angesichts des »entsetzlichen Traumbildes«, das der Tod den Lebenden ist, wissen selbst die Götter, denen die Eleusinischen Mysterien geweiht sind, »keinen Rath«:

Ueber der Menschen weitverbreitete Stämme herrschte vor Zeiten ein eisernes Schicksal mit stummer Gewalt. Eine dunkle, schwere Binde lag um ihre bange Seele – Unendlich war die Erde – der Götter Aufenthalt, und ihre Heymath. Seit Ewigkeiten stand ihr geheimnißvoller Bau. Ueber des Morgens rothen Bergen, in des Meeres heiligem Schooß wohnte die Sonne, das allzündende, lebendige Licht.

Ein alter Riese trug die selige Welt. Fest unter Bergen lagen die Ursöhne der Mutter Erde. Ohnmächtig in ihrer zerstörenden Wuth gegen das neue herrliche Göttergeschlecht und dessen Verwandten, die frölichen Menschen. Des Meers dunkle, grüne Tiefe war einer Göttin Schooß. In den krystallenen Grotten schwelgte ein üppiges Volk. Flüsse, Bäume, Blumen und Thiere hatten menschlichen Sinn. Süßer schmeckte der Wein von sichtbarer Jugendfülle geschenkt – ein Gott in den Trauben – eine liebende, mütterliche Göttin, empor wachsend in vollen goldenen Garben – der Liebe heiliger Rausch ein süßer Dienst der schönsten Götterfrau – ein ewig buntes Fest der Himmelskinder und der Erdbewohner rauschte das Leben, wie ein Frühling, durch die Jahrhunderte hin – Alle Geschlechter verehrten kindlich die zarte, tausendfältige Flamme, als das höchste der Welt. Ein Gedanke nur war es. Ein entsetzliches Traumbild,

6 Cf. den Kommentar mit Sichtung der vorliegenden Literatur von Hans Jürgen Balmes = Novalis: Werke Bd. 3 – Kommentar, p. 82 sq.

Das furchtbar zu den frohen Tischen trat
Und das Gemüth in wilde Schrecken hüllte.
Hier wußten selbst die Götter keinen Rath,
Der die beklommne Brust mit Trost erfüllte.
Geheimnißvoll war dieses Unholds Pfad
Des Wuth kein Flehn und keine Gabe stillte;
Es war der Tod, der dieses Lustgelag
Mit Angst und Schmerz und Thränen unterbrach.

Auf ewig nun von allem abgeschieden,
Was hier das Herz in süßer Wollust regt,
Getrennt von den Geliebten, die hinieden
Vergebne Sehnsucht, langes Weh bewegt,
Schien matter Traum dem Todten nur beschieden,
Ohnmächtiges Ringen nur ihm auferlegt.
Zerbrochen war die Woge des Genusses
Am Felsen des unendlichen Verdrusses.

Mit kühnem Geist und hoher Sinnenglut
Verschönte sich der Mensch die grause Larve,
Ein sanfter Jüngling löscht das Licht und ruht –
Sanft wird das Ende, wie ein Wehn der Harfe.
Erinnrung schmilzt in kühler Schattenflut,
So sang das Lied dem traurigen Bedarfe.
Doch unenträthselt blieb die ewge Nacht,
Das ernste Zeichen einer fernen Macht.[7]

An diesem »Zeichen« – und es ist ein Zeichen, ein σῆμα, in jedem Sinne: σῆμα heißt auch göttliches Zeichen, Vorzeichen, Merkmal, Spur und Grab(mal) – scheitert die antike Diskursordnung. Sie kennt buchstäblich einen schwarzen Fleck: den des Schattenreiches. Er entzieht sich jedem Versuch einer verbindlichen Diskursivierung und hat doch das letzte, das tödliche Wort. Nicht erst Nietzsche, schon Novalis hat den Zusammenhang von »Griechentum und Pessimismus« (um den Untertitel der *Geburt der Tragödie aus dem Geist der Musik* zu zitieren) entdeckt und offengelegt. Auf diesem schwarzgrauen Grund wird die Siegesbahn der christlichen Diskursivierung des Todes erst verständlich. Christus hat,

7 Novalis: Hymnen an die Nacht; in: Novalis: Bd. 1, p. 161 sqq. (hier nach dem Druck im »Athenäum«). Die Handschrift macht die Antithese, auf der diese fünfte Hymne aufruht, konstruktiv deutlich: »Alte Welt. Der Tod. *Xstus – neue Welt*« heißt es da (p. 160). Novalis hat Dionysos mehrere Gedichte gewidmet; cf. u. a. seine Nachdichtung von Horaz: Quo me, Bacche, und das Gedicht: Zur Weinlese (beide 1799 entstanden; in: Werke Bd. 1, p. 131 sq.)

so die frohe Botschaft und das Versprechen des eloquenten Gottessohnes, den Tod überwunden, der die griechische Daseinslust zu überwinden drohte:

Zu Ende neigte die alte Welt sich. Des jungen Geschlechts Lustgarten verwelkte – hinauf in den freyeren, wüsten Raum strebten die unkindlichen, wachsenden Menschen. Die Götter verschwanden mit ihrem Gefolge – Einsam und leblos stand die Natur. Mit eiserner Kette band sie die dürre Zahl und das strenge Maaß. Wie in Staub und Lüfte zerfiel in dunkle Worte die unermeßliche Blüthe des Lebens. Entflohn war der beschwörende Glauben, und die allverwandelnde, allverschwisternde Himmelsgenossin, die Fantasie. Unfreundlich blies ein kalter Nordwind über die erstarrte Flur, und die erstarrte Wunderheymath verflog in den Aether. Des Himmels Fernen füllten mit leuchtenden Welten sich. Ins tiefre Heiligthum, in des Gemüths höhern Raum zog mit ihren Mächten die Seele der Welt – zu walten dort bis zum Anbruch der tagenden Weltherrlichkeit. Nicht mehr war das Licht der Götter Aufenthalt und himmlisches Zeichen – den Schleyer der Nacht warfen sie über sich. Die Nacht ward der Offenbarungen mächtiger Schooß – in ihn kehrten die Götter zurück – schlummerten ein, um in neuen herrlichern Gestalten auszugehn über die veränderte Welt. Im Volk, das vor allen verachtet zu früh reif und der seligen Unschuld der Jugend trotzig fremd geworden war, erschien mit niegesehenem Angesicht die neue Welt – In der Armuth dichterischer Hütte – Ein Sohn der ersten Jungfrau und Mutter – Geheimnißvoller Umarmung unendliche Frucht. Des Morgenlands ahndende, blütenreiche Weisheit erkannte zuerst der neuen Zeit Beginn – Zu des Königs demüthiger Wiege wies ihr ein Stern den Weg. In der weiten Zukunft Namen huldigten sie ihm mit Glanz und Duft, den höchsten Wundern der Natur. Einsam entfaltete das himmlische Herz sich zu einem Blüthenkelch allmächtiger Liebe – des Vaters hohem Antlitz zugewandt und ruhend an dem ahndungsselgen Busen der lieblich ernsten Mutter. Mit vergötterter Inbrunst schaute das weissagende Auge des blühenden Kindes auf die Tage der Zukunft, nach seinen Geliebten, den Sprossen seines Götterstamms, unbekümmert über seiner Tage irdisches Schicksal. Bald sammelten die kindlichsten Gemüther von inniger Liebe wundersam ergriffen sich um ihn her. Wie Blumen keimte ein neues fremdes Leben in seiner Nähe. Unerschöpfliche Worte und der Botschaften fröhlichste fielen wie Funken eines göttlichen Geistes von seinen freundlichen Lippen. Von ferner Küste, unter Hellas heiterm Himmel geboren, kam ein Sänger nach Palästina und ergab sein ganzes Herz dem Wunderkinde:

Der Jüngling bist du, der seit langer Zeit
Auf unsern Gräbern steht in tiefen Sinnen;
Ein tröstlich Zeichen in der Dunkelheit –
Der höhern Menschheit freudiges Beginnen.

Was uns gesenkt in tiefe Traurigkeit
Zieht uns mit süßer Sehnsucht nun von hinnen.
Im Tode ward das ewge Leben kund,
Du bist der Tod und machst uns erst gesund.

Der Sänger zog voll Freudigkeit nach Indostan – das Herz von süßer Liebe trunken; und schüttete in feurigen Gesängen es unter jenem milden Himmel aus, daß tausend Herzen sich zu ihm neigten, und die fröliche Botschaft tausendzweigig emporwuchs. Bald nach des Sängers Abschied ward das köstliche Leben ein Opfer des menschlichen tiefen Verfalls – Er starb in jungen Jahren, weggerissen von der geliebten Welt, von der weinenden Mutter und seinen zagenden Freunden. Der unsäglichen Leiden dunkeln Kelch leerte der liebliche Mund – In entsetzlicher Angst nahte die Stunde der Geburt der neuen Welt.

Novalis läßt Christus im Zeichen universaler Eloquenz erstrahlen. »Myste, schweige!« soll das letzte Wort gewesen sein, das den Teilnehmern an den Eleusinischen Mysterien mitgegeben wurde. Der »unter Hellas heiterm Himmel geborene« und »nach Palästina« kommende »Sänger« kann hingegen Christus mit einer Arkanformel feiern, die das Unsagbare nicht nur sagbar macht, sondern sogar zur Grundfigur von Bedeutsamkeit selbst erklärt: »Im Tode ward das ewge Leben kund, / Du bist der Tod und machst uns erst gesund.« Christus nämlich behält noch gegenüber dem tödlichen Schrecken, der ansonsten irreversibel schweigen macht, das letzte Wort. Er macht den Tod beredt, und er dankt seine Beredsamkeit der Überwindung des Todes, der nicht länger das letzte Wort der unaufhebbaren Ruhe hat. Denn Christus macht den Tod zum Ort der Kundgabe selbst: »Im Tode ward das ewge Leben kund.« Diese »fröhliche Botschaft« überbordet dann gar den Mangel, daß »der Wein« zuvor »süßer schmeckte« und das Leben war, was ihm nunmehr zu sein verweigert ist: »ein ewig buntes Fest der Himmelskinder und der Erdbewohner«. In deutlicher Anspielung auf Schillers ›Götter Griechenlands‹ beklagt auch die fünfte Hymne des Novalis den Intensitätsverlust, den der Siegeslauf des Christentums über Sein und Dasein brachte: »Einsam und leblos stand die Natur. Mit eiserner Kette band sie die dürre Zahl und das strenge Maß. Wie in Staub und Lüfte zerfiel in dunkle Worte die unermeßliche Blüthe des Lebens.«

Novalis hat keine Angst vor einer Kostenrechnung für den Zuwachs an diskursiver Kompetenz, den das Christentum einbrachte. In einer so pointierten wie tiefsinnigen Gegenführung konturiert er die Hermeneutik des antiken Lebens als Semontologie, die des Christentums hingegen als Ontosemiologie. Im Zeichen von Dionysos und Demeter hatten »Flüsse, Bäume, Blumen und Thiere menschlichen Sinn«, waren also Sein und Seiendes so intensiv wie bedeutend. Im Zeichen des Kreuzes aber ist Sinn seiend – freilich um den Preis, daß Seiendes, wäre dieser Sinn in Christus nicht da, schlechterdings bedeutungslos wäre. Dionysos ist der Gott des intensiven und dissoziativen Seins, Christus aber der Gott des Sinns. Das Zeichen Christi ist das (sei's »dunkle«, sei's »unerschöpfliche«) »Wort« und also jedenfalls buchstäblich ein Zeichen; das Zeichen des antiken Weingottes aber ist kein Zeichen, sondern »der Liebe heilger Rausch« und »die unermeßliche Blüthe des Lebens« selber.

Wie und ob überhaupt beides – Sein und Sinn – zusammenfallen können, ist um 1800 das hartnäckige Thema deutscher Dichter und Denker. Kants Kritik am ontologischen Gottesbeweis und sein Nachweis, daß »Sein kein reales Prädikat sei«[8], haben zur Konjunktur dieser Frage entschieden beigetragen. Die theologische Vorgeschichte dieses philosophischen Problems ist Kant noch ganz unmittelbar geläufig. Behandelt er es doch im Rahmen seiner Kritik der klassischen Gottesbeweise. Theologisch fixiert aber ist um 1800 nicht nur die Philosophie, die mit der theologischen Tradition bricht, sondern auch die Dichtung, die am Paradigma von Dionysos und Christus geradezu obsessiv versucht, Sein und Sinn zu verdichten. Mit verletzender Schroffheit und bemerkenswerter Klarheit hat kein Geringerer als Goethe auf das Ideal des Problems hingewiesen, das zur erneuten Lösung anstand, nachdem die eucharistischen Weisen der Versicherung einer Identität von Sein und Sinn schlechthin nicht mehr plausibel waren:

> Du bist! Du bist! sagt Lavater. Du bist!!
> Du bist!!! du bist!!!! du bist Herr Jesus Christ!!!!!
> Er wiederholte nicht so heftig Worte und Lehre,
> Wenn es ganz just mit dieser Sache wäre.[9]

Das ist nicht sehr liebenswürdig, aber sicher eindeutig gesagt. Man kann das kleine Wort »sein« und seine Konjugationen mit noch so vielen Ausrufungszeichen versehen und hat dennoch keinerlei Garantie dafür, daß der Sachverhalt, dessen Existenz so nachdrück-

8 Kant: KdrV, B. 626; cf. dazu unten die ausführlichen Darlegungen, K. 10.
9 Berliner Ausgabe Bd. 2, p. 406; cf. dazu unten, K. 9.

lich ausgesagt wird, tatsächlich *ist*. Goethes so präzis psychologisierende Verse – er schrieb sie 1786 auf das Titelblatt von Lavaters *Lied eines Christen an Christus*, in dem 58 von 324 Zeilen mit der Versicherung »Du bist!« anfangen –, Goethes Verse erhellen überdies ein Problem, das auf die Geschichte der Abendmahldeutung überhaupt hinweist. Sie muß stets erneut das Problem bewältigen, etwas schlechthin Unwahrscheinliches – daß Brot und Wein Christi Leib und Blut nicht bloß allegorisieren, sondern eben sind – zu ihrem allergewissesten sakramentalen Zentrum zu erklären. Der Aufwand dafür ist erheblich. Und immerhin dauerte es mehr als ein Jahrtausend, bis sich aus einem beträchtlichen Überschuß an Interpretationsmöglichkeiten die unwahrscheinlichste, nämlich die klassische Eucharistielehre, als verbindliche herausgebildet hatte.

Tendenzen zur Sakralisierung des Abendmahls haben sich offenbar schon im ersten nachchristlichen Jahrhundert herausgebildet. Das profane Sättigungsmahl, zu dem sich die frühe Gemeinde traf, wurde (Paulus hat darauf gedrungen – s.o.) immer schärfer vom rituellen Abendmahl geschieden. »Der Grund zu dieser Veränderung ist nur schwer zu ergründen; es ist nicht unwahrscheinlich, daß die gesellschaftlichen Verhältnisse den Ausschlag dazu gegeben haben: ein *Mahl* war bei der Mehrheit der Bevölkerung zu *verdächtig*. Zusätzlich wuchs die Anzahl der Gläubigen, wodurch ein gemeinsames Mahl *schwieriger* wurde. Allein die Segnung der Gaben von Brot und Wein ist uns überkommen, jene Segnung, die auch beim jüdischen Mahl eine zentrale Stellung einnahm (z.B. die Birkat hamazon), und der Genuß der gesegneten Gaben. Damit ist die *Gestalt der Eucharistiefeier verändert: vom Mahl ist für die Feier der Eucharistie als alleiniger Inhalt die rituelle Segnung (Berakah) übriggeblieben*. So tritt dann der Name ›Eucharistie‹ als Bezeichnung der ganzen Feier in den Vordergrund: scheinbar hat man den Schlüssel zu Jesu Handeln in dessen Segen während des letzten Abendmahls vermutet.«[10]

Sehr groß scheint bei diesen frühen Eucharistiefeiern der liturgische Regelungs- und der exegetische Interpretationsbedarf nicht gewesen zu sein. Im ältesten überlieferten Versuch einer Kirchenordnung, in der Didache (Zwölfapostellehre), die in der ersten Hälfte des zweiten Jahrhunderts im syrischen Raum entstand,

10 H. A. J. Wegmann: Geschichte der Liturgie, p. 40 sq. Zum folgenden cf. u.a. die Darstellungen von H. Feld und H. Chadwick: Die Kirche in der antiken Welt

werden in den Kapiteln, die dem Abendmahl gelten, noch nicht einmal die Einsetzungsworte Christi zitiert, wohl aber Gebete um göttliche Gaben vorgeschlagen. Ein durchformuliertes und liturgisch gesättigtes eucharistisches Hochgebet findet sich erst bei Hippolyt (gest. um 235). Dort heißt es u.a.: »Gratias tibi referimus, Deus, per dilectum puerum tuum Jesum Christum, quem in ultimis temporibus misisti nobis salvatorem et redemptorem et angelum voluntatis tuae; qui est verbum tuum inseperabilem... (...) Accipite, manducate, hoc est corpus meum quod pro vobis confringetur. Similiter et calicem dicens: Hic est sanguis meus qui pro vobis effunditur. Quando hoc facitis, meum commemorationem facitis.«[11]

Der Begriff »Eucharistie« ist Justinus dem Märtyrer offenbar schon geläufig. Er gibt in seiner ersten (um 150 entstandenen) *Apologie* gleich zwei Beschreibungen des eucharistischen Kultes: einmal (im 65. Kapitel) als spezifisches Initiationsritual für die Neugetauften und zum anderen (im 67. Kapitel) für den regelmäßigen Gottesdienst. Im dazwischen liegenden Kapitel 66 findet sich eine der ersten großen Reflexionen über das Wesen der Eucharistie. Sie erklärt das Geheimnis von Brot und Wein nach dem Inkarnationsmodell: so wie der Logos Jesus Christus mit seiner Inkarnation Fleisch und Blut angenommen hat, »so ist auch die Speise, die durch ein von ihm kommendes Gotteswort zur Eucharistie geworden ist, mit der unser Blut und Fleisch durch Umwandlung genährt wird, Fleisch und Blut jenes fleischgewordenen Jesus.«[12]

Eine Deutung, die sich ähnlich auch bei Irenäus findet: durch Herabsteigen des göttlichen Logos werden Brot und Wein zu eucharistischen Elementen. Zur herrschenden Lehrmeinung ist dieses Verständnis aber nicht geworden. Daß unterschiedlichste Deutungen des geheimnisvollen Geschehens wucherten, belegen nicht zuletzt die beiden steinernen Inschriften, die deutlich an mystisch-esoterische Traditionen anknüpfen. Die bei Hierapolis in Phrygien gefundene und um 210 entstandene Inschrift auf dem Grab des Bischofs Aberkios (bzw. Avircius) versteht das Abendmahl (V. 16) offenbar als Arkanereignis in der Mysterientradition:

Ἐκλεκτῆς πόλεως ὁ πολείτης τοῦτ' ἐποίησα
ζῶν ἵν' ἔχω καιρῷ σώματος ἔνθα θέσιν.

11 Hippolyt: Traditio Apostolica, p. 12
12 H. Feld: Abendmahl, p. 80

οὔνομ’ Ἀβέρκιος ὤν, ὁ μαθητὴς ποιμένος ἁγνοῦ
ὃς βόσκει προβάτων ἀγέλας ὄρεσιν πεδίοις τε
ὀφθαλμοὺς ὃς ἔχει μεγάλους πάντη καθορωντας
οὗτος γάρ μ’ ἐδίδαξε (τὰ Ζωῆς) κράμματα πιστά.
EIC PωMHν ὃς ἔπεμψεν EMEN BACIAείαν ἀθρησαι
KAI BAΣIΛIΣσαν ἰδεῖν χπυσόσ TOΛON XPρυσοπέδιλον.
ΛAON Δ EIΔON ἐκεῖ λαμπρὰν ΣΦPAΓEIΔAN Eχοντα.
KAI ΣYPIHΣ ΠEδον εἶδα KAI AΣTEA ΠAντα, Νίσιβιν,
EYΦPATHN ΔIAβας· πάνTH Δ EΣXON ΣYNO μίλους·
ΠAYΛON EXON EΠO . . ., ΠIΣTIΣ πάντη δὲ προῆγε,
KAI ΠAPHΘHKE τροφὴν ΠANTH IXΘYN Aπὸ πηγῆς
ΠANMEΓEΘH, KAΘαρὸν ὃν EΔPAΞATO ΠAPΘένος ἁγνή
KAI TOYTON EΠEδωκε φιΛOIΣ EΣΘίειν διὰ παντός,
οἶνον χρηστὸν ἔχουσα, κέρασμα διδοῦσα μετ’ ἄρτου.
ταῦτα παρεστὼς εἶπον Ἀβέρκιος ῶδε γραφῆναι ·
ἑβδομήκοστον ἔτος καί δεύτερον ἦγον ἀληθῶς.
ταῦθ’ ὁ νοῶν εὔξαιθ’ ὑπὲρ Ἀβερκίου πᾶς ὁ συνψδός.
οὐ μέντοι τύμβῳ τις ἐμῷ ἕτερόν τινα θήσει·
εἰ δ’ οὖν, Ῥωμαίων ταμείῳ θήσει δισχίλια χρυσᾶ,
καὶ χρηστῇ πατρίδι Ἱεροπόλει χειλια χρυσᾶ

Bürger einer auserwählten Stadt, errichtete ich dieses Mal zu Lebzeiten, damit ich bei Zeit hier eine Ruhestatt für den Leib habe. Ich heiße Aberkios, bin Schüler des heiligen Hirten, der Schafherden weidet auf Bergen und Fluren, der große, alles sehende Augen besitzt; dieser lehrte mich verläßliche Wissenschaft, er, der mich nach Rom sandte, um das Reich kennenzulernen und die mit goldenem Gewande und goldenen Sandalen bekleidete königliche Frau zu sehen. Ich sah aber auch das Volk dorten mit strahlendem Siegel. – Auch sah ich Syriens Ebene und alle Städte, Nisibis jenseits des Euphrat. Überall fand ich Glaubensgenossen, Paulus...; überall war der Glaube mein Führer und reichte mir überall den Fisch aus der Quelle zur Speise, den reinen, welchen die heilige Jungfrau fing; *und ihn gab er den Glaubensgenossen zur Speise,* indem er heilsamen Wein, gemischt mit Brot, darbietet. – In meiner Gegenwart ließ ich Aberkios dies einmeißeln. Ich stehe nun im 72. Jahre. Möge jeder Weggenosse, der dies liest, für Aberkios beten. Es soll niemand in mein Grab einen andern legen; tut es einer doch, so zahle er dem römischen Ärar 2000 und meiner braven Vaterstadt Hieropolis 1000 Denare Gold.«[13]

13 Wiedergabe und Übersetzung nach C. M. Kaufmann: Handbuch der altchristlichen Epigraphik, p. 171. Die in Hexametern abgefaßte Inschrift auf der Grabstele ist heute (in Fragmenten – vv. 7-15) im Lateranmuseum zu besichtigen. Textergänzungen nach der Alexanderstele und der in mehreren Rezensionen überlieferten Vita (cf. Migne: PG Bd. CXV, Sp. 1211-1248). Kaufmann interpretiert textnah wie folgt: »Das innere Band, welches die Gläubigen untereinander zu einer Ge-

Und auch die gegen 400 entstandene und bei Autun in Frankreich gefundene Pektorios-Inschrift hat keine theologische Angst vor den Assoziationsräumen, die poetische Arkansprüche eröffnen. Noch esoterischer als die Aberkios-Inschrift (cf. dort V. 13) ist ihr Spiel mit dem griechischen Wort IXθYS / griech. Fisch, das als Akrostichon für »Jesous Christos Theou Yios Soter« / »Jesus Christus, Gottes Sohn, Heiland« zu lesen ist. Mit diesem (in den Versen 6, 7 und 11 wiederholten) Wort beginnt die Inschrift; und die Anfangsbuchstaben ihrer ersten fünf Zeilen ergeben gleichermaßen dieses Wort, so daß sich eine horizontalvertikale Kreuzesgestalt ergibt. Ein Permutationsspiel, das innersprachliche Wandlung des göttlichen Logos in Brot und Wein und die Wandlung dieser Elemente in Christi Leib symbolisiert. Auch die Poesie des Abendmahls hat ihre weit zurückreichende Vorgeschichte:

Ἰχθύος ο[ὐρανίου Θε]ῖον γένος, ἤτορι σεμνῷ
Χρῆσε, λαβὼ[ν πηγὴ]ν ἄμβροτον ἐν βροτέοις
Θεσπεσίων ὑδάτ[ω]ν. τὴν σήν, φίλε, θάλπεο ψυχ[ὴν]
Ὕδασιν ἀενάοις πλουτοδότου σοφίης.
Σωτῆρος ἁγίων μελιηδέα λάμβαν[ε βρῶσιν],
Ἔσθιε πινάων, ἰχθὺν ἔχων παλάμαις.
Ἰχθύϊ χό[ρταΖ΄] ἆρα, λιλαίω, δέσποτα σῶτερ,
Εὖ εὕδοι μ[ή]τηρ, σὲ λιτάΖομε, φῶς τὸ θανόντων.
Ἀσχάνδιε [πατ]ήρ, τόμψ κε[χα]ρισμένε Θυμῷ,
Σὺν μ[ητρί γλυκερῇ καὶ ἀδελφει]οῖσιν ἐμοῖσιν,
Ἰ[χθύος εἰρήνη σέο] μνήσεο Πεκτορίουο.[14]

meinschaft verknüpfte, war, wie das äußere die Lehre, das eucharistische Liebesmahl, dem Aberkios die folgenden Verse über den Glauben, den IXθYS, die heilige Jungfrau, das Abendmahl gewidmet. Der führende Glaube (Vers 13 ff.) ›reichte mir überall den Fisch aus der Quelle zur Speise, den reinen, welchen die heilige Jungfrau fing; und ihn gab er den Glaubensgenossen zur Speise, indem er heilsamen Wein, gemischt mit Brot, darbietet‹. Den Ichthys, dessen paganes Vorbild schon als Kultspeise für Priester und Privilegierte figuriert, erhält beim christlichen eucharistischen Mahle jeder Glaubensgenosse. Es ist der Ichthys ›aus der Quelle, den die Taufquelle vermittelt und welchen Maria bei der Geburt Jesu gefangen‹.« (p. 177). Cf. auch Conradus Kirch/Leo Ueding (edd.): Enchiridion, p. 93 und J. Quasten Bd. I, p. 21

14 Ibid., p. 179. Kaufmanns Übersetzung lautet: »Himmlischen Fisches göttlich' Geschlecht, heilige dein Herz, indem du unter Sterblichen am unsterblichen Quell göttlicher Wasser dich labst! Erquicke, Lieber, deine Seele an den stets fließenden Wassern bereichernder Weisheit! Nimm des Erlösers honigsüße Speise der Heiligen; iß und nähre dich, den ixtus in Händen haltend! Sättige also mit dem Fische, ich bitte dich, Herr und Retter. Wohl ruhe (meine) Mutter, (so) flehe ich dich an, Licht der Sterblichen! Vater Aschandios, meinem Herzen liebenswert, mit der sü-

Mit den Zeiträumen, die die Gemeinde vom Leben des historischen Jesus trennen, wachsen schnell die Tendenzen, aus einem plausiblen Gedächtnismahl ein dunkles Arkanereignis zu machen. Die Furie des Verschwindens und die komplementär mit diesem Schwinden wachsende »Wut des Verstehens« sorgen für bemerkenswert unwahrscheinliche Komplexitätssteigerungen der Semantik eines denkbar schlichten Vorgangs: des Verzehrs von ein wenig Brot und ein wenig Wein. Wie dieses schlichte Tun, das so mehr und mehr zum dunklen Geschehen avanciert, zu verstehen sei, wird zunehmend fraglich und umstritten. Die Inkarnationstheorie trifft alsbald auf Alternativen zumal bei den alexandrinischen Theologen. Das Sakrament der Einheit wird zum ausdrücklichen Gegenstand konsequenzenreicher Kontroversen. Origines (185-253) etwa vertritt eine rein geistige Auffassung der Eucharistie, die nicht nur mit einer bewußten Abwertung der dinglichen Elemente, sondern auch mit einem eigentümlichen Desinteresse an der historischen Gestalt Jesu einhergeht, die vor dem übergeschichtlichen Logos verblaßt.

Nicht geistig, sondern symbolisch verstehen hingegen Johannes Chrysostomus (gest. 407) und der ihm freundschaftlich verbundene Bischof Theodor von Mopsuestia (350-428) das Abendmahl: seine Elemente sind ein σγμβολον oder ein τυπος des erlösenden Werkes Christi, das Abendmahl der Gemeinde wiederholt also symbolisch das entschwundene Urbild. Wie sich denn überhaupt seit dem Konzil von Ephesos (431) die nüchternen Symboltheorien des Abendmahls immer stärker durchsetzen. Im Mittelpunkt der damals sich formierenden Christologie stand die Lehre von der zweifachen Natur des Gottmenschen Jesus Christus, und nach ihrem Bilde verstanden die antiochener Theologen wie Bischof Theodoret von Kyrrhos und Nestorius auch die Eucharistie. »In der Abwehr des Monophysitismus verteidigen die Antiochener den unverwandelten Fortbestand der zwei Naturen in Christus, und sie dehnen die Zweinaturenlehre auch auf die Eucharistie aus. Die Folge davon ist, daß die Vorstellung von der Wandlung der Elemente aufgegeben wird: Brot und Wein bleiben, was sie sind, ebenso wie die menschliche Natur in Christus bleibt und nicht in der Gottheit aufgeht.«[15]

ßen Mutter und meinen Brüdern, im Frieden des Fisches erinnere dich des Pektorios!« (179 sq.). Zum Kontext cf. auch: A. M. Haas: Ichthys – Fischsymbolik im frühen Christentum (NZZ 19.1.90, p. 40). Zur eucharistischen Fischsymbolik in der Kunst cf. M. Vloberg, p. 12 sqq.

15 Feld: l.c., p. 87

Der entschiedenste unter den frühen Zeichentheoretikern des Abendmahls aber ist auch der berühmteste. Augustin (354-430) vertritt eine so komplexe wie tiefsinnige eucharistische Semiologie. Er versteht in platonischer Tradition das Zeichen als differente, nämlich sachliche Form der Idee, auf die es verweist. Die realen Sakramente bestimmt Augustinus denn auch recht prosaisch. Er begreift sie als Spezies, die zu dem Genus der signa gehören: »Nimis autem longum est convenienter disputare de varietate signorum, quae cum ad res divinas pertinent, sacramenta appelantur.«[16] Mit den anderen Zeichen teilen auch die sakramentalen ihren abkünftigen Status. Sie verweisen auf das, was sie selbst nicht sein können, auf die eigentliche, auf die geistige Wahrheit, der allein volle Seinswirklichkeit zukommt. Mit offenbarem Bedacht hat Augustin seine Definition der Zeichen in fast gleichlautenden Wendungen für die Oberklasse aller Zeichen überhaupt und für die Unterklasse der sakramentalen Zeichen geltend gemacht. »Signum est enim res praeter speciem quam ingerit sensibus, aliud aliquid ex se faciens in cogitationem venire«, heißt es in seiner Schrift *De doctrina christiana*[17]. Und als Verweisung auf höhere Wahrheiten versteht er auch die Sakramente: »Istra, fratres, ideo dicuntur sacramenta, quia in eis aliud videtur, aliud intelligitur.«[18]

Diese augustinischen Bestimmungen der Funktion des Zeichens scheinen vergleichsweise konventionell zu sein. Und tatsächlich ist ihre platonisierende Tendenz unübersehbar. Als Grundschema dieses Platonismus begreift Augustin die Zweiteilung des Seins in mutabilia und immutabilia. Alles verweisend Seiende gehört danach dem Bereich des Veränderlichen zu; die Sphäre, in der die Bewegung der Verweisung ihr Telos findet, muß hingegen unveränderlich sein.[19] Ein scheinbar schlichtes Argumentationsschema. Aufmerksamkeit verdient aber bereits der Umstand, daß Augustin die Sakramente als Unterklasse von Zeichen behandelt, deren Logik sich kaum von der aller anderen Zeichen unterscheidet. Mit der materiellen Substanz der eucharistischen Elemente geht Augustinus denn auch recht nachlässig um. Für die sakramentalen Zeichen aber entwickelt er denn doch ein spezifisches Interesse, das so aufgrund der vorangegangenen Analogisierung zu Zeichen überhaupt

16 Augustinus: Epistolae ad Romanos inchoata expositio 138, 17
17 Augustinus: De doctrina christiana 2, 1, 5-7
18 Augustinus: Sermo 272
19 Cf. zum Folgenden C. P. Mayer: Die Zeichen II, p. 149 sqq.

kaum zu erwarten wäre. Ungewöhnlich aber ist, daß Augustin die Differenz zwischen dem materiellen Zeichen und der reinen Idee nicht ausschließlich in Kategorien des Verfehlens, der Ferne und der Defizienz, sondern auch als Produktivitätsgrund sieht. Von den sakramentalen Zeichen fällt gleichsam Licht auf die Frage, wie Bedeutsamkeit überhaupt möglich sei: durch Zeitlichkeit.

Indem Gott sich in seinem Sohn zeitlich in die Welt entläßt, geschieht eine »dispensatio temporalis« der ewigen göttlichen Vorsehung. Inkarnation und Verzeitlichung sind ein und derselbe Vorgang. Und dieser Vorgang, diese zeitliche Dispension von sich selbst, ist eins mit der Freisetzung von Zeichen, die auf das verweisen, was sie selbst nie und nimmer sein können, eben weil sie Effekt der Selbstdispensation sind. Deshalb kann Augustin Zeit in bewußt vieldeutiger, nämlich sowohl räumlich als auch zeitlich zu verstehender Wendung als »signum et vestigium aeternitatis«[20] begreifen: heißt vestigium doch gleichermaßen Spur/Merkmal/Kennzeichen/Standort/Stelle als auch Zeitpunkt und Augenblick. Diese Spannung zwischen der präsenten, aber vergänglichen Raumzeitstelle einerseits und der Ewigkeit, auf die sie verweist, und nicht etwa diese Ewigkeit selbst ist in jedem Sinne bedeutend. Diese tiefe Einsicht halten auch die *Confessiones* fest. Sie schildern im sechsten Buch, wie der junge Augustinus sich, die heiligen Schriften lesend, geradezu angewöhnte, das Absurde und Ungereimte, an dem er sich abarbeitete, mit den Tiefen der Sakramente in Zusammenhang zu bringen: »Iam enim absurditatem, quae me in illis litteris solebat offendere, (...) ad sacramentorum altitudinem referebam.«[21]

Die Grundfigur solch sakramentaler, solch geheimnisvoller Tiefen aber ist – wie das berühmte elfte Buch der *Bekenntnisse* deutlich macht – die Zeit. Zeit nämlich wiederholt (oder angemessener: instituiert) die Bewegung des Zeichens. Sie ist ein »inplicatissimum aenigma«[22], ein höchstverwickeltes Rätsel, denn: Vergangenheit und Zukunft zugleich sind und nicht sind: »Diese beiden Zeiten, Vergangenheit und Zukunft, wie sollten sie seiend sein, da das Ver-

20 Augustinus: De Genesi ad litteram imperfectus liber 13, CSEL 28, 1, p. 487, 3-9. Vollständige Belege für die augustinische Verwendung des Begriffs »Vestigium« bei C. P. Mayer, p. 464 sq.
21 Augustinus: Confessiones VI, 5, 8 (p. 258)
22 Ibid., XI, 22, 28 (p. 644)

gangene doch nicht mehr ›ist‹, das Zukünftige doch nicht ›ist‹? (...Deshalb sollte man,) genau genommen, etwa sagen: Zeiten ›sind‹ drei: eine Gegenwart von Vergangenem, eine Gegenwart von Gegenwärtigem, eine Gegenwart von Künftigem.«[23] So existent oder inexistent wie diese Dimensionen der Zeitlichkeit sind auch die (sakramentalen) Zeichen. Bedeutsam sind sie um ihrer Differentialität willen. Und diese Differenz teilen sie mit dem tiefgeheimnisvollen, weil zeitlich-ewigen, sterblich-auferstandenen Gott-Menschen. Jesus Christus, die gespaltene Zeit und die differentiellen Zeichen gehören ein und derselben Formation zu. Kultisch gefeiert (doch dies spricht Augustinus nicht aus, sondern überläßt es seiner andeutungsreichen Rede von tiefsten Geheimnissen), kultisch gefeiert wird diese Formation in einem Ritual, das die Differenz, auf der sie ruht, tilgt, indem die zeitlichen Zeichen, die auf »anderes« verweisen, verzehrt werden. Mit diesem Verzehr aber wird auch die Defizienz dieser sachlichen Zeichen getilgt. Mußte Gott doch »seinen ›Stoff‹ gleichsam auf diesem Umweg der Leiblichkeit den Menschen beibringen, weil diese ›corporum amore implicati‹ und ›temporibus subditi‹ für eine Mitteilung auf rein geistiger Ebene nicht befähigt waren«[24] – das Abendmahl als pädagogische Veranstaltung des Ewigen gegenüber den Zeitlichen.

Theologischer Erfolg war dieser hochkomplexen (wenn auch nicht oder: weil nicht durchformulierten) augustinischen Konzeption nicht beschieden – es sei denn, man begriffe die virtuose Zeichenpolitik eines entsprungenen Augustinermönches mehr als ein Jahrtausend später noch als einen Effekt dieser ursprünglichen Konzeption. Schwierigkeiten bereitete der theologischen Tradition allenfalls, daß einer ihrer wichtigsten Väter so eindeutig Gegner jedes Realverständnisses der eucharistischen Elemente war. Er fand jedoch in Isidor von Sevilla (gest. 636) einen wirkungsmächtigen und kompromißbereiten Leser. Isidor, dessen Lehre an der Schwelle zum beginnenden Mittelalter einen kaum überschätzbaren Einfluß hatte, versuchte erfolgreich, »den von Ambrosius herkommenden realistischen Metabolismus mit dem augustinischen sakramentalen Symbolismus zusammenzuführen. In dieser Tendenz kann er dann auch manche Augustin-Stellen in betont reali-

23 Ibid., XI, 14, 17 (p. 629) und 20, 26 (p. 641 sq.)
24 C. P. Mayer: Die Zeichen II, p. 357

stischem Sinne umdeuten.«[25] Diese Tendenz verstärkt sich im 9. Jahrhundert. Verantwortlich dafür ist vor allem der Abt von Corbie, Paschasius Radbertus. Er verfaßte zwischen 831 und 833 die erste umfangreiche und integrierende Abhandlung über das Wesen des Abendmahls, dessen zweite Auflage von 843 er – der Dringlichkeit seines dogmatischen Anliegens offenbar gewiß – keinem Geringeren als Kaiser Karl dem Kahlen widmete. Schon der Titel dieser Schrift – *De Corpore et Sanguine Domini* – gibt zu verstehen, daß Radbertus an den handgreiflichen Elementen entschiedenes Interesse hegt. Radbertus vertritt geradezu kämpferisch einen Sakramentalrealismus: durch Christi Worte werden Brot und Wein in Fleisch und Blut des Erlösers verwandelt (transferri, commutari). Ganz ohne Paradoxie kommt allerdings auch die kämpferische Eindeutigkeit dieses Realismus nicht aus. Real nämlich ist die Verwandlung nur für die Gläubigen. Die Ungläubigen, die doch dasselbe zu verzehren scheinen, müssen sich hingegen mit schieren Zeichen begnügen, an denen sie ihren Erlösungshunger kaum stillen können.

Dem Kaiser, dem diese Abhandlung gewidmet war, und den meisten zeitgenössischen theologischen Kollegen (Hrabanus Maurus voran) schien diese publikumswirksam placierte These, danach ein und dasselbe für die einen wirkliche Wirklichkeit, für die anderen aber nur Zeichen sei, offenbar nicht sehr plausibel. Er bat den Mönchsbruder von Radbertus, Ratramnus von Corbie, um ein Gutachten[26] und entfachte so eine wirkungsträchtige Mönchs-Zänkerei mit kaum zu überschätzenden Effekten. Denn Ratramnus rehabilitierte entschlossen die augustinische Zeichentheorie des Abendmahls, ohne ihren Tiefsinn mit zu reaktivieren. Ihm galten die eucharistischen Elemente als symbolische »Simulationen« des geschichtlichen Jesus. Beide Thesen haben eine gewisse Zeit in vergleichsweise friedlicher Koexistenz Proselyten machen können. Jedenfalls mußte wegen Unstimmigkeiten über den Verzehr von ein wenig Wein und ein wenig Brot noch nicht reales Ketzerblut in Strömen fließen und reales Ketzerfleisch zuhauf verbrennen.

25 H. Feld: l. c., p. 92; zu den Subtilitäten dieser Diskussion cf. auch die ausführliche Darstellung von H. Jorissen: Transsubstantiationslehre, p. 44 sqq. und den knappen, präzisen Überblick bei G. A. Hardt: Eucharista, Kap. I

26 Beider Schriften sind gründlich ediert: J. N. Bakhuizen van der Brink hat 1954 das Werk von Ratramnus herausgegeben, B. Paulus 1969 das von Radbertus

Durch Berengar von Tours (gest. 1088) aber kam es im 11. Jahrhundert zu einem schon heftiger ausgetragenen Abendmahlsstreit. Berengar leugnete, unmittelbar an Ratramnus anknüpfend, die Wesensverwandlung, indem er scharf zwischen Zeichen und Bezeichnetem (signum und signatum) unterschied. Damit stieß er auf den geharnischten Widerspruch von Lanfranc von Bec, der mit dem Titel der Schrift des Radbertus – *De Corpore et Sanguine Domini* – auch dessen These wiederholte und sich bei der im April 1050 unter Papst Leo IX. in Rom tagenden Synode als siegreich erwies. Kein Wunder: denn Berengar wurde schon vor seinem Eintreffen in Rom exkommuniziert; er unterlag auch bei einer zweiten Disputation mit seinem Gegner nur ein Jahr später und mußte schließlich 1059 auf einer weiteren römischen Synode unter demütigenden Umständen vor Papst Nikolaus II. seine Abhandlungen verbrennen und die reale Gegenwart des Leibes und Blutes Christi beschwören.

Der Theologenstreit hatte mit dieser Entwicklung die Schwelle zum dogmatischen Regelungsbedarf irreversibel überschritten. Mit dem Sieg des Sakramentalrealismus aber war der Streit noch nicht beendet. Er verlagerte sich vielmehr in problemlogischer Hinsicht: nicht ob, sondern wie die Wandlung von Brot und Wein in Leib und Blut statthabe, stand fortan im Mittelpunkt der zulässigen Diskussion. »Im 12. und noch bis ins 13. Jahrhundert hinein gab es *drei Theorien* zur Erklärung des modus conversionis: 1. nach der sog. *Konsubstantiationstheorie* bewirkt die Wandlung keine reale Veränderung der Substanzen von Brot und Wein, sondern fügt die Gegenwart des Leibes und Blutes Christi neu hinzu. 2. Nach der *Annihilations-* oder *Substitutionstheorie* wird die Substanz von Brot und Wein vernichtet, und an ihrer Stelle beginnt die Existenz von Leib und Blut Christi unter den zurückbleibenden Gestalten (species). 3. Nach der *Transsubstantiationstheorie* schließlich wird die Substanz der eucharistischen Elemente nicht vernichtet, sondern sie wird umgewandelt in den wahren Leib und das wahre Blut Christi.«[27] Zum begriffs- und theoriegeschichtlichen Sieg der Transsubstantiationslehre trug sicherlich auch der Umstand bei, daß der spätere Papst Alexander III. wenn nicht der Erfinder, so doch der Propagandist des Begriffes »Transsubstan-

27 H. Feld: l. c., p. 97, Petrus von Capua hat diesen zeitgenössischen Diskussionsstand mit bemerkenswerter Sachlichkeit referiert; seine Ausführungen sind wiedergegeben bei H. Jorissen: Entfaltung, p. 24 sq.

tiation« war. Diesem Begriff, der ja selbst alphabetisierten Mönchen nicht eben leicht über die Lippen geht, steht eine steile Karriere bevor. Mit der Komplexität und Subtilität der Binnenprobleme, die die realistische und doch nicht eben suggestive These entwickelte, stieg allerdings auch die groteske Dimension der Debatte. Die Frage »quid comedit mus?« spielte dabei keine geringe Rolle. Und in der Tat macht ja der Sakramentalrealismus die Fragestellung, was eine Kirchenmaus verzehrt, die an konsekriertes Brot gelangt, zu einer intrikaten.[28] Noch Hegel hätte sich daran fast die Zähne ausgebissen – doch das ist eine andere und spätere Geschichte (s. unten Kapitel 11).

Wie auch immer: die Transsubstantiationslehre hat sich im 13. Jahrhundert gegen ihre zahlreichen Alternativen durchgesetzt. Der übliche »Beweis« erfolgte dabei gerade bei den Großtheologen des Hochmittelalters aus den Herrenworten. Albertus Magnus, Thomas von Aquin und Bonaventura folgern aus den Worten »Hoc est corpus meum« die Alleingültigkeit der Transsubstantiationstheorie gegen ihre konsubstantialistische und annihilistische Alternative: »Et hoc est contra catholicam veritatem, et contra verborum Christi significationem, quibus dixit: Accipite et comedite: Hoc est corpus meum. Et non dixit: Accipite in hoc, vel cum hoc corpus meum«, heißt es paradigmatisch im Spätwerk des Albertus Magnus *De corpore Domini*[29], dessen Titel das Blut des Herrn ausspart. Parallel zu dieser theologischen Implementierung des Unwahrscheinlichen entwickelt sich die organisierte Volksfrömmigkeit und die hostienzentrierte Messe-Liturgie. Papst Urban IV. schreibt 1264 das Fronleichnamsfest für die ganze Kirche vor. Und Thomas von Aquin entwickelt die Choreographie und Poesie dieses Festes, das – erstaunlich genug – in seinen versifizierten Teilen eben die platonisch-augustinische Aufmerksamkeit für die Dialektik des absent-präsenten Zeichens wiederkehren läßt, die von der Logifizierung des göttlichen Geschehens verdrängt wurde. Heißt es doch in der Hymne des Aquinaten:

> Sub diversis speciebus,
> Signis tantum et non rebus,
> Latent res eximiae.

28 Landgraf hat diese Diskussion ausführlich dokumentiert: Dogmengeschichte Bd. III/2, pp. 207-222

29 Albertus Magnus: De corpore Domini, ed. Jorissen, p. 44 sqq.

(...)
Nulla rei fit scissura:
Signi tantum fit fractura,
Qua nec status nec statura
Signati minuitur.[30]

Eine eigentümliche Rollenvertauschung: Poesie, die seit Hesiods Dichterkritik als das Medium des Unwahrscheinlichen gilt, rehabilitiert gegenüber einer philosophisch gewordenen Theologie das schlechthin Plausible: daß Zeichen Zeichen und Dinge Dinge sind. Und diese Botschaft fließt aus der Feder eben des Theologen, der die Suprematie des Seins über die Zeichen dogmatisch festschrieb. Darüber, wie die Worte und die Sachen zu korrelieren seien, entscheiden wiederum Worte. Wenn aber Worte das letzte Wort behalten, kann die Geschichte davon, wie das Wort Fleisch ward, kein schnelles Ende finden.

30 Thomas von Aquin: Opusculum Omnium Bd. IV, p. 474

6. Das verzehrende Totem-Mahl: Häretische oder authentische Lektüren des Abendmahls

Im Hochmittelalter stabilisiert sich auf eigentümliche, nämlich unwahrscheinliche Weise die Exegese einer über tausend Jahre alten Botschaft, die in jeder Weise abgründig ist. Die Paradoxien dieser Botschaft dürften dafür verantwortlich sein, daß der theologische Stabilisierungsbedarf bis heute so groß geblieben ist wie die Versuchung zu häretischen oder poetischen Verständigungen über Brot und Wein. Immerhin hat eine tausendjährige Exegese die nicht gering zu schätzende Leistung erbracht, einen Skandal zu neutralisieren. Einen Skandal, in dessen überdeutlichem Zeichen schon der Anfang des Abendmahls steht: daß Gottes Sohn seinen Leib und sein Blut zum Verzehr anbietet, ist – mit den Worten des Johannes-Evangeliums (s.o.) – »eine harte Rede; wer mag sie hören?« Die Subtilitäten der theologischen Diskussion hatten neben anderen sicherlich auch diese Aufgabe: durch eine Verwissenschaftlichung sowie durch die dazugehörige Ausdifferenzierung einer Fachterminologie (»Transsubstantiation«) Aufmerksamkeit vom Skandal des rituellen Gottes-Verzehrs abzulenken und zumal die dionysischen Traditionsmomente dieses Kultes vergessen zu machen.

Das ist auf Dauer nicht gelungen. Die intrikaten Differenzen zwischen der exegetisch institutionalisierten Selbstwahrnehmung und der Fremdwahrnehmung sorgen dafür, daß die Totemismus- und Theophagievorwürfe immer erneut auftauchen; und die offizielle sakramentalrealistische Abendmahltheorie provoziert dieses Verständnis ja geradezu. Es bedurfte nicht einmal der Lakonie Freuds, um festzustellen, »wie getreu der Ritus der christlichen Kommunion, in der der Gläubige in symbolischer Form Blut und Fleisch seines Gottes sich einverleibt, Sinn und Inhalt der alten Totemmahlzeit wiederholt«.[1] Eine Entsprechung, die um so getreuer wird, je realistischer die Sakramente verstanden werden. Gegen-

1 Freud: Totem und Tabu. Bd. IX, p. 532. Am radikalsten hat wohl Rudolf Heinz in mehreren Arbeiten diese psychoanalytische Lesart vorangetrieben; cf. das Kapitel »Transsubstantiation« in den: Pathognostischen Studien; ders.: Vom schwindenden Jenseits der Götter; ders.: Libera nos de ore leonis. Cf. im selben Heft der Zft: Die Eule (Nr. 9/1983) auch den Essay von Hubert Winkels: Ermunterung zum Verzehr

über klassisch totemistischen Ritualen, die dem ethnologisch verfremdeten Blick auf die eigene Kultur als Versuch verständlich werden, den ob seiner unerträglichen Übermacht getöteten Clan-Vater zugleich zu versöhnen und zu domestizieren, ist die christliche Kommunion zweifelsfrei von höherer Komplexität.

Freud hat das totemistische Grundschema so lapidar wie eindringlich beschrieben, um dann die christliche Variante dagegen abzusetzen: »Eines Tages taten sich die (vom übermächtigen, ja gottgleichen Vater, J. H.) ausgetriebenen Brüder zusammen, erschlugen und verzehrten den Vater und machten so der Vaterhorde ein Ende. Vereint wagten sie und brachten zustande, was dem Einzelnen unmöglich geblieben wäre. (Vielleicht hatte ein Kulturfortschritt, die Handhabung einer neuen Waffe, ihnen das Gefühl der Überlegenheit gegeben.) Daß sie den Getöteten auch verzehrten, ist für den kannibalen Wilden selbstverständlich. Der gewalttätige Urvater war gewiß das beneidete und gefürchtete Vorbild eines jeden aus der Brüderschar gewesen. Nun setzten sie im Akte des Verzehrens die Identifizierung mit ihm durch, eigneten sich ein jeder ein Stück seiner Stärke an. Die Totemmahlzeit, vielleicht das erste Fest der Menschheit, wäre die Wiederholung und die Gedenkfeier dieser denkwürdigen, verbrecherischen Tat, mit welcher so vieles seinen Anfang nahm, die sozialen Organisationen, die sittlichen Einschränkungen und die Religion.«[2]

Die Insistenz und interkulturelle Universalität dieser Urszene des Entspringens von Kultur ist bemerkenswert und kaum zu bestreiten. Der theoretischen Sensationshascherei unverdächtige Philologen wie Walter Burkert haben eindringlich herausstellen können, daß der »homo necans«[3] – der Mensch, der rituell tötet – keine exklusive Erscheinung von Kulturen ist, die dem mitteleuropäischen Auge primitiv und wild erscheinen, sondern im Zentrum der antiken und christlichen Kultur selber steht. Goethes *Iphigenie* ist das überragende poetische Dokument einer solchen Opferlogik im Zentrum humanistischer Kultur. Daß kulturelle Institutionen in ihren Opferriten einigermaßen drastisch zu erkennen geben, wie unabdingbar sie auf Verbrechen gegründet sind, diese Kundgabe aber exegetisch und interpretatorisch stets erneut verdrängen, ist auch die These von René Girards weit angelegter Un-

2 Ibid., p. 426
3 So der Titel von W. Burkerts großangelegter altphilologischer Studie

tersuchung über das Verhältnis von Gewalt und Heiligem.[4] Bis in die Ambivalenz der fundierenden Begrifflichkeit solcher Kulturen ist der Zusammenhang ersichtlich, den sie (eben dadurch Kultur freisetzend) stets erneut verdrängen müssen. Das lateinische Wort »sacer« – Freud hat darauf energisch hingewiesen – ist in der Tat ein Urwort von abgründigem Gegensinn[5]: heißt es doch zugleich »heilig« und »verflucht«. Und stellt nicht noch der gängige Fluch »Potz sakerment« seine sakramentale Abkunft heraus?

Theoretiker, die religiöse Riten und Institutionen nach dem totemistischen Schema begreifen, haben einen äußerst prominenten Vorläufer: Christus. Er selbst hat in einsamer Klarheit das Schema, danach kultische Verehrung die bloße Deckfigur des Tötungsimpulses gegen den Verehrten ist, nicht nur herausgearbeitet, sondern auch sein eigenes totemistisches Rezeptionsschicksal vorhergesagt:

WEh euch Schrifftgelerten vnd Phariseer / jr Heuchler / Die jr gleich seid wie die vbertünchte Greber / welch auswendig hübsch scheinen / Aber inwendig sind sie voller Todtenbein vnd alles vnflats. 28Also auch jr / von aussen scheinet jr fur den Menschen from / Aber inwendig seid jr voller heucheley vnd vntugent.

WEh euch Schrifftgelerten vnd Phariseer / jr Heuchler / Die jr der Propheten greber bawet / vnd schmücket der Gerechten greber / 30vnd sprecht / Weren wir zu vnser Veter zeiten gewesen / so wolten wir nicht teilhafftig sein mit jnen / an der Propheten blut. 31So gebt jr zwar vber euch selbs zeugnis / das jr Kinder seid / dere / die die Propheten getödtet haben. 32Wolan / erfüllet auch jr das mas ewer Veter. 33Jr schlangen / jr ottern Gezichte / Wie wolt jr der Hellischen verdamnis entrinnen?

(Matthäus 23, 27-33)

Der höllischen Verdammnis werden die nicht entrinnen, die aus der totemistischen Totschlägerreihe nicht herauszuspringen vermögen: »Erfüllet das Maß eurer Väter, indem ihr mich tötet, um mich dann so kultisch zu verehren, wie ihr es an der Verehrung der Propheten eingeübt habt, die ihr doch selbst erschlugt« – so lautet die unfrohe, weil analytisch bemerkenswert präzise christliche

4 R. Girard: La violence et le sacré. Cf. zum Kontext auch die von D. Kamper und Ch. Wulf herausgegebenen Studien: Das Heilige – Seine Spur in der Moderne

5 Cf. Freud: Der Gegensinn der Urworte. Theodor Reik hat Freuds Thesen dahingehend radikalisiert, »daß die Religion eine soziale Institution ist, zu deren vornehmsten Zielen auch die Sanktionierung von Gotteslästerungen gehört« (Der eigene und der fremde Gott, p. 53).

Botschaft. Sie will der Dialektik von self-fullfilling und self-destroying prophecy entgehen und versucht eben deshalb, das totemistische Schema durch eine paradoxe Intervention zu bannen. Das ist – rezeptionslogisch gesehen – trostlos mißlungen. Zwar haben die unmittelbaren Adressaten seiner Rede (die jüdischen Schriftgelehrten und Pharisäer) diese Prognose nicht erfüllt – wohl aber, auf daß die Schrift erfüllet werde, die schriftgelehrten Christen. Denn das christliche Sakrament hat das in aller Abgründigkeit einfache Schema des totemistischen homo necans bemerkenswert komplex und subtil ausgestaltet.

Spezifisch christlich ist zumal die Lösung der Schuldkomplexe, die sich aus der Vatertötung ergaben. Sie realisiert geradezu offensiv die Variante, die die jüdische Tradition zwar angedeutet, aber verworfen hatte: die Opferung des Sohnes, die dem Vater-Sohn-

Paar Abraham und Isaac noch erspart geblieben war.[6] »Es gab einen andern Weg zur Beschwichtigung dieses Schuldbewußtseins, und diesen beschritt erst Christus. Er ging hin und opferte sein eigenes Leben, und dadurch erlöste er die Brüderschar von der Erbsünde. (...) Die Sohnesreligion löst die Vaterreligion ab. Zum Zeichen dieser Einsetzung wird die alte Totemmahlzeit als Kommunion wiederbelebt, in welcher nun die Brüderschar vom Fleisch und Blut des Sohnes, nicht mehr des Vaters, genießt, sich durch diesen Genuß heiligt, und mit ihm identifiziert. Unser Blick verfolgt durch die Länge der Zeiten die Identität der Totemmahlzeit mit dem Tieropfer, dem theanthropischen Menschenopfer und mit der christlichen Eucharistie und erkennt in all diesen Feierlichkeiten die Nachwirkung jenes Verbrechens, welches die Menschen so sehr bedrückte und auf das sie doch so stolz sein mußten. Die christliche Kommunion ist aber im Grunde eine neuerliche Beseitigung des Vaters, eine Wiederholung der zu sühnenden Tat. Wir merken, wie berechtigt der Satz von Frazer ist, daß ›the Christian communion has absorbed within itself a sacrament which is doubtless far older than Christianity‹«.[7]

Was dem Ethnologen Frazer und seinem aufmerksamen psychoanalytischen Leser auffiel, konnte auch frühen Kommentatoren nicht entgehen. Ein so sachlich nüchterner Historiker wie Tacitus glaubte zwar nicht daran, daß die Christen zu Recht von Nero der Brandstiftung angeklagt wurden, »sah aber auch keinen Schaden in der Hinrichtung einer verachtungswürdigen, asozialen Menschengruppe, die ›durch ihre Schandtaten verhaßt war‹ – denn zu seiner Zeit, wenn nicht schon zu der Neros, herrschte im Volk die Meinung, daß die Christen bei ihren nächtlichen Zusammenkünften Inzest und Kannibalismus begingen. (Diese Anschuldigungen wurden wahrscheinlich aus christlichen Aussagen über die allgemeine Liebe und das Herrenmahl herausgesponnen).«[8] Ist doch bei Tacitus zu lesen:

Aber das entsetzliche Gerücht, Nero selber habe den Brand anlegen lassen, wollte sich durch keine Schenkungen und Sühnezeremonien aus der Welt

6 1. Moses 22, 1-19. Cf. hierzu u.a. G. von Rad: Das Opfer des Abraham und die recht sensationslüsterne und marktschreierische Aufarbeitung der Tradition von Kindestötungen durch N. Douglas Milburn
7 Freud: l.c., p. 436 sq.
8 H. Chadwick: l.c., p. 22

schaffen lassen. Um ihm ein Ende zu machen, schob er daher die Schuld auf andere und strafte mit ausgesuchten Martern die wegen ihrer Verbrechen verhaßten Leute, die das Volk Christen nennt (Ergo abolendo rumori nero subdidit reos. et quesitissi mis penis affecit. quos per flagitia inuisos vulgus christianos appellabat). Der Stifter dieser Sekte, Christus, ist unter der Regierung des Tiberius durch den Prokurator Pontius Pilatius hingerichtet worden. Der unheilvolle Aberglaube wurde dadurch für den Augenblick unterdrückt, trat später aber wieder hervor und verbreitete sich nicht bloß in Judäa, wo er entstanden war, sondern auch in Rom, wo alle furchtbaren und verabscheuungswürdigen religiösen Gebräuche, die es in der Welt gibt, sich zusammenfinden und geübt werden. Man faßte also zuerst Leute, die sich offen als Christen bekannten, und auf ihre Anzeige hin dann eine riesige Menge Menschen. Sie wurden nicht gerade der Brandstiftung, aber doch des Hasses gegen das menschliche Geschlecht überführt (quam odio humani generis coniuncti sunt).[9]

Daß diese und andere antichristlichen Affekte nicht gänzlich unbegründet waren, macht u. a. auch der Judas-Brief deutlich. Warnt er doch: »Es sind etliche Menschen neben eingeschliechen / von denen vorzeiten geschrieben ist / zu solcher straffe / Die sind Gottlose / vnd ziehen die Gnaden vnsers Gottes auff mutwillen« (V. 4). Die gnostischen »Trewmer / die das Fleisch beflecken« (V. 8) und »die nach jren lüsten wandeln« (V. 16), beriefen sich auf den Buchstaben des Paulus-Satzes, danach Christen nicht unter dem Gesetz, sondern unter der Gnade Gottes stehen und machten mutwillige Gesetzesüberschreitungen geradezu zum Indiz ihrer Erlöstheit. Der Judas-Brief ist ganz offenbar bemüht, vor einer solchen »gnostischen Gruppe zu warnen, die die Agape, das Liebesfest, mit zügellosen Ausschweifungen beging«.[10] Ein so militanter christlicher Ketzerverfolger wie Epiphanius sieht sich geradezu zu pornographischer Protokolltätigkeit genötigt, wenn er dem Bischof von Alexandria von den Ausschweifungen einer christlichen Sekte im Oberägypten des 4. Jahrhunderts berichtet.

9 Tacitus: Annalen 15, 44, ed. Hornheffer/Vogt/Schur, p. 528 sq. Die lateinischen Stellen nach dem Codex Mediceus 68 ii fol 38 r; wiedergegeben bei H. Fuchs: Der Bericht über die Christen, p. 558. Tacitus steht mit diesen Vorwürfen keineswegs isoliert da. Auch Plinius wirft den frühen Christen vor, »thyesteische Mahlzeiten« zu veranstalten. Cf. dazu u. a. H. Fuchs: l. c.; Eduard Meyer: Ursprünge und Anfänge des Christentums, p. 504 sqq. und J.-P. Waltzing: Le crime rituel reproché aux chrétiens

10 H. Chadwick: l. c., p. 35

Sie verteilen ihre Weiber untereinander, und sobald ein Fremder hinzukommt, geben die Männer den Frauen so wie die Frauen den Männern ein Erkennungszeichen; indem sie sich die Hände reichen und sich die Innenfläche streicheln, signalisieren sie, daß der Hinzugekommene ein Mitglied ihrer Religion sei. Sobald sie sich auf diese Weise einander zu erkennen gegeben haben, setzen sie sich zu Tisch. Sie bewirten sich mit auserlesenen Gerichten, essen Fleisch und trinken Wein, sogar die Armen. Wenn sie sich recht gesättigt und ihre Adern, wenn ich so sagen darf, mit zusätzlicher Kraft gefüllt haben, schreiten sie zur Ausschweifung. Der Mann verläßt den Platz neben seinem Weib und spricht zu ihr: »Erhebe dich und vollziehe die Agape (die Liebesvereinigung) mit dem Bruder!« Die Unglücklichen beginnen sodann, alle miteinander Unzucht zu treiben, und obwohl ich erröte beim bloßen Gedanken an die Beschreibung ihrer unreinen Praktiken, schäme ich mich doch nicht, sie auszusprechen, da sie sich auch nicht schämen, sie zu begehen. Nun also, sobald sie sich vereint haben, erheben sie ihre eigene Schande zum Himmel, als ob diese Untat der Prostitution ihnen nicht genug wäre: Mann und Frau nehmen mit ihren Händen den Samen des Mannes auf, treten, die Augen zum Himmel gewandt, vor und opfern die Schande auf ihren Händen dem Vater mit den Worten: »Wir opfern dir diese Gabe, den Leib Christi.« Dann essen sie das Sperma und kommunizieren mit allen den eigenen Samen mit den Worten: »Dies ist der Leib Christi, dies ist das Osterfest, für das unsere Körper leiden und für das sie die Passion Christi bekennen.« Genau das gleiche tun sie mit dem Blutfluß des Weibes. Sie sammeln das Blut ihrer Unreinheit und haben an ihm teil in der gleichen Weise, wobei sie sagen: »Dies ist das Blut Christi.« Bei all ihren zahllosen Ausschweifungen jedoch lehren sie, daß man keine Kinder in die Welt setzen dürfe. Aus reinem Mutwillen vollziehen sie diese schändlichen Akte. Sie begehen den Akt der Wollust bis zur Befriedigung, sammeln aber ihr Sperma, um es an weiterem Eindringen zu hindern, und verspeisen sodann die Frucht ihrer Schande (...) Sobald einer von ihnen versehentlich seinen Samen zu tief in die Frau hat eindringen lassen und die Frau schwanger wird, so hört, welche noch größeren Greuel sie dann begehen. Sie reißen den Embryo heraus, sobald sie ihn mit den Fingern ergreifen können, nehmen das Abgetriebene, zerstampfen es in einer Art Mörser, mischen darunter Honig, Pfeffer und verschiedene Gewürze sowie Duftöle, um den Widerwillen zu überwinden, dann versammeln sie sich – eine wahrhaftige Gemeinde von Schweinen und Hunden – und ein jeder kommuniziert mit seinem Finger, indem er von dieser Abortuspastete ißt. Sobald das »Mahl« vorüber ist, schließen sie mit dem Gebet: »Wir haben dem Oberherrn der Wollust nicht gestattet, sein Spiel mit uns zu treiben, sondern haben den Fehltritt unseres Bruders in uns aufgenommen.« Dies bedeutet in ihren Augen das vollkommene Osterfest. Darüber hinaus praktizieren sie noch alle Arten von Abscheulichkeiten. Wenn sie auf ihren Vereinigungen in Ekstase fallen, besudeln sie ihre Hände mit der Schmach ihres Samens, verteilen ihn überall und beten mit so beschmutzten Händen, den Körper völlig nackend, darum, durch diese Tat freien Zugang zu Gott zu erhalten.[11]

Solch enthusiastische (Miß)Verständnisse abzuweisen, fiel nicht allzu schwer. Hochproblematisch aber mußte es sein, die Realpräsenz des Leibes und Blutes Christi in den eucharistischen Elementen zur Verbindlichkeit zu dogmatisieren und zugleich alle »fleischlichen« und »kannibalistischen« Assoziationen auszublenden.[12] »Wenn es im christlichen Ritus so etwas gibt wie eine für das körperliche Lustprinzip vorgezeichnete ›schwache Stelle‹, so liegt sie in der Abendmahl- und Osterliturgie. Beim Gedenken an die körperliche Auferstehung Christi vom Tode bietet sich eine Chance für die Auferstehung des gläubigen Fleisches zu einer heiligen Schamlosigkeit.«[13] Daß solche Chancen bis heute lustvoll wahrgenommen werden, belegt – neben vielen anderen Dokumenten – ein nicht eben geschmackvoller Artikel der *taz* vom 18.4.87: »Gourmands und Gourmets – Gut abgehangen am Kreuz ist er allgegenwärtig – Zum Osterfest einige Tips, was etwas kultiviertere Küche daraus machen würde« lautete der Titel, der aller Beschimpfungen eines religiösen Bekenntnisses zum Trotz nicht inkriminiert werden konnte, weil die Ankläger selbst von der Realpräsenz des Leibes Christi im Abendmahl nicht abrücken mochten. Wird nicht bis heute den Teilnehmern am Abendmahl nahegelegt, die Oblate nicht zu zerkauen? Und so sind Phantasien, Ambivalenzen und Abgründigkeiten, wie Tilmann Mosers *Gottesvergiftung* sie erinnert und durcharbeitet, wohl kaum perverse Ausnahmen, sondern die drastischen Varianten des Normalfalls:

Ich habe dich, wie es mir deine Diener nahelegten, angestaunt ob deiner Güte, Abraham den Isaac nicht schlachten zu lassen. Du hättest es ja so leicht fordern können, er hätte es *für dich* getan, und mit dem Rest von Menschenwürde in deinem auserwählten Volk hätte es nur noch ein wenig fürchterlicher ausgesehen. Oder hast du vielleicht nur ein unverschämtes Glück gehabt, daß dir in letzter Sekunde die Idee kam, einen Engel an den Ort des geplanten Gemetzels zu schicken? Vielleicht wären dem guten

11 Epiphanius, zit. bei P. Sloterdijk: Kritik der zynischen Vernunft, p. 475 sq., der seinerseits J. Attali (siehe folgende Fn.) zitiert. Das Zitat stimmt dennoch; cf. die griechische Edition im Rahmen der Reihe »Die griechischen christlichen Schriftsteller der ersten drei Jahrhunderte«, pp. 280-282

12 Cf. dazu J. Attali: L'Ordre cannibale und J. Lacarriere: La cendre et les étoiles und ders.: Vie et mort de la médecine

13 P. Sloterdijk: Kritik, p. 474 sq.

Abraham doch noch Zweifel an den Vorteilen seiner privilegierten Beziehung zu dir gekommen, wenn ihn erst Isaacs Blut bespritzt hätte? Bei deinem eigenen Sohn warst du dann ungenierter und hast deinem Sadismus freien Lauf gelassen. Man hat mir weismachen wollen, daß du mit seiner Opferung am Kreuz den neuen Bund der Liebe hast einläuten wollen. Und wiederum habe ich versucht, auf allgemeine Aufforderung hin, dich anzustaunen, weil du für mich armen Sünder deinen einzigen Sohn geopfert hast. Das macht natürlich Eindruck: Wie schlecht muß ich sein, daß es einer solchen Inszenierung bedarf, um mich zu erlösen! Seltsam, seltsam – keiner von den Predigern hat je Verdacht geschöpft, daß vielleicht nicht mit *uns*, sondern mit *dir* etwas nicht stimmt, wenn du vor lauter Menschenliebe deinen Sohn schlachten lassen mußtest. Und uns gibst du ihn dann zu trinken und zu essen, wie es heißt, zur Versöhnung.

Ich weiß, du hast nach mageren Jahren zur Zeit eher wieder Hochkonjunktur, und es könnte unfair scheinen, gerade jetzt mit dir eine kleine Abrechnung zu halten. Ich kann aber nichts dafür, wenn ich so unerhört lange gebraucht habe, dich zu durchschauen.[14]

Damit aber ist nur eine der zahlreichen Paradoxien benannt, die dem Abendmahl seinen spezifischen Charakter geben. Christi Gegenwart wird in der Messe und im Gottesdienst geehrt und verzehrt. Das Abendmahl erinnert an Christi Sterben und will Leben bringen. Dieses Sterben aber wäre, so Christus gewollt hätte, vermeidbar gewesen und schließt deshalb Reflexionen über seine suizidale Tendenz zumindest nicht kategorisch aus. Das Opfer des Selbstmordes gilt jedoch eben der Religion als Todsünde, die auf einen (zumindest latenten) Selbstmörder zurückgeht. In Brot und Wein ist der Erlöser real und alles bloß Zeichenhafte überwindend anwesend; und doch sind priesterliche Symbole, Worte und Zitate notwendig, um diese Realität zu bewirken. Leiblich real anwesend aber ist Christus nur denen, die daran glauben. Wer ungläubig dasselbe verzehrt, verzehrt doch nicht dasselbe. Verzehrend ist zumal auch der Zeitmodus des Abendmahls. Ist es doch zugleich ein Gedächtnismahl, ein eschatologisches Mahl und ein präsentes Ereignis. Ein Ereignis allerdings, das als Ereignis eine hochrituelle Institutionalisierung erfährt, welcher Widerspruch sich auch darin kundtut, daß der Vollzug des Abendmahls als verzehrender Entzug seiner sakramentalen Elemente prozediert. Wer daran glaubt, läuft Gefahr, dran glauben zu müssen.

Diese und andere Widersprüchlichkeiten lassen sich nicht auf Dauer verdrängen. Jede Messe und jede (lutherische) Abendmahl-

14 T. Moser: Gottesvergiftung, p. 20 sq.

feier ist der Ort ihrer insistenten Wiederkehr. Eine Widersprüchlichkeit, die dadurch nicht geringer wird, daß zitierende Priesterworte mehr sein sollen als Zitate und mehr sein wollen als Worte. Eine nüchterne linguistische Analyse der eucharistischen Sprechhandlungen, wie Iwar Werlen sie vorgelegt hat, muß denn auch auf die Feststellung hinauslaufen, daß das Sakrament der schlechthinnigen Offenbarung göttlicher Liebe ohne geradezu systematische Doppeldeutigkeiten nicht zu haben ist:

Der Priester erzählt nun nicht nur ein Geschehen, sondern er repräsentiert es: er erhebt die Augen zum Himmel, wenn davon die Rede ist, er ergreift die Patene mit dem Brot, er ergreift »diesen« Kelch. Diese Repräsentation, Darstellung ist nicht bloße Darstellung, sondern Vergegenwärtigung, die wirksam ist – der Kern des Sakramentes: das was dargestellt wird, wird auch hergestellt – ein wirksames Zeichen. Die Erzählung wird so systematisch doppelsinnig: es ist eine Erzählung von etwas, was einmal geschehen ist, und was hier und jetzt geschieht. Insofern ist dann der Priester nicht mehr er selbst, sondern Jesus. Wenn er Jesus zitiert, dann spricht nicht mehr der Priester qua Mensch, sondern es spricht Jesus selbst: *Nehmet hin* ... Angesprochen sind nicht nur die Jünger damals, sondern die Gläubigen heute: die Personalpronomina sind doppeldeutig, da sie sich auf Vergangenheit und Gegenwart beziehen. Und deswegen sind dann auch die Wandlungsworte in Zeile 7f. und Zeile 13 wirksam: weil sie die Worte Jesu sind. Der Priester vollzieht, indem er die richtigen Worte spricht und die Gesten macht, die vorgeschrieben sind, einen performativen Akt. Und es ist kein explizit performativer Akt; er sagt nicht: *ich verwandle hiermit dieses Brot und diesen Wein in meinen Leib*, und das hat auch seinen guten Grund: was der Priester da vollzieht, geschieht nicht aus seiner eigenen Legitimation heraus, vielmehr aus der allgemeinen Beauftragung der Kirche durch Christus. Und er hat ihr nicht den Auftrag gegeben, eine explizit performative Formel der oben erwähnten Art zu sprechen, sondern eine implizite. Hinzu kommt, daß – theologisch gesehen – nicht der Priester die Wandlung bewirkt, sondern, wie aus der Epiklese hervorgeht, Gott, genauer – wenn man andern Liturgien folgt – der Heilige Geist. Wir können uns hier allerdings auf diese theologische Problematik und vor allem auf die Frage, was ontologisch mit Brot und Wein geschieht, nicht einlassen. Für unsern Standpunkt kann hier nur gelten, daß durch das Aussprechen der Wandlungsworte eine institutionelle Tatsache geschaffen wird: die Tatsache, daß von nun an dieses Brot und dieser Wein als Leib und Blut Jesu Christi gelten. Die Geltung ist natürlich beschränkt auf jene, die daran glauben, die also die Rahmenbedingungen der Institution annehmen.[15]

15 I. Werlen: Ritual und Sprache, p. 189

Nüchterner kann das Paradox zwischen der Institutionalisierung performativer Sprechakte einerseits und der unerhörten Botschaft, die da zum sonntäglichen Dauerereignis wird, kaum analysiert werden. Dieses Paradox korrespondiert der grundlegenden Paradoxie, daß Brot und Wein ja bei aller Heiligung, die sie erfahren, doch nichts anderes sein sollen als Supplemente des abwesenden Erlösers. Offenbar aber tendieren Supplemente (wie z. B die Bundesrepublik oder revolutionäre Parteien, die den Übergang zur staatenlosen Gesellschaft leisten wollen) dazu, dauerhafter und inerter zu sein als die Größen, deren temporäre Ersatzfiguren sie doch sein sollen. Käme Christus wieder, erlöste er von Ewigkeit zu Ewigkeit Welt und Dasein, so wären mit der Institution Kirche auch die kultischen Feiern von Brot und Wein hinfällig. Die leidenschaftliche Variante dieser Paradoxie der Institutionalisierung des Unerhörten und der Heiligung des Supplements hat Dostojewskis Geschichte vom Großinquisitor geliefert.

Er kam still daher, unbemerkt – und seltsam: alle erkennen Ihn! Mit unwiderstehlicher Gewalt drängt sich das Volk zu Ihm hin, es umgibt Ihn, es wächst um Ihn herum und folgt seinen Schritten. Schweigend wandelt Er unter ihnen mit dem stillen Lächeln unendlichen Mitgefühls. Die Sonne der Liebe brennt in seinem Herzen, Strahlen von Licht und Kraft fließen aus seinen Augen, strömen über die Masse hin und entzünden aller Herzen in Gegenliebe. Er streckt die Hände nach ihnen aus. Er segnet sie, und von seiner Berührung, ja vom Saum seines Gewandes geht heilende Kraft aus. Und siehe! in der Masse ein Greis, blind von Kindheitstagen an, ruft Ihm zu: ›Herr, heile mich, und auch ich werde dich schauen!‹ Da fällt es dem Blinden wie Schuppen von den Augen, und er sieht Ihn. Das Volk weint und küßt die Erde, über welche Er schreitet, Kinder streuen Blumen vor Ihn hin und jauchzen Ihm zu: ›Hosianna!‹ ›Das ist er!‹ ›Das ist er selber!‹ so wiederholen alle, ›Das muß er sein, das ist niemand anders als er!‹ An der Pforte des Domes bleibt Er stehen, gerade in dem Augenblick, als unter Weinen und Klagen ein offener, kleiner, weißer Kindersarg hineingetragen wird: in ihm liegt ein siebenjähriges Mädchen, das einzige Töchterchen eines angesehenen Bürgers. Das tote Kind ist ganz in Blumen gebettet. ›Er wird dein Kind erwecken!‹ so ruft man aus der Menge der weinenden Mutter zu. Der Geistliche, der dem Sarg entgegenschreitet, bleibt stehen und blickt ratlos umher. Da wirft sich die Mutter des toten Kindes schluchzend Ihm zu Füßen: ›Wenn du es bist, so erwecke mein Kind!‹ so ruft sie aus und erhebt bittend die Hände zu Ihm. Der Zug hält an, der Sarg wird in der Vorhalle niedergestellt zu seinen Füßen. Er schaut in Mitleid auf das Kind, und seine Lippen sprechen zweimal leise: ›Talipha kumi!‹ – ›Stehe auf, meine Tochter!‹ Das Mädchen erhebt sich im Sarg, es setzt sich aufrecht und blickt lächelnd umher aus weitgeöffneten, erstaunten Äuglein. In seinen Händen hält es den Strauß weißer Rosen, mit dem es im Sarg lag. Und das Volk steht bestürzt und schreit und schluchzt – und da gerade, in diesem Augenblick, schreitet über den Platz an der Kathedrale vorüber der Kardinal-Großinquisitor: ein fast neunzigjähriger Greis, groß und aufrecht, mit vertrocknetem Gesicht und tiefliegenden Augen, daraus immer noch Funken sprühen. Nicht in prächtigem Kardinalsgewand kommt er gegangen, wie gestern, da man die Feinde des römischen Glaubens verbrannte vor allem Volk – nein, heute umhüllt ihn nur seine grobe Mönchskutte. Ihm folgen in einiger Entfernung seine finsteren Gehilfen, seine Diener und die ›heilige Hermandad‹. Er bleibt vor der Masse stehen und beobachtet von fern. Er sah alles, sah, wie man den Sarg Ihm zu Füßen stellte, sah, wie das Mägdlein erwachte – und sein Gesicht verfinsterte sich. Er verzieht die buschigen Brauen. Unheilvoll leuchtet sein Blick. Er streckt den Finger aus und gebietet der Wache, Ihn festzunehmen. Und so groß ist seine Macht, so unterwürfig und angstvoll gehorsam das Volk, daß die Menge unverzüglich auseinanderweicht vor den Häschern. Und die legen unter plötzlicher Grabesstille Hand an Ihn und führen Ihn ab. Und alsogleich beugt sich die Menge wie *ein* Mann mit dem Haupt zur Erde vor dem greisen Inquisitor. Der segnet schweigend das Volk und geht vorüber. Die Wache führt den Gefangenen in ein enges, finsteres Gefängnisgewölbe im alten Bau des ›Heiligen Gerichtes‹ und schließt Ihn dort ein. Der Tag verrinnt, die finstere, heiße, leblose Nacht von Sevilla bricht herein: nach Lorbeer und Zitrone duftet es ringsumher. Da – im tiefen Dunkel – öffnet sich plötzlich die Eisenpforte des Kerkers, und mit einem Licht in der Hand tritt langsam der greise Großinquisitor hinein. Er ist allein. Die Tür fällt hinter ihm ins Schloß. An der Schwelle bleibt er stehen und blickt lange – eine Minute oder zwei – Ihm ins Gesicht. Endlich tritt er leise hinzu, stellt die Kerze auf den Tisch und spricht zu Ihm:

›Das bist du? du?‹ Und da er keine Antwort erhält, so fügt er rasch hinzu: ›Antworte nicht! Schweige! Ja, und was könntest du auch antworten? Ich weiß nur zu gut, was du sagen wirst. Auch hast du gar kein Recht, irgend etwas dem zuzufügen, was du damals sagtest! Weshalb bist du denn gekommen, uns zu stören? Denn du *bist* gekommen, uns zu stören. Das weißt du selber. Aber weißt du auch, was morgen sein wird? Ich weiß nicht, wer du bist, und will das gar nicht wissen. Ob du es aber selber bist oder nur ein Doppelgänger von Ihm: morgen werde ich dich verurteilen, und ich werde dich auf dem Scheiterhaufen verbrennen wie den schlimmsten aller Ketzer.[16]

Zur Hinrichtung dessen, der Ketzer ist, weil er, der in jeder Weise Originäre, das Supplement überflüssig macht, wird es nicht kom-

16 Dostojewski: Die Brüder Karamasow Bd. 1, pp. 427-429

men. Dostojewskis Lösung ist sublimer und zynischer[17]: der wiedergekehrte Christus »küßt den Großinquisitor schweigend auf die blutlosen neunzigjährigen Lippen« und verspricht (wenn denn das Schweigen dessen, der sich doch als der beredteste unter den Göttern einen monotheistischen Namen machte, ein Versprechen sein kann), nicht erneut seine Wiederkehr zu versprechen. Das interimistische Mahl kann endgültig zum Dauertotemismus und das Provisorium zur institutionellen Ewigkeit werden.

Und für bemerkenswert lange Zeiträume sieht es ab dem Hochmittelalter tatsächlich so aus, als könne die exklusive Dogmatisierung des Unwahrscheinlichen, durch liturgisch-ästhetische Konzessionen abgefedert, die elementare Widersprüchlichkeit des eucharistischen Geschehens vergessen machen. Restwidersprüchlichkeiten lassen sich zudem konstitutiv als Produktionsgrund für Mysterien und Wunder in Anschlag bringen. Die Leistung der hochmittelalterlich ausdifferenzierten Theologie, Messeliturgie und organisierter Volksfrömmigkeit ist denn auch gewiß nicht gering zu achten. Für mehrere Jahrhunderte und bemerkenswert große Regionen gibt es – ein kulturhistorisch immerhin buchenswertes Datum – eine verbindliche Semontologie oder genauer: Semontotheologie. Nämlich einen mit Ansprüchen an sinnliche Gewißheit auftretenden Algorithmus, der verläßliche Zuordnungen von Sein und Zeichen verspricht. Ja, einen kultisch zu feiernden Algorithmus, der das ungeheure Versprechen offenbar plausibel und akzeptabel einzulösen scheint, danach Sein sinnvoll und Sinn seiend ist. Sinn ist, und Sein ist sinnvoll zumindest im Sakrament von Brot und Wein – also in einer Urszene, die dauerhaft verfügbar wird.

Diese Leistung läßt sich bewundern, und sie läßt sich analysieren. Analysebedürftig ist zumal die mediale Leistung der Eucharistie. Daß die Eucharistie das paradigmatische Medium des frühen sogenannten Abendlandes sein will, gibt sie geradezu triumphal zu erkennen. Sie mediatisiert Himmel und Erde, den einen Gott und die vielen Menschen, Wort und Fleisch, sinnliche und geistige Gewißheit, Sakrales und Profanes sowie ganz fundamental Sein und Sinn. Und sie synthetisiert (als erinnerndes, gegenwärtiges und

17 Cf. dazu P. Sloterdijk: Kritik, p. 344 sqq. Sloterdijk läßt seine Text-Analyse in einer großen Kritik des »Noch, Noch und Noch« enden, mit dem »jene Struktur des Aufschubs und des indirekten Lebens entsteht, welche das System der maßlosen Produktion in Gang hält«.

eschatologisches Mahl) die Dimensionen der Zeitlichkeit, die regionalen Kulturen, die sozialen Klassen und Gruppen, ja noch die unterschiedlichen Sprachen, die sie auf ein identisches Zentrum des offenbaren Seinssinns beziehen kann.

Vor dem analytischen Blick bewährt sich so (wieder einmal) die systemtheoretische Vermutung, Medien seien »Selektionsverstärker«.[18] Aus der Schar aller Götter selegiert das eucharistische Medium den einen Sohn des einen Gottes, aus dem Überangebot alles Verzehrbaren selegiert das christliche Zentralsakrament die (extrem traditionsreichen und also überdeterminierten, zugleich aber auch extrem alltäglichen) Elemente Brot und Wein, und aus allen Lesarten dieses Verzehrs selegiert die klassische Transsubstantiationslehre die unwahrscheinlichste. Als »diejenigen evolutionären Errungenschaften, die an (den) Bruchstellen der Kommunikation ansetzen und funktionsgenau dazu dienen, Unwahrscheinliches in Wahrscheinliches zu transformieren«[19], macht die Systemtheorie Medien überhaupt begreiflich. Und als »symbolisch generalisiert« definiert sie die Medien, »die Generalisierungen verwenden, um den Zusammenhang von Selektion und Motivation zu symbolisieren, das heißt: als Einheit darzustellen«.[20]

Das Sakrament von Brot und Wein ist im 13. Jahrhundert europaweit nicht irgendein, sondern das symbolisch generalisierte Medium, das die Unwahrscheinlichkeit schlechthin: Sein als sinnvoll und Sinn als seiend zu erfahren, in einen so hochsymbolischen Zusammenhang von Selektion und Motivation einzubetten vermag, daß diese Hochsymbolik selbst als das Reale (fast universal) beglaubigt wird. Eine Leistung, die (zumindest im »abendländischen« Rahmen) einmalig sein dürfte und deshalb bis heute unverkennbar ihre hohe Faszinationskraft bewahrt hat. Die Medien, die später funktionale Äquivalente dieser Leistung bereitstellen: Geld und sogenannte »neue« Medien (voran die obligatorischen Medien Radio und TV), müssen, um funktionale Äquivalente von Brot und Wein überhaupt sein zu können, immer auch deren rauschhafte Faszinationskraft nachstellen – und funktionaler sein. Aber die Bewältigung dieser schizoiden Aufgabe ist der Stoff, aus dem andere Geschichten als die um Brot und Wein gemacht sind.

Die Eucharistie hat extreme Selektionen im Messegeschehen im-

18 M. Giesecke: Die ›Grundfragen der Allgemeinen Sprachwissenschaft‹, p. 286
19 N. Luhmann: Soziale Systeme, p. 220
20 Ibid., p. 222

mer erneut zu der einen frohen Botschaft generalisiert und verstärkt. Solch extreme Selektionen aber sind – und sei es nur, um ihre Exklusivität deutlich zu machen – gleichermaßen extrem darauf angewiesen, ihre Varianten und Alternativen latent, wenn nicht gar kopräsent zu halten. Wer Irrlehren ablehnt, wird sie (wie verzerrt auch immer) referieren müssen – nicht nur Epiphanius hat unter dieser Paradoxie lustvoll gelitten (»wie er sich selbst inmitten des heiligen Gruppensex verhalten hat, bleibt sein Geheimnis«[21]). Und wer All-Einheit will, muß sie gegen Differenz(en) absetzen. All das aber, was die klassische Eucharistielehre und die ihr korrespondierende Liturgie haben abwehren und exilieren müssen, findet in den Künsten und in Dichtung zumal einen Speicherplatz. Kultur überhaupt hält den (augenblicklich dysfunktionalen) Überschuß an Symbolisierungen bereit, auf den die »gesellschaftliche Reproduktion von Kommunikation«[22] evolutionär angewiesen ist. Kultur ist der »Themenvorrat«, in dem sich jene Formen der Realitätssicht sammeln, denen unmittelbare Durchsetzungs- und gar Universalisierungsmöglichkeiten versagt blieben. »In der Konfrontierung der (jedermann geläufigen) Realität mit einer anderen Version der normalen Realitätssicht«[23] kann die Systemtheorie deshalb (auf einer zugegebenermaßen sehr grundsätzlichen Ebene) die »Funktion der Kunst« für soziale Systeme überhaupt erblicken.

Eine Bestimmung, die sich für die poetische Ausdifferenzierung des Motivkreises »Brot und Wein« schon im 13. Jahrhundert selbst bewährt. Sie setzt die grundsätzliche Ausdifferenzierung von poetischen gegenüber theologischen und theologienahen Diskursen voraus. Fällig ist diese Innovation genau in dem Augenblick, da Theologie dogmatische Ansprüche stellt (und diese infrastrukturell auch durchsetzen kann). Die theologische Binnendebatte erfährt dann Verlagerungen, die die diskursiven Grenzen zwischen nicht-poetischen und poetischen Diskursen allererst stiften. Und es ist gewiß kein Zufall, daß sich um 1200 die Hochdichtung über kein anderes als über das theologische Thema schlechthin – eben Brot und Wein – gegen die Theologie geradezu ostentativ ausdifferenziert. Sowohl die Grals- als auch die Tristandichtungen halten (wenn auch auf höchst unterschiedliche Weise) »andere Versionen« des Verständnisses von Brot und Wein und der Korrelation

21 P. Sloterdijk: l.c., p. 477
22 N. Luhmann: l.c., p. 224
23 N. Luhmann: Das Kunstwerk, p. 55

von Sein und Sinn als »Themenvorrat« gegenwärtig. Eucharistische Motivik ist schon am Anfang von Gottfrieds Tristan-Epos (und auch in seinen romanischen Vorläufern) so unübersehbar, daß es nicht übertrieben sein mag, vom alternativen Signalwert von Wendungen wie diesen zu sprechen, die über Tristans und Isoldes Leben und Sterben ergehen:

> Jr leben, ir tôt sint unser brôt.
> sus lebet ir leben, sus lebet ir tôt.
> sus lebent sie noch und sint doch tôt,
> und ist ir tôt der lebenden brôt.[24]

Solche Wendungen sind – und wollen es sein – unverkennbar tiefsinnig. Und doch sind sie auf eine spezifische Weise plausibler als das konkurrierende Paradigma der Brot-und-Wein-Theologie. Daß Erzählen vom Tod, ja von der Mortifikation des Erzählten lebt, daß der Tod überhaupt der Produktionsgrund lebendiger Bedeutsamkeit ist und daß Bedeutsamkeit als Absenz-Präsenz-Phänomen testamentarischen Charakter hat, mögen so schwermütige wie tiefsinnige Thesen sein – sie sind doch per se plausibler als der Sakramentalrealismus, gegen den sie deutlich opponieren. Und die Gralsgeschichten, die gerade zur Zeit der intensivsten offiziellen Abendmahlstreitigkeiten erblühen, mögen unwahrscheinlich sein – doch sie kokettieren (anders als ihre theologische Entsprechung) geradezu mit ihrer Unwahrscheinlichkeit. Die aber ist gleichsam realistischer als der Sakramentalrealismus. Profaner könnte zumindest eine Unterfunktion des Grals nicht sein als die, die Wolfram von Eschenbach ihm in seinem kurz nach 1200 entstandenen (und hier in Dieter Kühns Übersetzung wiedergegebenen) Parzival-Epos zuschreibt: er macht auf die lustvollste Weise satt und erweist sich als ein wahrhaftes Tischlein-deck-dich.

> Hundert Knappen wies man ein:
> die empfingen, in Servietten,
> formvollendet Brot vom Gral,
> gingen dann gemeinsam los
> und teilten sich nach Tischen auf.
> Man sagte mir, ich sag es weiter
> und zwar bei euer aller Eid:
> vor dem Gral lag schon bereit –
> mach ich hier einem etwas vor,

24 Gottfried von Straßburg: Tristan, vv. 235-38

so sind wir eben alle Lügner:
wonach man auch die Hand ausstreckte,
man fand es alles fertig vor:
warme Speisen, kalte Speisen,
neue Speisen, altbewährte,
Fleisch vom Stalltier und vom Wild.
»So was hat man nie gesehen!«
wendet wohl so mancher ein,
doch der benimmt sich viel zu forsch.
Der Gral war: Frucht der Seligkeit,
Füllhorn aller Erdensüße,
er reichte nah an das heran,
was man vom Himmelreich erzählt.
In goldne Schüsseln füllten sie,
was zu jeder Speise paßte:
Saucen, Obst- und Pfefferbrühen.
Der Bescheidene, der Vielfraß,
jeder kam auf seine Kosten;
man bediente sie vollendet.
Ob Brombeerwein, ob Siropel –
welchen Namen man auch nannte,
wonach man auch den Becher streckte –
man sah es gleich darauf in ihm.
Das alles durch die Macht des Grals![25]

Diese gastronomischen Luxusqualitäten des Grals stehen in eigentümlichem Kontrast zu seiner theologischen Herkunft. Im Gralskelch – so will es die (um 1175 entstandene) *Estoire del Graal* von Robert de Borons, die an mystische Motive bei Bernhard von Clairvaux und an das apokryphe Evangelium Nicodemi anknüpfen kann –, im Gral fing Joseph von Arimathia das Blut Christi auf. Robert de Borons hat diese Motivtradition wirkungsmächtig mit den Geschichten von König Artur amalgamiert. Sein ritterlicher Kreis verwahrt danach den Gral und sein Geheimnis. Wolfram von Eschenbach war mit dieser Version und mit der Variante, die Chrétien de Troyes in seinem *Conte du Gral* von 1180 gab, nachweislich vertraut. Und doch ist er entschlossen bemüht, die noch so junge Geschichte bereits erneut umzuschreiben. Er beschreibt, lustvoll fabulierend, den Gral als einen Edelstein von geheimnisvoller Kraft und Herkunft. Sein Anblick spendet Jugendlichkeit. Nur eine Jungfrau darf und kann ihn tragen. Die Wunderkraft des

25 Wolfram von Eschenbach: Parzival, p. 588 sq.

Grals aber wird alljährlich am Karfreitag durch eine »kleine wîze oblât« erneuert, die eine gleichermaßen weiße Taube vom Himmel herabbringt und auf den strahlenden Stein legt.

Der aber ist nicht ausschließlich strahlend heller Abkunft. Stammt er doch aus der Krone des gefallenen Engels Luzifer. All diese und weitere Bestimmungen geben ihre eklektische Herkunft nahezu ostentativ zu erkennen. Und Wolfram ist denn auch deutlich daran gelegen, den Gral vom eucharistischen Geschehen abzusetzen. Der epische Gral überwindet anders als das Sakrament von Brot und Wein gerade nicht die zackige Demarkationslinie zwischen Sein und Sinn. Eindeutig nämlich schildert Wolfram den Gral als Buchereignis. Dies ist unverkennbar das eigentliche Geheimnis, in das Parzival, der anfänglich nur mit der reellsten aller Grals-Semantiken: der handfest kulinarischen, vertraut war, initiiert wird. Der profanen Qualität dieser Erleuchtung entspricht es, daß der Gral konsequent als schieres »Ding« charakterisiert und angesprochen wird. Parzivals Wunsch, in tiefere Geheimnisse, als die des Essens und Trinkens es sind, eingeweiht zu werden, muß lange darauf warten, gestillt zu werden. An einem Karfreitag findet er endlich zu dem Einsiedler Trevrizent, einem Bruder des Gralskönigs, der ihn ein wenig über den Gral aufklärt. Das ist eine aufschlußreiche kompositorische Pointe: die Deutung, der Sinn des Grals hat (anders als in der Messeliturgie) dort statt, wo das »Ding« nicht ist. Und das »Ding« ist dort, wo sein Sinn eben nicht offenbart wird.

Das Geheimnis um den Gral
wird Parzival von ihm erfahren.
Wer mich früher danach fragte
und mir deshalb böse war,
weil ich nichts davon verriet,
der hat sich auch schon selbst blamiert.
Mich bat Kyot, davon zu schweigen,
denn schon *ihm* verbot die Quelle,
das Geheimnis zu erwähnen,
bis schließlich die Erzählung *selbst*
das Stichwort dazu geben würde,
daß nun davon zu sprechen sei.
Kyot, der hochberühmte Meister,
fand in Toledo den verschollnen
Urtext unserer Geschichte.
Geschrieben war er auf Arabisch.
Das ABC der Zauberschrift

mußte er zuerst mal lernen –
ohne die Kunst der Nekromantie,
alleine aus der Kraft des Glaubens,
sonst wär das Buch noch unbekannt;
Heidenwissen könnt uns nicht
offenbaren, was der Gral ist,
wie man sein Geheimnis fand.
Ein Heide namens Flegetanis
war als Gelehrter sehr berühmt
und der besagte Physiosoph
stammte ab von Salomon,
aus israelischem Geschlecht
von alters her – bis uns die Taufe
vor dem Höllenfeuer schützte.
Und der schrieb die Grals-Geschichte.
Er war, vom Vater her, ein Heide:
Flegetanis betete
ein Kalb an, so, als wär's sein Gott.
Wie kann der Teufel kluge Menschen
solcher Art so sehr verwirren,
daß sie das Allerhöchste Wesen,
das doch alle Wunder kennt,
von so was nicht befreit, befreite?
Dieser Heide Flegetanis
war fähig, uns dies darzustellen:
die Deszendenz von jedem Stern
und seine Rückkehr, Aszendenz,
wie lang jeweils der Umlauf ist,
bis er den Ausgangspunkt erreicht.
Verbunden mit dem Sternenrundlauf
ist das menschliche Gewimmel.
Flegetanis sah – als Heide –
mit eignen Augen im Gestirn
(er sprach davon mit großer Scheu)
das verhohlene Mysterium:
er sprach vom Ding, genannt Der Gral –
diesen Namen hat er deutlich
von den Sternen abgelesen.
»Den ließ ein Engelstrupp auf Erden,
flog dann höher als die Sterne –
zog die Vergebung sie hinauf?
Christen müssen ihn jetzt hüten,
dies mit äußerst strenger Reinheit:
wer zum Gral berufen wird,

der hat als Mensch stets hohen Rang.«
So schrieb darüber Flegetanis.
Kyot, der hochgelehrte Meister,
begann, nach dem Beleg zu suchen
in Büchern, die lateinisch waren:
wo hat es ein Geschlecht gegeben,
das dazu berufen war,
den Gral zu hüten, sich somit
der Askese hinzugeben?
Er las in Chroniken verschiedner
Länder – aus Britannia,
aus Irland und aus Frankreich,
und fand den Nachweis in Anjou.
Er las da über Mazadan,
was über jedem Zweifel steht;
alles über seine Herkunft
wurde dort exakt berichtet,
ebenso, wie Titurel
und dessen Sohn Frimutel
den Gral vererbten, auf Anfortas –
der Bruder jener Herzeloyde,
die Gahmuret den Sohn gebar,
von dem unsre Geschichte handelt:
der reitet auf der frischen Spur,
auf der der graue Ritter kam.[26]

Bemerkenswert an diesem Text ist – neben vielem anderen mehr –, daß Wolfram den Gral als Effekt eines synkretistischen Buchereignisses und eben nicht als ein Fetischobjekt des gefeierten Ineinanderfalls von Sein und Sinn konzipiert. Dichtung wäre überflüssig, wenn es Algorithmen gäbe, die Sein und Sinn zuverlässig ineinanderfallen ließen. Zu dem Vorrat an Themen, den die sich ausbildende schöne Literatur des Hochmittelalters anlegt, gehört grundsätzlich auch dieses: daß die Korrelationen zwischen dem einen göttlichen Buch der Welt und den vielen Büchern, die dieses eine Buch deuten, nicht durch ein metasemantisches Sakrament endgültig entschieden sind. Es sind auch und gerade noch in Zeiten, die sich anheischig machen, solche semontologischen Algorithmen aufzustellen, Geschichten zu erzählen, die wissen, daß sie Geschichten sind. Ein tiefsinniger Prinz wird Jahrhunderte später solche Geschichten lesen und die Frage, was er denn da lese, bündig beantworten: »words, words, words«.

26 Ibid., pp. 724-26. Zum Themen- und Motivfeld »Gral« cf. die Studie von K. Burdach: Der Gral

7. Geld oder Geist: Die Reformation des Abendmahls

Im Februar 1880 fuhr ein aus Krankheitsgründen frühzeitig pensionierter deutscher Professor der Altphilologie über die Alpen. Er kehrte in den folgenden Jahren nicht mehr recht zurück. Vielmehr wählte er sich für den Rest seiner wachen Jahre einen fest »umgrenzten Lebensraum ...: Die südlichsten Alpentäler (Tirol, Engadin) und der südliche Alpenvorraum bis an die Riviera im Westen, die Adria (Venedig) im Osten«[1] wurden zum buchstäblichen topos noetos von Nietzsches späten Schriften. Ein Erkenntnis-Raum, den Nietzsche selbst als ein »Stück Ober-Erde«[2] gefeiert hat. Der Komplementärbegriff dazu ist unschwer auszumachen: »Europas Flachland Deutschland«[3] mit seinen »unterirdischen Verschwörungen«[4] ist Nietzsche offenbar unerträglich geworden. Nach Leipzig und Naumburg und somit in urprotestantische deutsche Räume ist der antichristliche Pfarrerssohn nur kurz und widerwillig zurückgekehrt, um sie panisch schnell wieder zu verlassen.

Nietzsches mediterran-olympische Topographie kannte somit andere Prioritäten und Orientierungen als die eines deutschen Mönches, der 370 Jahre zuvor im Herbst 1510 ebenfalls über die Alpen zog, um in Rom eine Appellation (ob auch Kollekten- oder Ablaßgelder?) seines Erfurter Augustinerklosters zu überreichen. Der Weg dieses Mönches führte durch das unvergleichliche Italien der frühen Renaissance: über Florenz zur Heiligen Stadt, die so heilig damals nicht war. Doch von der jugendlichen Aufbruch signalisierenden Florentiner David-Statue Michelangelos, vom soeben begonnenen gewaltigen Umbau des Petersdomes, von der Erneuerung der christlichen Kunst aus dem Geist der polytheistischen Antike und von der Revolution der Lebensformen nahm der deutsche Mönch schlechthin nichts wahr. Er zeigte vielmehr »eine entschieden provinzielle Ahnungslosigkeit von Wesen und Kultur des Südens«.[5]

1 C. P. Janz: Nietzsche, Bd. 2, p. 43
2 Brief vom 23. Juni 1881 aus Sils-Maria an Franz Overbeck
3 Vorwort zu: Nietzsche und Wagner, WW III, p. 1037
4 WW II, p. 1047
5 E. H. Erikson: Der junge Mann Luther, p. 187

Und nach seiner ästhetisch gänzlich unbeeindruckten Rückkehr war Luther – so der Name des sieben Jahre später weltberühmten Mönches – einzig daran gelegen, jene jenseitsfixierte und schuldverfallene Lebensform buchstäblich zu reformieren, die der ästhetische Immoralismus des Renaissance-Italiens zu überwinden versprochen hatte.

Vieles an Nietzsches Schriften und vieles auch an seiner späten Selbststilisierung legt den Schluß nahe, daß der verunglückte Pfarrerssohn rückgängig machen wollte, was mit und nach Luther in Deutschland versäumt wurde. Nietzsche nämlich stilisiert sich zur kontrastiven Komplementärfigur Luthers. Die weltgeschichtliche Episode von Luthers Gang nach Rom gilt ihm als Urszene mißglückter Neuzeit. Seine späteste Schrift *Der Antichrist* gibt unverhohlen kund, was frühere Aussagen noch kunstvoll verrätseln:

> ...Ich sehe eine *Möglichkeit* vor mir von einem vollkommenen überirdischen Zauber und Farbenreiz – es scheint mir, daß sie in allen Schaudern raffinierter Schönheit erglänzt, daß eine Kunst in ihr am Werke ist, so göttlich, so teufelsmäßig göttlich, daß man Jahrtausende umsonst nach einer zweiten solchen Möglichkeit durchsucht; ich sehe ein Schauspiel, so sinnreich, so wunderbar paradox zugleich, daß alle Gottheiten des Olymps einen Anlaß zu einem unsterblichen Gelächter gehabt hätten – *Cesare Borgia als Papst*... Versteht man mich?... Wohlan, *das* wäre der Sieg gewesen, nach dem *ich* heute allein verlange –: damit war das Christentum *abgeschafft!* – Was geschah? Ein deutscher Mönch, Luther, kam nach Rom. Dieser Mönch, mit allen rachsüchtigen Instinkten eines verunglückten Priesters im Leibe, empörte sich in Rom *gegen* die Renaissance... Statt mit tiefster Dankbarkeit das Ungeheure zu verstehen, das geschehen war, die Überwindung des Christentums an seinem *Sitz* –, verstand sein Haß aus diesem Schauspiel nur seine Nahrung zu ziehn. Ein religiöser Mensch denkt nur an sich. – Luther sah die *Verderbnis* des Papsttums, während gerade das Gegenteil mit Händen zu greifen war: die alte Verderbnis, das *peccatum originale*, das Christentum saß *nicht* mehr auf dem Stuhl des Papstes! Sondern das Leben! Sondern der Triumph des Lebens! Sondern das große Ja zu allen hohen, schönen, verwegenen Dingen!... Und Luther *stellte die Kirche wieder her*: er griff sie an... Die Renaissance – ein Ereignis ohne Sinn, ein großes *Umsonst!* – Ah diese Deutschen, was sie uns schon gekostet haben![6]

Nietzsche hat dieses Verdikt immer erneut ausgesprochen. Und er hatte Grund dazu. Denn seine Diagnose unterläuft das Selbstver-

6 WW II, 1233 sq.

ständnis sowohl des Katholizismus als auch des Protestantismus und blieb deshalb bei beiden und für beide unerhört:

Luther, dies Verhängnis von Mönch, hat die Kirche, und, was tausendmal schlimmer ist, das Christentum wiederhergestellt, im Augenblick, *wo es unterlag*... Das Christentum, diese Religion gewordene *Verneinung des Willens zum Leben!*... Luther, ein unmöglicher Mönch, der, aus Gründen seiner »Unmöglichkeit«, die Kirche angriff und sie – folglich! – wiederherstellte... Die Katholiken hätten Gründe, Lutherfeste zu feiern, Lutherspiele zu dichten...«[7]

Nietzsches Polemik ist verletzend, und sie will es sein. Scharf ist sie gegen Katholizismus wie Protestantismus gerichtet: weist sie den Reformator doch als den ernsthafteren Katholiken und ernsthaften Katholizismus als lebensweltliche Katastrophe aus. Zumindest die erste These ist schwerlich zu bestreiten. Gegen alle gängigen Klischees muß immer wieder daran erinnert werden, daß Luther tatsächlich ein buchstäblicher Reformator, ein Wiederhersteller dessen sein wollte, was eine zunehmend verwahrlosende Kirche zu verspielen bereit war – die Ernsthaftigkeit[8] des christlichen Versprechens und die der Eucharistie. Unter den Priestern des Renaissance-Italiens, das Luther durchwanderte, war die fröhlich häretische Messeformel »Panes es et panes manebis« verbreitet.[9] Eine Formel, die bei aller Häresie doch zumindest den einen Vorteil hat, den scholastischen Diskussionen über das Problem »Quid comedit mus?«, also darüber, ob die Kirchenmaus möglicherweise den Leib des Herrn verspeise, das realistische Fundament zu entziehen.

Den liturgischen Verwahrlosungen zumal der priesterlichen Wendungen gingen theologische Diskussionen voraus. Die spätscholastischen Befragungen der thomistischen Eucharistielehre setzten dabei zumeist an der Funktion eben der priesterlichen Einsetzungsworte und also am Verhältnis von »Worten und Sachen« an. Duns Scotus (gest. 1308) etwa bezweifelte, daß priesterliche Worte eine so gewaltige Wirkung haben könnten, wie die Transsubstantiationslehre sie ihnen zuschrieb, und hielt statt dessen (annihilistisch) die Präsenz Christi an dem Ort, wo zuvor Brot und

7 WW II, 1148
8 E. H. Erikson hat die zentrale Funktion des Impulses »es ernst meinen« für Luthers Biographie herausgestellt; cf. l.c., 5. Kapitel
9 Cf. Landgraf: Dogmengeschichte III/2

Wein gewesen seien, für einen freien Entschluß Gottes, der sich von keinem noch so intensiv gesprochenem Priesterwort nötigen lassen müsse. Ähnlich argumentiert Wilhelm von Ockham (gest. 1349), der zudem mit eigentümlicher Lust an Paradoxien über das Verhältnis von Substanz und Qualität in der Hostie und also Fragen wie die nachdenkt, auf welche Weise Christus denn im Brot ganz gegenwärtig und doch nicht mit seiner ganzen Quantität gegenwärtig sein könne. Um Paradoxien dieser Art zu entgehen, fordert John Wyclif in seinem Werk *De Eucharistia Tractatus Maior* vorreformatorisch die Rückkehr zur ursprünglichen – und das heißt für ihn: symbolischen – Abendmahllehre. Was das Konzil von Konstanz 1415 angesichts der Wirkung dieser altneuen Lehre (zumal auf Jan Hus und seinen Kreis) scharf zurückweist. Die Abendmahldiskussion ist eben nach den hochscholastischen Kodifizierungen nicht mehr nur ein Gelehrtenstreit, sondern Gegenstand schärfster Sanktionen.

Über alle Phasen seiner Revolte hinweg hat Luther hingegen entschieden an der Realpräsenz Christi in Brot und Wein festgehalten, die er – päpstlicher jedenfalls als die Renaissancepäpste – im katholischen Ritus vielfach bedroht sah. Der »Grewel der Messe« verspielt danach geradezu leichtfertig Gottes Gnade. Denn unverkennbar setzt sich das »Messpfaffentum« in einer dogmatischen »Wut des Verstehens«[10] über Gottes Wort hinweg. Dostojewskis Erzählung vom Großinquisitor phantasiert nur episch breit die Einsicht in »totemistische« Strukturen aus, der Luthers Kampfschrift über den *Mißbrauch der Messe* bereits entschieden zum Ausdruck verholfen hatte. »Wenn nun jemand dieser einfältigen Weise (der ursprünglichen Abendmahlberichte, J.H.) folgen und alles draußen lassen wollte, was die Menschen erfunden und dazugesetzt haben, den solltest du nicht als einen Ketzer beschimpfen, es sei denn, daß du Christus selbst einen Ketzer nennen wolltest.«[11] Eben dies aber haben »die reißenden Wölfe zu Paris, Löwen und anderen hohen Schulen« getan. Sie nämlich »sind so sehr blind und verstockt, daß sie Christus, seine Apostel, die Evangeli-

10 Der frühe Schleiermacher hat in deutlicher Anknüpfung an Luther die hermeneutische und exegetische Geschäftigkeit als »Wut des Verstehens« kritisiert; cf. zu Luthers Hermeneutikkritik J. Hörisch: Die Wut des Verstehens, p. 41 sqq.

11 Luther: Vom Mißbrauch der Messe (1521); in: Ausgewählte Schriften III, p. 118. »Mittelalterlich-traditionelle Elemente in Luthers Abendmahlschriften« hat H. Hilgenfelders Monographie herausgestellt.

sten und die ganze Schrift verachten und nichts zu Herzen nehmen und wollen, daß wir mit den Toren töricht sind, Gottes Wort und Werke verlassen und mit ihnen Menschenworte und -werke rühmen und an ihnen hängen, schreien und rufen: Die Väter, Väter, Väter! Die Kirche, Kirche, Kirche! Die Konzilien, Konzilien, Konzilien! Die Dekrete, Dekrete, Dekrete! Die Universitäten, Universitäten, Universitäten!«[12]

Luther hält gegenüber den gesamten exegetischen Überformungen an dem fest, was er bei aller humanistisch-philologischen Aufgeklärtheit als biblische Urschrift beglaubigt. Und dies mit bewundernswerter Radikalität: »Die Worte des Evangeliums sind klar und bedürfen keines Kommentars«[13] – selbst und gerade dann nicht, wenn sie (wie im Fall der Abendmahlberichte) nicht klar und eindeutig zu sein scheinen. Denn dann ist dies ihre Botschaft: daß es der heiligen Schrift auf äußerliche, gar wortwörtliche Übereinstimmung und Verbindlichkeit offensichtlich nicht ankommt. Die Interpretationswütigen und Dogmatikbedürftigen aber haben »nicht gemerkt, daß der heilige Geist mit Sorgfalt es so eingerichtet hat, daß kein Evangelist mit dem andern wortwörtlich übereinstimmt, welche doch mehr als wir hätten übereinstimmen sollen und müssen, oder sie hätten mehr als wir im Blick auf die Form des Sakraments gesündigt«.[14]

Luther kultiviert eine Aufmerksamkeit für Texte, die keine Angst vor Widersprüchen hat. Aufmerksamkeit ist gewiß kein amtliches Privileg; Aufmerksamkeit einzuschläfern ist vielmehr die Funktion (nicht nur) des geistlichen Amtes. Und so gibt Luther das Spannungsfeld frei, in dem sich christlich freie Individuen ausprägen können: zwischen dem feststehenden Wort einerseits und der jedem zur aufmerksamen Lektüre freigegebenen Schrift andererseits entfaltet sich die Paradoxie, mit der geradezu triumphierend die Abhandlung *Von der Freiheit eines Christenmenschen* (1520) den Anfang macht: »Ein Christenmensch ist ein freier Herr über alle Dinge und niemandem untertan. / Ein Christenmensch ist ein dienstbarer Knecht aller Dinge und jedermann untertan.«[15] Nicht zufällig sind es solche Sätze, deren paradoxe Kraft revoltierende Bauern, aber auch deutsche Dichter und Denker zuhauf pro-

12 Ibid., p. 114 sq.. Cf. zum Folgenden die eindringliche Studie von G. A. Hardt.
13 Ibid., p. 143
14 Ibid., p. 116
15 Luther: Ausgewählte Schriften I, p. 239

duziert. »Unter den nach 1525 und vor 1900 Geborenen erfaßt die Allgemeine Deutsche Biographie insgesamt 765 Dichter, in deren Lebensbeschreibung der Beruf des Vaters angegeben wird. Unter ihnen befinden sich 8 Töchter und 195 Söhne von Geistlichen. (...) Seit der Mitte des 16. Jahrhunderts entstammen (also) von hundert Dichtern mehr als 26 dem Pfarrhaus.«[16]

Luthers Taktik, nur Widerlegungen aus der heiligen Schrift selbst, nicht aber aus der patristisch-scholastischen Literatur oder aus Konzilbeschlüssen, zu akzeptieren, erwies sich als äußerst produktiv. Sie mußte freilich in Kauf nehmen, daß auch andere Lust am und auf den Text bekamen, der so lange allein priesterlich privilegierter Lektüre zugänglich war. Wohl von Erasmus[17] war Luther das Argument geläufig, daß Christus sein Kelchwort (s. vor allem Markus 14, 23 sq.) erst nach dem Verzehr spricht und die Einsetzungsworte deshalb einfach nicht als (performative) Konsekrationsworte fungieren können. Wer die priesterlichen Worte dennoch zur conditio sine qua non der Präsenz Christi erklärt, erliegt also einem quasi magischen Mißverständnis. Nicht die wandelnde Kraft priesterlicher Worte, sondern allein der Glaube dessen, der am Abendmahl teilhat, zählen beim göttlichen Gnadenwerk. Göttliche Gnade und Liebe können und dürfen kein Exklusivmittel der Kirche sein. Und daß Priester allein und exklusiv (bis zum Zweiten Vatikanischen Konzil) das Blut Christi tranken, galt Luther denn auch als Inbegriff katholischer Greuel: eine Tat, die in aller Eindeutigkeit den Buchstaben der Evangelienberichte widerspricht und die Freiheit eines gläubigen Christenmenschen zugunsten unhaltbarer Exklusivitätsrituale beschneidet.

Das Abendmahl erschließt sich Luthers Lektüre als ein Liebes- und Vereinigungsmahl, nicht aber als ein Ritus der Ausgliederung und Absonderung. Hat Christus doch »diese zwei Gestalten, Brot und Wein, und keine anderen eingesetzt, um diese Vereinigung und Gemeinschaft noch besser zu verdeutlichen, die in diesem Sakrament ist. Denn keine innigere, tiefere, unteilbarere Vereinigung gibt es über die Vereinigung der Speise mit dem, der gespeist wird, hinaus. Denn die Speise geht ein und wird verwandelt in die Natur und wird ein Wesen mit dem, der gespeist wird. Andere Vereinigungen, etwa durch Nägel, Leim, Bänder und dergleichen, ma-

16 A. Schöne: Säkularisation, p. 17
17 Cf. Erasmus: Leidener Ausgabe VI, p. 205 F

chen nicht ein unteilbares Wesen aus den vereinten Dingen. Auch wir werden mit Christus in dem Sakrament vereinigt und mit allen Heiligen so ein Leib.«[18] Die Diskussion um den Laienkelch bekam – nicht zuletzt wegen der erregten Disputationen auf dem Reichstag von 1530 in Augsburg – zunehmend propagandistischen Signalcharakter. In seinem Zeichen und also im Zeichen des christlichen Blutes trat der Protestantismus auch seinen sozialen Siegeszug an – keine Privilegien für Priester. »Darum sind alle Christenmänner Priester, alle Frauen Priesterinnen, jung oder alt, Herr oder Knecht, Herrin oder Magd, Gelehrter oder Laie. Hier ist kein Unterschied, es sei denn, der Glaube sei ungleich.«[19]

Wenn Luther also u.a. kritisiert, daß die Eucharistielehre der katholischen Kirche den Glauben vernachlässigt, das Priesteramt grundsätzlich falsch versteht, um die Kommunion in beiderlei Gestalt betrügt und das Abendmahl als Opfer an Gott sowie als Gnadenmittel der Kirche (und nicht so sehr Gottes) mißversteht, so hält er doch grundsätzlich am Realverständnis von Brot und Wein fest. Insistent betonen u.a. der *Sermon von dem hochwürdigen Sakrament des heiligen wahren Leichnams Christi* (1519) und der *Sermon von dem neuen Testament, das ist von der heiligen Messe*, daß im Abendmahl eine »leibliche Verbindung mit Christus« statthabe, daß in Brot und Wein »Christi Fleisch und Blut wahrhaftig enthalten ist«, daß unter dem »Sakramentsbrot und -wein ... sein wahrer Leib und wahres Blut sind« und daß unter dem »heiligen Zeichen aus Brot und Wein ... Christi Fleisch und Blut wahrhaftig da ist«.[20]

Am lutherischen Realverständnis von Brot und Wein können also keine Zweifel bestehen. Unverkennbar aber ist, daß Luther das sakramentale Verhältnis der signa und der res, der Worte und der Sachen, des Symbolischen und des Realen dennoch neu bestimmt hat. Der ehemalige Augustinermönch wertet nämlich die Funktion der testamentarischen Worte Christi entschieden auf. Aber nicht, um zu ihren Gunsten die reale Gegenwart Christi abzuschwächen, sondern um eben den hochunwahrscheinlichen Zusammenfall von Sein und Sinn im Abendmahl zu beglaubigen. Logostheoretisch begreift Luther das Wort als das logisch wie chronologisch früheste Ereignis. Sprechend hat Gott die Welt ge-

18 Sermon von dem hochwürdigen Sakrament; Ausgewählte Schriften II, p. 62 sq.
19 Sermon von dem neuen Testament; Ausgewählte Schriften II, p. 103
20 Luther: Ausgewählte Schriften II, pp. 54, 65, 87 und häufiger

schaffen, sprechend hat Christus Brot und Wein eingesetzt. »Gott aber wirkt kein Zeichen ohne sein göttliches Wort. Zuerst redet er, danach gibt er ein Zeichen.«[21] Das Reale kann Zeichen für Gottes Sein, Gnade und Güte nur sein, weil ihm göttliche Worte vorangegangen sind, die freie Christenmenschen als wahres Versprechen und als gültiges Testament beglaubigen müssen, auf daß sie erfüllt werden. Wenn die greuliche Messe die »Worte der Konsekration verborgen gehalten hat und sie nur die Priester hat gebrauchen, reden und wissen lassen«[22], so mißachtet sie systematisch die (performative) Kraft des göttlichen Wortes zugunsten priesterlicher Pseudo -Magie. Die Suprematie der »Worte« gegenüber den »Zeichen« des Realen und den realen Zeichen hat Luther immer wieder herausgestellt:

So laßt uns nun lernen, daß in einem jeden Gelübde Gottes zwei Stücke sind, die man wahrnehmen muß, das sind Worte und Zeichen. In der Taufe sind es die Worte des Täufers und das Tauchen ins Wasser. In der Messe sind es die Worte und das Brot und der Wein. Die Worte sind göttliches Gelübde, Zusage und Testament, die Zeichen sind Sakrament, das heißt heilige Zeichen. So sehr nun mehr an dem Testament als an dem Sakrament liegt, so liegt viel mehr an den Worten als an den Zeichen. Denn die Zeichen könnten wohl fehlen, und dennoch hätte der Mensch die Worte und könnte so ohne Sakrament, doch nicht ohne Testament selig werden. Denn ich kann das Sakrament in der Messe täglich genießen, wenn ich nur das Testament, das heißt die Worte und Gelübde Christi, mir einpräge und meinen Glauben in ihnen weide und stärke. So sehen wir, daß das beste und größte Stück aller Sakramente und der Messe die Worte und Gelübde Gottes sind, ohne die die Sakramente tot und nichtig sind, wie ein Leib ohne Seele, ein Faß ohne Wein, eine Tasche ohne Geld, eine Ankündigung ohne Erfüllung, ein Buchstabe ohne Geist, eine Scheide ohne Messer und dergleichen. Wo wir die Messe feiern, hören oder sehen ohne die Worte oder ohne das Testament und nur allein auf das Sakrament und die Zeichen warten, da wird die Messe nicht einmal halbwegs gehalten; denn Sakrament ohne Testament, das heißt das Futteral ohne das Kleinod aufbewahren, eine ungleiche Halbierung und Aufteilung.[23]

Keine Frage: Luthers Abendmahlverständnis ist von bemerkenswert hoher semiologischer Komplexität. Und es hat an der Kraft des Wortes das wildeste Interesse. Sprengkraft kommt dieser Kon-

21 III, p. 151
22 III, 115 sq.
23 II, 92 sq.

zeption gewiß auch deshalb zu, weil sie, die Notwendigkeit des Glaubens akzentuierend, zugleich an der alten Unwahrscheinlichkeit der realen Gegenwart Christi in Brot und Wein festhält, also reformatorische Anknüpfungs- und Anschlußverhältnisse stiftet und doch zu einer grundlegenden Neueinrichtung des Verhältnisses von Sein und Zeichen beiträgt: Luther macht aus einer Semontologie eine Ontosemiologie. Nicht die Gewißheit eines Realen bestimmt den Wert der Zeichen, vielmehr verleihen Worte realen Zeichen ihren Wert. Die Korrelationen zwischen Worten und Sachen stiftet nicht länger eine (fetischismusverdächtige) Sache; das Dritte zwischen Worten und Sachen sind vielmehr wiederum Worte, die wertvolle Zeichen einzusetzen vermögen. »Nun sehen wir zu, wieviel Stücke in diesem Testament oder dieser Messe sind. Es ist zum ersten der Testator, der das Testament macht, Christus; zum andern die Erben, für die das Testament bestimmt ist, das sind wir Christen; zum dritten das Testament selbst, das sind die Worte Christi, wenn er sagt: Das ist mein Leib, der für euch gegeben wird, das ist mein Blut, das für euch vergossen wird, ein neues, ewiges Testament usw.; zum vierten: Das Siegel oder Wahrzeichen sind Sakramentsbrot und -wein, unter denen sein wahrer Leib und wahres Blut sind. Denn es muß alles leben, was in diesem Testament ist. Darum hat er es nicht in tote Schrift und Siegel, sondern in lebendige Worte und Zeichen gesetzt, die man täglich wieder vollzieht. (...) Darum habe ich gesagt, es liege alles an den Worten dieses Sakraments.«[24]

Daß Worte, so sie beglaubigt werden, stiften, was real und tatsächlich zu bleiben vermag, ist eine Botschaft, die Dichter gerne hören. Die poetische Produktivität und die Fixierung zumal protestantischer Dichter auf das Abendmahlthema sind deshalb unschwer zu erklären. Daß Luthers Reformation einer Semontologie zu einer Ontosemiologie aber nicht nur bei Poeten erfolgreich war, hat zumindest zwei Gründe: einen medialen und einen ökonomischen. Den medialen Grund des reformatorischen Erfolges in der beginnenden Buchdruckindustrie haben viele, am pointiertesten aber die Arbeiten von Manfred Schneider analysiert. Er liest »Luther mit McLuhan«: »Martin Luther hat nicht nur das Medium des Drucks genutzt, um seine Abweichungen von der römischen Dogmatik in Umlauf zu bringen und seine Sprengsätze gegen das

24 II, pp. 87 und 89

schwerfällige scholastische Theoriegebäude zu plazieren. Die reformatorischen Grundsätze der Lutherischen Lehre gründen selbst in der Faktizität des neuen Mediums: Durch Buchdruck, d.h. durch gesteigertes Reproduktionstempo, gewann nun jeder lesefähige Mensch Zugang zu den heiligen Zeichen. Dies vermochte fortan deren semiotischen Status innerhalb der sakramentalen Prävention gegen Verschleiß und gegen die Veränderung der heiligen Zeichen radikal zu vereinfachen. (...) Aufgeheizt wurde dieses Buchzeichen durch die Konzentration auf der Seite des Signifikats. Denn da die Theorie aussagt, daß diese im Druck homogenisierten Worte des Herrn keine Zeichen seien, daß der Leser durch dieses Medium einen unmittelbaren Zugang zur Verheißung selbst gewinnen kann, ist ein solcher schwarzer Signifikant spiritualisiert. Diese Spiritualisierung verdankt sich im Vollzug der Lektüre der annihilierenden Suggestion des Glaubens. Anders gesagt: Der Glaube ist die Energie, welche den Signifikanten zum Glühen bringt, bis er seine mediale Tatsächlichkeit auflöst. Auch in der traditionellen Lehre der Kirche wurde der Glaube gefordert, doch die Sakramente setzten ihre Kräfte auch ohne solche Verstärker frei.«[25]

Die Effekte dieser elementaren Demokratisierung, die virtuell (und mit steigender Alphabetisierung auch tatsächlich fast) jeden zum Leser göttlicher Worte macht, sind unübersehbar. Sie dezentrieren buchstäblich einen Zeichen- und Machtraum, der fortan kein »reales« Zentrum mehr kennt, das ohne ausdrückliche Beglaubigung auskäme. Aus den Bürgerkriegslatenzen, die auch aus dieser elementaren Verschiebung resultieren, gehen Ordnungsversuche hervor, die sich ohne Hintersinn als realpolitische begreifen können: allen voran Hobbes' gänzlich über die Möglichkeiten realer Zentren von Seinsinn desillusionierter Entwurf einer politischen Theologie.[26] Sie läßt, da Gott es offenbar vorzieht, kein dauerhafter, sinnlich gewisser Offenbarungsgott zu sein, anstelle des unmöglichen Realzentrums einer Semontotheologie den deus absconditus als Fürsten dieser Welt ebenso real wie funktional auferstehen.

So tritt die offene Sakramentalisierung von Macht an die Stelle der Macht eines Sakraments. Die neuzeitliche Disseminierung des

25 M. Schneider: Luther mit McLuhan, pp. 18 und 20. Cf. ders.: Liturgien der Erinnerung

26 Cf. dazu die umfangreichen Untersuchungen, die J. Taubes versammelt hat: Politische Theologie, 3 Bde.

sakramentalen Zentrums aber hat neben dem medialen auch noch einen weiteren Grund. Um 1500 zeichnen sich nämlich die Konturen eines universalisierungstauglichen Mediums ab, das die ontosemiologischen Leistungen des Sakraments ohne die ständig von Unwahrscheinlichkeitszweifeln bedrohten Beglaubigungsvorbehalte zu erbringen vermag: Geld. Es hat schon hochsymptomatischen Charakter, daß die Reformation mit Geldstreitigkeiten um die Rechtmäßigkeit des Ablasses ihren Anfang nahm. Also mit dem Streit darüber, ob Geld in Heil konvertierbar sei und ob die Systeme Ökonomie und Theologie überhaupt kompatibel seien. Frühe Dokumente aus einem Lebensraum, der topographisch und chronologisch dem reformierten Deutschland fern liegt, belegen, wie sehr die hochkatholischen Sakralisierungen und Ritualisierungen von fiskalischen Disseminierungen bedroht waren. Die kürzlich aufgefundenen und ausgewerteten Dokumente der Inquisition in den spanischen Diözesen Soria und Osma aus dem Jahre 1494 versammeln Zeugnisse religiös aufgeklärter Zweifel weiter Bevölkerungsschichten, die durchweg davon ausgehen, Brot und Wein seien und blieben eben Brot und Wein; eigentlich anbetungswürdig, weil seligmachend, aber sei einzig das Geld.[27]

Häresien dieser Art stellen die Institution Kirche um 1500 vor große Schwierigkeiten. Denn mit einigem Aufwand hat sie selbst daran gearbeitet, die alte Feindschaft zwischen dem christlichen Gott und dem gottlosen Geld in ihre wechselseitige Konvertierbarkeit zu überführen. Die Geldverwerfung des Neuen Testaments ist überwältigend eindeutig. Christus ist ein Feind des Geldes: er vertreibt die Händler aus dem Tempel (Matthäus 21; Markus 11, Lukas 19); er verkündet, es sei leichter, daß ein Kamel durch ein Nadelöhr gehe, als daß ein Reicher in den Himmel komme (Matthäus 19, 23; Markus 10, 25; Lukas 18, 25); und er statuiert ein klares Ausschließungsverhältnis, danach man nicht zugleich Gott und dem Mammon dienen kann (Matthäus 6, 24; Lukas 16, 13). Damit radikalisiert und universalisiert Christus noch die Geldkritik des Alten Testaments, die spezifisch dem »Geld heckenden Geld« gilt (Exodus 22, 24; Leviticus 25, 35-37; Deuteronomium 23, 20). Diese alttestamentarischen Zins- und Wucherverbote hat das Neue Testament aufgenommen (Lukas 6, 34 sq.); und eine ganze Reihe von Konzilbeschlüssen hat sie kanonisiert.

27 Cf. John Edward: Religious Faith and Doubt

In seiner eindringlichen Studie über *Wucherzins und Höllenqualen* hat Jacques Le Goff darlegen können[28], wie ökonomisch funktional die theologische Erfindung des Fegefeuers gegen Ende des Hochmittelalters war. Erlaubt es doch allen, die mit dem Medium Geld professionell umgehen, unendliche Höllenqualen in endlich kleine Münze umzuschulden. Die Erfindung des Fegefeuers und die theologische Billigung von Geld-für-Geld-Geschäften sind, um im ökonomischen Bildraum zu bleiben, zwei Seiten einer Münze. Einer Münze, deren lebhafter Umlauf nicht zu bremsen ist. Die Kirche selbst geht zunehmend dazu über, ihre Gnadenmittel zu fiskalisieren und zu inflationieren. Waren für Ablässe zuerst beachtliche Leistungen wie die Teilnahme an Kreuzzügen und dann immerhin noch aufwendige Wallfahrten nach Rom erforderlich, so genügten später in Zeiten immensen kirchlichen Geldbedarfs durch das doppelte Papsttum in Rom und Avignon fiskalische Äquivalente.

Zum Äquivalent göttlicher Gnade aber arrivierte eben das genuine Medium der Äquivalenz: Geld. Daß es gegen die ursprünglich geharnischte theologische Verwerfung so erfolgreich sein konnte, dürfte tiefenstruktural damit zusammenhängen, daß Geld wie das Abendmahl als sakramentales Medium verstanden werden kann: es konvertiert wenn nicht das Wort in Fleisch oder Brot und Wein in Christi Leib und Blut, so doch Sein in Wert und Wert in Sein. Und es stellt, wie Alfred Sohn-Rethel gezeigt hat, schematische Äquivalenzen von Denken und Sein allererst her. Wer geldvermittelt tauscht (etwa 20 Scheffel Weizen gegen Gulden gegen 10 abgelassene Fegefeuerjahre), stiftet im Realen und im Symbolischen die Abstraktionen, die Sein auf Sinn et vice versa beziehbar machen. Auch deshalb ist Geld ein theologiekompatibles Faszinosum oder angemessener: das Paradox eines funktional plausiblen Faszinosums.

In seinem Salzburger Weihespiel *Jedermann* von 1911 hat Hugo von Hofmannsthal diese faszinierende Analogie von Gott und Geld energisch herausgestellt und historisch präzis dem Übergang vom Spätmittelalter zur Frühen Neuzeit zugeschlagen. In schroffer Antithetik stellt er der traditionellen Satanisierung des Geldes durch den Schuldknecht seine deificatio durch den reichen Jedermann entgegen:

28 Cf. J. Le Goff: Wucherzins und Höllenqualen, p. 68 sqq.

SCHULDKNECHT: Geld ist nicht so wie andre War,
Ist ein verflucht und zaubrisch Wesen,
Wer seine Hand ausreckt darnach,
Nimmt an der Seele Schaden und Schmach,
Davon er nimmer wird genesen.
Des Satans Fangnetz in der Welt
Hat keinen andern Namen als Geld.

JEDERMANN: Du lästerst als ein rechter Narr,
Weiß nicht, wozu ich hier verharr,
Gibst vor, du achtest das Geld gering,
Und war dir schier ein göttlich Ding!
Nun möchtest ihm sein Ansehen rauben,
Bist wie der Fuchs mit sauren Trauben,
Doch wer so hinterm Rücken schmäht,
Der findt keinen Glauben für seine Red.

…)

CHULDKNECHTS WEIB: Du bist in Teufels Lob nicht faul,
Wie zu der Predigt geht dein Maul.
Gibst da dem Mammonsbeutel Ehr,
Als obs das Tabernakel wär.[29]

Ein kaum zu schlichtender Widerstreit, der da alljährlich in Salzburg vor ostentativ reichem Publikum ausgetragen wird. Fraglos ind die Einwände des Schuldknechts gegen das Medium Geld quellengesättigt. Und genauso fraglos ist Geld als das genuine Medium sozialer und ontosemiologischer Synthesis nicht negierbar: man kann, worauf Jedermann immer wieder hinzuweisen nicht ersäumt, Geld in der Neuzeit nicht vermeiden. Zur Diskussion tehen und hintergehbar sind spätestens seit der Reformation die nachronistischen Riten und Exegesen des Abendmahls. Unhintergehbar und nicht negierbar aber ist das Medium Geld, das (wie Brot und Wein) Menschen zu Gemeinden, Gruppen und Gesellchaften synthetisiert und algorithmisch überzeugend Reales auf ymbolisches et vice versa zu beziehen erlaubt.

Zu dieser tiefenstrukturalen Affinität und Differenz von Eucharistie und Geld kommt eine machtpolitische Handgreiflichkeit inzu. Viele Historiker haben schon bemerkt, es sei nicht recht ersichtlich, daß deutsche Fürsten nur aus Glaubensnöten heraus sich inem Revolteur anschließen. Daß Luther als Kämpfer gegen die Greuel des Ablaßhandels sich zuerst einen (und zwar einen

9 H. von Hofmannsthal: Jedermann, pp. 19-21

neuen[30]) Namen machte, galt Herrschern in chronischen Finanznöten sicherlich nicht als kontingentes Randdatum. Der ehemalige Italienreisende nämlich versuchte nicht nur darzulegen, daß Geld kein funktionales Äquivalent für Gott sein kann, er machte sich auch anheischig, den beachtlichen und für deutsche Kleinstaaten bedrohlichen Kapitalexport nach Rom zu stoppen. Ein Unternehmen, das weitgehend gelang. Gescheitert aber ist Luther im Hinblick auf sein zentrales Unterfangen: Gottes Unvergleichlichkeit wiederherzustellen. Gott und Geld, Theologie und Ökonomie sind durch den Protestantismus und seine schweizerischen Effekte zumal grundsätzlicher noch als durch den Ablaßhandel miteinander vernetzt worden. Und zwar dadurch, daß sie entschieden gegeneinander ausdifferenziert wurden. Gott ist Gott, und Geld ist Geld beide bilden ihre – sei's entschieden unberechenbare, sei's beeindruckend berechenbare – protestantische Eigenlogik aus. Doch noch diese Eigenlogiken lassen sich unter einen gemeinsamen Imperativ stellen. Ihn hat die Kampfformel des angelsächsischen Protestantismus ausgesprochen: »to make the best of *both* worlds.«

Diese Eigenlogik haben die schweizerischen Reformatoren noch viel nachhaltiger als der katholische Reformator Luther herausgestellt. Sie bestehen gar nicht mehr auf dem traditionellen ontotheologischen Projekt, Sein und Sinn ineinander zu verschränken Zwingli hat in heiliger Nüchternheit das Abendmahl als symbolische Handlung begriffen; und Calvin hat geharnischten Einspruch dagegen eingelegt, daß der himmlisch erhöhte Christus sich mit so vergänglichen Elementen, wie Brot und Wein es sind, verbinden solle. Wie Calvin denn überhaupt interessante diskursanalytische Grenzziehungen vornimmt: wer das Geheimnis des Abendmahl erklären, gar (etwa mit Mitteln der aristotelischen Metaphysik) rational rekonstruieren will, verrät notwendig seinen Geheimnischarakter. Max Weber hat auch deshalb Calvin und den Puritanismu nachhaltig als den neuzeitlichen Begründer rationaler Lebensführung kennzeichnen können.[31] Rational darf, ja muß diese

30 Erst seit 1517 nannte sich Luther Luther oder gräzisierend Eleutherius (= de Freie); sein Geburtsname war weniger schmeichelhaft: Luder. Cf. dazu Katalog *Martin Luther*, p. 168 sq.

31 Cf. Max Weber: Die protestantische Ethik und den instruktiven Aufsatz von G Simon: Bibel und Börse – Die religiösen Wurzeln des Kapitalismus. Zu den Differenzen zwischen Luthers und Zwinglis Abendmahl-Lehre cf. E. Grötzinger: Luther und Zwingli.

Denktypus genannt werden, weil er Geheimnisse (etwa die der Prädestination und der Providenz) unter Aufklärungsverbot stellt. Rationalität ist das Andere des Geheimnisses: das ist ihr Geheimnis. Nicht im Zeichen der tiefen Geheimnisse von Brot und Wein, sondern im Zeichen der theologischen Spitzfindigkeiten und metaphysischen Mucken der Waren- und Geldform tritt die Neuzeit ihren Siegeszug an: in hoc signo vinces. Nicht umsonst sind Münze und Oblate von ähnlicher Gestalt.

8. Seltsame Helden, rätselhafte Bilder, falsche Ringe: Semiologische Auflösungen des Abendmahls

Riten, die virtuell funktionslos geworden sind, stehen fortan zur kaum mehr eingeschränkten Disposition der Deutung. Diese Vermutung gilt auch für die Geschichte des Abendmahls. Wenn Sinn und Sein nicht mehr in Brot und Wein, sondern allenfalls im geldvermittelten Äquivalententausch ihr Rendezvous haben, so kann das Abendmahl seinen latenten Anachronismus durch ästhetisches und interpretatorisches Interesse kompensieren lassen. Die hermeneutische Produktivität des Initialereignisses Reformation ist denn auch unübersehbar. Allein für die wenigen Jahre zwischen 1524 und 1526 verzeichnet der Katalog der Ausstellung zu Luthers 500. Geburtsjahr zwölf Abhandlungen über das Abendmahl, die eine einzige und dazu kleine Augsburger Druckerei (die von Philipp Ulhart) verlegt hat. Darunter finden sich Titel wie *Vom nachtmal – Beweysung ausz Euangelischen schrifften, wer die seyen, so des Herren Nachtmals wort vnrecht verstanden vnd außlegen, Ein Christlicher bericht von dem Brot vnd weyn desz Herren, Ein Trostbüchlin für die klainmütigen, vnd einfeltigen, die sich ergern, der Spaltung halb, auß dem Nachtmal Christi erwachssen …*[1]

Zu denen, die sich über die Spaltung der Christenheit ärgern, zählt auch der Geistliche, auf den Simplicissimus (in Grimmelshausens Roman, der 1668 im verwüsteten Deutschland nach dem 30jährigen Krieg erschien) trifft: »›Er sage mir doch, warum Er seiner Eltern Fußstapfen in der reinen christlichen Religion nicht nachfolget? Oder warum Er sich ebensowenig zu dieser als zu einer andern begeben will, deren Fundamenta sowohl in der Natur der Hl. Schrift doch so sonnenklar am Tag liegen, daß sie auch in Ewigkeit weder Papist noch Lutheraner nimmermehr wird umstoßen können?‹ Ich antwortet: ›Herr Pfarrer, das sagen auch alle anderen von ihrer Religion, welchem soll ich aber glauben? vermeint der Herr wohl, es sei so ein Geringes, wenn ich einem Teil, den die andern zwei lästern und einer falschen Lehr bezichtigen, meiner Seelen Seligkeit vertraue? Er sehe doch (aber mit meinen unpartei-

1 Luther-Katalog, p. 396 sq.

ischen Augen) was Conrad Vetter und Johannes Naß wider Luthertum und hingegen Luther und die Seinigen wider den Papst, sonderlich aber Spangenberg wider Franciscum, der etlich Hundert Jahr für einen heiligen und gottseligen Mann gehalten worden, in offenen Druck ausgehen lassen; zu welchem Teil soll ich mich denn tun, wenn je eins das ander ausschreiet, es sei kein gut Haar an ihm!‹«[2]

Die Trostlosigkeiten der 30jährigen Kämpfe um ein wenig Wein, ein wenig Brot und viel Macht haben immerhin dafür gesorgt, daß distanzierende, ja verwerfende Gesten und Diskurse wie die des Simplicissimus in größerem Maßstab und also auch außerhalb gelehrter Diskussionsrituale überhaupt möglich werden. Getragen aber wird diese Entwicklung nicht nur von der Erfahrung des Blutbades, den der Streit um Leib und Blut des Herrn auszulösen vermag, sondern auch von einer strukturellen Verschiebung: werden gesellschaftliche Synthesisleistungen doch nun nicht mehr vom Teilsystem Religion angefordert, sondern dem System Wirtschaft und seinem genuinen Medium: dem Geld anvertraut. Individuelle Deutungen der Geheimnisse um Brot und Wein sind virtuell freigegeben, wenn Geld zum neuen Leitmedium sowohl der Verschränkung von Sein und Sinn (Wert) als auch intersubjektiver Verbindlichkeiten über Konfessions- und Religionsgrenzen hinweg avanciert. Geld individuell zu prägen, wird hingegen selbst im kleinstaatlichen Deutschland immer schwieriger. Nach der konfessionellen Dissemination des zentralen christlichen Sakraments wird die Findung von Zentralgeld zur zunehmend dringlicheren Aufgabe. Und an die Stelle des ungeheuren Versprechens einer Konversion von Wort in Fleisch tritt die denn doch bescheidenere Aufgabe, die Konvertierbarkeit von Währungen untereinander und von Geld in Waren zu sichern.

Wie denn für die nachreformatorische Zeit überhaupt das Problem einer Neuorganisation des Verhältnisses von »les mots et les choses«, von »Worten und Sachen«, von Symbolischem und Realem, von Sinn und Sein ansteht. Auffallend ist dabei, daß dieses Problem zumeist nicht mehr unter Rekurs auf das christliche Zentralsakrament, sondern in generalisierter Form angegangen wird: wie stehen Zeichen überhaupt (und nicht nur sakrale Zeichen) zu dem, was im Zeichen von Zeichen steht, zur bedeutsamen Welt?

2 Grimmelshausen: Simplicissimus, p. 280 sq.

Für die Krisen, in die das tradierte Vertrauen in verläßliche Algorithmen von Sein und Sinn, von Welt und Sprache geraten ist, gibt es zumindest drei prominente literarische Zeugen. (1.) Hamlet und also eben diejenige Leser-Figur, die weiß, daß sie, wenn sie liest, nichts als »Worte, Worte, Worte« liest. Hamlet hat, an die uralte Tradition der Metapher vom Buch der Welt[3] anknüpfend, bündig konstatiert, daß das Verhältnis zwischen dem einen Buch der Welt und den vielen Büchern der Schulweisheit kein verläßliches mehr ist. »Es gibt mehr Ding' im Himmel und auf Erden, / Als Eure Schulweisheit sich träumt, Horatio.« (I/5) Lichtenberg blieb es vorbehalten, diese Einsicht zum witzigen Chiasmus zu radikalisieren: Hamlet hat demnach vergessen hinzuzufügen, daß umgekehrt auch deutlich mehr in den Büchern stände, als zwischen Himmel und Erde anzutreffen sei.

Spätestens seit diesem so geistreichen wie tiefsinnigen Wort steht fest, daß alle, die an ausgewogene Relationen zwischen Sprache und Sein glauben, rettungslos anachronistisch sind. Der Heros dieser Ungleichzeitigkeit heißt, wie Foucault eindringlich herausgestellt hat, Don Quichotte (2.). Er blickt zur selben Zeit wie sein ferner melancholischer Bruder Hamlet in eine ihm fremd gewordene Bücher-Welt (*Hamlet* wurde 1603, *Don Quichotte* wurde 1605 erstmals gedruckt). »Mit ihren Wendungen und Umwegen bezeichnen die Abenteuer Don Quichottes die Grenze: in ihnen enden die alten Spiele der Ähnlichkeit und der Zeichen, knüpfen sich bereits neue Beziehungen. Don Quichotte ist nicht der Mann der Ungereimtheiten, sondern eher der ängstliche Pilger, der vor allen Marksteinen der Ähnlichkeit anhält. Er ist der Heros des Gleichen.«[4] Abendländisches Urbild einer Semiologie der Ähnlichkeiten aber ist das Abendmahl – es analogisiert geradezu suggestiv Brot und Leib bzw. Wein und Blut in einer Intensität, die diese Analogie zu einer, ja zu der Identität schlechthin transzendiert oder eben transsubstantiiert. Und so liegt Don Quichotte mit allem und allen im Streit – nicht aber mit dem Sakrament der Eucharistie. Cervantes' Held kämpft im Namen einer Semiologie universaler Ähnlichkeit und Analogie gegen den Rest der Welt, der nach der neuen repräsentativen Zeichenordnung eingerichtet

3 Zur Wirkungsmächtigkeit der Buchmetaphorik cf. u.a. die Materialsammlung von E. Rothacker: Das ›Buch der Natur‹ und H. Blumenberg: Die Lesbarkeit der Welt
4 M. Foucault: Die Ordnung der Dinge, p. 78

ist. Die Kirche und ihr zentrales Sakrament gehören aus einsichtigen Gründen nicht zu diesem Rest. Sind sie doch selbst (was offensiv darzustellen Cervantes klug vermeidet) dieser anachronistischen Semiologie verpflichtet. Don Quichotte verwirft alles und in todesnaher Klugheit noch die Ritterbücher selbst – nicht aber, weder im Leben noch im Sterben, die Hostie, deren Empfang seinen phantastischen Lebensweg beschließt[5].

Für sein semiologisches Programm steht Don Quichotte mit bemerkenswerter Leibhaftigkeit ein. Ist sein Körper doch selbst ein Zeichen, das die »Ähnlichkeit der Zeichen (leibhaftig bewahrheitet). Als langer magerer Graphismus, wie ein Buchstabe, ist er gerade den offenklaffenden Büchern entkommen. (...) Er muß das Epos, wenn auch im umgekehrten Sinne, nachvollziehen. Das Epos erzählte (gab vor, zu erzählen) wirkliche Taten, die für die Erinnerung bestimmt waren. Don Quichotte muß die inhaltslosen Zeichen der Erzählung mit Realität erfüllen. Sein Abenteuer wird eine Entzifferung der Welt sein, ein minuziöser Weg. (...) Don Quichotte liest die Welt, um die Bücher zu beweisen. Er gibt sich keine anderen Beweise als die Spiegelung der Ähnlichkeiten.«[6]

Diese Spiegelung der Ähnlichkeiten zu bewahrheiten, ist ein aufreibendes Geschäft. In dem Maße, wie Don Quichotte an dem altehrwürdigen Programm arbeitet, σωμα und σῆμα zu vereinen, wird er zu einer traurigen Gestalt. Sie verfängt sich in einer (Un-)Ordnung der Ähnlichkeiten, die von keinem letztfundierenden Schema der Identität mehr zusammengehalten wird. Denn spätestens mit Hamlet und Don Quichotte ist die so schlichte wie fundamentale Einsicht, daß es »mehr Sprache als Sein«[7] gibt, nur um den Preis der Verrücktheit zu vermeiden. Unvermeidbar aber ist diese Einsicht, weil auch ihre Umkehrung gilt: es gibt mehr Sein als Sprache. Beide können nie und nimmer zur äquivalenten Dekkung kommen.

Diese Einsicht zu umgehen, ja: diese Einsicht in einer Überfülle von ineinander gespiegelten Bildern und Worten untergehen zu lassen, ist die verzehrende Aufgabe auch der poetischen Form, die zu Hamlets und Don Quichottes Zeiten eine einsame Hochkonjunktur hat. Zu Shakespeares und zu Cervantes' seltsamen Helden

5 Cervantes: Don Quichotte, p. 1101
6 M. Foucault: l.c., p. 79
7 M. Foucault: Raymond Roussel, pp. 20 sq., 189 sq.

gesellt sich nämlich (3.) eine poetische Form, die keinen Titelhelden kennt, die aber gewiß mit den beiden fast gleichzeitig entstandenen und veröffentlichten poetischen Großereignissen kompatibel ist, weil sie sich gleichermaßen an der Lösung des ontosemiologischen Problems versucht, Sein auf Sinn et vice versa zu beziehen: die Emblemata. Sie sind geradezu einem Kultus der Ähnlichkeiten und der Analogien verpflichtet. Unablässig versuchen Embleme, zwischen pictura und scriptio, zwischen Bild und Schrift, zwischen Realem und Sprache, zwischen Physis und Bedeutung, zwischen Sein und Sinn verläßliche Beziehungen zu finden. Und immer wieder müssen sie erkennen und wollen sie verdrängen, daß ein Bild ein Bild und nicht etwa Reales und daß Schrift Schrift und nicht etwa Sinn selbst ist.

So stehen Embleme vor einem Problem, das dem des Abendmahls affin ist: bedroht ist das christliche Ritual stets von der Evidenz und der Tautologie, daß Brot Brot und Wein Wein ist. »Panis es et panis manebis« – Brot bist du und Brot bleibst du: diese fröhlich-häretischen Worte sollen viele Priester im Italien der Renaissance statt der Konsekrationsworte gesprochen haben. Als Zeitgenossin der reformatorischen und der postreformatorischen Abendmahl-Diskussion hat die emblematische Form denn auch wie diese Diskussion an der Verhältnisbestimmung von Physis und Bedeutung das entschiedenste Interesse. Die emblematische Verschränkung von pictura und scriptura nämlich korrespondiert der eucharistischen Konsekration, die durch das Zitat christlicher Worte die Wandlung bloßer Elemente in Christi Leib und Blut bewirkt und also Physis pneumatisiert, indem sie auf die historische Fleischwerdung des göttlichen Logos sich beruft. Embleme sind die Ästhetisierung der Eucharistie.

Dieser Affinität zum Trotz sind Brot und Wein nicht eben die häufigsten Themen der Emblemata. In dem von Arthur Henkel und Albrecht Schöne herausgegebenen Sammelband *Emblemata* sind gerade drei Darstellungen des Abendmahlgeschehens versammelt. Es mag fast scheinen, als ob den Emblemen ihre übermächtige semiotheologische Problemfolie selbst problematisch, ja peinlich geworden sei. Die Imprese des Erzbischofs von Valencia, Juan de Ribera, macht den Kelch zum Zentrum der pictura, stellt ihr zwei Weihrauchgefäße zur Seite, umgibt die streng symmetrische Dreierfiguration mit einem Kranz von Strahlen, läßt die inscriptio mit der rhetorischen Frage »quid enim dare maivs habebat« antreten und vollendet oder aber bedroht schließlich die semiotheologische Harmonie des Bildes durch seine allegorisierende Versprachlichung in der subscriptio: Gott »gibt sich den Menschen als Speise dar zum Zeichen ewigen Lebens«[8]:

Krankt die strahlende Harmonie dieses Emblems untergründig an der Behauptung des Zusammenhangs von Verzehr und Zeichen, so ist die abgründige Paradoxie des Abendmahls, das ewige Leben wie das gesicherte Wissen nur über eine Semiologie des Verzehrs und des Todes zu verheißen, in einem weiteren Emblem aus der Sammlung des Sebatián de Covarrubias Orosco aus dem Jahre 1610 durch eine geringe Verschiebung manifest geworden. In ihm hat sich nämlich das eucharistische Versprechen ewigen Lebens zur Ambivalenz von Verheißung und Drohung verschoben. Unter der inscriptio »Dispar Exitus« zeigt die pictura das fromme Abendmahlrequisit von Rosen verschlossen. Während Bienen an ihnen sich nähren, stirbt »al contraro... al negro escarabajo«, erliegt hingegen ein häßlich schwarzes Insekt demselben und dennoch entweder tödlichen oder aber belebenden Duft. »So spendet das göttliche Brot dem Guten Leben, dem Bösen aber Tod wie tödliches Gift«, belehrt die subscriptio, eine strukturale Ambivalenz moralisch verschiebend[9]:

8 A. Henkel/A. Schöne (edd.): Emblemata, Sp. 1358 sq.
9 Ibid., Sp. 1863

Noch dramatischer stellt sich die kontrastreiche Gleichzeitigkeit von himmlischer Daseinsbedrohung und göttlichem Erlösungsversprechen in einem dritten Eucharistie-Sinnbild dar, das den *Sacra Emblemata* des Johann Mannich von 1624 entnommen ist. Es zeigt einen Knieenden, an dessen Kehle eine aus schwarzen Wolken greifende Hand ein Messer setzt, während aus hellen Wolken zwei Abendmahlschalen zur Erde hinabgleiten.[10] Sie auch nur zu sehen, ist dem Flehenden verwehrt – das Symbol oder die Realpräsenz des Heilsgeschehens mag den Betrachter des Emblems, kaum aber den Betroffenen, der ihm den Rücken kehrt, trösten. Und die subscriptio ist denn auch, vom Bild sich lösend, an »Mann und Weib« adressiert, die im Abendmahl-Sakrament »nicht nur blosse

10 Ibid., Sp. 1358

Element / Sondern deß HERREN Blut und Leib« genießen, sofern sie rein vor Gott erscheinen:
Die dialektische Wendung, die in »bloßen Elementen« Bedeutung und in Bedeutendem Elementares gewahrt, kennzeichnet gleichermaßen das emblematische wie das eucharistische Prinzip. Daß beide möglichst unmittelbar imagines oder physis in Bedeutsamkeit zu übersetzen bestrebt sind, weist sie als Effekt *einer* diskursiven Formation aus. So ist es nicht nur die Gleichzeitigkeit der emblematischen wie der eucharistischen Diskussionskonjunktur, durch die beider Teilhabe an derjenigen Zeichenformation angezeigt wird, die ihren Grund im Vertrauen auf die universale Kraft von Korrespondenzen und Ähnlichkeiten findet. In der eigentümlichen Homogenität, in der invarianten Schematik der Emblembücher, die über deren schöne Mannigfaltigkeit regiert, bewährt sich Foucaults These von der europäischen Geltung dieser Diskursformation der Renaissance. Ihre epistemischen Prinzipien heißen convenientia, aemulatio, analogia und sympathia; und sie gewährleisten bis zur »coupure archéologique« des klassisch-cartesianischen Zeitalters ein assimilatorisches Verhältnis von Signifikanten untereinander ebenso wie eine imaginäre Verschränkung von Signifikant und Signifikat. In dem Reich der Affinitäten, als das diese Episteme eine Welt voller korrespondierender Realzeichen darstellt, kultivieren die Emblembücher ebenso wie die Abendmahlliturgie ein triadisches Schema. Es bringt homogene Signifikanten und Signifikate geradezu systematisch über rhetorische Vermittlungen zueinander, ohne des Widerspruchs innezuwerden, daß die aemulatio/analogia/sympathia zwischen pictura und scriptura oder von profanem Element und göttlicher Speise überhaupt einer Rhetorik bedarf, die beider Abbildbarkeit aufeinander erst ermöglicht.

Inscriptio und pictura, häufig genug zierlich ineinander verschlungen, simulieren jenes pansympathische Entsprechungsverhältnis von Ding-Welt und Zeichen-Welt, das die subscriptio ihrerseits noch einmal unterstreicht. Dieser Überfluß ist Index einer verdeckten Krise. Denn was als sinnfälliges Entsprechungsverhältnis aufeinander verweisender bedeutungsschwangerer Bilder und bildgesättigter Sprache auftritt, bedarf einer Unterschrift, einer subscriptio, die das Dasein eines allgegenwärtigen Verweisungszusammenhangs leugnet – muß sie ihn doch allererst herstellen. Der wuchernden Bilderflucht emblematischer Bücher ist Sprache nämlich derart eingeschrieben, daß diese Bilder als Elemente einer sprachlichen Ordnung erscheinen, der sie unterliegen. Die scheinbare »Priorität des Bildes«[11] im Ensemble des Emblems wird durch Rhetorik unterlaufen. Wie denn gleichermaßen auch die bedeutungsschwere Realpräsenz Christi in Brot und Wein der priesterlichen Wandlungsworte bedarf, die die Bibel freilich ebenso wenig wie den geweihten Priester kennt. Zwischen Bild und Schrift oder zwischen den sakralen Elementen und den sie konstituierenden Worten steht es demnach eins zu zwei: das vermittelnde Dritte zwischen Signifikant und Realsignifikat, zwischen den konsekrierten und den profanen Elementen kann nämlich nur die Signifikantenkette sein, die als subscriptio listig in den Dienst der pictura oder als Priesterwort ergeben in den zitierenden Dienst am Leib des Erlösers zu treten suggeriert und die doch das letzte Wort behalten.

Wie Don Quichotte, der literarische Kronzeuge der Diskurstheorie von Foucault, sich im Reich von Buch- und Welt- oder von Signifikant- und Signifikat-Analogien verirrt und also einer geologischen Verwerfung gleich der neuen »cartesianischen« Zeichenordnung gegenübersteht, so zerstreuen gegen ihren ausdrücklichen Willen auch die emblematischen Sinnbilder und die Eucharistiedeutungen das Vertrauen in eine Semiologie theologischer Abkunft – in eine Semiologie, die jedem Ding Hieroglyphen und Signaturen zugeordnet sieht, die zu verstehen geben, wie es zu verstehen sei. Mit dem Abendmahl (als dem Kultus des geoffenbarten Sinns) und mit der für die emblematische Form konstitutiven Unterstellung, »daß die Welt in all ihren Erscheinungen von heimlichen Verweisungen und verborgenen Bedeutungen, von verdeckten, also entdeckungsfähigen Sinnbezügen erfüllt sei«[12], gerät auch das tradierte Verhältnis von »les mots et les choses« in eine Krise.

Das Ende der aemulatio-Semiologie ist auch das Ende der theologischen Dominanz in der Eucharistie-Diskussion. Das Abendmahl wird zunehmend zur Domäne der Philosophie, der Psychologie, der Soziologie und der Ästhetik. Nachdem das »Band einer

11 Vorwort der Herausgeber zu den: Emblemata, l.c., p. XV

12 Ibid. Diese »Semiologie« gehört grundsätzlich zur Tradition des Kratylismus, zu den Folgen der Theorie des platonischen Kratylos also, die mimetische Beziehungen zwischen Worten und Sachen behauptet. Cf. dazu die umfangreiche Darstellung von G. Genette: Mimologiques

latenten Verdoppelung«[13] von zeichentingierten Bildern und bildbesessener Sprache zerbrach, zerbrach auch die Möglichkeit, das Abendmahlgeschehen durch einigen theologischen Aufwand skandalfrei zu halten. In den Emblemen geschah die unablässige Transfiguration von Welt in Rätselbilder und von Rätselbildern in Schrift noch einmal in derart überschwenglicher Weise, daß die immanente Widersprüchlichkeit einer Verdoppelungs-Semiologie durch den schönen Überfluß sinnreicher Bilder verdeckt blieb. Sie ließen den lesenden Betrachter am bedeutungsvollen Gewicht der Welt so partizipieren wie den frommen Verzehrer des Abendmahls am präsenten Leib des Herrn, der gleichermaßen *ist* wie *Zeichen ist*.

Ein gutes Jahrhundert nach dem Abbruch des emblematischen Glaubens an die zugleich mundane und intelligible Qualität der Zeichen und der Dinge kann ein Repräsentant der neuen epistemischen Ordnung und ihrer philologisch-historischen Leitdisziplin vom Zeitalter der Sinnbilder wie von einer archäologischen Wiederentdeckung handeln. »Es erschien«, so heißt es in Winckelmanns *Gedanken von der Nachahmung der griechischen Werke* von 1756, »es erschien aber eine Zeit in der Welt, wo ein großer Haufe der Gelehrten gleichermaßen zur Ausrottung des guten Geschmacks sich mit einer wahrhaften Raserey empörete. Sie fanden in dem, was Natur heißt, nichts als kindliche Einfalt, und man hielt sich verbunden, dieselbe witziger zu machen. Junge und Alte fingen an Devisen und Sinnbilder zu machen. (...) Man suchte dergleichen lehrreicher zu machen durch eine Umschrift desjenigen, was sie bedeuteten, und was sie nicht bedeuteten.«[14] Die Emblemata mögen dem Rückblick des Mitbegründers der klassischen Kunstperiode so obsolet und anachronistisch erscheinen wie keine zweite ästhetische Form – sie sind doch das bemerkenswerte Dokument dafür, daß ein Grundproblem der Ontosemiologie überhaupt sich nicht länger verdrängen läßt und krisenhaft hervortritt.

Denn die Form der Emblemata reflektiert ein strukturales Problem: das der »Deckung«. Ob die Fülle des Seins, die in der pictura ausgebreitet wird, durch Sinn gedeckt sei; ob Natur selbst Geist sei und habe oder ob sie vielmehr darauf angewiesen ist, »witziger« gemacht und also mit geistreichen Zeichen erst versehen zu werden

13 P. Sloterdijk: Michel Foucaults strukturale Theorie der Geschichte, p. 165
14 Zit. in Emblemata, p. IX

– über dieser Frage wird der barocke Polyhistor tiefsinnig. Unablässig vermißt er die Konfinien zwischen Sein und Sinn, zwischen pictura und scriptio, zwischen den Wörtern und den Sachen. Damit aber übt er die Wahrnehmung und Bewältigung der Probleme ein, die die anstehende Epoche zu lösen aufgibt: die Probleme der Deckung von (Geld-)Werten. Im Emblem ist das Zeitalter der (fiskalischen) Äquivalentform antizipiert. Das Barockzeitalter träumt im Emblem davon, sich von der Überfülle seiner Bild-, Rätsel- und Hieroglyphenwelt funktional zu entlasten. Poetisch erfüllt wurde dieser Traum – und jede Erfüllung ist immer auch eine Ernüchterung – erst anderthalb Jahrhunderte später. Nämlich in Lessings *Nathan* (1779). Weise darf der Held dieses Stückes heißen, weil er in einsamer Radikalität Probleme funktional löst, die zuvor substantialistisch angegangen wurden.

Das weise Drama ist tatsächlich das wertvolle Dokument der Umstellung von theologisch-substantialistischer auf funktionale Organisation. Nicht umsonst verschränkt es theologische mit ökonomischen Problemstellungen in einer so intimen Weise, wie sie zuvor schlechterdings noch nicht möglich war. Nathan ist, so die Konstellation im zentralen Akt, darauf gefaßt, daß Saladin ihn um Geld bittet, und muß erstaunt feststellen, daß der chronisch von Liquiditätsengpässen geplagte Herrscher »Unterricht in ganz / was anderm; ganz was anderm« (v. 321 sq.) heischt. Daß dieses andere so ganz anders nun auch wieder nicht ist, macht der Fortgang des Gesprächs deutlich. Das ganz andere des Geldes ist die Wahrheitsfrage, die Saladin dem Weisen stellt, nämlich nicht:

Da du nun
So weise bist: so sage mir doch einmal –
Was für ein Glaube, was für ein Gesetz
Hat dir am meisten eingeleuchtet?

NATHAN. Sultan,
Ich bin ein Jud'.

SALADIN. Und ich ein Muselmann.
Der Christ ist zwischen uns. – Von diesen drei
Religionen kann doch eine nur
Die wahre sein. (vv. 323-329)[15]

Saladins Frage ist kaum abzuweisen und allenfalls noch dadurch zu radikalisieren, daß sich die Zahl drei unschwer durch die Zahl von

15 *Nathan der Weise* wird im folgenden zitiert nach dem zweiten Band der von H. G. Göpfert herausgegebenen Lessingausgabe 1971.

dreihundert und mehr Religionen und Konfessionen ersetzen läßt. Daß es Moslems, Christen und Juden, Katholiken, Protestanten und Baptisten, Buddhisten, Hinduisten und Atheisten etc. gibt, ist eine Sachfeststellung, die sich schwerlich anzweifeln läßt. Genauso überwältigend ist die Evidenz, daß es gleich viele differente Vermutungen über das Verhältnis von Gott oder Göttern der Welt oder Welten gibt. Doch auch dann, wenn man die Problemlage so überschaubar konturiert wie in Lessings Drama, bleibt das Dilemma so schlicht wie intrikat: Drei monotheistische Hoch-, weil Schriftreligionen stellen gleichermaßen den Anspruch, offenbare Wahrheit zu verkünden. So ganz offenbar kann diese Wahrheit jedoch offenbar nicht sein. Sonst wäre sie nicht so umstritten. Das Offenbare und Evidente kann kein Fall des langen und breiten Streites sein, es sei denn, es wäre eben so offenbar, so evident nicht. Und das ist nun ganz offenbar der Fall. Das aber heißt: ob und wie die Geltungsansprüche offenbar konkurrierender, aber nicht offenbarer Aussagen gedeckt werden können, steht zur Diskussion. Nathan erkennt das in aller Deutlichkeit:

> Hm! hm! – wunderlich! – Wie ist
> Mir denn? – Was will der Sultan? was? – Ich bin
> Auf Geld gefaßt; und er will – Wahrheit. Wahrheit!
> Und will sie so, – so bar, so blank, – als ob
> Die Wahrheit Münze wäre! – Ja, wenn noch
> Uralte Münze, die gewogen ward! –
> Das ginge noch! Allein so neue Münze,
> Die nur der Stempel macht, die man aufs Brett
> Nur zählen darf, das ist sie doch nun nicht!
> Wie Geld in Sack, so striche man in Kopf
> Auch Wahrheit ein? Wer ist denn hier der Jude?
> Ich oder er? – Doch wie? Sollt' er auch wohl
> Die Wahrheit nicht in Wahrheit fodern? (vv. 349-361)

Nathans Reflexion ist ersichtlich doppeldeutig. Saladin fordert »in Wahrheit« (im Sinne von »tatsächlich«) die Wahrheit, und er fordert überdies die Deckung von Wahrheit(sansprüchen) in der Währung der Wahrheit (und nicht etwa durch Macht, Autorität, Tradition, Suggestion, Bestechung etc.). Das sind Forderungen – und auch »fordern« ist ja ein doppeldeutiges, nämlich auch ökonomisches Wort –, die selbst ein ebenso reicher wie weiser Nathan nur schwer erfüllen kann. Und so sorgt er für eine gescheite Verschiebung: Nathan deckt Forderungen eines Systems (der Religion) durch einen Wechsel in den Code eines anderen Systems (das der Literatur: er erzählt ein »Märchen«). Und er tut dies nach Vorüberlegungen, die deutlich erkennen lassen, daß noch diese Klärung letzter Fragen einen nur allzu handfesten pragmatischen Kontext hat – den der Macht.

> Doch wie? Sollt' er auch wohl
> Die Wahrheit nicht in Wahrheit fordern? – Zwar,
> Zwar der Verdacht, daß er die Wahrheit nur
> Als Falle brauche, wär' auch gar zu klein! –
> Zu klein? – Was ist für einen Großen denn
> Zu klein? (...)
> Ich muß
> Behutsam gehn! – Und wie? wie das? – So ganz
> Stockjude sein zu wollen, geht schon nicht. –
> Und ganz und gar nicht Jude, geht noch minder.
> Denn, wenn kein Jude, dürft er mich nur fragen,
> Warum kein Muselmann? – Das wars! Das kann
> Mich retten! – Nicht die Kinder bloß, speist man
> Mit Märchen ab. – Er kömmt. Er komme nur! (vv. 360-374)

Die nun folgende Ringparabel erzählt auch von den Verschiebungen und Substitutionen, die Nathan selbst vorgenommen hat. Er rechnete mit einer Geldforderung und sah sich einer Forderung nach letzter Wahrheit konfrontiert. Die übersetzt er in die Sprache des Geldes zurück – »als ob die Wahrheit Münze wäre«. Doch auch diese handfeste Rückübersetzung erweist sich als problematisch. Ist doch Geld nicht länger »uralte Münze, die gewogen ward« und also nicht mehr handfest substantialistisch zu bestimmen. »Neue Münze, die nur der Stempel macht«, ist – im finanziellen Code des Wirtschaftssystems selber – zum funktionalen Äquivalent substantieller Werte geworden. Gestempelte, geprägte Münzen sind gemacht und also »poetisch«: heißt Poiesis doch »das Machen/Verfertigen«. Damit ist eine metonymische Kette eröffnet, die ihren End- oder aber Ausgangspunkt ausdrücklich in einem »Märchen« hat: »Nicht die Kinder bloß (,) speist man / mit Märchen ab.« Märchen aber (als die Form der Poesie, die offen zu erkennen gibt, daß sie so nicht wahr, nicht zutreffend sein kann) sind Supplemente der unmöglichen letzten Wahrheit. Und mit einem solchen Supplement macht Nathan den Anfang und den Fragen nach substantiellen Letztwahrheiten ein Ende.

Folgt die Geschichte von den drei Ringen, die genau jene Substitutionsbewegung wiederholt. Auch dieses Märchen läßt keine Illusionen von leibhafter Letztgewißheit auferstehen: »Eure Ringe / Sind alle drei nicht echt. Der echte Ring / Vermutlich ging verloren« (vv. 508-510). Die leere Stelle dieses Verlustes – und Lessings Stück legt die letzte Radikalisierung nahe, daß dieser Verlust der Ursprung ist – füllen nun gleich drei Ringe mit konkurrierenden Geltungsansprüchen. Lessings Drama unterscheidet sich jedoch von den Verdoppelungstechniken etwa der emblematischen Literatur auch dadurch, daß es Verdoppelungen oder Verdreifachungen nicht als einen Verstärkereffekt für brüchig gewordene Fundamente bemüht. Drei Ringe – diese Dreiheit bezeichnet auch die drei Systeme, die Lessings weises Drama daraufhin befragt, ob sie funktional äquivalente Leistungen erbringen können: Religion, Ökonomie und Poesie. Dreieinig sind sie, nicht zu trennen, weil die vermeintlich homogene (ontosemiologische) Einheit in sich vielfältig gespalten ist.

Das wird schnell deutlich, wenn man die religiösen Kunstwerke befragt, die Lessings funktionaler Reflexionskunst vorausgegangen sind. Im heiklen Zeichen von Verdoppelungen stehen nämlich auch die großen theologisch-ästhetischen Werke des 18. Jahrhunderts: Bachs *Matthäuspassion* (1729) und Klopstocks *Messias* (1749-1773). Sie ästhetisieren radikaler noch als etwa Dantes *La Divina Commedia* (entst. 1307-21), Tassos *La Gierusalemme liberata* (1580) und Miltons *Paradise lost* (1667) die Heilige Schrift und die ihr geltende Theologie. Solche Ästhetisierung ist immer suspekt. Denn der Verdacht ist kaum abzuweisen, daß die Sache, der sie gilt, so geschwächt ist, daß sie der Verschönerung bedarf. Erstaunlich, ja irritierend (bereits für aufmerksame Zeitgenossen, die Milton als Sataniker verdächtigten) ist denn auch, was etwa Milton und Klopstock der biblischen Vorlage an teuflischen Handlungselementen hinzuerfinden müssen, um den Grundtext plausibel zu machen, den sie ästhetisch verstärken wollen. Auch Bachs so großartige Vertonung des kanonischen Evangelien-Textes, dessen Buchstaben sie gut protestantisch stehen läßt, entkommt dieser Dialektik nicht. Der Komposition eignet ein ästhetischer Mehrwert, dem Hans Blumenberg paradigmatisch nachgehört hat. »Dieses Mehr macht in Bachs Passion die Differenz zwischen dem Wort *und* der Musik aus. Läßt man den ›kanonischen‹ Rang des Textes auf sich beruhen, transzendiert der

Ton alles, was ihm ›unterlegt‹ wird. Das Mehr selbst tönt in der Passion.«[16] In der späten Ästhetisierung der christlichen Botschaft wiederholt sich der Impuls der frühsten christlichen Häresie: der Gnosis. Bachs *Matthäuspassion* macht das Leiden daran neu erfahrbar, daß der christliche Gott der gescheiterte Gott ist. »Daß die Allmacht mit der Welt die gotteswürdige Intention verfehlt – nicht schon *an* ihr, sondern erst *in* ihr zerbricht –, ist Thema der Passion. Wer auch immer dieser Leidende und Sterbende, der ›Menschensohn‹ und ›Gottesknecht‹ – von keinem dieser Attribute weiß irgendwer genauer, was sie bedeuten – gewesen sein mag: In ihm ist Gott von sich selbst verlassen. Und man kann auch sagen weshalb. / Im Horizont der biblischen Vorgaben: weil er zugelassen hatte, daß der Tod in die Welt kam.«[17]

Wagners *Parsifal* ist nicht ohne Grund voller Allusionen auf die *Matthäuspassion*. Was Bachs Passion nur andeutet: daß das Erlösungswerk gescheitert ist und der Erlöser selbst der Erlösung bedarf, hat Wagners Bühnenweihfestspiel eineinhalb Jahrhunderte später geradezu enthemmt auskomponiert (cf. dazu unten Kap. 12). Daß diese Radikalisierung überhaupt möglich war, hat viele Gründe. An vorderer Stelle auch diesen: daß auf die Ästhetisierung der Theologie alsbald eine Theologisierung der Ästhetik folgte. »Um 1740 noch beträgt der Anteil der religiösen Erbauungsliteratur an der Gesamtproduktion nichtwissenschaftlicher Bücher etwa 77 Prozent, nur 23 Prozent entfallen auf belletristische Werke. In den vier Jahrzehnten bis 1780 hat sich dann das Verhältnis umgekehrt.«[18] Die letzten Teile von Klopstocks *Messias* sind fast gleichzeitig mit *Nathan dem Weisen* und *Werthers Leiden* erschienen.

Doch nicht nur die Statistik spricht für diese tiefgreifende Umbesetzung im prekären Verhältnis von Theologie und Ästhetik. Auch ein semantisches Indiz bezeugt diesen Wechsel. Klopstock tituliert Christus immer erneut und geradezu obsessiv als »Mittler«[19] und also mit der Anrede, die alsbald begriffsgeschichtliche

16 H. Blumenberg: Matthäuspassion, p. 15. Blumenberg hört die Passion – und musikalisch ist das nicht nur zulässig, sondern geradezu nahegelegt – ganz von dem Verzweiflungsruf »Vater, Vater, warum hast Du mich verlassen« her und auf diesen hin. Dagegen protestiert U. Wilckens: Gescheiterte Schöpfung?; in: FAZ vom 22.3.1989

17 Ibid.

18 A. Maler: Versepos, p. 384 sq. Cf. dazu H. Pape: Klopstock I, p. 140 sqq.

19 Cf. Klopstock: Messias, passim

Karriere macht und immer mehr dazu herhalten muß, das Tun der Dichter und der Interpreten zu charakterisieren. Wenn Klopstock in Christus den Mittler zwischen Himmel und Erde feiert, so unterschlägt er scheu, daß er, der Dichter, selbst der Mittler dieses Mittlers ist. Hölderlin hingegen – und auf ganz andere Weise auch die Figur namens Mittler aus Goethes ›Wahlverwandtschaften‹ – wird selbstbewußt in Anspruch nehmen, Mittler zu sein. Die heikle Ästhetisierung der Theologie kippt in die Theologisierung der Ästhetik um. Und es beginnt das, was so vieldeutig Kunstreligion genannt wird. Ihr Gott heißt Goethe.

9. »Auf daß Ihr meiner nicht vergesset«: Goethes Poesie des Abendmahls

Als Goethe im Spätsommer des Jahres 1765 sein Frankfurter Elternhaus verließ, um in Leipzig das Jurastudium aufzunehmen, bat ihn seine Mutter, einige Zeilen in ihr Stamm- und Gästebuch zu schreiben. Was der 16jährige diesem Buch anvertraute, ist buchenswert in jedem Sinne. Die kleine, in schwarzes Leder gebundene Erbauungsschrift, die Goethes Mutter zu ihrem Stammbuch gemacht hatte, war 1745 unter dem Titel *Güldnes Schatzkästlein der Kinder Gottes* erschienen. In ihm fanden sich Bibelsprüche, Merkverse und empfindsame Aphorismen, deren Anordnung durchaus Raum ließ für die Eintragungen der schönen Seelen, die durch Bücher wie diese produziert wurden.

Am 30. September 1765 schlug der junge Johann Wolfgang Goethe dieses mütterliche Buch eben an der Stelle auf, da (nach Matthäus 26, 26-28) die Worte wiedergegeben waren, mit denen Christus das Abendmahl gestiftet hatte. Und das Kind Gottes und Goethes, dem diese Assonanz hier wohl nicht zum ersten und gewiß nicht zum letzten Mal aufging[1], schrieb in das *Güldne Schatzkästlein* der Mutter folgende Verse, die eben deshalb, weil sie der gegenüberliegenden kanonischen Vorlage so eng folgen, hochgradig heikel genannt werden dürfen:

Das ist mein Leib, nehmt hin und esset.
Das ist mein Blut, nehmt hin und trinkt.
Auf daß ihr meiner nicht vergesset,
Auf daß nicht euer Glaube sinkt.
Bei diesem Wein, bei diesem Brot
Erinnert euch an meinen Tod.
Zum Zeichen der Hochachtung und Ehrfurcht
setzte dieses seiner geliebtesten Mutter J. W. Goethe.

Ffurt d. 30. Sept. 1765
(WA I/4, p. 180)[2]

1 Cf. Herders Spottverse auf Goethe, die dieser in: Dichtung und Wahrheit wiedergibt: »Der von Göttern du stammst, von Goten oder von Kote ...« (HA, 9, p. 407).

2 Goethes Werke werden im folgenden zitiert nach der Weimarer Ausgabe (WA Abt. / Bd., Seitenzahl), der Hamburger Ausgabe (HA), der Hamburger Ausgabe der Briefe (Briefe) und der Berliner Ausgabe (BA).

Eine eigentümliche Ambivalenz kennzeichnet diese ebenso heikle wie bemerkenswerte imitatio Christi. Goethe ist, als er jene Worte ins mütterliche Buch einsetzte, gerade halb so alt wie der legendarische Gottessohn, der in der Nacht vor seinem menschlichen Tod das Abendmahl einsetzte. Eine Größenphantasie, wie sie problematischer nicht sein könnte. Eine Opferphantasie aber auch, wie Goethes psychoanalytisch geschulter und auf Leidensmomente seines Helden fixierter Biograph herausstellt: »Hier werden die Identifikation mit Christus, (...) die Sühne durch die Opferung des Lebens und die Buße durch Selbstvernichtung unmißverständlich als die Grundlagen der Mutterbeziehung dargestellt.«[3] Goethes – größten Kontexten entwendete – Verse sind von Opfer- und Leidensmotiven gewiß nicht frei. Fundiert aber sind diese Motive in einer geradezu wahnhaften Größenphantasie – und unter Größenwahn leidet man bekanntlich nicht. Ist er doch auch dem, der sich da zum Genuß anbietet, ein Genuß.

Bemerkens- und buchenswert aber ist nicht nur diese schnell zu klärende und psychologisch wohlfeile Ambivalenz. Abgründiger, versteckter und also deutungsbedürftiger ist der so selbstverständlich scheinende und doch hochproblematische Bezug der vielen deiktischen Ausdrücke, die die wenigen Verse durchziehen. Hinter dem bestimmten Artikel, mit dem die ersten beiden Zeilen je beginnen, verbirgt sich bereits das gleich dreifach bemühte Demonstrativpronomen: »das ist mein Leib (...). Das ist mein Blut (...).« »Bei diesem Wein und bei diesem Brot« aber ist kaum an die biblische Vorlage zu denken. Der »dieses ... seiner geliebtesten Mutter (...) zu Zeichen setzte«, referiert nämlich mit diesen deiktischen Signifikanten auf nichts anderes als auf diese Signifikanten selbst. Nichts anderes als diese Zeilen in ihrer so allusionsreichen wie opaken und materialen Schriftlichkeit beerben den Wein und das Brot, die ihrerseits Christi Leib und Blut sind und bedeuten. Der 16jährige stilisiert seinen Abschied aus dem mütterlichen Haus als »(s)einen Tod«; er begreift seine entwendeten und doublierten Zeilen als Abendmahl; und er schreibt somit eine Geschichte, die davon berichtet, wie das Wort Fleisch ward, in Verse um, die an sich selbst Leib und Blut bzw. Brot und Wein und also in jeder Weise substantiell sein wollen.

Der dieses schrieb, war keine zehn Jahre (und ist auch noch

3 K. R. Eissler: Goethe I, p. 111

zweieinhalb Jahrhunderte) später der berühmteste deutsche Dichter. Zu danken hatte er diesen Ruhm einem Roman, dessen seltsamer Held sein suizidales Sterben gleichfalls im Rahmen einer wohlinszenierten imitatio Christi und genauer mit einem Abendmahl einleitet. »Der Knabe kam mit den Pistolen zu Werthern, der sie ihm mit Entzücken abnahm, als er hörte, Lotte habe sie ihm gegeben. Er ließ sich Brot und Wein bringen, hieß den Knaben zu Tische gehen und setzte sich nieder, zu schreiben.« (HA 6, p. 121)

Das Abendmahl, das der junge Werther nunmehr leidend feiert, ist nicht minder befremdlich als das des ganz jungen Goethe, der sich vom Elternhaus verabschiedete. Auch hier leiten Brot und Wein zu einem Prozeß der Verschriftung über. Werther setzt sich, von Brot und Wein emblematisch umrahmt, nieder, nicht etwa, um Christi Tod zu gedenken, sondern um »zu schreiben«, auf daß man seiner nicht vergesse. »Er kramte noch viel in seinen Papieren, zerriß vieles und warf es in den Ofen, versiegelte einige Päcke mit den Adressen an Wilhelm. Sie enthielten kleine Aufsätze, abgerissene Gedanken (...); und nachdem er um zehn Uhr Feuer hatte nachlegen und sich eine Flasche Wein geben lassen«, schreibt Werther »nach eilfe« in der letzten Stunde seines kurzen Lebens, um dann, da es »zwölfe schlägt« und ein letztes »Lotte, lebe wohl, lebe wohl« zu Papier gebracht ist, Hand an sich zu legen.

Der, der da bei Brot und Wein nicht die priesterlichen Zitate der Einsetzungsworte Christi hört, sondern selbst schreibt, ist denn auch von tödlicher Schrift umgeben. Werther aber hat nicht etwa die Heilige, sondern eine durchaus weltliche Schrift aufgeschlagen: »Von dem Weine hatte er nur ein Glas getrunken. ›Emilia Galotti‹ lag auf dem Pulte aufgeschlagen.« Eindringlicher als durch dieses Arrangement von suizidaler Lektüre und suizidalem Schreiben bei deutlicher Anspielung auf den suizidverdächtigen Tod des Gottessohnes könnte das sakramentale und testamentarische Wesen der Schrift, dem Werther sich verschreibt, nicht unterstrichen werden. »Jedes Graphem«, so weiß es eben nicht erst Derridas *Grammatologie*, »ist seinem Wesen nach testamentarisch. Die eigentümliche Abwesenheit des Subjekts der Schrift ist auch die Abwesenheit der Sache oder des Referenten.«[4]

4 Cf. Derridas luzide Analyse des testamentarischen Charakters von Zeichen schon in der frühen Abhandlung: Die Stimme und das Phänomen, p. 108

Werthers letzte Stunden stehen ganz im Zeichen einer eucharistischen Schrift. Schrift nämlich ist anders als die Rede gerade dann bedeutsam, wenn ihr Urheber wie die signifizierten Sachverhalte abwesend ist. Die entschiedenste, weil irreversible Form der Abwesenheit aber ist der Tod. Macht er doch alle Präsenzphantasmata, die an das Phänomen der lebendigen Rede und des Sich-sprechen-Hörens gebunden sind, schlechterdings unmöglich. Werthers testamentarische Schrift wird man hingegen noch vor seinem Tod, der wie Christi Tod »um zwölfe mittags« eintritt, finden. »Aus dem Blut auf der Lehne des Sessels konnte man schließen, er habe sitzend vor dem Schreibtische die Tat vollbracht. (...) Die Lunge röchelte noch fürchterlich, bald schwach, bald stärker; man erwartete sein Ende.«

Noch in dieser kompositorischen Einzelheit, die Brot und Wein bzw. Leib und Blut mit dem Schreibtisch zusammenstellt, bewährt sich die ebenso heikle wie energische Parallelisierung von Abendmahl und Werthers leidender Schrift. Wie Christus das Mahl, das zugleich Gedächtnis- und eschatologisches Mahl sein wird, noch zu Zeiten seiner irdischen Gegenwart einsetzt, so lebt Werther noch, als man seine testamentarische Schrift findet. Beide aber, Christus wie Werther, sind, da sie so bedeutsam handeln, eigentümlich an- und abwesend zugleich. Denn bedeutsam, ja überhaupt funktional sind Christi Abendmahl und Werthers Schrift nur sub specie des futurum exactum, das durch den Fehl der Gegenwart eingesetzt wird. »Ich werde wiedergekehrt sein und euch erlöst haben« bzw. »du wirst mich verstanden haben« ist die eucharistische Botschaft Christi wie auch die von Werthers Leiden. Diese Botschaften sind eins mit dem Zeitmodus, in dem und an den sie ergehen. Der antizipierten Vergangenheit des Zweiten Futurs ist deshalb auch Werthers letzter Brief an Lotte ausdrücklich verschrieben: »Das ward nur wenigen Edeln gegeben, ihr Blut für die Ihrigen zu vergießen und durch ihren Tod ein neues, hundertfältiges Leben ihren Freunden anzufachen. (...) Meine Seele schwebt über dem Sarge. (...) O küsse sie (deine Kinder) tausendmal und erzähle ihnen das Schicksal ihres unglücklichen Freundes. Die Lieben! sie wimmeln um mich.«

Das Motiv der testamentarischen, ja der eucharistischen Schrift durchwebt Goethes Texte. Gedichte wie *Im ernsten Beinhaus*, Romanszenen wie die, da Ottilie Eduard und den wahlverwandten Freunden schreibt, daß sie nicht länger reden, sondern eben buchstäblich entsagen wolle, oder der rätselhafte Unroman, der genau diesen schriftzentrierten Untertitel *Die Entsagenden* trägt und in dem gerade in dem Maße, da die Schrift als das Medium des futurum exactum gepflegt wird, nicht gestorben wird – all diese großen und viele anderen Texte Goethes begehen das Sakrament der eucharistischen Schrift. Diese Schrift dankt ihre überdauernde Kraft der Mortifikation des Absenders; sie bezieht ihre semantische Intensität aus dem »Wesensverhältnis zwischen Tod und Sprache«[5]; und sie folgt – um die Verse aus dem *Ernsten Beinhaus* zu bemühen – der »gottgedachten Spur, die sich erhalten«, auf den Schauplatz zurück, da es so scheint, »als ob ein Lebensquell dem Tod entspränge.«

Anspielungen auf das Abendmahl also finden sich in Goethes Werken durchweg. Unmittelbare Bezugnahme auf das zentrale christliche Sakrament aber weist vor allem das frühe Werk Goethes auf. Und zwar in einer solch erstaunlichen Intensität, daß es nicht unangemessen sein dürfte, von einer Obsession zu sprechen und zu schreiben. Von einer solchen Obsession zeugt etwa der Brief, den Goethe am 2. März 1779 aus Dornburg an Charlotte von Stein schrieb. Die Umworbene hatte dem Autor von *Werthers Leiden* »ein Westgen« gestrickt und mitgegeben – wir dürfen vermuten, daß es gelb gewesen ist. Darauf und auf Werthers Affinität zur Abendmahlsproblematik spielt Goethes Brief deutlich an:

> Heut hab ich im Paradiese an Sie gedacht, dass Sie drinn herumgingen eh Sie mich kannten. Es ist mir fast unangenehm dass eine Zeit war wo Sie mich nicht kannten, und nicht liebten. Wenn ich wieder auf die Erde komme will ich die Götter bitten dass ich nur einmal liebe, und wenn Sie nicht so feind dieser Welt wären, wollt ich um Sie bitten zu dieser lieben Gefährtinn. Noch etwas hätten Sie mir mitgeben können, einen Talisman mehr, denn ich habe wohl allerley und doch nicht genug. Wenn Sie ein Misel wären hätt ich Sie gebeten das Westgen erst einmal eine Nacht anzuziehen und es so zu transsubstantiiren, wie Sie aber eine weise Frau sind muss ich mit dem Calvinischen Sakrament vorlieb nehmen. (Goethe: Briefe 4, p. 262 sq.)

Seltsam unterschiedliche Vorstellungswelten durchkreuzen und vereinen sich in diesem Brief an die geliebte Frau, die sich hartnäkkig weigert, »ein Misel« zu sein. »Miselei« war ein ursprünglich elsässischer Dialektausdruck für »Liebelei«.[6] Und eine solche mit

5 M. Heidegger: Unterwegs zur Sprache, p. 215
6 Dieses Wort leitet sich wohl aus dem lat. »mus«/Maus ab. Die Diminutivbildung »Misel« scheint im Weimar der frühen Goethezeit ein regelrechtes Modewort gewesen zu sein.

Hilfe eines Talismans und metempsychotischer Wünsche in Szene zu setzen, ist Goethes offenbares Begehren. Doch dieses Begehren ist zum Scheitern verurteilt. Verbleibt die Adressatin dieser Briefzeilen, die eben kein »Misel« werden, sondern eine »weise Frau« bleiben möchte, doch in einem Raum bloßer Bedeutungen, die nie und nimmer zu handgreiflicher Empirie »transsubstantiieren«. So hat der Autor von *Werthers Leiden* die Weste zu tragen, die Charlotte von Stein zwar selbst gestrickt, aber keine Nacht selbst getragen hat. Weil deshalb weder Wort und Fleisch noch Leib und Leib zusammenkommen können, muß Goethe »mit dem Calvinischen Sakrament vorlieb nehmen«, das keine sinnliche erfahrbare Transsubstantiation von Sinn in Sein kennt.

Eben dies aber: Sinn in Sein und Sein in Sinn konvertierbar zu machen, ist die regulative Idee von Goethes Poetologie und Poesie. Sie ist nach dem Bilde des Abendmahl-Sakraments gestaltet. Nach dem Bilde des Sakraments somit, das an die Konversion von Wort in Fleisch nicht nur erinnert, sondern diese Konversion stets erneut selbst bewirkt. Goethes Dichtung mag sich so pagan wie möglich stilisieren – sie umwirbt doch unablässig den ebenso berühmten wie abgründigen und rätselhaften Vers aus dem Eingang des Johannes-Evangeliums (1,14): »Vnd das Wort ward Fleisch / vnd wohnet vnter vns.« Im Rückblick von *Dichtung und Wahrheit* ist diese ebenso regulative wie obsessive Idee deshalb auch kaum zufällig genau dort angedeutet, wo Goethe den Bericht über seine jugendlichen Abendmahlserfahrungen und -reflexionen einleitet. Wie gewichtig noch dem alten, paganen Goethe diese eucharistischen Überlegungen sind, erhellt schon daraus, daß diesem Passus unmittelbar die große Konfession voransteht, ihn habe nichts so interessiert wie das »Rätsel des Menschenlebens« und die Weisen, es zu lösen.

Ich ermüdete nicht, über Flüchtigkeit der Neigungen, Wandelbarkeit des menschlichen Wesens, sittliche Sinnlichkeit und über alle das Hohe und Tiefe nachzudenken, dessen Verknüpfung in unserer Natur als das Rätsel des Menschenlebens betrachtet werden kann. Auch hier suchte ich das, was mich quälte, in einem Lied, einem Epigramm, in irgend einem Reim loszuwerden, die, weil sie sich auf die eigensten Gefühle und auf die besondersten Umstände bezogen, kaum jemand anderes interessieren konnten als mich selbst. (HA 9, p. 287)

Daß das »Menschenleben« ein Rätsel ist, das einer glücklichen Lösung harrt – dieses Denkmotiv zählt zu den entscheidenden Pro-

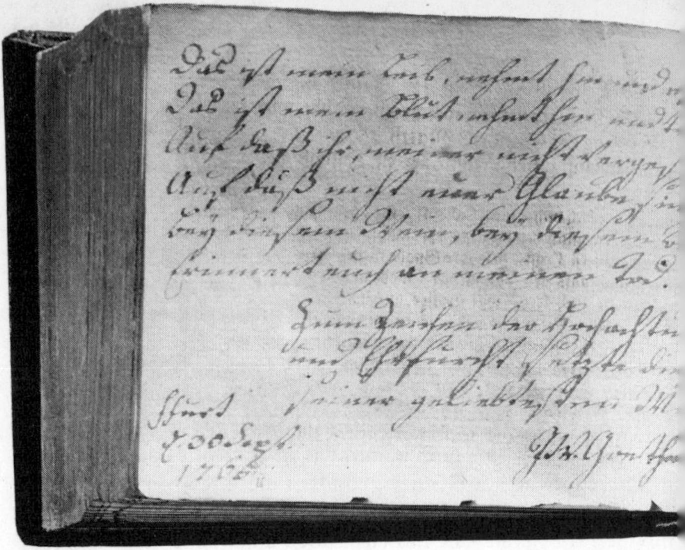

duktivkräften von Goethes Dichtung. Anders als das der visuellen Sphäre zugehörende Geheimnis, das entschleiert und also offenbar zu werden disponiert ist, ist das Rätsel ein genuin sprachliches Geschehen.[7] Im Geheimnis hat bildende, im Rätsel aber sprachliche Kunst ihr Movens. Das stiftet die Affinität zum Abendmahl, auf dessen rechtes Verständnis Goethes Autobiographie nun gleich zu sprechen kommt. Wie das »Rätsel des Menschenlebens« besteht das des Abendmahls in der Verknüpfung heterogener Sphären. Im Menschen wie im sterblichen und auferstandenen Gottessohn »verknüpft« sich »alle das Hohe und Tiefe« zu einem Knoten gordischer Dimension. Ihn sachgerecht zu lösen, ist so wenig möglich, wie es auf Rätsel sachgerechte Antworten gibt. Wohl aber gibt es glückliche sprachliche Entsprechungen auf das »Rätsel des Menschenlebens« und die Rätsel des Seins überhaupt. Ja, daß der, der einem Rätsel und der ihm eigenen sphinxartigen Bedrohung gegenübersteht, sich von dieser Bedrohung nicht zu sprachlosem Schrecken bannen läßt, ist wenn nicht die Lösung des Rätsels sel-

7 Cf. J. Hörisch: »Das Leben war ihnen ein Rätsel«

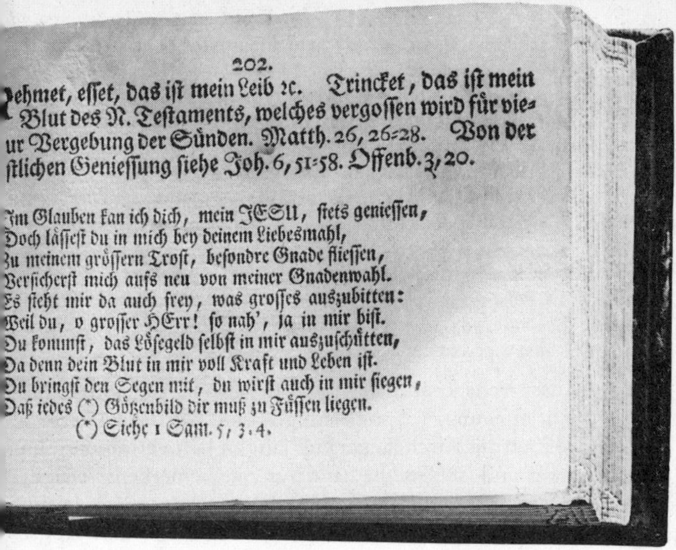
202.
ehmet, esset, das ist mein Leib rc. Trincket, das ist mein
Blut des N. Testaments, welches vergossen wird für vie-
ur Vergebung der Sünden. Matth. 26, 26-28. Von der
stlichen Geniessung siehe Joh. 6, 51-58. Offenb. 3, 20.

Im Glauben kan ich dich, mein JESU, stets geniessen,
Doch lässest du in mich bey deinem Liebesmahl,
Zu meinem grössern Trost, besondre Gnade fliessen,
Versicherst mich aufs neu von meiner Gnadenwahl.
Es steht mir da auch frey, was grosses auszubitten:
Weil du, o grosser HErr! so nah', ja in mir bist.
Du kommst, das Lösegeld selbst in mir auszuschütten,
Da denn dein Blut in mir voll Kraft und Leben ist.
Du bringst den Segen mit, du wirst auch in mir siegen,
Daß iedes (*) Götzenbild dir muß zu Füssen liegen.
(*) Siehe 1 Sam. 5, 3.4.

ber, so doch die des starren Banns, den ein Rätsel zu verbreiten vermag.

Wie die Lieder, Epigramme und Reime aussahen, in denen Goethe »loszuwerden« versuchte, »was ihn quälte«, ist deshalb von verblüffender Unwichtigkeit. »Irgend ein Reim« – so die großartig laxe Antwort. Sie unterstreicht eindringlich das Ideal des Problems, das zu lösen Goethes Dichtung antritt: das »Rätsel des Menschenlebens« nach dem Bilde des Abendmahls zu lösen und d.h. überhaupt (mit »irgend einem Reim«) Sein in Sinn und Sinn in Sein konvertibel zu machen. Dieses Problem bildet den beständigen Hintergrund von Goethes Auseinandersetzung mit dem christlichen Zentralsakrament. »Ob wir das heilige Abendmahl genössen« (HA 9, p. 288 sqq.) – so wurde der junge Student, der sich gerade mit seiner Umschrift der Abendmahlworte aus dem Elternhaus verabschiedet hatte, von seinem Leipziger Lehrer Gellert mit »weinerlich angenehmer Stimme« immer wieder gefragt. Häufig genossen hat Goethe das Abendmahl gewiß nicht. Um so intensiver aber hat er es bedacht und seinen poetischen Entsprechungen mit Überbietungen nachgesonnen.

Bei dieser Gelegenheit – so schließt Goethes Erinnerung aus *Dichtung und Wahrheit* an Gellerts Frage an – kann ich nicht unterlassen, aus meiner frühen Jugend etwas nachzuholen, um anschaulich zu machen, wie die großen Angelegenheiten der kirchlichen Religion mit Folge und Zusammenhang behandelt werden müssen, wenn sie sich fruchtbar, wie man von ihr erwartet, beweisen soll. Der protestantische Gottesdienst hat zu wenig Fülle und Konsequenz, als daß er die Gemeine zusammen halten könnte; daher geschieht es leicht, daß Glieder sich von ihr absondern und entweder kleine Gemeinen bilden, oder, ohne kirchlichen Zusammenhang, neben einander geruhig ihr bürgerliches Wesen treiben. So klagte man schon vor geraumer Zeit, die Kirchgänger verminderten sich von Jahr zu Jahr und in eben dem Verhältnis die Personen, welche den Genuß des Nachtmahls verlangten. Was beide, besonders das letztere betrifft, liegt die Ursache sehr nah; doch wer wagt sie auszusprechen? Wir wollen es versuchen.

Goethes Aussprache knüpft an Motive der Protestantismus-Kritik an, die (nicht nur) um 1800 so geläufig waren, wie das Phänomen, daß sich die Zahl der Kirchgänger von Jahr zu Jahr vermindert, unabweisbar war und ist. Goethe hat dafür eine bemerkenswerte Erklärung: »Der protestantische Gottesdienst« steht ganz im Zeichen eines vielfältigen Mangels: er »hat zu wenig Fülle und Konsequenz«, zu »wenig Sakramente«, kurzum: zu wenig Sinnlichkeit:

Fehlt es dem protestantischen Kultus im Ganzen an Fülle, so untersuche man das einzelne, und man wird finden, der Protestant hat zu wenig Sakramente, ja er hat nur eins, bei dem er sich tätig erweist, das Abendmahl: denn die Taufe sieht er nur an anderen vollbringen, und es wird ihm nicht wohl dabei. Die Sakramente sind das Höchste der Religion, das sinnliche Symbol einer außerordentlichen göttlichen Gunst und Gnade. In dem Abendmahle sollen die irdischen Lippen ein göttliches Wesen verkörpert empfangen und unter der Form irdischer Nahrung einer himmlischen teilhaftig werden. Dieser Sinn ist in allen christlichen Kirchen ebenderselbe, es werde nun das Sakrament mit mehr oder weniger Ergebung in das Geheimnis, mit mehr oder weniger Akkomodation an das, was verständlich ist, genossen; immer bleibt es eine heilige, große Handlung, welche sich in der Wirklichkeit an die Stelle des Möglichen oder Unmöglichen, an die Stelle desjenigen setzt, was der Mensch weder erlangen noch entbehren kann. Ein solches Sakrament dürfte aber nicht allein stehen; kein Christ kann es mit wahrer Freude, wozu es gegeben ist, genießen, wenn nicht der symbolische oder sakramentale Sinn in ihm genährt ist. Er muß gewohnt sein, die innere Religion des Herzens und die der äußeren Kirche als vollkommen *eins* anzusehen, als das große allgemeine Sakrament.

»Das große allgemeine Sakrament« aber verfehlt der Protestantismus, weil er die Unio von Sein und Sinn nicht (wie die katholische

Siebensakramentelehre und -praxis) zum durchgängigen und also sinnliche Suggestivkraft gewinnenden Prinzip macht. Wer den sakramentalen Kontext entwertet, darf nicht darauf hoffen, daß das sakramentale Zentrum unangefochten bleibt. »Wie ist nicht dieser wahre geistige Zusammenhang im Protestantismus zersplittert! Indem ein Teil gedachter Symbole für apokryphisch und nur wenige für kanonisch erklärt werden, und wie will man uns durch das Gleichgültige der einen zu der hohen Würde der anderen vorbereiten?« Fraglich ist zumal, ob bei so viel protestantischer Konzession und »Akkomodation an das, was verständlich ist«, ob bei so viel verstandesklarer Kritik an der Unterstellung einer ontotheologischen Unio von Sein und Sinn die »eine heilige, große Handlung« noch irgend plausibel bleibt, die Ungeheures verspricht. Die nämlich die schlechthinnige Paradoxie verspricht, »in der Wirklichkeit an die Stelle des Möglichen oder Unmöglichen, an die Stelle desjenigen (...), was der Mensch weder erlangen noch entbehren kann«, eben diese heilige Handlung zu setzen, die das Wort Fleisch werden läßt.

Gegen die mangelnde Plausibilität der protestantischen Lehre von den Sakramenten stellt Goethe erst einmal das – gewiß ironisch überzeichnete – Idealbild katholischer Sakralimmanenz, die von der Wiege bis zur Bahre das Rätsel des Menschenlebens sinnlich gewiß mit Lösungen umgibt. Noch dem katholischen Verständnis des Priesteramtes und dem Umstand, daß die katholische Messe (bis zum Zweiten Vatikanischen Konzil) dem Gläubigen die Kommunion nur in der einen Gestalt der Hostie zukommen läßt, vermag Goethe in diesem Zusammenhang Sinn abzugewinnen:

So, durch mehrere sakramentale Handlungen, welche sich wieder, bei genauerer Ansicht, in sakramentliche kleinere Züge verzweigen, vorbereitet, knieet er hin, die Hostie zu empfangen; und daß ja das Geheimnis dieses hohen Akts noch gesteigert werde, sieht er den Kelch nur in der Ferne, es ist kein gemeines Essen und Trinken, was befriedigt, es ist eine Himmelsspeise, die nach himmlischem Tranke durstig macht. / Jedoch glaube der Jüngling nicht, daß es damit abgetan sei; selbst der Mann glaube es nicht! (...) Was nun durch das ganze Leben so erprobt worden, soll an der Pforte des Todes alle seine Heilkräfte zehnfach tätig erweisen. Nach einer von Jugend auf eingeleiteten, zutraulichen Gewohnheit nimmt der Hinfällige jene symbolischen, deutsamen Versicherungen mit Inbrunst an, und ihm wird da, wo jede irdische Garantie verschwindet, durch eine himmlische für alle Ewigkeit ein seliges Dasein zugesichert. (...) Aber alle diese geistigen

Wunder entsprießen nicht wie andere Früchte, dem natürlichen Boden, da können sie weder gesäet noch gepflanzt noch gepflegt werden. Aus einer anderen Region muß man sie herüberflehen, welches nicht jedem, noch zu jeder Zeit gelingen würde. (...) Wir hören, daß ein Mensch vor dem andern von oben begünstigt, gesegnet und geheiligt werden könne. (...) Ja, in der Weihe des Priesters ist alles zusammengefaßt, was nötig ist, um diejenigen heiligen Handlungen wirksam zu begehen, wodurch die Menge begünstigt wird, ohne daß sie irgend eine andere Tätigkeit dabei nötig hätte, als die des Glaubens und des unbedingten Zutrauens.

Diese Ausführungen sind erstaunlich und haben unter den Zeitgenossen auch für starke Irritationen gesorgt. Sie sind um so erstaunlicher, als sie von einem stammen, der – wie es gleich anschließend heißt – sich »von der kirchlichen Verbindung ganz und gar loszuwinden suchte«; von einem, der für die damaligen Mode-Konversionen zum Katholizismus nur Verachtung hatte; von einem zumal, der ansonsten seine Aversion gegen den Katholizismus und den Kreuzesglauben überhaupt ohne Rücksicht auf gläubige Zeitgenossen pflegte. Und wie Goethe diese Aversion pflegen konnte – war er doch sogar von der päpstlich zelebrierten Meßfeier, die er bei seiner *Italienischen Reise* zu Allerseelen 1786 in Rom miterlebte, ästhetisch so enttäuscht, daß sich in ihm »die protestantische Erbsünde« wieder einmal affektiv regte:

Mich ergriff ein wunderbar Verlangen, das Oberhaupt der Kirche möge den goldenen Mund auftun und, von dem unaussprechlichen Heil der seligen Seelen mit Entzücken sprechend, uns in Entzücken versetzen. Da ich ihn aber vor dem Altare sich nur hin und her bewegen sah, bald nach dieser bald nach jener Seite sich wendend, sich wie ein gemeiner Pfaffe gebärdend und murmelnd, da regte sich die protestantische Erbsünde, und mir wollte das bekannte und gewohnte Meßopfer hier keineswegs gefallen. Hat doch Christus schon als Knabe durch mündliche Auslegung der Schrift und in seinem Jünglingsleben gewiß nicht schweigend gelehrt und gewirkt; denn er sprach gern, geistreich und gut, wie wir aus den Evangelien wissen. Was würde der sagen, dacht ich, wenn er hereinträte und sein Ebenbild auf Erden summend und hin und wider wankend anträfe? Das ›Venio iterum crucifigi!‹ fiel mir ein, und ich zupfte meinen Gefährten (den Maler Tischbein, J. H.), daß wir ins Freie der gewölbten und gemalten Säle kämen. (BA 11, p. 288 sq.)

Diese päpstliche Stellvertretung Christi hat Goethe offenbar nicht eben bewundert. Deutlich spricht aus seiner Schilderung vielmehr der Affekt der enttäuschten ästhetischen Erwartung und – die Selbstgewißheit, besser darstellen und sprechen zu können als jenes »Ebenbild (Christi) auf Erden«. Dieser Affekt aber speist sich nicht nur aus ästhetischen Quellen. Enttäuschende Darstellungen nämlich entsprechen unzulänglichen Einsichten. Und zu einer barschen, ja entschieden verletzenden Kritik des Christentums überhaupt entschließen sich die Zeilen, deren topos noetos gleichermaßen Italien ist: die *Venetianischen Epigramme* von 1790:

> Vieles kann ich ertragen. Die meisten beschwerlichen Dinge
> Duld ich mit ruhigem Mut, wie es ein Gott mir gebeut.
> Wenige sind mir jedoch wie Gift und Schlange zuwider;
> Viere: Rauch des Tabaks, Wanzen und Knoblauch und †.
>
> (BA 1, p. 235 / Nr. 66)

An der Stelle des Kreuzeszeichens findet sich in der Handschrift das Wort »Christ«. Eine verletzende Zusammenstellung. Sie ist nur schwer mit den angeführten Passagen aus *Dichtung und Wahrheit* zusammenzubringen, die sich auf dieser Folie wie ein kompensatorischer Versuch gelassener Konzilianz gegenüber dem zuvor Geschmähten ausnehmen. Noch erstaunlicher wird freilich das Katholizismus-Lob der Autobiographie, wenn man ihm die geharnischten Verse aus dem Teil der »Venetianischen Epigramme« entgegenstellt, die Goethe (und auch der Kreis seiner Nachlaßverwalter) lange nicht zu veröffentlichen wagte:

> Was auch Helden getan, was Kluge gelehrt, es verachtet's
> Wähnender christlicher Stolz neben den Wundern des Herrn.
> Und doch schmückt er sich selbst und seinen nackten Erlöser
> Mit dem Besten heraus, was uns der Heide verließ.
> So versammelt der Pfaffe die edlen, leuchtenden Kerzen
> Um das gestempelte Brot, das er zum Gott sich geweiht.
>
> (BA 2, p. 133 / Nr. 9)

Die Religionskritik dieser lange Zeit unpubliziert gebliebenen Epigramme scheut denn auch vor keiner Deutlichkeit zurück. Sie stellt den »Pfaffen« zusammen mit dem »Staatsmann« und dem »Lehrer der Sitten« als Betrüger-»Kleeblatt« dar; sie charakterisiert den Auferstehungsglauben gleichermaßen als Effekt eines durchsichtigen Betruges (»Auferstanden!« – »Wer's glaubt! Schelmen, ihr trugt ihn ja weg.«); und sie konstatiert lakonisch (und natürlich auch gegenüber der lutherischen Tradition) ein Ausschließungsverhältnis von Christ sein und »freier Mensch« sein. Doch noch in dieser verletzenden Kritik ist die Fixierung auf das Versprechen des Abendmahls unübersehbar. Eben dort, wo Goethe sich selbst die Frage nach dem Motiv seiner barschen Verwerfung des christlichen Glaubens stellt, treibt er nämlich, wie so häufig seit den eingangs zitierten jugendlichen Versen an die Mutter, den sehr ernsten Scherz einer imitatio Christi und seiner Einsetzung des Abendmahls zumal:

»Warum willst du den Christen des Glaubens selige Wonne
Grausam rauben?« – Nicht ich, niemand vermag es zu tun.
Steht doch deutlich geschrieben: »Die Heiden toben vergeblich.«
Seht, ich erfülle die Schrift, lest und erbaut euch an mir.
(ibid. Nr. 4)

Eine Ungeheuerlichkeit unter vielen Frechheiten: Goethes Schrift will nicht – nach dem Eingangsvers des zweiten Psalms und nach der Apostelgeschichte 4,25 – als heidnischer Einwurf vergeblich gegen die Zumutungen des Kreuzes- und Auferstehungsglaubens toben. Sie will vielmehr das Christentum durch Erfüllung des Versprechens überflüssig machen, das im christlichen Rahmen ein bloßes Ver-sprechen zu bleiben droht: durch die Erfüllung des Versprechens auf ein erlöstes Leben. Deshalb kann Goethe im 15. der epigrammatischen Nachträge sich selbst als »verständiger Koch« stilisieren, der »ein artig Gastmahl bereitet«, das der dürftigen Speise des Abendmahls wohl standhält, weil es den Reiz des Heidnischen mit den Subtilitäten des Christlichen zu unerhörten Genüssen amalgamiert:

Wenn ein verständiger Koch ein artig Gastmahl bereitet,
Mischt er unter die Kost vieles und vieles zugleich.
So genießet auch ihr dies Büchlein, und kaum unterscheidet
Alles ihr, was ihr genießt. Nun, es bekomm euch nur wohl.
(ibid., p. 134)

Der da sein synkretistisches Büchlein zum Genuß anbietet, bereitet als verständiger Koch ein artig Gastmahl, das die lasziven Reize des antiken Symposions mit der streng-feierlichen Ästhetik des Christentums vereint. Goethe scheut bei der Bereitung dieses Gastmahls auch vor den skandalträchtigen Mixturen nicht zurück, die er in provokanter Laxheit noch im Alter seinem christlichen Freund Jacobi zumutet:

Ich für mich kann – so heißt es im Brief vom 6. Januar 1813 – bei den mannigfaltigen Richtungen meines Wesens, nicht an einer Denkweise genug haben; als Dichter und Künstler bin ich Polytheist, Pantheist hingegen als Naturforscher, und eins so entschieden als das andre. Bedarf ich eines Gottes für meine Persönlichkeit, als sittlicher Mensch, so ist dafür auch schon gesorgt. Die himmlischen und irdischen Dinge sind ein so weites Reich, daß die Organe aller Wesen zusammen es nur erfassen mögen. / Siehst Du so steht es mit mir. (Briefe 3, p. 220)[8]

Goethes Abendmahl ist so libertär wie »entschieden«. Mangelnde Entschiedenheit wird man diesem Versuch, Antikes und Christliches, Symposien und Abendmahle, eleusinische und Kreuzesmysterien, sakrale und profane Schriften bzw. Kulte, heidnische »Kerzen« und »gestempeltes Brot« zusammenzubringen, gewiß nicht nachsagen können – mangelnde Konsequenz hingegen allemal. Goethes Umschrift des Abendmahls ist immer radikal und niemals konsequent. Ist eines der Scharniere dieser Umschrift doch eben die Kritik der Folgen, die konsequentes Christentum mit sich und über die bringen muß, die es beglaubigen. Das Symposion, als dessen Gastgeber Goethe sich versteht, hat deshalb eine eigentümliche Voraussetzung. Sie wird gleich im ersten der (publizistisch unterdrückten) Epigramme namhaft gemacht:

Sauber hast du dein Volk erlöst durch Wunder und Leiden,
  Nazarener! Wohin soll es, dein Häufchen, wohin?
Leben sollen sie doch und Kinder zeugen doch christlich;
  Leider dem frühen Reiz dienet die schädliche Hand.
Will der Jüngling dem Übel entgehn, sich selbst nicht verderben,
  Bringet Lais ihm nur brennende Qualen der Lust.
Komm noch einmal herab, du Gott der Schöpfung, und leide,
  Komm, erlöse dein Volk von dem gedoppelten Weh!
Tu ein Wunder und rein'ge die Quellen der Freud und des Lebens:
  Paulus will ich dir sein, Stephanus, wie du's gebeutst.
(BA 1, p. 131)

Das aber heißt: zur Übernahme der vergleichsweise bescheidenen Rolle eines Apostels und Märtyrers Christi wäre Goethe nur dann bereit, wenn Christus »sein Volk von dem gedoppelten Weh« erlöst und also wunderbar »die Quellen der Freud und des Lebens« gereinigt hätte – wenn also der wiedergekehrte Christus von eben der Erlösung erlöst hätte, auf die der exegetisch auferstandene Gottessohn die leidenden Menschen fixierte. Wer nämlich Erlösung verspricht, muß abwerten, wovon erlöst zu werden dann erst

Diese Wendung hat Goethe auch in die Sammlung der: Maximen und Reflexionen übernommen; cf. HA 12, p. 372: »Wir sind naturforschend Pantheisten, dichtend Polytheisten, sittlich Monotheisten.« – Zum Verhältnis von Goethe und Jacobi cf. H. Anton: Goethe und Jacobi

recht lohnt: von den »Quellen der Freud und des Lebens«. Ihre glückliche, ihre intensive Erfahrung muß versäumen, wer sich vom Versprechen auf Erlösung bannen läßt. Mit diesem Argument hat Goethe nicht nur hier seine Zeitgenossen und Leser verschreckt. In aller enigmatischen Überkomplexität ist es in den *Wahlverwandtschaften* entfaltet, die allem Auferstehungsglauben mit dem ebenso milden wie entschiedenen Spott begegnen[9], den nur ein geringes von der Arbeit der Trauer trennt. Im Zeichen der verfehlten Trauer aber stehen die wahlverwandten Gestalten, weil sie über ihrer Hoffnung auf Erlösung die Freude des Daseins versäumen. Nicht esoterisch, sondern in aller kristallinen Klarheit ist diese Kritik an den Effekten des Erlösungsglaubens z.B. im Brief an Wilhelm von Humboldt vom 22. August 1806 ausgesprochen. Dort heißt es: »So kommen mir die Herren (Vereinigungsphilosophen wie Henrik Steffens, J. H.) vor wie die Christen, die, um uns ein Leben nach dem Tode zu versichern, das Leben vor dem Tode zum Tode machen«. (Briefe 4, p. 483)

»Die Quellen der Freud und des Lebens« von dem »gedoppelten Weh« zu reinigen, das aus der Abwertung eines Lebens entspringt, welches ohne Leiden so wenig zu haben wie ohne (irdische) Liebe zu genießen ist – das ist auch der deutliche Impuls, der Goethes frühe »erfüllende« Umschrift des Abendmahls bestimmt. Ein wertvolles Dokument für diesen bestimmenden Wunsch ist der 1772 entstandene und ein Jahr später veröffentlichte *Brief des Pastors zu *** an den neuen Pastor zu ****. Schon der Eingangssatz

9 Die Auferstehungs-Vorstellung wird in den *Wahlverwandtschaften* gleich zweifach direkt ironisiert. Im elften Kapitel des ersten Teils wird geschildert, wie Eduard sich zusammen mit dem Grafen erotischer Jugendabenteuer erinnert: »›Der Weg (zu meiner Frau) war mit Matratzen verlegt, auf denen die Riesen (die Garden) in mehreren Reihen ausgestreckt lagen und schliefen. Der einzige Wachende auf dem Posten sah uns verwundert an; wir aber, im jugendlichen Mut und Mutwillen, stiegen ganz gelassen über die ausgestreckten Stiefel weg, ohne daß auch nur einer von diesen schnarchenden Enakskindern erwacht wäre.‹ / ›Ich hätte große Lust zu stolpern‹, sagte der Graf, ›damit es Leben gegeben hätte; denn welch eine seltsame Auferstehung würden wir gesehen haben!‹« – Sarkastisch kommentiert wird der Auferstehungsglauben von Eduard auch im fünfzehnten Kapitel des ersten Teils. Nach dem Bruch des neuen Damms, der glücklicherweise keine Toten mit sich bringt, sagt Eduard zu Charlotte: »›Wir wollen diesen Tag nicht im Lazarett endigen! Zur barmherzigen Schwester ist (Ottilie) zu gut. Auch ohne uns werden die Scheintoten erwachen und die Lebendigen sich abtrocknen.‹« – Von diesen Passagen fällt gewiß auch ein Licht auf die »ernsten« Bemühungen des Auferstehungsmotivs in II/2 und in den rätselhaften Schlußwendungen des Romans.

dieses Briefes, den Goethe »aus dem Französischen« übersetzt zu haben fingiert, ist erstaunlich:

> Lieber Herr Amtsbruder, / Da die Veränderung in meiner Nachbarschaft vorging, daß der alte Pfarrer starb, an dessen Stelle Ihr kommt, freute ich mich von ganzem Herzen. Denn ob ich gleich kein unleidlicher Mann bin und meinem Nächsten nichts mehr gönne als sein bißchen Leben, das bei manchen, wie beim Vieh, das einzige ist, was sie haben, so muß ich doch aufrichtig gestehen, daß Eures Vorfahren Totengeläut mir ebenso eine freudige Wallung ins Blut brachte als das Geläute Sonntags früh, wenn es mich zur Kirche ruft, da mein Herz vor Liebe und Neigung gegen meine Zuhörer überfließt. Er konnte niemanden leiden, Euer Vorfahr, und Gott wird mir vergeben, daß ich ihn auch nicht leiden konnte. (HA 12, p. 228)

Der Grund für diese gegenseitige Abneigung bleibt nicht lange im unklaren. Denn der Glauben, zu dem der seltsame Pastor sich seinem »Herrn Konfrater« gegenüber bekennt, ist schon bemerkenswert. Nämlich bemerkenswert libertär. Der alte Geistliche erklärt in aller historischen Abgeklärtheit den »Anfang der Reformation (für eine bloße) Mönchszänkerei« und »die Augsburgische Konfession« für eine »Formel, ... die damals nötig war und noch nötig ist, etwas festzusetzen, das mich aber nur äußerlich verbindet und mir übrigens meine Bibel läßt.« Vor diesem Hintergrund erstaunt dann auch die Feststellung kaum mehr: »Beides läuft auf eins hinaus, ob ein Sakrament ein Zeichen oder mehr ist, und wie könnte ich böse sein, daß ein andrer nicht empfinden kann wie ich.« Solche großartige Laxheit aber ist nichts anderes als das Revers der Entschiedenheit, mit der in diesem so heiteren wie verzehrenden Text die Botschaft Christi als Theorie und Praxis der Freiheit verstanden wird. Einer Freiheit, die keiner bindenden und verbindlichen Religion – und »Rück-Bindung« ist doch der Buchstabensinn von »Religion« – mehr Platz läßt.

> Ich halte den Glauben an die göttliche Liebe, die vor so viel hundert Jahren unter dem Namen Jesus Christus auf einem kleinen Stückchen Welt eine kleine Zeit als Mensch herumzog, für den einzigen Grund meiner Seligkeit, und das sage ich in meiner Gemeinde, so oft Gelegenheit dazu ist; ich subtilisiere die Materie nicht; denn da Gott Mensch geworden ist, damit wir arme, sinnliche Kreaturen ihn möchten fassen und begreifen können, so muß man sich vor nichts mehr hüten, als ihn wieder zu Gott zu machen. (ibid., p. 231)

Eine frappante, weil radikale Überlegung, die allerdings keinerlei Ansprüche auf Konsequenz stellt: »einem Meinungen aufzwingen, ist schon grausam, aber von einem verlangen, er müsse empfinden, was er nicht empfinden kann, das ist tyrannischer Unsinn.« Tyrannischer Unsinn aber war auch und zumal, was der verstorbene Amtsvorgänger seiner Gemeinde fest zu behaupten zumutete: die Oster- und Auferstehungstheologie, die den Gott, der zum Menschen wurde, wieder zu Gott machte und dadurch eben die Hierarchie zwischen Menschlichem und Göttlichem wieder einsetzte, die das Karfreitagsereignis befreiend zurückgenommen hatte. Dieser – nicht nur für einen Geistlichen – gewagten Lesart entspricht das radikale Verständnis des Abendmahls, das der heiter abgeklärte und keinerlei Verbindlichkeiten errichtende alte Kollege dem jüngeren vorträgt:

Daß bei der Einsetzung des Abendmahls die Jünger das Brot und Wein genossen wie die reformierte Kirche, ist unleugbar, denn ihr Meister, den sie viel kannten, der saß bei ihnen, sie versprachen's gleichsam zu seinem Gedächtnis zu wiederholen, weil sie ihn liebten, und mehr prätendierte er auch nicht. Wahrhaftig, Johannes, der an seinem Busen lag, brauchte nicht erst das Brot, um sich von der Existenz seines Herrn lebendig zu überzeugen, genug, es mag den Jüngern dabei der Kopf gedreht haben, wie selbigen ganzen Abend, denn sie verstunden nicht ein Silbe von dem, was der Herr sagte. / Kaum war der Herr von der Erde weg, als zärtliche, liebesgesinnte Leute sich nach einer innigen Vereinigung mit ihm sehnten, und weil wir immer nur halb befriedigt sind, wenn unsere Seele genossen hat, so verlangten sie auch was für den Körper, und hatten nicht unrecht, denn der Körper bleibt immer ein merkwürdiger Teil des Menschen, und dazu gaben ihnen die Sakramente die erwünschteste Gelegenheit. (ibid., p. 235)

Psychologisch verständlich mag demnach die realpräsentische Weise des Abendmahlverständnisses sein – sie schmeichelt dem »merkwürdigen Teil des Menschen«, der Körper heißt. Dogmatisch verhängnisvoll aber ist sie gewiß: »Die christliche Religion in ein Glaubensbekenntnis bringen, o ihr guten Leute!« Wer dies tut, verfällt der Dialektik aller fromm ergebenen Exegese.[10] Diese nämlich substituiert ihren exegetischen Text dem, den sie auszulegen vorgibt und macht diesen dadurch doch nur unlesbar.

Laßt uns also darauf arbeiten, lieber Bruder, nicht daß unsere, sondern daß Christi Lehre lauter gepredigt werde. Laßt uns unbekümmert über andere Reiche sein, nur laßt uns für unser Reich sorgen, und besonders hütet Euch vor den falschen Propheten. Diese nichtswürdigen Schmeichler nennen sich Christen, und unter ihrem Schafspelz sind sie reißende Wölfe; sie pre-

10 Cf. dazu ausführlich J. Hörisch: Die Wut des Verstehens

digen eine glänzende Sittenlehre und einen tugendhaften Wandel und schmälern das Verdienst Christi, wo sie können. Wahrhaftig, alle Religionsspötter sind wenigstens ehrliche Leute, die über das lachen, was sie nicht fühlen, und einen öffentlichen Feind hat man wenig zu fürchten; aber diese heimlichen sucht aus Eurer Gemeinde zu scheiden, nicht, daß Ihr sie in Eurem Sprengel nicht leiden wollt, sondern nur, daß Ihr sie als ehrliche Leute verlangt, die bekennen, was sie sind. (ibid., p. 237)

Goethes Text arbeitet mit einem so suggestiven wie radikalen Inversionsmodell: die orthodoxen Gläubigen sind es, die »Grillen für Wahrheit und Hypothesen für Grundlehren verkaufen« und deshalb die Botschaft Christi eben nicht weitergeben, sondern parasitär verderben. Machen sie doch aus einer Botschaft der Befreiung – der Befreiung von allen Formen der Zweiweltenlehre und in eins damit der Befreiung von allen despotischen Formen des verbindlichen Auslegezwanges – eine imperiale Herrschaftstheologie. »Für unser Reich« wäre gesorgt, wenn der Gottessohn, der am Karfreitag alle Formen opferheischender Herrschaftstheologie opferte, nicht sogleich wieder zum Gott gemacht würde und also »von der Erde weg« wäre; wenn das Abendmahl nicht als eschatologisches, sondern als heiteres Mahl der Daseinsfreude genossen würde, die möglich wurde, seitdem die Menschen von der Unheil stiftenden Fixierung auf Erlösung erlöst wurden; und wenn man (sakramentale) Zeichen von der Verpflichtung entbinden würde, mehr sein zu müssen als Zeichen.

Ebenso hat das Abendmahl ein seltsamer, nämlich »humoristischer Heiliger« gefeiert, dessen Spuren Goethe in Italien begegnet: Philipp Neri. Dieser eigentümlichen Renaissance-Gestalt (1515 in Florenz geboren, 1595 in Rom gestorben und 1622 heiliggesprochen) widmet Goethe einen ab 1810 entstandenen Aufsatz, der erst 1829 Eingang in die *Italienische Reise – Zweiter Römischer Aufenthalt* gefunden hat. Er huldigt hintersinnig einem Geistlichen, der stets bemüht war, »Gotteswort ... dem gemeinen Alltagsleben anzunähern« (HA 11, p. 464) und diese Annäherung zweier Sphären noch und eben dann ekstatisch und überwertig betreibt, wenn er das Meßopfer feiert:

Die Verpflichtung zum Meßopfer versetzt ihn in einen Enthusiasmus, in eine Ekstase, wo man den bisher so natürlichen Mann gänzlich verliert. Er weiß kaum, wohin er schreitet, er taumelt auf dem Wege und vor dem Altare. Hebt er die Hostie in die Höhe, so kann er die Arme nicht wieder herunterbringen; es scheint, als zöge ihn eine unsichtbare Kraft empor. Beim

Eingießen des Weins zittert und schaudert er. Und wenn er nach vollendeter Wandlung dieser geheimnisvollen Gaben genießen soll, erzeigt er sich auf eine wunderliche, aber nicht auszusprechende schwelgerische Weise. Vor Leidenschaft beißt er in den Kelch, indes er ahnungsvoll das Blut zu schlürfen glaubt des kurz vorher gleichsam gierig verschlungenen Leibes. Ist aber dieser Taumel vorüber, so finden wir zwar immer einen leidenschaftlich wundersamen, aber immer höchst verständig praktischen Mann. (ibid., p. 465)

Soviel Enthusiasmus war selbst den libertären Renaissance-Zeitgenossen nicht geheuer. Der Verzehr von Leib und Blut des Herrn nämlich scheint »Schwelgen« und »Gier« auszuschließen. Die Eucharistie aber, die Philipp Neri feiert, ist ihm ein ekstatisches Fest des erlösten und nicht des erlösungsbedürftigen Daseins, das er gierig und schwelgerisch genießt. Solcher Genuß ist denen versagt, die durch »Hypothesen« und »Grillen« zwanghaft Sein und Bedeutung vereinen wollen und eben dadurch auseinanderdriften lassen. Mit sensiblem psychologischen Gespür hat Goethe diese imperiale Geste als eine der hilflosen Beschwörung charakterisiert:

> Du bist! Du bist! sagt Lavater. Du bist!!
> Du bist!!! du bist!!!! du bist Herr Jesus Christ!!!!!
> Er wiederholte nicht so heftig Wort und Lehre,
> Wenn es ganz just mit dieser Sache wäre. (BA 1, p. 406)[11]

Starke affektive, ja obsessive Momente in Goethes Lektüre und Kritik des Abendmahls sind unverkennbar. Aus Goethes Äußerungen spricht auch das Ressentiment desjenigen, der vom Versprechen des Abendmahls ebenso angezogen wie enttäuscht wurde. Der Kritik Goethes verfällt dabei in aller Deutlichkeit jeder Versuch, den ontologischen »Mehrwert« sakramentaler Zeichen dogmatisch und also zwanghaft verbindlich zu machen. Fasziniert aber ist Goethe von eben dem Moment, das er seiner Zwanghaftigkeit entledigen möchte – auch seine Poesie des Abendmahls bemüht sich darum, Sein und Sinn, Zeichen und Bezeichnetes zusammenzubringen. Das begründet sowohl die Affinität als auch die Differenz zwischen Goethes Texten und dem Abendmahl – eine Spannung, die auch die Signaturen einer Konkurrenzpsychologie trägt.

Wie eng Goethes Dichtungsverständnis am Bilde des Abend-

11 Goethe schrieb diese Verse 1786 auf das Titelblatt des Lavaterschen Liedes, das 58 seiner 324 Zeilen mit der Formel »Du bist« beginnen läßt. Cf. oben p. 80.

mahls orientiert ist, bezeugen in dieser Hinsicht keine geringeren Texte als seine immer wieder zitierten *Maximen und Reflexionen* über Symbol und Allegorie. Sie wenden in analogischer Klarheit die Grundannahmen der Abendmahlsdiskussion ins Poetologische. In der »wahren Symbolik« nämlich sind, wie im klassisch realpräsentischen Verständnis des Abendmahls, Repräsentation und Präsentes so in eins gebildet, daß das (poetische) Zeichen mehr ist als ein bloßes Zeichen:

> Das ist die wahre Symbolik, wo das Besondere das Allgemeinere repräsentiert, nicht als Traum und Schatten, sondern als lebendig augenblickliche Offenbarung des Unerforschlichen. (HA 12, p. 471 / Nr. 752)

Eine Definition, die schon in der Diktion zu erkennen gibt, daß sie an theologischen Begriffswelten entlang errichtet ist: »lebendig-augenblickliche Offenbarung des Unerforschlichen« vollzieht sich in der Eucharistie wie in der poetisch »wahren Symbolik«. Die Allegorie ist hingegen einer gleichsam calvinistischen Theo- bzw. Poetologie verpflichtet. Denn sie

> verwandelt die Erscheinung in einen Begriff, den Begriff in ein Bild, doch so, daß der Begriff im Bilde immer noch begrenzt und vollständig zu halten und zu haben und an demselben auszusprechen sei. (ibid. Nr. 750)

So vermag in der allegorischen Darstellung der Begriff nie und nimmer vergessen zu machen, daß er bloßes Zeichen ist und bleibt. Deshalb muß ihm die symbolische Transsubstantiation in »lebendig-augenblickliche Offenbarung« des Seins buchstäblich ver-sagt sein. Eigentümlich ist freilich, daß Goethe bei aller deutlichen und wirkungsmächtigen[12] Bevorzugung des Symbols doch gerade in seinen abgründigsten Werken allegorischen Schreibtechniken verpflichtet war.[13] Das gilt auch für jenes späte kunstreiche Gedicht, das unter dem Titel *Das Tagebuch*[14] steht. Mit den sogenannten Nachschriften zu den *Venetianischen Epigrammen* teilt es nicht nur das Schicksal, erst lange nach Goethes Tod und ebenso versteckt wie diese veröffentlicht worden zu sein. Mit ihnen teilt es auch Motiv und Thema. Entwendet es doch – wie diese – christliche Bilder ihrem dogmatischen Kontext; feiert es doch – wie die-

12 Cf. dazu die Untersuchungen von B. A. Sorensen: 1963 und 1972

13 Paradigmatisch hat das Heinz Schlaffer für *Faust II* herausgearbeitet; cf. H. Schlaffer: Faust

14 Cf. zu diesem Gedicht auch den ausführlichen Kommentar von H. R. Vaget: Ein Mann von sechzig Jahren

se – entschieden die irdische und nicht etwa die himmlische Liebe; und bietet es doch – wie diese – sich selbst in seiner Schriftlichkeit zum gleichsam eucharistischen Verzehr an: »Seht, ich erfülle die Schrift, lest und erbaut euch an mir.«

»Genießet auch ihr dies Büchlein« – das Diktum aus den *Venetianischen Epigrammen* könnte auch dem kunstvollen Stanzen-Gedicht voranstehen, das Goethe kurz nach Vollendung der *Wahlverwandtschaften* schrieb. Schon die erste Strophe dieses in jeder Weise hintersinnigen Gedichts evoziert nicht ohne nachzutragenden Grund religiöse Vorstellungswelten:

Wir hören's oft und glauben's wohl am Ende:
Das Menschenherz sei ewig unergründlich,
Und wie man auch sich hin und wider wende,
So sei der Christe wie der Heide sündlich.
Das Beste bleibt, wir geben uns die Hände
Und nehmen's mit der Lehre nicht empfindlich;
Denn zeigt sich auch ein Dämon, uns versuchend,
So waltet was, gerettet ist die Tugend. (BA 1, p. 96)

Die Geschichte, der eine so libertäre Moral nicht nach-, sondern voransteht, ist schnell erzählt. Ein nicht mehr ganz junger Geschäftsreisender pflegt in den Zeiten der Trennung von seiner geliebten Frau ein ihr gewidmetes Tagebuch zu schreiben. Doch diese Geläufigkeit, die gelebtes Leben in Schrift und Schrift in gemeinsames Lesen und Leben rückverwandelt, erstarrt, als der Reisende einmal an rechtzeitiger Heimkehr gehindert wird.

Ich eilte nun zurück. Zerbrochen sollte
Mein Wagen mich noch eine Nacht verspäten;
Schon dacht ich mich, wie ich zu Hause rollte,
Allein da war Geduld und Werk vonnöten.

Die Verärgerung über diese unerwünschte Verzögerung schwindet schnell. Denn der Reisende kehrt in einem Gasthaus ein und ist gleich von den Reizen des dort so liebenswürdig bedienenden Mädchens derart gefangen, daß sich beim Versuch, des »Tagebuchs Genauigkeiten« festzuhalten, eine veritable Schreibstörung einstellt. Die Irritation darüber aber verweht alsbald. Denn das Mädchen, »des seltensten Gebildes«, bereitet dem Reisenden wenn nicht des Abendmahles, so doch »des Abendessens Bürde«.

Nun setzt ich mich zu meiner Tasch und Briefen
Und meines Tagebuchs Genauigkeiten,

Um so wie sonst, wenn alle Menschen schliefen,
Mir und der Trauten Freude zu bereiten;
Doch weiß ich nicht, die Tintenworte liefen
Nicht so wie sonst in alle Kleinigkeiten:
Das Mädchen kam, des Abendessens Bürde
Verteilte sie gewandt mit Gruß und Würde.

Ein »himmlisches Versprechen« liegt in dieser Szene. Und in der Tat verspricht das Mädchen nicht nur Himmlisches, es erfüllt auch dieses Versprechen. Denn es gesellt sich und des »süßen Körpers Fülleform« um Mitternacht dem Reisenden. Der aber muß die eigentümliche Erfahrung machen, daß seiner Schreibhemmung nun, im Augenblick möglicher Liebes-Erfüllung, eine erotische Hemmung entspricht: »Denn der so hitzig sonst den Meister spielet, / Weicht schülerhaft zurück und abgekühlet.«

Das ebenso zärtliche wie unerfahrene Mädchen ist darüber kaum enttäuscht, es liegt – wiederum bemüht Goethe den theologischen Begriff – »himmlisch an bequemer Stelle« und findet schnell den Schlaf, den unruhige Überlegungen und Erinnerungen dem Mann versagen. Dieser nämlich entsinnt sich seiner »Trauten«, der langen Brautzeit und der glücklichen Liebeslust, die diese Verbindung segnete. Ihren liebenswürdigen und doch auch hochskandalösen Ausdruck aber fand diese erfüllte irdische Liebe nirgend anders als am sakralen Platz der Feier himmlischer Liebe – vor dem Altar:

So immerfort wuchs Neigung und Begierde,
Brautleute wurden wir im frühen Jahre,
Sie selbst des Maien schönste Blum und Zierde;
Wie wuchs die Kraft zur Lust im jungen Paare!
Und als ich endlich sie zur Kirche führte:
Gesteh ich's nur, vor Priester und Altare,
Vor deinem Jammerkreuz, blutrünstger Christe,
Verzeih mir's Gott, es regte sich der Iste.

Nun, die Geschichte ist schnell zu Ende erzählt. Sich seiner ehelichen Liebesfreuden erinnernd, erwacht die Manneskraft des Untreuen erneut. Doch »der Wandrer« hat Hemmungen, jene der Erinnerung an die geliebte »Traute« geschuldete Kraft an die Geliebte dieser einen Nacht zu verausgaben. Und so entzieht er sich dem Liebesabenteuer, um die zurückgewonnene Potenz nun wiederum in die Schrift des Tagebuches zu wandeln, die die eine privilegierte Leserin anspricht und sich nach so vielen Versagungen dabei freilich auch eine letzte Zweideutigkeit nicht versagen kann:

Er schaudert weg, vorsichtig, leise, leise
Entzieht er sich dem holden Zauberkreise,

Sitzt, schreibt: Ich nahte mich der heimschen Pforte;
Entfernen wollten mich die letzten Stunden,
Da hab ich nun am sonderbarsten Orte
Mein treues Herz aufs neue Dir verbunden.
Zum Schlusse findest du geheime Worte:
Die Krankheit erst bewähret den Gesunden
Dies Büchlein soll dir manches Gute zeigen,
Das Beste nur muß ich zuletzt verschweigen.

Was immer »das Beste« sein mag, das sich nicht sagen und schreiben läßt – Goethes Gedicht war zur Zeit seiner Entstehung nicht öffentlichkeitsfähig, weil es im Schnittpunkt gleich zweier Tabus geschrieben steht: eines theologischen und eines erotischen. Schroffer als in der Zeile vom »Jammerkreuz« des »blutrünstgen Christus« könnte gerade in einem Gedicht, das so nachsichtig von christlichen und heidnischen Tugenden und Sünden handelt, vom theologischen Zentrum christlichen Glaubens nicht gedichtet werden. Und heikler könnten die erotologischen Probleme kaum sein als die, die im *Tagebuch* ausgebreitet werden. Problematischer als der antichristliche Affekt und das erotische factum brutum der Impotenz ist ihre thematische Verschränkung. Denn sie läßt in Erscheinung treten, daß Goethe gerade im Maße seiner Verwerfung des Christentums an dessen regulativer Idee festhält: Konversionen, Transsubstantiationen und Wandlungen von Wort in Fleisch und von Sein in Sinn zu leisten.

Ungeheuerlich darf diese Thematik genannt werden, weil sie mit dem Überbietungsmodell arbeitet. Was Christus nur versprach, vermochte er nicht einzulösen. Statt Sein und Sinn eucharistisch in eins zu bilden, hat er gerade durch seine Auferstehung einen Kultus gestiftet, der erneut Himmel und Erde teilt. Einen Kultus, der – schlimmer noch – im Namen der ausstehenden Erlösung, in der Sinn und Sein ihr vollendetes Rendezvous haben werden, dieses Leben hier abwerten und den Tod begehrenswert machen muß. Aus dem christlichen Versprechen erlösten Lebens ist so seine systematische Verstellung geworden. Das Abendmahl, das Goethe als »verständiger Koch« bereitet und zum Verzehr anbietet, verspricht hingegen ein lohnendes und gutes Leben schon vor dem Tode. Nur vor dem Tod? Wer auf den Tod spekuliert oder gar enthusiastisch wettet, wird ihm Rechte schon in diesem Leben einräumen müssen. Eben dies aber verweigert Goethes Poesie des Abendmahls.

Und sie kann es verweigern, weil sie umgekehrt nicht mit Identitäten (wie der von Sinn und Sein, Wort und Fleisch), sondern mit Differenzen den Anfang macht. An der Komposition des Tagebuch-Gedichtes wird das sinnfällig. Schreiben und Tun, Lesen und Leben, Absenz und Präsenz kommen darin nie zur Deckung. Das bedeutsame Spiel von Sein und Sinn beruht vielmehr gerade auf der Versagung solcher Identitäten. Denn diese Versagung begründet allererst die Möglichkeit des Aussagens und des Sagens überhaupt. Bedeutsamkeit nämlich verdankt sich den differentiellen Verschiebungen zwischen Sein und Sinn. Das Tagebuch und das, was sich dort einschreibt oder eben versagt, kann nie (wie sollte es auch?) mit dem zusammenfallen, was dort festgehalten oder eben ermöglicht wird, weil es gerade nicht festgeschrieben wird. Mit der Lehre, die mehr versprechen zu können glaubt, nimmt Goethe es deshalb nicht sehr verbindlich. Er hat vielmehr versucht, Dasein vom Zwang göttlich oktroyierter Bedeutsamkeit zu entbinden. So erst kann das Leben lohnend sein und gut.

10. Frauenopfer und schwarze Messen: Kant mit Sade

Zur Goethezeit hat das Abendmahl eine eigentümliche Konjunktur. Eigentümlich darf diese Konjunktur heißen, weil sie einem Ritus Aufmerksamkeit verschafft, der ersichtlich an Überzeugungskraft und funktionalem Wert verloren hat. Dennoch haben um 1800 Philosophen wie Kant, Fichte und Hegel, Dichter wie Hölderlin, Novalis und eben auch Goethe, Skandalfiguren wie der Marquis de Sade an den Problemen um Brot und Wein ein auffallendes Interesse. Es ist, um zurückhaltend zu formulieren, ein Interesse voller Ambivalenzen. Mit der Französischen Revolution steht eben nicht nur die über lange Jahrhunderte hinweg sakrosankte Monarchie, sondern auch die ihr verwandte Form der Ontosemiologie und der poetischen Verdichtung von Sein und Sinn zur Disposition. Friedrich Schlegels berühmtestes Fragment ist deshalb nicht nur ein geistreiches Bonmot, sondern eine präzise Diagnostik der revolutionären Epoche nach 1789 und ihrer aufregenden Verwerfungen: »Die Französische Revolution, Fichtes Wissenschaftslehre, und Goethes Meister sind die größten Tendenzen des Zeitalters. Wer an dieser Zusammenstellung Anstoß nimmt, wem keine Revolution wichtig scheinen kann, die nicht laut und materiell ist, der hat sich noch nicht auf den hohen weiten Standpunkt der Geschichte der Menschheit erhoben. Selbst in unsern dürftigen Kulturgeschichten, die meistens einer mit fortlaufendem Kommentar begleiteten Variantensammlung, wozu der klassische Text verloren ging, gleichen, spielt manches kleine Buch, von dem die lärmende Menge zu seiner Zeit nicht viel Notiz nahm, eine größere Rolle, als alles, was diese trieb.«[1]

Ein sehr deutsches Fragment – der Erstplazierung der Französischen Revolution zum Trotz. Erklärt es doch Bücher zum Äquivalent eines der größten historischen Ereignisse überhaupt. Bücher und genauer: eine philosophische Schrift von 1794 und ein gleichzeitig erschienener Roman nötigen zu einer Revolution der Denkungsart, die »vom hohen weiten Standpunkt der Geschichte der Menschheit« her gesehen kaum minder bedeutend ist als die »laute

1 F. Schlegel: Athenäumfragment Nr. 216

und materielle« Revolution. Schlegels Fragment reizt hoch: wenn schon ungenügende Kulturgeschichten anerkennen müssen, daß »manches kleine Buch« eine größere Rolle spielt als »alles, was die lärmende Menge treibt«, so ist dem überlegenen Standpunkt frühromantischer Analysekunst eines deutlich: diese Bücher manifestieren nicht bloß welthistorische Tendenzen, sondern sie *»sind«* diese Tendenzen. Nötigen sie doch dazu, Welt und Dasein schlechthin anders als bislang zu erfahren.

Gemeinsam ist der politischen, der philosophischen und der poetischen Tendenz, einen »klassischen Text« abzulösen. Eines der folgenden Athenäum-Fragmente deutet zumindest an, welcher »klassische Text« seit 1789 bzw. 1794 zur Disposition steht. »Die Mysterien des Christianismus mußten durch den unaufhörlichen Streit, in den sie Vernunft und Glauben verwickelten, entweder zur skeptischen Resignation auf alles nicht empirische Wissen, oder auf kritischen Idealismus führen.«[2] Denn die christliche Religion will riskant das Heterogene, Differente, Widerstreitende: steht doch in ihrem Mittelpunkt ein Mensch, dessen Leben historisch hinreichend bezeugt ist, der aber zugleich den kaum zu belegenden Anspruch erhebt, Gottes offenbarer Sohn zu sein. Die theologische Formel für diese ebenso prekäre wie reizvolle Doppelexistenz lautet: Jesus ist Christus, ein Mensch ist zugleich als Sohn Gottes Erlöser der Menschheit. Nun muß man nicht Lyotards Überlegungen zu ›le différend‹[3] gelesen haben, um zu bemerken, wie problematisch und verführerisch Texte sind, die mit belegbaren Sätzen wie »Es begab sich aber zu der Zeit« beginnen und mit Ausrufen wie »Denn er ist wahrhaft auferstanden« enden. Zwischen diesen unterschiedlichen Satztypen vermitteln keine überprüfbaren Übergangsregeln. Und so müssen die »Mysterien des Christentums«, die eben dieser Übergang zu sein vorgeben, am Widerstreit von Vernunft und Glauben (oder wie Hegel fast gleichzeitig formulierte: von Glauben und Wissen) zerbersten und untergehen.

Was um 1800 nach diesem Untergang bleibt, bringt Schlegel auf die paradigmatische Formel »skeptische Resignation auf alles nicht empirische Wissen« vs. »Kritischer Idealismus«. Die *Wissenschaftslehre* und *Wilhelm Meisters Lehrjahre* sind Dokumente und

2 Ibid., Nr. 230
3 Cf. J.-F. Lyotard: Der Widerstreit

auch Katalysatoren eines kritischen Idealismus, der seinem Vordenker alsbald den Atheismusvorwurf einbrachte, bzw. einer Resignation, eines Verzichts auf alles nicht empirische Wissen. Beide Optionen setzen dem einen »klassischen Text«, der in den »Mysterien des Christianismus« sein ontosemiologisches Zentrum hatte, ein Ende. Und dieses Ende findet 1789 eine strikte politische Entsprechung im Sturz des Gotteskönigtums. Dennoch läßt die Chronologie der Ereignisse und (Buch-)Erscheinungen Schlegel nur die Möglichkeit, Fichtes und Goethes epochale Texte als postrevolutionäre Bücher zu charakterisieren, die allerdings ihr Zu-spät-Kommen durch gründlichere Wirkung zu kompensieren versuchen.

Bei aller Hochschätzung des Buches durch den frühromantischen Rezensenten, Aphoristiker, Zeitschriftenherausgeber und Buchmenschen Friedrich Schlegel bleibt in seinem Fragment die logische und chronologische Priorität doch der Französischen Revolution. Kein anderer als der romantische Romantikkritiker Heinrich Heine aber hat Schlegels Aphorismus noch radikalisiert. Vielfache Bezüge zur und vielfache Überbietungen der frühromantischen Geschichtsdiagnostik kennzeichnen seine 1834 beendete Schrift über *Religion und Philosophie in Deutschland*: am Ende der Goethezeit und nach der wiederholten Revolutionserfahrung von 1830 stilisiert Heine in deutlicher Lust an der Provokation nicht Fichte, sondern den Kant der ersten (acht Jahre vor 1789 erschienenen) Kritik eben nicht nur als analoge »Tendenz« zur Französischen Revolution, sondern paradox als deren vorweggenommene Überbietung. Was man natürlich erst Jahre später zu begreifen beginnt: »Dieses Buch, wie schon erwähnt, erschien 1781, und wurde erst 1789 allgemein bekannt.«[4]

Diese verspätete Rezeption aber macht Sinn: denn das Jahr 1789 realisiert[5], was 1781 destruktiv gedacht wurde. Die Französische Revolution ist gerade in ihren destruktivsten Momenten die angemessene Weise, Kant zu lesen. Als große »Zerstörer« charakterisiert Heine nämlich Kant und sein politisches Pendant: Robespierre. Die Übereinstimmung beider ist auch eine des Sozialcharakters. »Wenn aber Immanuel Kant, dieser große Zerstörer im Rei-

4 H. Heine: Religion und Philosophie in Deutschland; in: Sämtliche Schriften 5, p. 596
5 Cf. D. Sölle: Realisation

che der Gedanken, an Terrorismus den Maximilian Robespierre weit übertraf, so hat er doch mit diesem manche Ähnlichkeiten, die zu einer Vergleichung beider Männer auffordern. Zunächst finden wir in beiden dieselbe unerbittliche, schneidende, poesielose, nüchterne Ehrlichkeit. Dann finden wir in beiden dasselbe Talent des Mißtrauens, nur daß es der eine gegen Gedanken ausübt und Kritik nennt, während der andere es gegen Menschen anwendet und republikanische Tugend betitelt. In höchstem Grade jedoch zeigt sich in beiden der Typus des Spießbürgertums – die Natur hatte sie bestimmt, Kaffee und Zucker zu wiegen, aber das Schicksal wollte, daß sie andere Dinge abwögen, und legte dem Einen einen König und dem Anderen einen Gott auf die Wagschale ... / Und sie gaben das richtige Gewicht!«[6]

Gewogen und zu leicht befunden: die beiden unbestechlichen Spießbürger befinden keine geringeren Größen als König und Gott für zu leicht. Und sie leiten mit diesem Befund eine »geistige Revolution in Deutschland« und eine »materielle Revolution in Frankreich« ein. »Zwischen beiden herrscht der merkwürdigste Parallelismus. Auf beiden Seiten des Rheins sehen wir denselben Bruch mit der Vergangenheit, der Tradition wird alle Ehrfurcht aufgekündigt; wie hier in Frankreich jedes Recht, so muß dort in Deutschland jeder Gedanke sich justifizieren, und wie hier das Königtum, der Schlußstein der alten sozialen Ordnung, so stürzt dort der Deismus, der Schlußstein des geistigen alten Regimes. (...) Hört Ihr das Glöcklein klingeln? Kniet nieder – Man bringt die Sakramente einem sterbenden Gotte.«[7]

Mit Kant und mit der Französischen Revolution erreicht das Zeitalter der universalen »Übertribunalisierung«, in dem alles sich justifizieren muß, einen frühen Zenith. Wenn Gott tot ist, so die kaum zu vermeidende Überlegung, müssen Menschen für das Heil und Unheil der Welt verantwortlich sein (so lautet später die poetische Grundformel von Dostojewski). Und deshalb gilt, »daß fortan der Mensch als wegen der Übel der Welt absolut Angeklagter – vor einem Dauertribunal, dessen Ankläger und Richter der Mensch selber ist – unter absoluten Rechtfertigungsdruck, unter absoluten Legitimationszwang gerät«.[8] Das unbefragte Recht, einfach da zu sein, wird erst zum legitimationsbedürftigen Anspruch

6 Heine: l. c., p. 595 sq.; cf. dazu P. von Matt: Liebesverrat, p. 216 sqq.
7 Heine: l. c., p. 590 sq.
8 O. Marquard: Abschied vom Prinzipiellen, p. 49

und dann zum latenten Unrecht. Im Zeitalter nach dem Kollaps jeder Theodizee ist nicht mehr alles (und sei es das Erdbeben von Lissabon) gerechtfertigt, vielmehr muß alles »sich justifizieren«. Natürlich auch und zuvor der Grundstein christlicher Mysterien.

Vor dem Gerichtshof der reinen Vernunft aber haben Brot und Wein keine guten Prozeßaussichten. In seiner 1793 erschienenen Schrift über *Die Religion innerhalb der Grenzen der bloßen Vernunft* macht Kant dem Abendmahl einen auffallend scharfen Prozeß. Er, der sonst so umsichtig formuliert, wird geradezu ausfallend, wenn er »bloßen Religionswahn und Afterdienst Gottes« kritisiert[9] (B 261). Diesem Afterdienst verfällt, wer den »ganzen Kram frommer auferlegter Observanzen« (B 276) ernst nimmt und sich dem »Fetischmachen« (B 273, 275) anheimgibt. Kants Über-

9 Kant: Die Religion, Werke Bd. 7; Zitatnachweise fortan eingeklammert im laufenden Text

legungen dazu sind von dem (nicht nur bei ihm und damals) ungewöhnlichen Willen gekennzeichnet, einen ethnologisch verfremdeten Blick auch auf die eigene Kultur zu werfen. »Ob der Andächtler seinen statutenmäßigen Gang zur Kirche, oder ob er eine Wallfahrt nach den Heiligtümern in Loretto oder Palästina anstellt, ob er seine Gebetsformel mit den Lippen, oder wie der Tibetaner (...) es durch ein Gebet-Rad an die himmlische Behörde bringt, oder was für ein Surrogat des moralischen Dienstes Gottes es auch immer sein mag, das ist alles einerlei und von gleichem Wert« (B 265) – nämlich Unwert. Denn in einem verfehlten »Prinzip zu glauben« haben all diese Weisen einer äußerlichen, buchstäblich verdinglichten, ritualisierten Religiosität ihre Gemeinsamkeit. »Von einem tungusischen Schaman, bis zu dem Kirche und Staat zugleich regierenden europäischen Prälaten, oder (...) zwischen dem ganz sinnlichen Wogulitzen, der die Tatze von einem Bärenfell sich des Morgens auf sein Haupt legt, mit einem kurzen Gebet: ›Schlagt mich nicht tot!‹ bis zum sublimierten Puritaner und Independenten in Connecticut ist zwar ein mächtiger Abstand in der Manier, aber nicht im Prinzip zu glauben.« (B 271)

Daß Kant in diese barsche Kritik auch das christliche Zentralsakrament einschließt, gibt er offen zu erkennen: »Ein Wahn aber heißt schwärmerisch, wo sogar das eingebildete Mittel, als übersinnlich, nicht in dem Vermögen des Menschen ist, ohne noch auf die Unerreichbarkeit des dadurch beabsichtigten übersinnlichen Zwecks zu sehen; denn dieses Gefühl der unmittelbaren Gegenwart des höchsten Wesens und die Unterscheidung desselben von jedem andern, selbst dem moralischen Gefühl, wäre eine Empfänglichkeit einer Anschauung, für die in der menschlichen Natur kein Sinn ist.« (B 268) Und auch die folgende Passage kann und will auf das Abendmahl bezogen werden: »Der Mensch nun, welcher Handlungen, die für sich selbst nichts Gott Wohlgefälliges (Moralisches) enthalten, doch als Mittel braucht, das göttliche unmittelbare Wohlgefallen an ihm und hiemit die Erfüllung seiner Wünsche zu erwerben, steht in dem Wahn des Besitzes einer Kunst, durch ganz natürliche Mittel eine übernatürliche Wirkung zuwege zu bringen, dergleichen Versuche man das Zaubern zu nennen pflegt, welches Wort wir aber (...) gegen das sonst bekannte Wort des Fetischmachens austauschen wollen.« (B 273) Wer einer Theologie anhängt, deren Beglaubigung von Transsubstantiationen eine fatale Nähe zur Faszination durch Zauberkunststücke aufweist, »der verwandelt den Dienst Gottes in ein bloßes Fetischmachen« (B 275). »Das Pfaffentum ist also die Verfassung einer Kirche, sofern in ihr ein Fetischdienst regiert.« (B 276)

Vor dem Gerichtshof der reinen Vernunft ist schlechthin nichts (und sei es das Allerheiligste) mehr selbstverständlich; und der jakobinische Gerichtshof läßt die Revolution virtuell alles destruieren und noch ihre eigenen Kinder fressen. Was nichts anderes besagt, als daß das alte mythische Verhängnis des Saturn-, des Tantaliden- und des Atridengeschlechts sich nunmehr mit aufgeklärten Gründen wiederholt. Das nicht erst durch Büchners Revolutionsdrama berühmt gewordene Wort des 1793 guillotinierten Revolutionärs Pierre Vergniaud stellt chocartig klar, daß humanistische Vernunft und die antihumanistische Tiefenschicht des Mythos in eins zusammenfallen können. Diese Einsicht hat die wachen Zeitgenossen von 1789 verschreckt und fasziniert. Wenn schlechthin alles unter Rechtfertigungsdruck gerät, liegt auch die Umkehrung nahe: alles ist erlaubt. Wenn alle Menschen Brüder werden, können umgekehrt auch alle (und somit auch die, die zuvor unter stärkstem Tabu standen: der König, Feudalherren, Priester, ja Gott selbst) Feinde werden. Wenn mit dem Deismus der Schlußstein des alten geistigen Regimes und mit dem Königtum der Schlußstein der alten sozialen Ordnung fallen, fallen auch zahllose andere Tabuzwänge.

Nun sind der junge Schlegel, Heine und Büchner unverdächtig, affektive und konservative Feinde der Revolution zu sein. Zu genau wissen sie, die Kant- und Robespierrekritiker, daß Kant und Robespierre einfach recht haben in ihren Nachweisen, wie skandalös unbegründet die traditionelle politische Theologie und theologische Politik mitsamt der ihr alliierten Form der Ontosemiologie war. Ja, das Christentum ist geradezu daraufhin angelegt und legt es darauf an, für revolutionäre Brüche im Verhältnis von Vernunft und Glauben zu sorgen. Und doch sind Schlegel, Heine und Büchner aufgeklärte Kritiker noch dieser Aufklärung. Denn sie wissen auch, wie schrecklich die Konsequenzen der selbstbewußten aufgeklärten Gutwilligkeit sein können. Der Gutwilligkeit, die in der jakobinischen Selbstetikettierung, man sei als politisch agierende Fraktion tugendhaft, erstmals politisch offensiv wurde.

Heine hat in herrlich zynischen, hellsichtigen und bösen Worten an Kant noch diese aufgeklärte Gutwilligkeit charakterisiert – als Farce. »Nach der Tragödie kommt die Farce. Immanuel Kant hat bis hier den unerbittlichen Philosophen traciert, er hat den Himmel gestürmt, er hat die ganze Besatzung über die Klinge springen lassen, der Oberherr der Welt schwimmt unbewiesen in seinem Blute, es gibt jetzt keine Allbarmherzigkeit mehr, keine Vatergüte, keine jenseitige Belohnung für die diesseitige Enthaltsamkeit, die Unsterblichkeit der Seele liegt in den letzten Zügen – das röchelt, das stöhnt – und der alte Lampe (Kants Diener, J. H.) steht dabei mit seinem Regenschirm unterm Arm, als betrübter Zuschauer, und Angstschweiß und Tränen rinnen ihm vom Gesichte. Da erbarmt sich Immanuel Kant und zeigt, daß er nicht bloß ein großer Philosoph, sondern auch ein guter Mensch ist, und er überlegt, und halb gutmütig und halb ironisch spricht er: ›der alte Lampe muß einen Gott haben, sonst kann der arme Mensch nicht glücklich sein (...)‹. In Folge dieses Arguments unterscheidet Kant zwischen der theoretischen Vernunft und der praktischen Vernunft, und mit dieser, wie mit einem Zauberstäbchen, belebte er wieder den Leichnam des Deismus, den die theoretische Vernunft getötet hat.«[10]

Auch diese Charakteristik ist hellsichtig. Das intellektuelle Deutschland um 1800 scheint sorgsam bemüht, die Effekte seiner Destruktionen alsbald humanistisch zu kompensieren. Das Denken des Bösen und das böse Denken ist im Deutschland der postrevolutionären Jahrhundertwende, wie ein Vergleich mit der zeitgenössischen satanischen Literatur Englands und Frankreichs zeigt, seltsam unterentwickelt. Für die vor allem von K. H. Bohrer eindringlich vertretene These von der bis heute anhaltenden »idealistischen oder aufklärerischen Verdrängung des Bösen«[11] in Deutschland gibt es neben vielen anderen auch einen ironischen Beleg. Im 1972 erschienenen ersten Band des sorgfältigen und umfangreichen *Historischen Wörterbuchs der Philosophie* fehlt der Artikel *Das Böse*; 1980 trägt der fünfte Band diesem Mangel Rechnung – unter der Fremdwörter-Rubrik »malum«. Das Böse ist eben nicht deutsch (und nicht philosophisch, aber das ist fast schon ein Pleonasmus); das Böse kommt aus der Fremde. Dabei ist um 1800 in Deutschlands gutwilligsten Köpfen böse und Böses gedacht und gedichtet worden. Heine hat recht. Und Schlegel auch, wenn er notiert: »Der Satan der italiänischen und engländischen Dichter

10 Heine: l. c., p. 604 sq.
11 K. H. Bohrer: Das Böse – eine ästhetische Kategorie; in: ders.: Nach der Natur, p. 114 sq.

mag poetischer sein: aber der deutsche Satan ist satanischer; und insofern könnte man sagen, der Satan sei eine deutsche Erfindung. Gewiß ist er ein Favorit deutscher Dichter und Philosophen. Er muß also wohl auch sein Gutes haben.«[12]

Dem Guten des Bösen hat die berühmteste deutsche Dichtung überhaupt nachgedacht: Goethes Faust-Drama. Stellt es doch Mephisto ausdrücklich als »Teil von jener Kraft (vor), die stets das Böse will und stets das Gute schafft«. Was mit diesem Rätselwort gemeint ist, ist so rätselhaft nicht. Abgründig aber ist es allemal. Ist doch die Umkehrung kaum zu vermeiden, danach wohlgemut das Gute zu wollen häufig genug das Böse schaffen heißt. In einem Meer von Gutwilligkeit wird die neuzeitliche Welt untergehen. Satanischer, böser und banaler ist denn auch die Geschichte keines Volkes gewesen als die des deutschen, das stets besonders edel, hilfreich und gut sein wollte und nach der industriellen Todesproduktion noch vor dem entsetzlichen Wort »Wiedergutmachung« nicht zurückschreckte. Der Tod ist ein Meister aus Deutschland.

Eben der Dichter, von dem beides stammt: das mephistophelische Wort und der Schulbuchimperativ vom edlen und guten Menschen, hat schon vor der Französischen Revolution ein Modell der verhängnisvollen Nähe von Mythos und Aufklärung, von Satanismus und Humanität entworfen: die »verteufelt humane Iphigenie«.[13] So Goethes eigene, von der Germanistik erst dank der unbestechlichen Aufmerksamkeit Arthur Henkels[14] rezipierte Kennzeichnung seines klassischen Dramas. Es ist das in jeder Weise dramatische Pendant zur melancholisch hintergründigen Heiterkeit, mit der Goethes *Tagebuch*-Gedicht sich dezent der Opfer- und Abendmahlthematik annimmt. Sicher: mit den Problemen um Brot und Wein hat Goethes klassisches Drama auf den ersten und zweiten Blick kaum etwas zu tun. Dennoch bedarf es keiner interpretatorischen Projektion, um diesen Bezug herzustellen. Goethe selbst hat aus seinem Willen, die von ihrem Vater geopferte Iphigenie als weibliches Analogon des geopferten Gottes-

12 Athenäumfragment Nr. 379

13 Goethe voll einsamer Distanz an Schiller, der *Iphigenie* in Weimar inszenieren wollte, am 19. Januar 1802: »Hier kommt die Abschrift des gräzisierenden Schauspiels (...) Ich bin neugierig, was Sie ihm abgewinnen werden. Ich habe hie und da hineingesehen, es ist ganz verteufelt human.«

14 Cf. A. Henkel: Iphigenie auf Tauris, und ders.: Die ›verteufelt humane‹ Iphigenie sowie Th. W. Adorno in direkter Anknüpfung an A. Henkel: Zum Klassizismus von Goethes ›Iphigenie‹; in: Noten zur Literatur, GS Bd. 11

sohnes Christi zu konzipieren, kein Hehl gemacht. Dem liegt eine präzise Abstraktion zugrunde: Goethe ignoriert schon in jungen Jahren die Differenzen von biblischer Erzählkunst und griechischer Mythologie, um sich ganz auf deren gemeinsames Grundproblem zu konzentrieren: auf die Logik des Opfers.

Dieses überragende Interesse ist auch für eine symptomatische Fehlleistung von *Dichtung und Wahrheit* verantwortlich. Als Goethe davon berichten will, wie sehr er als Junge von der Geschichte des Isaac-Opfers fasziniert war, leitet er seine Überlegungen mit der Wendung ein: »Die Himmlischen bereiten dem Erzvater noch die schwerste Prüfung.«[15] »Die Himmlischen« – das ist eine griechische Wendung, die im militant monotheistischen Kontext der alttestamentarischen Erzählungen keinen Sinn macht. Das assoziative tertium comparationis aber bleibt nicht ungenannt. An der Geschichte des knapp vermiedenen Sohnesopfers wird Goethe ein Abgrund deutlich, der uneingeschränkt auch für die mythologischen Strukturen gilt: »So menschlich, schön und heiter auch die Religion der Erzväter erscheint, so gehen doch Züge von Wildheit und Grausamkeit hindurch, aus welcher der Mensch herankommen, oder worein er wieder versinken kann.«[16] Elementare Bezüge zwischen den christlichen und den griechischen Opfergeschichten hat Goethe auch an anderer Stelle pointiert. In seiner *Nachlese zu Aristoteles' Poetik* stellt er – wiederum in grandioser begrifflicher Laxheit, diesmal mit dem Wort »Tragödie« – fest, daß die Katharsis »in der Tragödie durch eine Art Menschenopfer (erfolge), es mag nun wirklich vollbracht oder unter Einwirkung einer günstigen Gottheit durch ein Surrogat gelöst werden, wie im Falle Abrahams und Agamemnons«.[17]

Von der Einwirkung einer günstigen Gottheit durch ein Surrogat handelt nicht nur die auf Christus typologisch verweisende Geschichte von Abraham und Isaac[18], sondern auch Goethes Iphigenie. Dieses Einwirken unterbricht eine trostlose Opferlogik, deren Darstellung Autoren des Theaters der Grausamkeit wie Artaud oder Heiner Müller problemlos übernehmen könnten, wenn sie nicht ihren Anti-Goethe-Affekt kultivierten. Für diese Opferlogik hält Goethes Drama einen drastischen Begriff bereit: »Wechsel-

15 Dichtung und Wahrheit; Hamburger Ausgabe Bd. 9, p. 134
16 Ibid., p. 135
17 Goethe: Nachlese zu Aristoteles' Poetik, Hamburger Ausgabe Bd. 12, p. 343
18 Cf. G. von Rad: Das Opfer des Abraham

wut« (v. 973). Wenn Iphigenie und Orest (wie ja auch Christus) ausdrücklich darauf verzichten, Nachkommen haben zu wollen, so deshalb, weil die Fortpflanzung nur dazu taugt, »den Kindeskindern nahverwandte Mörder / zur ewgen Wechselwut« (v. 972 sq.) zu schaffen. »Ich danke, Götter, / daß ihr mich ohne Kinder auszurotten / Beschlossen habt.« (vv. 1230-32)

Angesichts der Geschichte des Tantalidengeschlechts, in dem Eltern buchstäblich ihre Kinder fressen, ist dieser Dank so unverständlich nicht. Denn Iphigenies Genealogie ist eins mit der Geschichte eines ununterbrochenen perversen Mordens. Man muß Goethes Humanismus-Drama nur lesen, einfach verdrängungsfrei lesen. Pelops, »des Tantalus geliebter Sohn, erwarb / Sich durch Verrat und Mord das schönste Weib« (336-38). Die Söhne aus dieser Verbindung, Thyest und Atreus, ermorden ihren älteren Halbbruder; der Vater vermutet aber in der Stiefmutter die Mörderin; und diese entleibt sich daraufhin. Womit kein Schlußpunkt gesetzt ist: in der nächsten Generation steigert sich vielmehr das Grauen. Thyest »entehrt des Bruders Bett« und wird daraufhin von diesem vertrieben. Der wiederum rächt sich dafür, indem er den an Sohnes Statt aufgezogenen Neffen zum undurchschauten Vatermord antreibt. »Des Jünglings Vorsatz wird entdeckt, der König / Straft grausam den gesandten Mörder, wähnend / Er töte seines Bruders Sohn.« (vv. 371-373) Nachdem er seine Verkennung durchschaut hat, läßt Atreus nun beide Söhne seines Bruders töten und sie ihm zur »eklen schaudervollen Speise« vorsetzen.

Die wiederum nächste Generation dieser feinen herrschaftlichen Familie scheint vorerst dem Unheilszusammenhang zu entraten. »Des Atreus ältester Sohn« Agamemnon ist Iphigenies Vater. In ihm sieht die Tochter »ein Muster des vollkommenen Manns«. Dabei verdrängt Iphigenie, daß es kein anderer als ihr Vater war, der der mythischen Opferung seiner Tochter zustimmte, als beim Kriegszug gegen Troja günstige Winde ausblieben: »*Sie* lockten mit der Mutter mich ins Lager, / *Sie* rissen mich vor den Altar und weihten / Der Göttin dieses Haupt« (vv. 424-426; Hv. J. H.) – so berichtet die von der Göttin Diane nach Tauris gerettete Iphigenie auffällig unbestimmt. Doch später muß sie, »sich verhüllend«, erfahren, daß ihr Vater sie, seine eigene Tochter, opferte. Erst nach der Wiederbegegnung mit ihrem Bruder Orest erfährt Iphigenie den ganzen grauenhaften Fortgang des familiären Unheils. Ihre Mutter Klytämnestra ließ Agamemnon auch wegen der Opferung seiner Tochter ermorden. Und Orest beging, um seinen Vater zu rächen, den unvergleichlichen Frevel des Muttermordes.

In seiner Abhandlung über den *Glauben der Hellenen* hat Wilamowitz-Moellendorff energisch darauf hingewiesen, »daß die Tischgemeinschaft des Gottes mit den opfernden Menschen die entscheidende Grundvorstellung war«.[19] Die Kontinuitäten von Hellenismus und Christentum, so auch Goethes insistenter Hinweis, beziehen sich nicht nur auf den sogenannten abendländischen Humanismus, sondern auch auf sein Revers – auf die sich fortschreibende Opferlogik. Von ihrem Bann zu erlösen, ist Iphigenies großartiger Wunsch. Sie will das Opfer opfern. Und das kann sie als Priesterin einer Göttin im barbarischen Tauris eher als in griechischen oder christlichen Kontexten.

Goethe hat ein auffallendes Interesse daran, eine Frau in den Mittelpunkt der Tragödie des Opfers und des Weihespiels der Lösung von Opferlogiken zu stellen. Abraham hat seinen Sohn opfern wollen; der christliche Gott hat seinen göttlichen Sohn tatsächlich grausam geopfert; Agamemnon aber opfert seine Tochter, die dann Opferriten opfert. Eine Verschiebung, die um so aufschlußreicher ist, als sie nicht ohne zeitgenössische Entsprechungen dasteht. Eine junge Frau bereitete ja auch in Goethes *Tagebuch*-Gedicht ein sakral-profanes Abendmahl. Und hat der scharfsinnige Psychotiker mit Meßdienervergangenheit nicht einfach recht, der das offenbare Geheimnis ausplauderte? Nämlich: in der Messe nähmen Frauen (und die älteren zumal) die besten Plätze ein; sie sähen wohlgefällig einem Mann zu, der die frauenspezifische Aufgabe schlechthin übernähme, eine Mahlzeit zu bereiten und den Tisch zu decken; und für diese Liebenswürdigkeit besäße er auch das Privileg, Frauenkleider tragen zu dürfen.

Zulassen konnte die (katholische) Kirche die Rede über solche handgreiflichen Evidenzen nicht. Sie hat sie vielmehr überwertig verdrängt – nicht zuletzt durch den kategorischen Ausschluß der Frauen vom Priesteramt. Um 1800 aber kehrt das also jahrhundertlang Verdrängte poetisch auf breiter Front wieder. Subtil in Goethes *Tagebuch*-Gedicht, abgründig in der verteufelt humanen

19 Wilamowitz-Moellendorff: Bd. 1, p. 283. Nach der etwas sensationslüsternen Wendung von Nigel Douglas war für die Griechen »das Töten von Kindern, von denen viele verzehrt wurden, fast eine Passion« (N. D.: Opfertod und Menschenopfer, p. 56). Zum Problemkontext »Menschenopfer in der Antike« cf. weiterhin W. Burkert u. a.: Violent origins – On ritual killing and cultural formation sowie E. M. E. O'Connor-Vissor: Aspects of human sacrifice

Iphigenie, analytisch luzid im Novalis-Märchen von Eros und Fabel, brutal bei de Sade. Doch zuerst ein Wort zum abendmahlseligen Romantiker. Alle Abendmahltexte des Novalis (ob die fünfte der *Hymnen an die Nacht*, ob das Abendmahlgedicht aus dem Zyklus der *Geistlichen Lieder*, oder ob fragmentarische Notizen wie »Ist die Umarmung nicht etwas dem Abendmahl Ähnliches«[20]) haben diese auffallende Gemeinsamkeit: sie feminisieren und erotisieren das christliche Sakrament. So auch die sicherlich seltsamste Allusion: am Ende des Märchens von Eros und Fabel, mit dem der erste Band des *Heinrich von Ofterdingen* schließt, reicht Sophie allen Anwesenden eine Schale, die nichts anderes enthält als die Asche, zu der »die Mutter« vom Schreiber verbrannt wurde.

Eine weise Frau bietet eine geopferte Mutter, eine verbrannte Frau, zum Verzehr dar: »Das glückliche Paar (Eros und Fabel) näherte sich Sophien, die Worte der Weihe über sie aussprach, und sie ermahnte, den Spiegel fleißig zu Rathe zu ziehn, der alles in seiner wahren Gestalt zurückwerfe, jedes Blendwerk vernichte, und ewig das ursprüngliche Bild festhalte. Sie ergriff nun die Urne und schüttete die Asche in die Schaale auf dem Altar. Ein sanftes Brausen verkündigte die Auflösung, und ein leiser Wind wehte in den Gewändern und Locken der Umstehenden. / Sophie reichte die Schaale dem Eros und dieser den Andern. Alle kosteten den göttlichen Trank, und vernahmen die freundliche Begrüßung der Mutter in ihrem Innern, mit unsäglicher Freude. Sie war jedem gegenwärtig, und ihre geheimnißvolle Anwesenheit schien alle zu verklären.«[21] Eine in ihrer Fröhlichkeit gespenstische Szenerie. Verzehrt nämlich wird die Mutter, die der »Schreiber« dem »Flammentode« geweiht hatte.

Eine seltsame Zusammenstellung. Sind doch die Anspielungen auf Hexenverbrennungen ebenso deutlich wie der allegorische Charakter der Schreiberfigur, die eben nicht finsterste Reaktion, sondern nach Aussage ihres Autors den »petrifizierenden und petrifizierten Verstand«[22] und somit die Fehlform von Aufklärung personifiziert. Doch die romantische Paradoxie macht abgründigen Sinn: mit der Mutter wird im Zeitalter der Aufklärung und der Revolution der Inbegriff sinnlicher Gewißheit den Prinzipien der Abstraktion geopfert. In der Französischen Revolution hat sich

20 Novalis: Werke, Tagebücher und Briefe Bd. 2, p. 385
21 Novalis: Bd. 1, p. 360
22 Brief vom 18. Juni 1800 an F. Schlegel

nach Hegels berühmtem Wort die Aufklärung erfüllt: »Solange die Sonne am Firmamente steht und die Planeten um sie herumkreisen, war das nicht gesehen worden, daß der Mensch sich auf den Kopf, d.i. auf den Gedanken stellt und die Wirklichkeit nach diesem erbaut.«[23] Bachofen hat in ausdrücklicher Berufung auf die Romantiker das Basisargument für diesen abstrakten Bau nachgeliefert. Danach »ruht die Verbindung der Mutter mit dem Kinde auf einem stofflichen Zusammenhange, ist sie der Sinnenwahrnehmung erkennbar und stets Naturwahrheit, (während) das zeugende Vatertum in allen Stücken einen durchaus entgegengesetzten Charakter (trägt). Mit dem Kinde in keinem sichtbaren Zusammenhange, vermag es (...) die Natur einer bloßen Fiktion niemals abzulegen.«[24]

Und Bachofen fährt fort: »In der Hervorhebung der Paternität liegt die Losmachung des Geistes von den Erscheinungen der Natur.«[25] Dieses »auf-den-Kopf-stellen« heischt Opfer und genauer: Frauenopfer. Das Märchen des Novalis ist auch als Geschichte dieses Opfers zu lesen. Und als Versuch, *die* Poesie, *die* Fabel und *die* Phantasie nach dem Opfer der Mutter gegen *den* Verstand und *den* Geist zu behaupten. Mit der Aufklärung, mit dem »Schreiber« teilt »Fabel« die Einsicht in das Ende aller substantialistischen Wahrheitsbegriffe. Gegen den »Schreiber« aber weiß sie, »aufgeklärter« als er, daß nach dem Ende des eucharistischen Zeitalters der sinnlichen Gewißheit alle geistig-symbolischen Ersatzordnungen (Er-) Dichtungen sind. Dieses Wissen teilt Novalis mit Goethe und mit – de Sade, der in der Tat der aufgeklärteste aller Aufklärer ist.

Gemeinsam ist den genannten Autoren nicht nur das bemerkenswerte Interesse am eucharistischen Geschehen, sondern auch der Versuch, das Abendmahl matrilinear umzuschreiben: die Geschichte vom Opfer eines göttlichen Sohnes schreiben Goethe, Novalis und de Sade in seltsamer Übereinstimmung in die Geschichte von Frauenopfern um. Doch dies ist denn auch schon das Ende der Gemeinsamkeiten. Für die regulative Idee von Goethes humanistischem Drama: das Opfer zu opfern und so der Logik des Opfers überhaupt ein Ende zu machen, hat die schwarze Literatur um 1800 nur Hohn und Spott. Und das nicht ohne zynischen Grund. Denn dieser Idee war nicht nur keine Erfüllung beschieden, sie war vielmehr gleichzeitig mit einer neuerlichen Potenzie-

23 Hegel: Philosophie der Geschichte, WW 12, p. 529
24 J. J. Bachofen: Das Mutterrecht, p. 47
25 Ibid., p. 48

rung der alten Opferlogik. Deshalb steht bei vielen Goethe-Zeitgenossen gegen jeden Humanismus die idée fixe, die Opferlogik bis zum Zerbersten voranzutreiben. In den Jahren um 1800 hat in der europäischen Literatur der »schwarzen Romantik« das sadistische Opfer eine trostlose Hochkonjunktur.

Mit einer Regelmäßigkeit, die man nur als zwanghafte charakterisieren kann, sind in der schwarzen Romantik Frauen die Opfer – wie in der Hochliteratur von Goethe und Novalis. Und mit nicht geringerer Zwanghaftigkeit sind die sadistischen Opferorgien in die Choreographie schwarzer Messen eingebunden. Wo die klassische Messe der Transsubstantiation von Blut in Wein vertraut, lassen die schwarzen Messen der schwarzen Romantik tatsächlich und zweifelsfrei Blut fließen. Metthew Gregory Lewis' Roman *Ambrosio, or The Monk* von 1796 und Ann Radcliffes Roman *The Italien, or The Confessional of the Black Penitents* von 1797 eröffnen gemeinsam mit *La nouvelle Justine* des Marquis de Sade von 1797 eine Ästhetik des Grauens und der Grausamkeit, die über Flauberts *Versuchungen des Heiligen Antonius* und die Dekadenzliteratur um 1900 bis zu Batailles *Geschichte des Auges* und Greenaways Film *Der Dieb, der Koch, seine Frau und ihr Liebhaber* von 1989 immer erneut religiöse Fixierungen auf das Allerheiligste mit perverser Lust zusammenfallen läßt. Wo keine Götter sind, walten häufig genug Gespenster.

Von der offenbar nur schwer zu vermeidenden Versuchung, das christliche Sakrament allzu fleischlich zu verstehen, hatte ja schon im dritten Jahrhundert der fromme Epiphanius entsetzt und fasziniert berichtet (s. dazu oben Kap. 6[26]). Den Versuchen, diese greuliche Assoziation (jedoch nicht die Grausamkeit etwa des Strafvollzugs[27]) zu tabuisieren, war bis 1789 in der Regel Erfolg beschieden. Nach der Französischen Revolution und somit nach der bestürzenden oder aber begeisternden Erfahrung vom Sturz des Königtums von Gottes Gnaden fallen hingegen sofort die äußeren und inneren

26 Cf. auch die Wiederholung des Epiphanius-Berichtes durch U. Eco: Das Foucaultsche Pendel, p. 454. Der Geheimbundroman ist voller Abendmahlpassagen (u. a. pp. 171, 246, 325, 454, 729). Und er knüpft wohl auch bewußt an Motive des erst spät wiederentdeckten »Romans« des Lollianos aus dem zweiten Jahrhundert nach Christus an. Er spielt im ägyptischen Sektenmilieu, steht unter dem Titel *Phoinikika* und enthält u. a. »eine eindrucksvolle Schilderung von Initiationsanthropophagie mit anschließender Sexualorgie« (C. Ginzburg: Hexensabbat, p. 79; cf. auch die dortigen Ausführungen zur Wirkungsgeschichte).

27 Cf. dazu u. a. M. Foucault: Überwachen und Strafen

Tabuzwänge auf breiter Front – zumindest auf breiter literarischer Front. Für diese Umbesetzung gibt es gewiß mehr als ein Indiz; besonders aussagekräftig aber ist, daß so gut wie alle schwarzen Romantiker seit 1789 sich als Anhänger des Satans zu erkennen geben, den Miltons *Paradise lost* noch zu Abschreckungszwecken erdichtete. Selbst Schillers Räuber Karl Moor bekennt sich (wenn auch in einer vom Autor nicht publizierten Szene) zu dieser wilden Lektüre. Mario Praz hat unter dem Titel *Liebe, Tod und Teufel – Die schwarze Romantik* bemerkenswert viel Material zusammengetragen, das immer erneut belegt, wie verbreitet die Obsession vom Zusammenhang zwischen Sadismus und Religiosität war. Seine Analysen leitet Praz sogar mit der ausdrücklichen Zustimmung zu einer provozierenden Feststellung Huysmans' ein: wie »Huysmans richtig bemerkt, ist der Sadismus ein ›Bastard des Katholizismus‹; er setzt eine Religion voraus, die er profanieren kann.«[28]

»Elixiere des Teufels« treten in vergleichsweise milden Profanisierungsversuchen – wie in E. T. A. Hoffmanns Roman – an die Stelle des Sakraments von Brot und Wein. De Sade und seine Proselyten lassen es sich hingegen nicht nehmen, in aller Ausführlichkeit und ohne allegorische Umwege über satanische Substitute Hostienschändungen zu schildern. An den schwarzen Messen, die Justine erleidet, nehmen ordinierte Priester teil. Und Juliette feiert die schwarze Messe gar in perverser Lust mit Papst Pius VI. im Petersdom.[29] Solche schwarzen Messen wären nun einfach undenkbar, wenn nicht ein in der Tat intrikates theologisches Problem bestünde: daß der einmal ordinierte Priester die ihm verliehene Weihegnade nicht wieder verlieren kann – selbst dann nicht, wenn er (ein gar nicht so seltener Fall in den postrevolutionären Jahren nach 1789) sein Amt aufgibt, das Kloster verläßt und (dies freilich ein weniger häufiger Fall) sich in die Gesellschaft des göttlichen Marquis begibt. »Die Wirkung dieser subjektiven Weihegnade (nämlich der Priesterweihe, J. H.) wird durch die bischöfliche *Handauflegung* übertragen und hervorgerufen, die dem Ordinierten den sog. ›*Charakter indelebilis*‹ aufprägt. Dieser ist nunmehr ein *personal-habitueller Besitz* des Ordinierten, den er niemals wieder zu verlieren oder selbst auszulöschen vermag. Eine *Mehrung der innerpersonalen Substanz* ist eingetreten. Eine gegenüber

28 Zitiert bei M. Praz: Liebe, p. 269
29 De Sade: Juliette, WW 3, pp. 833-37

dem Laien ungleich höhere *Dignität* ist nunmehr unverlierbar vorhanden.«[30]

Das gilt noch für den Mönch und Libertin Jeronimus in de Sades Roman *Justine*, wenn er »das absurdeste aller Mysterien der Christenheit« zelebriert. »›Man müßte auf ihrem (Justines) Hintern gleichfalls eine Messe lesen‹, sagte Jeronimus«[31], um seinen Vorschlag sogleich zu realisieren. De Sade aber unterbricht seine sachlich-präzise Schilderung alsbald mit einer aufschlußreichen Reflexion: »Wenn etwas seltsam ist auf der Erde, so die ungeheuerliche Beschränktheit der Menschen, die seit unausdenklichen Zeiten und auch heute noch an dem Glauben festhalten, die Zauberworte eines Priesters könnten tatsächlich den Ewigen in einem Stück Teig zu Fleisch werden lassen! Nach so vielen Jahrhunderten des Irrglaubens beginnt endlich ein Strahl der Philosophie aufzuleuchten. Eine regenerierende Nation möchte offenbar endgültig mit diesen Narrheiten aufräumen: Jedoch, unvorstellbare Macht des Aberglaubens! Die gleichen Irrtümer schleichen sich schon wieder ein. (...) Nichts auf der Welt könnte besser beweisen, daß der Mensch weder für die Freiheit noch für das Glück geschaffen ist.«

Kein Zweifel: de Sade ist ein radikaler Aufklärer. Seine Hinweise erreichen zwar nicht gerade das argumentative Niveau von Kants Kritik am »Fetischglauben« des katholischen Sakraments und am ontologischen Gottesbeweis. Doch sie teilen mit dem philosophierenden deutschen Zeitgenossen den grundsätzlichen Impuls: »Zauberworte« können Ewiges nicht in teigige Materie bannen. Kant mit Sade und umgekehrt Sade mit Kant zu lesen, ist denn auch ein Projekt, das Adorno mit Lacan und somit aufgeklärte Kritiker einer blinden, weil über sich selbst nicht aufgeklärten Aufklärung verbindet. »Das Werk des Marquis de Sade zeigt den ›Verstand ohne Leitung eines anderen‹ (Kant, J. H.), das heißt, das von Bevormundung befreite bürgerliche Subjekt. (...) Juliette freilich zieht die Konsequenz, die das Bürgertum vermeiden wollte: sie dämonisiert den Katholizismus als jüngste Mythologie und mit ihm Zivilisation überhaupt. Die Energien, die aufs Sakrament bezogen waren, bleiben verkehrt dem Sakrileg zugewandt. Diese Verkeh-

30 Heubach, p. 81. Cf. zu den Subtilitäten dieses Problems die Studie von A. M. Landgraf: Dogmengeschichte der Frühscholastik, 3. Teil I, Kap. VII – Zur Lehre von der Konsekrationsgewalt des von der Kirche getrennten Priesters

31 De Sade WW 3, 335

rung aber wird auf Gemeinschaft schlechthin übertragen. In all dem verfährt Juliette keineswegs fanatisch wie der Katholizismus mit den Inkas, sie besorgt nur aufgeklärt, geschäftig den Betrieb des Sakrilegs, das auch den Katholiken von archaischen Zeiten her noch im Blut lag. (...) Juliette (...) verkörpert, psychologisch ausgedrückt, weder unsublimierte noch regredierte libido, sondern intellektuelle Freude an der Regression, amor intellectualis diaboli, die Lust, Zivilisation mit ihren eigenen Waffen zu schlagen. Sie liebt System und Konsequenz.«[32]

Nicht nur diese Neigung weist de Sades Heldin als seltsame Aufklärerin aus. Seltsam ist diese Aufklärung auch deshalb, weil ihre Protagonisten eine unverkennbare Nähe zu seltsamen Heiligen halten. Die Formel dafür lautet nicht nur für de Sade, sondern z.B. auch für den Goethe des Hexensabbats in strikter Gegenführung zu Spinoza, der für amor intellectualis dei warb: amor intellectualis diaboli. Diese geistige und geistliche Liebe des Teufels psychoanalytisch als Identifikation mit dem Aggressor zu begreifen, wäre nicht falsch und doch zu harmlos. Unterschlägt diese Übersetzung doch die zweite Lesart des Genitivs: die Liebe zum Teuflischen wird erwidert durch die Liebe des Teufels. Sie gilt dem »Zeitalter der vollendeten Sündhaftigkeit«. So theologisch hatte eben der Philosoph Fichte, der wegen des Vorwurfs, sein Denken propagiere den Atheismus, seinen Lehrstuhl verloren hatte, die Signatur seiner Epoche gekennzeichnet.

Die wundersame Kraft dieser verteufelten Liebe beweist sich nicht zuletzt darin, daß de Sades Opfer aller Qualen und Folter ungeachtet Existenz und Schönheit bewahren. Das teilen sie mit dem gefolterten und auferstandenen christlichen Gottessohn, der im Abendmahl stets erneut verzehrt wird und doch seine unversehrte Identität bewahrt. Solche Unversehrtheit begehrt auch der Sadist, der nicht ohne Grund sakramentale Fixierungen kennt. Liegt doch, wie Lacan zu zeigen versucht hat, die Logik des Sadismus darin, »daß er die Qual des Daseins auf den Anderen abweist, nur daß ihm darüber entgeht, daß er sich auf diese Weise seinerseits in ein ›ewiges Ding‹ verwandelt«.[33] De Sades Helden halten im Zeitalter, in dem die Menschheit sich auf den Kopf stellt, an einer intellektuell von allen Tabuzwängen befreiten Theologie der sinn-

32 Adorno/Horkheimer: Dialektik der Aufklärung, pp. 106, 114

33 Lacan: Schriften II, p. 149; cf. dazu Th. Lipowatz: Technik des Genusses

lichen Gewißheit fest. Wer ihrer bösen Faszinationskraft mit Gründen entgegentreten will, muß schon einen solchen poetischen oder philosophischen Aufwand betreiben wie Hölderlin und Hegel.

11. Das Essen des Gottes: Hegels und Hölderlins Abendmahl

Im Wintersemester 1826/27 wurde gegen den preußischen Staatsphilosophen Hegel ein Dienstaufsichtsverfahren vorbereitet. Zu den zahlreichen Hörern seiner Vorlesung über *Philosophie der Weltgeschichte* zählte nämlich auch ein Kaplan der St. Hedwigs-Kirche in Berlin. Und der war über die verletzende Schärfe, mit der Hegel die traditionelle Eucharistielehre angegriffen hatte, so empört, daß er sich beim Kultusminister über die »öffentliche Verunglimpfung der katholischen Religion« beschwerte. Der Anlaß: Hegel hatte an die mittelalterliche Diskussion der Frage »quid comedit mus« angeknüpft und mit polemischer Lust dargelegt, daß ein gläubiger Katholik eine Kirchenmaus anbeten müsse, die die konsekrierte Hostie und also den wahren Leib des Herrn aufgefressen habe. In seinem ausführlichen Rechtfertigungsschreiben an das Kultusministerium beharrte Hegel mit bemerkenswerter Härte auf seinem Angriff. »Ich würde übrigens hier in dieser Erklärung respectwidrig zu handeln glauben, wenn ich mir das Recht, das mir als lutherischem Christen zukommt, ausdrücklich vorbehalten wissen wollte, die katholische Lehre von der Hostie kurzweg für papistischen Götzendienst und Aberglauben erklären zu dürfen.«[1]

Das kulturprotestantische Berliner Ministerium gab sich mit dieser Erklärung zufrieden. Ein regelrechtes Dienstaufsichtsverfahren gegen den berühmten Professor wurde nicht eingeleitet. Die Homogenität des preußischen Kulturprotestantismus im 19. Jahrhundert kann man wohl nur ermessen, wenn man ihn an dem Zeitpunkt auslotet, da er in seine tiefste Krise geraten ist. Fast genau 100 Jahre nach dem erwähnten Skandal nämlich wird seine geschlossene Macht erstmals und dann sogleich mit abgründigen Folgen durchbrochen. Jacob Taubes hat kurz vor seinem Tod im Kontext seiner Paulus-Vorlesungen auf dieses Anathema hingewiesen: um 1930 geschieht, was um 1830 und bis 1918 schlechthin undenkbar gewesen wäre – drei Katholiken aus kleinen Provinzverhältnissen erobern die Kapitale des Kulturprotestantismus. Der Antikantianer und Antipreuße Heidegger und also ein genialer Provinzphilosoph mit Meßkirchener Meßdienervergangenheit er-

1 Der Brief ist erstmals abgedruckt bei R. Haym: Hegel und seine Zeit, p. 510 sqq. und wird hier zitiert nach WW 11, pp. 68-71.

hält gleich zweimal einen Ruf auf den renommiertesten Lehrstuhl der Humboldt-Universität; der vom Denken der Gegenreformation faszinierte Carl Schmitt wird der ausschlaggebende deutsche Staatsrechtler und preußischer Staatsrat; und ein österreichischer Gefreiter wird Reichskanzler. Der Philosoph und der Staatsrechtler zögern auch nicht, Hitler ihre Dienste anzubieten. Man muß sich vergegenwärtigen, daß diese Daten in all ihrer soziologischen Schlichtheit einfach nicht ins preußische 19. Jahrhundert passen würden – sie wären a priori ausgeschlossen; man kann sie gewissermaßen geschichtsphilosophisch aus dem 19. Jahrhundert hinausdeduzieren. Daran läßt auch Hegels abschließende Feststellung in seinem Brief an das Kultusministerium keinen Zweifel. Schreibt er dort doch selbstbewußt, »daß, wenn eine Klage wegen Äußerungen, die ich auf dem Katheder vor katholischen Zuhörern getan und die ihnen ein Ärgernis gegeben, (geführt wird, – Ergänzung der Herausgeber Michel/Moldenhauer) sie entweder nur sich selbst anzuklagen hätten, daß sie philosophische Vorlesungen auf einer evangelischen Universität bei einem Professor, der sich dessen rühmt, als Lutheraner getauft und erzogen zu sein, es ist und bleiben wird, besuchen, oder ihren Oberen Schuld beizumessen hätten, welche sie nicht davor warnten oder, wie anderwärts in Ansehung der katholisch-theologischen Studenten geschehen, es ihnen verboten. / Hegel, Prof. p. o. der Phil. auf. hies. Königl. Univers.«[2]

Hegels katholischen Zeitgenossen blieb so nur der publizistische Einspruch. Franz von Baader hat ihn von München aus formuliert. Baaders Einspruch steht unter dem Titel *Über eine Äußerung Hegels über die Eucharistie* und stützt sich auf eine Ausführung in der zweiten Ausgabe der *Enzyklopädie* von 1827. Dort formuliert Hegel seinen Standardvorwurf, der sich in seinem Werk immer wieder findet: »und doch wird in der katholischen Religion in der Hostie Gott (der Gott-Mensch) als äusserliches Ding der religiösen Anbetung präsentiert, wogegen in der lutherischen Kirche die Hostie als solche erst und nur allein im Genusse, d.h. in der Vernichtung der Aeusserlichkeit derselben, und im Glauben consecrirt und zum gegenwärtigen Gott (Christi Leiblichkeit) erhoben wird.«[3]

2 Hegel: WW 11, p. 70 sq.

3 Hier zitiert nach Baader: WW VII, p. 254. Cf. die ein wenig abweichende Wiedergabe bei Hegel: WW 10, p. 357 (§ 552) und u.a. auch die verwandte Wendung bei Hegel: Philosophie der Geschichte, WW 12, p. 468: »Aber der Hauptpunkt ist, daß (in der katholischen Kirche) (...) die Hostie, dies Ding, als Gott angebetet wird.«

Baaders Einspruch gegen diese Kritik an den eucharistischen Verdinglichungstendenzen der katholischen Lehre ist bemerkenswert. Denn er ist alles andere als traditionalistisch; er entspricht vielmehr vollauf dem damals in preußisch aufgeklärten Köpfen gängigen Verständnis von romantischer Irrationalität. Baader setzt sich dem aufgeklärten Hohn geradezu willentlich aus, wenn er die Eucharistie in magisch-magnetische Kontexte versetzt. »Für diejenigen«, so hieß es schon vor der Kontroverse mit Hegel in einer früheren Schrift über das Abendmahl, »welche Gelegenheit gehabt haben, sich über die Erscheinungen des magnetischen Somnambulismus zu belehren, wird eine sehr bestätigte Thatsache dazu dienen, die Idee, welche man sich von einem Sacrament bilden soll, aufzuhellen. Diese Thatsache besteht darin, dass der Magnetiseur seine persönliche Kraft übertragen und sie gleichsam wohnhaft machen kann in einer gewissen Materie (z.B. in einem Stück Glas) und dass durch diese Substanz der Bezug zwischen dem abwesenden Magnetiseur und der magnetisierten Person sich erneuert und unterhält. Sollte es also eine so schwierige Sache sein, zu glauben, dass Christus nach seinem irdischen Hingang Substanzen in unsere Hände gegeben habe, welche geeignet sind, mit ihm einen reellen Bezug zu erneuern und zu unterhalten ...?«[4] Ein verfängliches Argument: in Zeiten, die den Magnetismus nicht zum Modethema hatten, wäre es demnach eine »schwierige Sache« gewesen, an die Wirksamkeit der christlichen Substanzen zu glauben. Baader hat überdies keine Bedenken, das Abendmahl mit der »wahren Alchymie« zu assoziieren und es als Umkehrung des paradiesischen Apfelverzehrs zu begreifen. Womit dann die Möglichkeit gegeben ist, die romantische Feminisierung und Erotisierung des Abendmahls (s. Kap. 10) in fröhlicher Spekulationslust fortzuschreiben. Baader scheut davor zurück, seine schöne Phantasie deutlich auszusprechen, und doch klingt sie unverkennbar an: der Androgyn Jesus übernimmt nicht ohne Grund die weibliche Aufgabe schlechthin – nämlich den Tisch zu bereiten und Nahrung zu spenden. So macht der androgyne Gottessohn den weiblich verursachten Sündenfall rückgängig. »Die Trennung der Geschlechter in dem Menschen (...) oder die Erscheinung eines anderen Gatten soll also dem ursprünglichen Ehebruch des Menschen, seiner Trennung vom eingeborenen Bilde des Vaters, d.h. von Christus, zugeschrieben

4 F. von Baader: Über das heilige Abendmahl, WW VII, p. 26

werden, wie die Schrift sagt, dass mit seiner vollkommenen Rückkehr zu Christus (...) diese Trennung der Geschlechter aufhören wird ... Von diesem Gesichtspuncte aus erlangt das Weib eine weit höhere Würde, als die Menschen ihm gewöhnlich zugestehen wollen, und man kann von ihm sagen: abusus optimi pessimus. Auch konnte, nachdem das Weib uns das Heil verloren hat, dasselbe nur durch das Weib uns wieder gegeben werden und aus Eva wird durch Umkehrung Ave!«[5]

Solche Ausführungen könnte Hegel nur als Bestätigung seiner Kritik der Romantik, kaum aber seiner Kritik am Katholizismus begreifen. Denn dogmentreu sind diese Auslassungen gewiß nicht. Die ausdrückliche Kontroverse zwischen Hegel und Baader um Brot und Wein kreiste denn auch um ein anderes Zentrum. Baader bringt es, nachdem er Hegel mit einem Zitat (s.o.) zu Wort kommen ließ, präzis auf den Punkt: »Man sieht, dass Hegel es sich hier, wie sonst, mit dem Katholizismus dadurch bequem macht, dass er demselben durchaus keine Innerlichkeit und Seele zugesteht, sondern ihn als blosses lebloses Petrefact behandelt.«[6] Das aber sei unangemessen, auch die katholische Lehre fordere zumal beim Abendmahl Glauben und Innerlichkeit, und so kann Hegel schon in der Vorrede zur zweiten »Ausgabe« seiner *Enzyklopädie* im Hinblick auf frühere Publikationen seines romantischen Antipoden zufrieden und mit feiner Ironie feststellen: »Es muß mir erwünscht sein, sowohl durch den Inhalt der mehreren neuerlichen Schriften des Herrn von Baader, als in den namentlichen Erwähnungen vieler meiner Sätze die Zustimmung desselben zu denselben zu ersehen.«[7]

Diese schnelle Vermittlung ist möglich, weil Baader ein früher Anhänger ökumenischer Ideen und zudem ebenso wie Hegel offensichtlich darum bemüht ist, die naheliegende Kontroverse zu vermeiden und Verbindendes herauszustellen. Dabei ist die Differenz zwischen Baader und Hegel einigen Streit wert. Zu Beginn seines Anti-Hegel-Essays vermeidet Baader die namentliche Erwähnung seines Antipoden und macht doch deutlich, daß er ein gewichtiges Argument in die Waagschale zu werfen hat. Hegel fetischisiere die Vernunft und entgeiste die Natur; er sei dem Denken

5 Ibid., p. 27
6 F. von Baader: Über eine Äußerung Hegels, WW VII, p. 254
7 Hegel: WW 8, p. 29 Fn. Zur Diskussion zwischen Baader und Hegel cf. die Anmerkungen der Herausgeber der kritischen Hegel-Ausgabe Bd. 19, p. 494 sqq.

in der Tradition Bacons verpflichtet, »durch welches der Mensch sich doch nur als Chevalier d'Industrie zeig(e)«.[8] Und in scharfer Pointierung stellt Baader heraus, worin die entgötterte Naturgeschichte münde: »Die antireligiösen Philosophen fingen damit an, den Menschen gottleer oder gottlos zu machen, und endeten damit, die Natur menschenlos und unmenschlich zu machen, und dieser Gott und Menschen leugnende oder vielmehr hassende Geist ist der alleinige Geist (Esprit) ihrer Physik wie ihrer Politik geworden. Wo immer dieser böse Geist sie verlässt, zeigen sie sich rein stupid.«[9] Man muß nicht unbedingt das obligatorische Ökologiebewußtsein unseres ausgehenden Jahrhunderts und Jahrtausends haben, um diese Sätze aufregend und ihre Implikation anregend zu finden: wer das Abendmahl so verinnerlicht und spiritualisiert, wie Luther und Hegel es nahelegen, verliert mit dem Respekt vor dem heiligen Ding Hostie sogleich auch den Respekt vor Dingen, Natur und Sein überhaupt.

Hegel hat auf diesen Teil der Polemik nicht reagiert und brauchte, da nicht ausdrücklich genannt, darauf auch nicht zu reagieren. Nahegelegen hätte eine auf diesen Punkt zielende Antwort aber immerhin – erwähnt Baader doch am Ende seines Essays ausdrücklich »Hegels Vorstellung einer nichtintelligenten Natur«.[10] Doch auch Baader verfehlt bewußt oder überliest willig die kaum heimlich zu nennende Pointe von Hegels Abendmahlverständnis. Dabei hat er diese Pointe explizit zitiert: »... wogegen in der lutherischen Kirche die Hostie als solche erst und nur im Genusse, d.h. in der Vernichtung der Aeusserlichkeit derselben ... zum gegenwärtigen Gott (Christi Leiblichkeit) erhoben wird.« Eine abgründige Wendung: »im Genusse, d.h. in der Vernichtung«. »Genuß« – dieses Wort dient auch lebensfrohen Lutheranern nicht eben zur gängigen Charakterisierung ihrer Einstellung zu den Abendmahlelementen. Brot und Wein machen es in ihrer quantitativen Kirchen-Dürftigkeit den Gläubigen durchaus schwer, sie hedonistisch zu be- und zu ergreifen, wie selbst der fromme Tolstoi weiß. Er läßt in seinem Roman *Anna Karenina* Darja Alexandrowna nach langer Kirchenabstinenz endlich wieder einmal das Abendmahl genießen. »Lilli, die Kleinste, war einfach reizend in ihrem naiven Staunen über alles, und es war schwer, ein

8 F. von Baader: Hegel, p. 249 Fn.
9 Ibid., p. 250
10 Ibid., p. 255

Lächeln zu unterdrücken, als sie nach Empfang des Abendmahls sagte: ›Please, some more.‹«[11]

Ein altes Motiv – schon der Renaissance-Novellist Masuccio erzählt eine atemberaubende Geschichte um das Mißverhältnis zwischen der geringen Gestalt der Hostie und ihrem unvergleichlichen Wert. Friedrich Barbarossa will unerkannt zum heiligen Grab wallfahrten. Sein Antipode Papst Alexander III. aber läßt dem Sultan von Babylon ein Porträt des Kaisers senden. Und die Intrige scheint tatsächlich aufzugehen: der Sultan läßt den weltlichen Konkurrenten des gottlosen Papstes gefangennehmen. Gegen eine riesige Ablösesumme von fünfhunderttausend Dukaten ist er nach der Entlarvung des päpstlichen Ränkespiels bereit, den Kaiser freizulassen. Und der nun hinterläßt als Pfand seiner Zahlungswilligkeit – eine konsekrierte Hostie. »Als (der Mönch) erschienen war, ließ der allerchristlichste Kaiser in Gegenwart des Sultans den Leib Christi in Frömmigkeit und mit den üblichen Zeremonien feierlich weihen, barg ihn in ein überaus feines Tabernakel und überreichte ihn mit großer Ehrfurcht und unter frommen Tränen dem Sultan.«[12] Der Kaiser zahlt zum Erstaunen des Sultans tatsächlich die riesige Summe für das unscheinbare Pfand. »Der Sultan, der die Gesandten (mit der Lösesumme) empfangen und der vollkommenen Tugend des Kaisers bei sich selbst das höchste Lob gespendet hatte, ließ alsbald das Tabernakel mit dem Leib Christi kommen, und der Kaplan nahm diesen in Gegenwart des Sultans, seiner Mamelucken und anderer Leute mit großer Ehrfurcht aus dem Schrein und genoß ihn. Da wurde das Erstaunen des Sultans noch viel größer als vorher (...) Er staunte über die Hochherzigkeit des Kaisers, der für einen so kleinen Bissen eines so geringen Kaplans einen so gewaltigen Preis bezahlt hatte.« Der Sultan und der Kaiser schließen daraufhin im Namen wahrhafter Frömmigkeit einen antiklerikalen Pakt. Und natürlich bekommt Barbarossa auch sein Geld zurück.

Ein Stück erstaunte Kindertheologie bei Tolstoi und ein Stück frühe (für den Zusammenhang von Geld und Gott hochsensible) Binnenethnologie bei Masuccio: die beiden narrativen Lehrstücke

11 Tolstoi: Anna Karenina, p. 394; Abendmahlszenen finden sich auch pp. 652, 742. Ein häufiges Motiv – cf. die zu Beginn dieses Buches ausgebreitete Passage aus Kellers: Grünem Heinrich, und aus jüngster Zeit Paul Kersten: Der Leib ist ein Laib

12 Masuccio: Friedrich Barbarossa und der Sultan; Novellino II, p. 108

kreisen in tiefsinniger Naivität um den scharfen Kontrast zwischen der geringen Gestalt der Hostie und ihrem unvergleichlichen Wert. Der Naivität oder gar der Trivialität ist Hegels Sache des Denkens sicher nicht verdächtig. Und doch will auch die *Phänomenologie des Geistes* bewußt mit dem Geringen beginnen. Denn das Geringe ist tiefsinniger, als es der Schulweisheit träumt. Haben doch selbst fressende Tiere schon einen Stand von Einsicht erreicht, der über den schlichten Empirismus des Vertrauens in sinnliche Gewißheiten deutlich hinausgeht. »In dieser Rücksicht kann denjenigen, welche jene Wahrheit und Gewißheit der Realität der sinnlichen Gewißheit behaupten, gesagt werden, daß sie in die unterste Schule der Weisheit, nämlich in die alten Eleusinischen Mysterien der Ceres und des Bacchus zurückzuverweisen sind und das Geheimnis des Essens des Brotes und des Trinkens des Weines erst zu lernen haben; denn der in diese Geheimnisse Eingeweihte gelangt nicht nur zum Zweifel an dem Sein der sinnlichen Dinge, sondern zur Verzweiflung an ihm und vollbringt in ihnen teils selbst ihre Nichtigkeit, teils sieht er sie vollbringen. Auch die Tiere sind nicht von dieser Weisheit ausgeschlossen, sondern erweisen sich vielmehr, am tiefsten in sie eingeweiht zu sein; denn sie bleiben nicht vor den sinnlichen Dingen als an sich seienden stehen, sondern verzweifelnd an dieser Realität und in der völligen Gewißheit ihrer Nichtigkeit langen sie ohne weiteres zu und zehren sie auf.«[13]

Tiere verzweifeln an der Realität, die sie verzehren und die sie verzehrt. Ob dieser Verzweiflung sind sie stumm und blicken so traurig, wie eben nur Tiere zu blicken vermögen. Menschen aber können, so sie auch nur die »unterste Schule der Weisheit« durchlaufen haben, das Verzehren des Seins bedeutend genießen. Die fundamentalsemiologische Einsicht, daß Sein bedeutend ist um seiner Zeitlichkeit, um seines Verschwindens willen, macht Menschen beredt, macht auch sie bedeutend. Paradigma dieses bedeutenden Genießens der Furie des Verschwindens ist das Essen des Brotes und das Trinken des Weins. »Im Genusse, d.h. in der Vernichtung (...)«. »Genuß« – das Hegelwort kann sich im Kontext des Abendmahls kaum auf kulinarische Umstände beziehen. Dennoch ist es ernst zu nehmen. Denn es ist im Kontext der hegelschen Abendmahllektüre immer wieder zu finden. Das schöne Wort ist

13 Hegel: WW 3, p. 91

offenbar ein Lieblingswort des Denkers, der vielen (darunter auch Baader) so geistverliebt erschien. »Genießen« – das ist gar das ultimative Wort der gesamten *Enzyklopädie*, die abschließend feststellt, daß »die ewige an und für sich seiende Idee sich ewig als absoluter Geist betätigt, erzeugt und genießt«.[14]

Die Vorstellung, die ewige Idee und der absolute Geist seien auf Genuß und auf Selbstgenuß zumal aus, ist denn doch befremdlich. Befremdlich aber ist auch, daß Hegel das Abendmahlgeschehen durchweg als einen Genuß darstellt. Noch die vergleichsweise milden Formulierungen seiner späten Systemphilosophie sind abgründig. So definieren die *Vorlesungen über die Philosophie der Religion* das Abendmahl geradezu als den »Genuß dieser Aneignung (des Göttlichen durch die Menschen, J. H.), der Gegenwärtigkeit Gottes«.[15] Der knirschende Doppelsinn dieser (wie fast aller einschlägigen) Wendung(en) Hegels ist unverkennbar: ein Genuß ist das Abendmahl demnach, weil es verzehrt, weil es tilgt, weil es »vernichtet«, was Gegenstand des Genusses wäre. Hegel nähert Genuß, Verzehren und Vernichten bis zur Verwechselbarkeit einander an. Und wieder findet sich die Kritik an den katholischen Tendenzen zur Verdinglichung dieses Abgrundes, die dogmatisch eben jene christologische Pointe verfehlen, auf die alles ankommt. Nach der katholischen »Vorstellung ist die Hostie, dieses Äußerliche, dieses sinnliche, ungeistige Ding, durch Konsekration der gegenwärtige Gott – Gott als ein Ding, in der Weise eines empirischen Dings, ebenso empirisch von dem Menschen genossen.« »Die Lutherische Vorstellung ist (hingegen nach Hegels Lektüre, J. H.), daß (...) der Genuß, das Selbstgefühl der Gegenwärtigkeit Gottes zustande kommt, insoweit und insofern die Äußerlichkeit verzehrt wird« und zwar so, daß »die Vereinigung mit Gott und das Bewußtsein dieser Vereinigung des Subjekts mit Gott (...) allein im Verzehren und Vernichten des Sinnlichen« statthat.[16]

Mit dieser Wendung greift Hegel auf seine frühen theologischen Reflexionen zurück. Er hat sie in engster Auseinandersetzung mit

14 Hegel: Enzyklopädie 577; W 10, p. 394. Nach diesen Worten folgt nur noch das griechische Zitat aus der Metaphysik des Aristoteles XII/7. Cf. zum Zusammenhang M. Theunissens: Hegels Lehre vom absoluten Geist, p. 326 sqq.

15 WW 17, p. 327. Eine veritable Theologie des postmodernen Genusses hat H. Timm vorgelegt: Das ästhetische Jahrzehnt – Zur Postmodernisierung der Religion

16 Ibid., p. 328

Hölderlin entwickelt. Insistent kreisen schon Hegels frühe Überlegungen um das Problem, das er selbst unter den Titel *Übergang zum Endlichen* stellt. »Übergang zum Endlichen« – das ist um 1800 eine unter deutschen Dichtern und Denkern auffallend verbreitete Wendung. »Das Wort Lehrjahre ist falsch«, so schreibt Novalis am 27. Februar 1799 an Caroline Schlegel, um die Tendenz seines *Ofterdingen* zu charakterisieren, »es drückt ein bestimmtes Wohin aus. Bey mir soll es aber nichts, als – Übergangsjahre vom Unendlichen zum Endlichen bedeuten.«[17] »Übergang zum Endlichen« – über diese Wendung verfügt zu dieser Zeit auch Friedrich Schlegel: »Was transcendent ist, ist notwendig auch immanent«, hält seine Notizsammlung *Philosophische Lehrjahre* fest. »Der absolute Dogmatismus bleibt notwendig beim Absoluten stehen, ohne einen Übergang zum Endlichen zu finden.«[18] Diesen Übergang gefunden zu haben, war Hegels spekulativer Stolz. Er, der 1799/1800 noch als unbekannter Dreißigjähriger Schlegels Jenaer Vorlesung über Transzendentalphilosophie hörte, hat später sein Denken, ja Denken überhaupt als Übergang und Übergehen vom Sinnlichen zum Übersinnlichen und vom Zeitlichen zum Ewigen charakterisiert.[19] Daß dieser Übergang in umgekehrter Richtung, daß also die Verendlichung des Unendlichen bzw. die Verzeitlichung des Ewigen – um zurückhaltend zu formulieren – aufregender ist, machen die späteren Paragraphen der *Enzyklopädie*, macht aber vor allem Hegels theologisches Frühwerk deutlich. Sein frühes Denken versteht Hegel nämlich ausdrücklich als den »spekulativen Karfreitag, der sonst historisch war«[20]: Hegels Philosophie ist das Denken des Mensch gewordenen und gestorbenen Gottes. Der Menschensohn ist der erlösende Gottessohn, eben weil der Gottessohn der sterbliche Menschensohn ist. Jesus ist der Christus nur deshalb, weil Christus Jesus ist.[21] Er, der wahrhaft zum Endlichen übergegangen ist, ist als der endliche, der gestorbene, der Karfreitagsgott in Brot und Wein anwesend: eben als endlich abwesender.

17 Novalis: Schriften IV, p. 281
18 Kritische-Friedrich-Schlegel-Ausgabe XVIII, p. 79. Ähnliche Notizen finden sich im gesamten Frühwerk Schlegels; parallele Formulierungen lassen sich auch bei Schelling nachweisen.
19 Enzyklopädie; WW 8, p. 131, 50
20 Glauben und Wissen; WW 2, p. 432
21 Cf. dazu Ernst Bloch: Atheismus im Christentum, bes. pp. 155-164

Nur eine Philosophie, die dieser spekulative Karfreitag ist, vermag »das ewige Dilemma der Reflexion« zu lösen, das durch Jacobis »Hauptfrage« nach Übergangsmöglichkeiten von Immanenz zu Transzendenz den nachkantischen Philosophen klar konturiert zur Thematisierung vorlag: »wie kommt die Kantische Philosophie a priori zu einem Urteil, wie bringt sie das Absolute zur Geburt der Endlichkeit, die reine Zeit zu Zeiten, den reinen Raum zu Räumen? Das ewige Dilemma der Reflexion ist dieses: erkennt die Philosophie einen Übergang aus dem Ewigen ins Zeitliche, so ist leicht zu zeigen, daß sie das Zeitliche ins Ewige selbst setzt und also das Ewige zeitlich macht; erkennt sie diesen Übergang nicht, setzt sie das absolute Zugleich der Totalität für intuitive Erkenntnis, so daß das Differente nicht in der Form von Teilen und zeitlichen Wesen vorhanden ist, so ist sie mangelhaft, denn sie soll das Zeitliche, Bestimmte und Einzelne auch haben und erklären.«[22]

Diesem Dilemma zwischen einer empiristischen Philosophie, die rein zeitlich ist und alle Ansprüche an transzendent(al)e Gültigkeit abstreift, die also aufhört, Philosophie zu sein, und einer Philosophie, die metaphysische Theologie bleibt und deshalb über Bestimmtes keine angemessenen Urteile fällen kann, wird nur ein Denken gerecht, das doppelt prozediert. Und Hegels Formulierung des Problems ist ersichtlich doppeldeutig, doppelsinnig. Wie das Absolute es zur Geburt der Endlichkeit bringt, hat demnach damit zu tun, wie eine Philosophie des Apriori zu bestimmten Urteilen (bzw. zu Urteilen über Bestimmtes) kommt, wie aus reiner Zeit und reinem Raum als apriorischen Formen der Anschauung bestimmte Zeiten und Räume und bestimmte Urteile über raumzeitlich Bestimmtes hervorgehen können. Das aber heißt nichts anderes als: Hegel historisiert (gegen Kant und gegen Jacobi) das Absolute und mit ihm jedes Apriori. Post Christum (wie auch post Luther und post 1789) gilt eine andere transzendentale Ästhetik, Analytik und Deduktion als vor dem Leben und Sterben des Gottessohns.

Daß das Transzendent(al)e historisch ist, hat die Geschichte des gestorbenen Gottessohnes auch den Nicht-Philosophen offenbart. Diese Geschichte aber ist (auch für und bei Philosophen) buchstäblich unerhört. Deshalb ist der frühe Hegel lange vor der Leben-Jesu-Forschung an phänomenologischer Sachlichkeit interessiert und ausdrücklich entschlossen, die totemistische Geschichte

22 Hegel: Glauben und Wissen, p. 366

der Auslegung dieses unerhörten Ereignisses auszublenden. Hermeneutische Dogmatik nämlich macht aus einem bemerkenswerten Ereignis ein Pseudo-Gebot, das eine Sekte Gott in den Mund legt. »Wenn man, ohne durch dogmatische Begriffe die Gabe der Auslegung geschärft zu haben, die Geschichte des letzten oder einiger (der) letzten Abende liest, die Jesus noch im Schoße der vertrauten Freundschaft zubrachte, so findet man die Unterhaltung sicher erhaben«[23] – doch findet man keinen kultisch-rituellen Stiftungsakt, sondern vielmehr eine Szene, die keinen Zweifel daran aufkommen läßt, daß »Jesus das jüdische Passah zum letzten Male mit ihnen (den »Freunden«) feiert, sie dabei erinnert, (...) seiner, ihres treuen Freundes und Lehrers, der nicht mehr in ihrer Mitte sein werde, zu gedenken, beim Genuß des Brotes sich seines für die Wahrheit aufzuopfernden Leibes, beim Genuß des Weines seines zu vergießenden Blutes sich zu erinnern. (...) Diese menschliche Bitte eines Freundes, der von seinen Freunden Abschied nimmt, wurde bald von den zur Sekte gewordenen Christen in ein Gebot, das den Befehlen der Gottheit gleich ist, (...) verwandelt.«

23 Hegel: Die Positivität der christlichen Religion, WW 1, p. 128

Dieser historisch präzisen Rekonstruktion entspricht die Sachlichkeit von Hegels Abendmahl-Lektüre.[24] »Der Abschied, den Jesus von seinen Freunden nahm, war die Feier eines Mahls der Liebe; Liebe ist noch nicht Religion, dieses Mahl also auch keine eigentliche religiöse Handlung«[25], so stellt Hegels 1799 entstandene Abhandlung *Vom Geist des Christentums* bündig fest. Jesu Abendmahl ist also keine institutionell-religiöse Handlung, wohl aber eine semiologische und genauer: eine ontosemiologische. Hegels einschlägige Begrifflichkeit könnte linguistischer kaum sein: »Das gemeinschaftliche Essen und Trinken ist hier nicht das, was man ein Zeichen nennt; die Verbindung zwischen Zeichen und Bezeichnetem ist nicht geistig, Leben, es ist ein objektives Band; Zeichen und Bezeichnetes sind einander fremd, und ihre Verbindung ist außer ihnen nur in einem Dritten, eine gedachte. Mit jemand essen und trinken ist ein Akt der Vereinigung selbst, nicht ein konventionelles Zeichen«[26]. Von konventionellen Zeichen im zweifachen Sinn (nämlich von Zeichen im herkömmlichen Sinn und von Zeichen, die durch Konvention, durch Übereinkunft entstehen) unterscheiden sich die Abendmahlelemente zweifach: erstens durch ihre »Objektivität«; in Brot und Wein fallen Sinn und Sein, Zeichen und Bezeichnetes, ansonsten nur geistig im Dritten des »konventionellen« Denkens verbunden, zusammen; ihre Verbindung ist ein »objektives Band«; »die Heterogenen sind aufs innigste verknüpft«.

Dieses Band, dieser »Akt der Vereinigung«, dieses innigste Verknüpftsein aber wird zweitens hergestellt durch seine Aufhebung. Brot und Wein sind, eben weil sie verzehrt werden, mehr, als sie sind. Um ihres Übergangs zu ihrem Nichtsein willen eignet ihnen, den objektiven und in ihrer Objektivität zu vernichtenden Elementen, ein ontosemiologischer Mehrwert. Er verbi/ürgt den Zusammenfall von Sein und Zeichen. »So ist, objektiv betrachtet, das Brot bloßes Brot, der Wein bloßer Wein; aber beide sind noch mehr« – nämlich seiende, nicht bloß geistige Zeichen. Doch das sind sie – Hegel ist eben strikter Antikatholik – nicht als positive,

24 Die folgenden Ausführungen verdanken Werner Hamachers eindringlicher Studie »pleroma« mehr, als viele Fußnoten dokumentieren können. Cf. zum Folgenden auch die Untersuchung zu Hegels Bildungsbegriff unter dem schönen Titel: The spirit and his letter, von J. H. Smith, bes. p. 134 sq.

25 Hegel: Der Geist des Christentums, ed. W. Hamacher, p. 463

26 Dieses und die weiteren Zitate ibid., p. 463 sqq. bzw. WW 1, p. 365 sqq.

sondern als zu verzehrende Objekte: »sie selbst als Objekte verschwinden«. Dieses ihr Verschwinden erst macht Brot und Wein bedeutsam. »Das Mystische der (gemeinsam verzehrten, J. H.) Stücke«, die sich wie Bruchstücke eines Ringes zu einem ontosemiologischen Ganzen fügen, besteht eben in ihrem Verzehr. Der »Akt der Vereinigung« ist demnach eins mit dem Akt der »Vernichtung«. Man muß diese in jedem Sinne phänomenologische Abendmahllektüre theologisch zurückübersetzen, um ihre Brisanz zu erkennen: Golgatha ist nicht etwa die conditio sine qua non des Heils, sondern ist selbst das Heil. Hegels Notiz endet denn auch mit einer Wendung, die an Klarheit nichts zu wünschen übrigläßt: im Abendmahl »war etwas Göttliches versprochen, und es ist im Munde zerronnen«.

Hegel ist ein militanter Theologe, nein: Philosoph, nein: Ontosemiologe des Karfreitags. Im spekulativen Karfreitag seines Denkens erfüllt sich der historische Karfreitag. Der spekulative Karfreitag aber hat »das Gefühl (auf den Begriff zu bringen), worauf die Religion der neuen Zeit beruht – das Gefühl: Gott selbst ist tot«.[27] Hegel lag an dieser skandalösen Formel, als deren Erfinder so regelmäßig wie unzutreffend Nietzsche genannt wird. Er hat sie noch spät in seinen *Vorlesungen über die Philosophie der Religion* wiederholt – unter dem Schutz eines deutlich verfälschten Zitats: »›Gott selbst ist tot‹, heißt es in jenem lutherischen Liede; dies Bewußtsein drückt dies aus, daß das Menschliche, das Endliche, Gebrechliche, die Schwäche, das Negative göttliches Moment selbst ist, in Gott selbst ist; daß das Anderssein die Einheit mit Gott nicht hindert.«[28] Hegels Zitattechnik war bekanntlich nicht eben verläßlich. Das Lied, das er hier (vielleicht nicht ohne List) durch Entstellung auf sein Niveau hebt, stammt nicht von Luther, sondern von Johann Rist, und lautet in der zweiten Strophe: »O große Not! Gotts Sohn liegt tot. Am Kreuz ist er gestorben; hat dadurch das Himmelreich uns aus Lieb erworben.«[29]

Auf Hegels Niveau ist dieses Lied kaum. Wohl aber Hölderlins christlich-dionysische Poesie. Mit Hegels Abendmahlanalyse hat

27 Hegel: WW 2, p. 432
28 Hegel: WW 17, p. 297. Cf. auch die Wendung »Gott ist gestorben« in der: Phänomenologie des Geistes (WW 3, pp. 547, 572)
29 Hier zitiert nach dem Evangelischen Gesangbuch für Rheinland und Westfalen, Lied 43, p. 44. Die Geschichte des evanglischen Abendmahlliedes hat A. E. Buchrucker (1951/52) dokumentiert.

sie nicht zuletzt den Impuls gemeinsam, »das Essen der (toten) Gottheit« nicht als »große Not«, sondern als Akt eines ontosemiologischen Enthusiasmus zu begreifen. Für diesen Enthusiasmus steht – wiederum lange vor Nietzsche – bei Hölderlin und auch bei Hegel Dionysos ein. Auf den »mystischen Bacchus und Ceres« verweist, um an rechte, nämlich »nicht bloß symbolische« Weisen des Essens und Trinkens zu erinnern, noch Hegels religionsphilosophisches Vorlesungsmanuskript von 1821.[30] Wie Hegel denn überhaupt daran interessiert ist, Christus mit Johannes dionysisch zu verstehen. »Die Individuen«, so heißt es schon in Hegels *Wastebook* (1803-06), werden bei der Anbetung einer Gottheit im Kunstwerk »zu Gliedern der objektiven Einheit. Sie schlägt, wie Kybele, die große Mutter der Götter, selbst die Pauken, sonst wirkt sie in stiller unbewußter Kraft. So genießt sich die Gottheit ihrer selbst, und der Mensch hat sich mit ihr identifiziert. Übersprungen ist dieser Genuß im *Essen der Gottheit* (Hv. Hegel), aber es drückt tief den unendlichen Schmerz, das völlige Zerbrechen des Innersten aus. Gott opfert sich auf, gibt sich der Vernichtung hin. Gott selbst ist tot; die höchste Verzweiflung der völligen Gottverlassenheit.«[31]

Unablässig hat Hölderlins eucharistische Poesie[32] sich darum bemüht, die Spannung zwischen dem dionysischen Genuß, in dem der Mensch sich mit der Gottheit identifiziert, und der christlich ermöglichten und neuzeitlich entfalteten »Verzweiflung der völligen Gottverlassenheit« zu vermitteln. Dieser Vermittlungsversuch ist so faszinierend wie hochriskant. Denn Hölderlins Dichtung stellt sich ins Zeichen nicht etwa verzweifelter Gottverlassenheit, sondern der Verzweiflung über die Rücknahme gottmenschlicher Identität im christlichen Auferstehungsglauben. Hölderlins Verse trauern der Anverwandlung von Himmel und Erde nach, die mit der Menschwerdung und dem Tod Gottes möglich schien und die im Auferstehungsdogma zurückgenommen wurde. Wie Hegels Religionsphilosophie versteht Hölderlins Dichtung die Geschichte der Eucharistie-Deutung als Verkennung dessen, was das

30 Hegel: Religionsphilosophie, ed. Ilting, p. 695
31 Hegel: WW 2, p. 563
32 Das folgende ist eine überarbeitete und gekürzte Fassung meines Essays: Dichtung als Eucharistie – Zum Motiv »Brot und Wein« bei Hölderlin, p. 67 sqq. Den beiden Hölderlinbüchern von R. Nägele verdankt diese überarbeitete Fassung viele Anregungen.

Essen des Brotes und das Trinken des Weines eigentlich bedeuten und sind: nämlich die Vernichtung der überweltlichen Präsenz Gottes, die zu behaupten nun einmal das theologische Geschäft ist, dem Hölderlin sich hartnäckig verweigerte. So stellen sich ihm die eucharistischen Elemente als seiende Zeichen nicht der Präsenz, sondern der Absenz Gottes dar. »Täglich«, so schreibt Hölderlin zur Zeit der Arbeit an seiner Elegie *Brod und Wein* an Susette Gontard, »täglich muß ich die verschwundene Gottheit wieder rufen«.[33] Anders als das »seelige Griechenland« (V, v. 55)[34], das eine schöne Pluralität discurrierender Götter kannte, die »das strömende Wort gönnen« (VI, v. 34), steht nämlich das theologisch überformte Christentum im Bann einer monopolisierenden Todesgottheit, die als abwesende einst erneut präsent zu sein verspricht und so alle Aufmerksamkeit auf sich zentriert.

Der theologisch zentrale auferstandene Christus ist von anderen und zumal von griechischen Göttern nicht zuletzt durch seine »Todeslust« unterschieden. Hölderlin hat allen Grund, sich als »kühn« zu charakterisieren, wenn er in seiner Hymne *Der Einzige* gegen die hierarchisch-zentralistischen Effekte des Monotheismus andichtet und ausruft:

> Denn zu sehr,
> O Christus! häng' ich an dir, wiewohl Herakles Bruder
> Und kühn bekenn' ich, du bist Bruder auch des Eviers, der
> Die Todeslust der Völker aufhält und zerreißet den Fallstrick.[35]

Anders als sein älterer Bruder, der Evier Dionysos, ist der theologisch stilisierte Christus ein Gott der »Todeslust«. Macht er doch den Tod als Möglichkeitsbedingung von Auferstehung attraktiv. Ohne skandalöse, ohne quasi-gnostische Abwertung von Sein und Leben ist das Auferstehungsdogma des zumindest latenten Selbstmörders Christus einfach nicht plausibel. »Todeshelden«[36] um sich versammelnd und »beim Geheimnisse des Weinstoks (...) ruhigahnend den Tod Aus(sprechend)«[37], ist Christus für Hölderlin nur mit einem »Schreckenswort« zu bezeichnen: »lebendig Tod-

33 Stuttgarter Ausgabe (künftig: STA) Bd. 6/1, p. 336
34 Eingeklammerte Versangaben beziehen sich hier und künftig auf Hölderlin: Brod und Wein (Textstufe V bzw. VI nach der Frankfurter Hölderlin-Ausgabe Bd. 6)
35 Der Einzige – zweite Fassung, STA 2/1, p. 158, vv. 50-53
36 Patmos – erste Fassung; STA 2/1, p. 168, v. 105
37 Ibid., p. 167, vv. 81, 83 sq.

ter«.[38] Dennoch, ja deshalb birgt er ein Versprechen. Als die schlechthin widersprüchliche Figur eines gestorbenen Gottes leistet der Christus, den Hölderlins Dichtung von theologischen Entstellungen befreien will, womit die antiken Götter nur spielten, um es dann stets zu verweigern: den Übergang vom »Unendlichen zum Endlichen«.[39]

Und siehe! was du verschwiegest,
Der Zeiten Vollendung hat es gebracht.
Wohl wußtest du es, aber nicht zu leben, zu sterben warst du gesandt.[40]

Hölderlins Dichtungen wollen nach der Zeiten Vollendung den sterblichen Karfreitagsgott wiedereinsetzen, den der auferstandene Christus vergessen macht; sie wollen rückgängig machen, was mit dem Erscheinen, dem Tod und der Auferstehung Christi urszenisch verfehlt wurde. Der am Kreuz gestorbene Gottessohn hat den »Übergang vom Unendlichen zum Endlichen« befreiend geleistet; er hat den Chorismos von Göttern und Menschen, von Unsterblichen und Sterblichen überwunden. Deshalb könnte er wahrhaft der Gott der Befreiung vom paradigmatischen Herrschaftsgefälle zwischen Ewigem und Zeitlichem sein. Dieser geschichtsphilosophischen Intuition hat Hölderlin mit einem bemerkenswerten logischen Argument sekundiert: ein unsterblicher Gott kann danach kaum das gängige Prädikat der Allmacht für sich in Anspruch nehmen. Denn er vermag zumindest eines schon qua definitionem nicht: zu sterben. Dann aber darf er nicht allmächtig heißen.

Denn nicht vermögen
Die Himmlischen alles. Nemlich es reichen
Die Sterblichen eh' an den Abgrund. Also wendet es sich, das Echo
Mit diesen.[41]

Die Auferstehung Christi stellt jenes Opfer heischende Gefälle zwischen Himmel und Erde wieder her, das am Kreuz sein Ende zu finden schien. Der auferstandene Christus: das ist gewissermaßen die theologische Üblichkeit, die mit dem Tod des Gottessohnes überwunden zu sein schien. Der gestorbene, der tote Gott: das ist eine theologisch schwer zu überbietende Pointe, die alle poeti-

38 Brief an Susette Gontard; STA 6/1, p. 337
39 Das untergehende Vaterland; FA 14, p. 176
40 Friedensfeier – erster Ansatz; STA 2/1, p. 132, vv. 70-73
41 Mnemosyne – zweite Fassung; STA 2/1, p. 195, vv. 12-15

sche und semiologische Aufmerksamkeit verdient. Hölderlins Poetheologie kann dank ihrer unvergleichlichen Aufmerksamkeit für diese Ungeheuerlichkeit verdeutlichen, daß das Transzendent(al)e historisch ist: das »Echo« und somit die poetische Chiffre der Möglichkeit des erstaunten Sich-selbst-Vernehmens, einer modifizierten Verdoppelung, einer Identität von Identität und Differenz wendet sich allein mit den Sterblichen, die an den Abgrund reichen. Transzendentale und im doppelten Wortsinne selbstbewußte Subjektivität ist Subjektivität nach dem Tod des transzendenten, ewigen Sinnzentrums. Hölderlin verdichtet nicht nur in diesen Zeilen Geschichtsphilosophie und transzendentale Erkenntnistheorie. Denn er weiß mit Spinoza, Kant und Fichte, daß »omnis determinatio est negatio« – daß nur relational Verfaßtes (wie das Echo, das immer Echo von einer Stimme oder dgl. ist) selbstbezüglich sein kann und daß somit Endlichkeit die ontologische Möglichkeitsbedingung von Selbsterfahrung überhaupt ist.

So hat Hölderlins Elegie *Brod und Wein* allen Grund, den Karfreitagschristus als den Vollender der griechischen Götterwelt zu stilisieren. Hölderlins Verse deuten das Kreuzesgeschehen positiv als die Erfüllung, als das pleroma[42] der Verschränkung von Himmlischen und Irdischen, wie griechische Mythologie und Mysterien sie so kultivierten, daß »fast ... Unheiliges heilig ward« (V, v. 79). Die olympischen Götter[43], so will es Hölderlins poetisches Abendmahl, gesellten sich erst, von diesen noch »unempfunden«, zu den Menschen; sodann ließen sie einige »Gaaben« zurück und ermöglichten damit die »Freude« des Daseins; schließlich kamen sie »in Wahrheit« selbst und steigerten dadurch Freude zum »Glükk«, zum Glück ob der pantheistischen Rücknahme der Differenz von Unendlichkeit und Endlichkeit. Und so bereiteten sie das kairologische Ereignis vor, das die sechste und siebte Strophe von *Brod und Wein* nur zu gerne als Vollendung des Vereinigungsfestes von Himmel und Erde feiern würde, wenn es nicht verfehlt wäre:

> Oder er kam auch selbst und nahm des Menschen Gestalt an
> Und vollendet und schloß tröstend das himmlische Fest.
> Aber Freund! wir kommen zu spät. Zwar leben die Götter
> Aber über dem Haupt droben in anderer Welt. (V, vv. 107-110)

42 Cf. die eindringliche Studie von W. Hamacher

43 Cf. F. Beissner: Hölderlins Götter und B. Böschenstein: Dionysos

Statt also den festlichen »Übergang zum Endlichen« wahrhaft zu vollenden, macht das Erscheinen Christi in Menschengestalt dem Prozeß der Anverwandlung von Himmel und Erde[44] ein Ende, sofern es in der Auferstehung die klassische Gott-Mensch-Differenz wiederherstellt. Der auferstandene, theologisch zubereitete Christus bricht das Versprechen des historischen, des vollends sterblicher Mensch gewordenen Jesus Christus. Der Auferstandene schafft erneut die Differenz, die er (fast) überwunden hatte und später erneut einmal zu überwinden verspricht. Damit aber erklärt er die Welt, deren immanente und notwendig temporal-endliche Bedeutsamkeit mit dem Tode Gottes zu sich kam, erneut zum bedeutungslosen, erlösungsbedürftigen Fall – ein Rückfall, der noch die aleatorische Bedeutungs-, Stimm- und Bilderfülle der Antike zum Verstummen und Erblassen bringt:

Aber wo sind sie? wo blühn die Bekannten, die Kronen des Festes?
Thebe welkt und Athen (...)
Warum schweigen auch sie, die alten heiligen Theater?
Warum freuet sich denn nicht der geweihete Tanz?
(V, vv. 99 sq., 103 sq.)

Die Welt verstummt, wenn sie ihre Bedeutsamkeit heteronom aus dem erneut transzendentalisierten Gottesreich bezieht. Mit Christi Menschwerdung aber wäre an der Zeit gewesen, was der Schlußvers der fünften Strophe beschwört: eine vollends mundanisierte Ontosemiologie, die frei wäre von jeder herrschaftstheologischen Ableitung: »Nun, nun müssen dafür Worte, wie Blumen entstehn« (v. 90). Brot und Wein können, wenn sie in der rechten Weise genossen werden, solche Worte sein. Aus einem herrschaftstheologisch sanktionierten Ritual, in dem (wie es im bereits zitierten Brief an Susette Gontard unter deutlicher Anspielung auf das Abendmahl heißt) »der Genius des einen den anderen verzehr(t)«[45], kann dann eine Friedensfeier zwischen Göttern und Menschen und von Menschen untereinander werden: »Und gönnen sie die Nahrung nur gegenseitig einander, so leben und leuchten ja beide, und keiner verzehrt den andern«.[46] »Der Allversam-

44 Cf. M. Heidegger: Hölderlins Erde und Himmel
45 STA 6/1, p. 337
46 Ibid. Auch diese Stelle ist geeignet, die Angemessenheit von Adornos These zu belegen, die »metaphysische Passivität« als Index gelungener Versöhnung in Hölderlins spätem Denken bestimmt.

melnde«[47], der die Jünger und die eschatologische Gemeinde beim Abendmahl um seinen todesbereiten Leib konfiguriert, wird in Hölderlins »Friedensfeier« dezentriert. Denn er wird selbst zum Geladenen eines »Gastmahls«, das ans platonische Symposion anknüpft und das »Liebeszeichen, das Zeugnis« von Brot und Wein aus der zentrierenden Perspektive auf den »Einzigen« befreit. Auch die Elegie *Brod und Wein* pluralisiert die Abkunft wie die Verweisung der eucharistischen Elemente:

> Brod ist der Erde Frucht, doch ists vom Lichte gesegnet,
> Und vom donnernden Gott kommet die Freude des Weins.
> Darum denken wir auch dabei der Himmlischen.
> (VI, vv. 139-141)

Diejenigen, die beim Genuß von Brot und Wein nicht an die, sondern an den einen Himmlischen denken, erinnert Hölderlin an »die Himmlischen« und an Dionysos zumal. Wie Christus ist er ein Gott des Weines und ein »kommender Gott«, anders als Christus aber will er nicht der eine Weg, die eine Wahrheit und das eine Leben sein. Deshalb erinnert Hölderlin Christus an seine Vorgeschichte und an seine Abkunft. Auch der johanneische Christus kommt von dort her, »wo / Thebe drunten und Ismenos rauscht, im Lande des Kadmos, / Dorther kommt und zurück deutet der kommende Gott« (V, v. 50 sq.). Eine entschiedenere und schönere Dissemination seiner bannenden Zukunftsfixierung könnte Christus nicht erfahren. Nicht länger verweist er in Hölderlins heiterer Deutung die verzagte, trauerndernste Gemeinde von Todeshelden auf eine ferne Erlösung, die einer eschatologischen Ordnung angehört. Vielmehr initiiert deutende Dichtung den Gott, der sich theologisch mißverstehen ließ, in das Geheimnis des Kultes, den er gestiftet zu haben glaubt. So entfernt Hölderlin die Figur Christi aus dem christologischen Kategorienrahmen, um den Menschen- und Gottessohn in jenen dionysischen Kontext zu »verpflanzen«, in dem aus dem trauernden der lachende Gott wird: »Dorther kommt und da lachet verpflanzet, der Gott« (VI, v. 54), so lautet die Wendung in der radikalen spätesten Überarbeitung. Sie gibt ihre a-topisierende, disseminierende Verfahrensart in der Schlußstrophe deutlich zu erkennen:

47 Friedensfeier, STA 3, p. 536, v. 103

... nemlich zu Hauß ist der Geist
Nicht im Anfang, nicht an der Quell. Ihn zehret die Heimath.
Kolonien liebt, und tapfer Vergessen der Geist.
(VI, vv. 154-156)

In Brot und Wein verdichten sich Sinn und Sein zu einer verzehrenden Einheit. Das Abendmahl, in dem Hölderlin Dionysos, Christus und die Menschen vereint, ist ein Fest des Seins, das bedeutsam ist um seiner Zeitlichkeit willen.

12. Der erlöste Erlöser: Die Inversion des Abendmahls

Im *Komischen Anhang zum Titan* läßt Jean Paul den Erzähler von seinen Erlebnissen im Refektorium eines Nonnenklosters berichten. Die dortige Kost scheint gut zu sein, sind die Nonnen doch mit einer bemerkenswerten Ausnahme durchweg »fett«. »Die Vorsprache eines infulierten (also zum Tragen der Mitra berechtigten, J. H.) Abtes, dem ich einen Pater zugewiesen, der die Messe unter allen jetzt lebenden Patribus am schnellsten lesen konnte, bahnte mir den Weg ins Refektorium, wo mir unter Nonnen, die sämtlich fett waren, nur die gefiel, die beides noch nicht war, weil sie erst Novize war (...). Ich werde es nie vergessen, daß das zarte blasse stille Gesicht allein einen hölzernen Teller voll Linsen vor sich hatte, um mortifiziert zu werden.«[1] Diese ernste Ausnahmegestalt, die noch nicht fett und noch nicht Nonne ist, diese Novizin, die da allein ein Linsengericht zu sich nimmt und der Mortifikation ihrer weiblichen Möglichkeiten harrt, ist offenbar in schlechter Gesellschaft. Schlecht ist diese Gesellschaft nicht zuletzt deshalb, weil sie sich, ihr Tun und ihre Riten nicht mehr ernst nimmt. Dafür zeugt schon das Prestige des Paters, der die Messe artistisch schnell zu zelebrieren vermag. Ihm hat Jean Paul eine Fußnote (nach »am schnellsten lesen konnte«) gegönnt, in der es heißt: »Die höhere katholische Geistlichkeit schätzte hierin das Prestissimo, die Behendigkeit, die zu allen Verwandlungen gehört, von den theatralischen an bis zu dem Hokuspokus und zum hoc est corpus meum, wovon jenes Wort soll abgeleitet sein.«

Die Wandlung, die aus Brot einen präsenten Götterleib, ein für sich selbst sprechendes »hoc est corpus meum« hervorzaubert, gilt Jean Paul (und nicht nur ihm) als Hokuspokus.[2] Offenbar knüpft

1 Jean Paul: WW 3, p. 879 sq. Für den Hinweis danke ich Peter Rau.

2 Die von Jean Paul vorsichtig behauptete Etymologie von »Hokospokus« aus »hoc est corpus meum« ist schon bei Fischart angedeutet. Doch sie ist umstritten. Favorisiert wird meist die Herleitung aus der im 16. Jahrhundert verbreiteten Zauberformel »hax pax max deus adimax«. Cf. hierzu vor allem den (Jean Paul nicht erwähnenden) Artikel »Hokuspokus« im Grimmschen Wörterbuch, wo es heißt (Bd. 4/2, Sp. 1732): »die bisherigen erklärungsversuche des wortes haben theils auf einen möglichen zusammenhang mit ochse und bock als opferthieren hingewiesen, theils auch eine verstümmelung der abendmahlformel hoc est corpus meum darin ge-

diese barsche Verwerfung an Kants und Fichtes Kritik des eucharistischen »Fetischglaubens« (cf. oben Kap. 10) an. Diese Kritik ist für die realistische Literatur des 19. Jahrhunderts bestimmend (cf. z.B. die Ausführungen zu Gottfried Keller, der seinen Helden begeistert Jean Pauls Prosa lesen läßt / Kap. 2). Und sie ermöglicht auch verblüffend elegante Anknüpfungsverhältnisse zwischen der Transzendentalphilosophie und dem Materialismus, wie Feuerbach ihn ein halbes Jahrhundert nach Kant und Fichte paradigmatisch vertritt. Auf einmal scheint alles, was Brot und Wein betrifft, ganz einfach, und umgekehrt die frenetische Aufmerksamkeit, mit der Hegel und Hölderlin das Abendmahl lesen, ein schwer verständlicher Anachronismus zu sein.

Doch auch Feuerbach nimmt das Abendmahl durchaus ernst. Er versteht seine 1841 erschienene Schrift über *Das Wesen des Christentums*, die nicht nur auf Gottfried Keller und Richard Wagner tiefen Eindruck machte, ausdrücklich »als eine sachgetreue, ihrem Gegenstand sich aufs strengste anschließende, historisch-philologische Analyse – die Selbstenttäuschung, das Selbstbewußtsein der Religion«[3], deren mundane Weisheit es gegen ihre theologisch dogmatischen (mit Feuerbachs Lieblingswort: »supranaturalistischen«) Überformungen zu schützen gilt. Mit durchaus religiöser Inbrunst und einem festen »Amen« schließt denn auch Feuerbachs Schrift: »Wein und Brot gehören zu den ältesten Erfindungen. Wein und Brot vergegenwärtigen, versinnlichen uns die Wahrheit, daß der Mensch des Menschen Gott und Heiland ist. / Das Essen und Trinken sind die Mysterien des Abendmahls – das Essen und Trinken sind in der Tat an und für sich selbst religiöse Akte; sie sollen es wenigstens sein. Denke daher bei jedem Bissen Brotes, der dich von der Qual des Hungers erlöst, bei jedem Schlucke Wein, der dein Herz erfreut, an den Gott, der dir diese wohltätigen Gaben gespendet – an den Menschen! Aber vergiß nicht über der Dankbarkeit gegen den Menschen die Dankbarkeit gegen die heilige Natur! Vergiß nicht, daß der Wein das Blut der Pflanze und das Mehl das Fleisch der Pflanze ist, welches dem Wohle deiner Existenz geopfert wird! Vergiß nicht, daß die Pflanze dir das Wesen der Natur versinnbildlicht, die sich liebevoll dir zum Genusse hingibt! Vergiß also nicht den Dank, den du der natürlichen Qua-

sucht. (...) dem steht jedoch das erste auftauchen des wortes als eigenname entgegen« – nämlich in der Schrift des *Hocus Pocus junior* von 1634.

3 Feuerbach: WW 5, p. 410 (Vorwort zur 2. Aufl. von 1843)

lität des Brotes und Weines schuldest! (...) Heilig sei uns darum das Brot, heilig der Wein, aber auch heilig das Wasser! Amen.« (325 sq.)[4]

Das vierfache »Vergiß nicht!« macht unverkennbar deutlich, daß das und daß jedes Abendmahl auch für Feuerbach ein Mahl der Erinnerung und des Eingedenkens ist. Das im rechten Naturgeiste verzehrte Mahl wehrt wenn nicht mit Heideggerschem Tiefsinn der Seinsvergessenheit, so doch mit daseinsfreudiger Heiterkeit immerhin der Naturvergessenheit, die die Signatur des geistverliebten Christentums und der geistfetischistischen Neuzeit ist. Das Essen des Brotes und das Trinken des Weines erinnern den Menschen daran, daß auch er ein Element der Natur ist, mit der er im Stoffwechsel steht. »Der göttliche Leib in der Büchse des katholischen Priesters« (287) macht hingegen durch theologische Überformung diese einfache Wahrheit vergessen. Der rituell abgesonderte, verehrte Götterleib setzt nämlich die zackige Demarkationslinie allererst ein, die er doch überwinden soll: die zwischen »Bedeutendem und Bedeutetem«.

Fraglos hat (wie seine zeichentheoretische Terminologie bezeugt) Feuerbach das ontosemiologische Versprechen von Brot und Wein verstanden – als ein Sich-versprechen. »In der Ekstase der Inbrunst« (aber eben nur dort) wird »das Bedeutende zum Bedeuteten selbst«. Das Brot »soll nicht Fleisch bedeuten, sondern sein. Aber dieses Sein ist ja eben kein fleischliches; es ist selbst nur geglaubtes, vorgestelltes, eingebildetes Sein, d.h., es hat selbst nur den Wert, die Qualität einer Bedeutung (sic: nur den Wert ... einer Bedeutung, J. H.). Ein Ding, das für mich eine besondere Bedeutung hat, ist ein andres in meiner Vorstellung als in der Wirklichkeit. Das Bedeutende ist nicht selbst das, was damit bedeutet wird. Was es ist, fällt in den Sinn, was es bedeutet, nur in meine Gesinnung, Vorstellung, Phantasie, ist nur für mich, nicht für den andern, nicht objektiv da.« (287 sq.)

Was nicht objektiv da ist, kann gleichwohl projiziert, eingesetzt und also im Wortsinne instituiert werden: eingesetzt von und durch Institutionen. Sinn und Bedeutung begreift Feuerbach als ein solches Institut. Und dieses Institut erscheint um so notwendiger, je unplausibler ursprüngliche Verschränkungen von »Bedeu-

4 Ibid., p. 325 sq. (Seitenangaben aus dem: Wesen des Christentums, künftig eingeklammert im laufenden Text)

tendem und Bedeutetem« sind. Wer diese zackige Grenze zwischen Signifikant und Signifikat aufheben zu können glaubt, begeht gröbste Kategorienfehler. Eben dies aber tut »die religiöse Syntax« (283) geradezu systematisch. Sie konfundiert mit den semiologischen Grundkategorien Bedeutendes und Bedeutetes auch Materie und Geist, Subjekt und Prädikat, Wirklichkeit und Phantasie, Wissen und Glauben. Die religiöse Syntax zahlt für ihr ungeheures Versprechen einen hohen Preis – sie verspricht sich und driftet in Unhaltbarkeiten ab. Doch auch die Kritik an dieser supranaturalistischen Konfusion hat, um materialistisch zu sprechen, einen hohen Preis. Und der Preis für Feuerbachs radikale Kritik an der eucharistischen Ontosemiologie ist – Trivialität. Die Trivialität nämlich, daß Sein (aller Naturverehrung zum Trotz) nicht länger als an sich selbst bedeutsam erscheint.

Feuerbach hat diese Konsequenz verdrängungsfrei akzeptiert. Im Vorwort zur zweiten Auflage seiner Schrift von 1843 setzt er sich mit seinen Kritikern auseinander, die seiner Lehre zurufen: »Wie ›wässerig‹, wie trivial! Jawohl, sehr trivial. (...) Die Bosheit (meiner Kritiker) hat hieraus (aus der Kritik der Sakramente Taufe und Abendmahl) den lächerlichen Schluß gezogen: Baden, Essen und Trinken sei die summa summarum, das positive Resultat meiner Schrift. Ich erwidere hierauf nur dieses: Wenn der ganze Inhalt der Religion in den Sakramenten enthalten ist, es folglich auch keine anderen religiösen Akte und Handlungen gibt, als die bei der Taufe und beim Abendmahl verrichtet werden, so ist allerdings auch der ganze Inhalt und das positive Resultat meiner Schrift: Baden, Essen und Trinken.« (409 sq.) Das christliche Zentralsakrament so unbestechlich materialistisch und positivistisch zu analysieren, ist gewiß ein reizvolles Geschäft – auch heute noch. Der peinlich zu tragende und durchaus triviale Erdenrest selbst des himmlischsten Sakraments tritt geradezu kraß in Erscheinung, wenn man z.B. im *Kirchlichen Anzeiger für die Erzdiözese Köln* Stück 17, 116. Jahrgang, vom 1. Juni 1976 den Erlaß Nr. 254 des Herrn Erzbischof liest: »Verordnung über den Gebrauch von Wein bei der Eucharistiefeier (Meßwein) für alle (Erz-)Bistümer in der Bundesrepublik Deutschland.« In diesem Erlaß heißt es u.a.: »Qualitätsweine b.A. können zur Feier der hl. Eucharistie benutzt werden. Die Anreicherung dieser Weine darf nur als Trockenzuckerung erfolgen, und zwar in den z.Zt. gültigen Grenzwerten des Europäischen und Deutschen Weinrechts. Naßzuckerung ist für die Bereitung von Meßwein ausdrücklich verboten.« Darauf folgen viele Verweise auf das deutsche und europäische Weinrecht sowie Hinweise auf Sonderbestimmungen für ausländische Weine: »1. Weine aus Ländern der Europäischen Gemeinschaft: Diese Weine müssen wie seither ein Zeugnis über Herkunft, Art des Weines sowie ein kirchenamtliches Leumundszeugnis über die Erzeuger- und Lieferfirma besitzen, aus dem hervorgeht, daß man vertrauen kann, daß diese Weine gewissenhaft als Meßwein hergestellt, bearbeitet und transportiert worden sind. (...) Die Bezieher von Meßwein sind verpflichtet, diesen bei einem von der Bischöflichen Behörde bevollmächtigten MW-Produzenten bzw. MW-Händler zu kaufen.« Freilich nicht irgendeinen Wein – eine gewisse irdische Qualitätsstufe soll dem Wein schon eigen sein, dem sich göttlich zu transsubstantiieren bestimmt ist: »Ferner gebieten Glaube, Ehrfurcht und Liturgieverständnis, daß bei der Feier des hl. Opfers nicht die allerniedrigste Qualitätsgruppe (Tafelweine, Schöppchenweine) verwendet wird gegenüber einer Bevorzugung qualifizierter Weine im privaten Bereich.«

Doch zurück zu Feuerbach: in seiner Philosophie erfüllt sich, was sich spätestens seit der Spinoza-Diskussion der frühen Goethezeit und Kants Metaphysikkritik abzeichnete. Aus der irritierten Vermutung, daß Sein eben Sein und Sinn eben eingesetzter Sinn sei und daß es schlechthin keinen Algorithmus gebe, der beide verbindlich aufeinander zu beziehen vermöchte, wird in der Mitte des 19. Jahrhunderts schrecklich schöne Gewißheit. Sie feiert in Philosophien des »Als ob« und in Büchern mit Titeln wie *Sinngebung des Sinnlosen* auf breiter Front ihren Sieg über die metaphysisch-theologische Hinterwelt. Mit diesem Sieg aber steht der »unheimlichste aller Gäste«, »der Nihilismus, ... vor der Tür«.[5] Und »die Bedeutungslosigkeit naht sich«[6] im Maße der wachsenden Einsicht, daß wir die Welt, welche Wert hat, selbst geschaffen haben, daß sie unser Institut ist.

Jean Pauls Sottise über den Priester, der prestissimo die Hokuspokus-Messe zu lesen versteht, macht unheimlichen Sinn. Mit der Neuzeit ist eine Beschleunigungsdrift über Mitteleuropa gekommen, die traditionelles Hören und Sehen, die herkömmliche Seins- und Sinnerfahrung vergehen macht. Ein Priester mag die Messe

5 Nietzsche: Nachlaß, WW 3, p. 881
6 Ibid., p. 424

prestissimo lesen können – er wird mit der Informationsgeschwindigkeit, die Telegraphie und Telephonie etablieren, nie und nimmer mithalten können. Jahrtausendelang war die Geschwindigkeit[7], mit der menschliche Körper und Nachrichten transportiert werden konnten, ein und dieselbe: die von Kurieren zu Fuß und zu Pferde. Und noch die Eisenbahn transportiert Briefe und Menschen im selben Takt. Doch der Faden dieser temporalen Zusammengehörigkeit von Menschen und Botschaften, von Schicksalen und Schickungen[8] ist gerissen, wenn Telekommunikation Menschen und Informationen sondert: in langsame, antiquierte und sinnbedürftige Leiber einerseits und schnelle, immer aktuelle, dies- wie jenseits der Kategorie »Sinn« funktionierende Botschaften andererseits. Geld und Gott mögen sich noch angestrengt in einer Zeitordnung vermitteln lassen – Gotthelfs abendmahlseliger Roman *Geld und Geist* hat den prosaischen Beweis eben zur Zeit Feuerbachs (1843) zu erbringen versucht –; die eucharistische Ontosemiologie und die neuen Medien sind schlechterdings differierende Ordnungen von Sein und Zeit und Sinn.

Keiner hat diese Drift eindringlicher und dichter analysiert als der Autor der *Götzendämmerung*, der wie Hegel und Hölderlin und all die anderen einem Pfarrhaus entstammte, dionysischer Altphilologe wurde, Wagners Wunschmusik hörte, wohl als erster Denker überhaupt eine Schreibmaschine erwarb und, so vorbereitet und gewappnet, sich nicht etwa auf Sinnsuche begab, sondern Tiefenstrukturen von Diskursen analysierte. Dabei zeigte sich ihm, »wie die ›wahre Welt‹ endlich zur Fabel wurde«. Die »Geschichte eines Irrtums«, die Nietzsche nacherzählt, kennt sechs Stationen der Auseinanderdrift von Sein und Sinn. Der Philosoph, der die Frage nach dem Sinn von Sein vor dem Vergessen retten wollte, hat Nietzsches ontosemiologische Genealogie mit präzisen Adressen versehen. »1. Die wahre Welt, erreichbar für den Weisen, den Frommen, den Tugendhaften, – er lebt in ihr, er ist sie«.[9] So beginnt Nietzsches Seinsgeschichte, und Heidegger kommentiert (gegen und mit Nietzsche): hier sei »die ›wahre Welt‹ noch nicht Gegenstand einer Lehre, sondern die Macht des Daseins, das

7 Cf. zu den knappen folgenden Bemerkungen die umfangreichen Ausführungen von P. Virilio: Dromoskopie, P. Sloterdijk: Eurotaoismus und die Beiträge in G. Ch. Tholen/M. O. Scholl (edd.): Zeit-Zeichen

8 Cf. J. Derrida: La carte postale

9 Nietzsche: WW 2, p. 963

leuchtende Anwesende, das reine Scheinen ohne Verhüllung«[10] – eine deutliche Umschreibung dionysischer Wahrheiten. Sie finden ein Ende, wenn 2. mit dem Christentum »die wahre Welt (begriffen wird als:) unerreichbar für jetzt, aber versprochen für den Weisen, den Frommen, den Tugendhaften (›für den Sünder, der Buße tut‹)«: aus dionysischer Absenz-Präsenz wird die sich-versprechende, auf zukünftige Dauererlösung verweisende Momentan-Präsenz der Abendmahlelemente. Doch auch diese Formation verliert an Suggestivkraft, wenn mit Kant 3. »die wahre Welt, unerreichbar (wird), unbeweisbar, unversprechbar, aber schon als gedacht ein Trost, eine Verpflichtung, ein Imperativ.«

Ein Leben unter dem Oktroi eines ewig unbewiesenen Imperativs aber ist schwerlich durchzuhalten. Es ist für empirische Subjekte intellektuell und lebensweltlich schlicht zu anstrengend, auf Dauer Kantianer zu sein. Deshalb: »4. Die wahre Welt – unerreichbar? Jedenfalls unerreicht. Und als unerreicht auch unbekannt. Folglich auch nicht tröstend, erlösend, verpflichtend: wozu könnte uns etwas Unbekanntes verpflichten?« Es ist dies, wie Heidegger kommentiert, »das Zeitalter nach der Herrschaft des deutschen Idealismus um die Mitte des vorigen Jahrhunderts« – die Epoche Feuerbachs und Kellers somit. Aus ihrer positivistischen Konsequenz zieht der frühe Nietzsche (ein Bewunderer Gottfried Kellers) seinerseits die entscheidende Folge: »5. Die ›wahre Welt‹ – eine Idee, die zu nichts mehr nütz ist, nicht einmal mehr verpflichtend – eine unnütz, eine überflüssig gewordene Idee, folglich eine widerlegte Idee: schaffen wir sie ab! (Heller Tag; Frühstück; Rückkehr des bon sens und der Heiterkeit; Schamröte Platos; Teufelslärm aller freien Geister.)« Doch auch dieser Lärm hat nicht das letzte Wort. Denn Nietzsches Erzählung ist nicht etwa die Schilderung kontingenter Philosophen-Meinungen, sondern das unbestechliche Protokoll der Geschichte von Sein und Sinn, die nicht durch das willentliche Verändern von Weltbildern zu steuern ist. Nietzsche war stärker wohl als jedem seiner Zeitgenossen bewußt, daß die Tiefenstrukturen von Welt- und Daseinsauslegung von den ontosemiologischen Leitmedien und den ihnen impliziten Kulten abhängen. Die Frage nach der Medientechnik ist eben von der Frage nach der Erfahrung des Sinns von Sein nicht unabhängig. Und so bringt Nietzsche das implosive Telos der von ihm nacher-

10 Dieses und die folgenden Heidegger-Zitate aus: Nietzsche 1, p. 236 sqq.

zählten Geschichte auf den schwindelerregenden Höhepunkt: »6. Die wahre Welt haben wir abgeschafft. Welche Welt blieb übrig? Die scheinbare vielleicht? (...) Aber nein! mit der wahren Welt haben wir auch die scheinbare abgeschafft!«

Heidegger resümiert diese so knappe wie dichte Skizze lakonisch, wenn er feststellt: »Im Zeitalter der vollendeten Sinnlosigkeit erfüllt sich das Wesen der Neuzeit«[11], die Neuzeit nicht zuletzt dank ihrer medientechnischen Neuorganisation des Verhältnisses von Sein und Sinn ist. Man muß sich diese eben nicht nur philosophiegeschichtlich relevante, sondern Mutationen der Tiefenstruktur von Welt- und Daseinsverständnis überhaupt auf den Punkt bringende Skizze vergegenwärtigen, um den Anspruch von Hegels und Hölderlins Abendmahllektüre zu begreifen. In Nietzsches Skizze sind die Denkfiguren Hegels und Hölderlins eigentümlich übersprungen (zwischen (3.) und (4.) säßen ihre Einsichten zwischen den Lehrstühlen). Wohl deshalb, weil beide an einem einsamen Projekt gearbeitet haben. Aug in Aug mit dem Menetekel-Wort vom gestorbenen Gott und durchaus als Zeitgenossen des Begriffs wie des Problems Nihilismus[12] haben nämlich Hegel und Hölderlin (nach Augustinus und vor Heidegger) sich an einer nicht-institutionellen Ontosemiologie versucht. An einer Ontosemiologie somit, die weder über Institutionen und ihre Medien (wie Kirche/Abendmahl, [Zentral-]Bank/Geld oder öffentliche Anstalten/elektronische Medien) noch über »große Erzählungen« vom Sinn strukturiert ist.

Vielmehr stellen Hegel und Hölderlin (eindringlicher noch als Schelling in anderen Kontexten[13]) die in der Tat fundamentalsemiologische Frage[14], warum überhaupt Bedeutsamkeit ist und nicht vielmehr nicht. Weil Sein zeitlich ist – so lautet die über den

11 Ibid., Bd. 2, p. 24

12 Cf. D. Arendt: Der ›poetische Nihilismus‹ in der Romantik sowie den Artikel *Nihilismus* im: Historischen Wörterbuch der Philosophie. Der Begriff »Nihilismus« ist bereits 1733 belegt; und das Problem im deutschen Sprachraum spätestens mit den *Nachtwachen des Bonaventura* unübersehbar.

13 Schelling hat hingegen diese Frage explizit gestellt: »Warum ist Sinn überhaupt, warum ist nicht Unsinn statt Sinn?« fragt er in seiner *Grundlegung der positiven Philosophie* (p. 222). Cf. zur Rekonstruktion von Schellings Antwort auf diese Frage die eindringliche Studie von W. Hogrebe: Prädikation und Genesis

14 An der Beantwortung dieser Frage haben sich am Ende der Goethezeit auch G. Büchners *Lenz*-Erzählung und W. Müllers Gedichtzyklus *Die Winterreise* versucht. Cf. dazu J. Hörisch: Fremd bin ich eingezogen

Umweg einer Abendmahlanalyse gewonnene Antwort. Mit dem Tod Gottes, mit der rituellen Feier dieses Todes und mit dem eucharistischen Verzehr noch der letzten Differenz von Himmel und Erde wird geradezu kultisch deutlich, daß endliches Sein gegenüber jeder Hypostasierung ewiger Fundamente das letzte, das abgründige Wort hat. Der Durchgang durch die phänomenologische Analyse dieses verzehrenden Kultus ermöglicht so erst die fundamentalsemiologische Untersuchung der Verschränkung von Sein und Sinn. Sie läßt deutlich werden: Bedeutsamkeit ist untrennbar bezogen auf Endlichkeit. Denn Endlichkeit ist die Möglichkeitsbedingung von Bedeutsamkeit.[15] Bedeutsamkeit ist ein Phänomen und ein ursprünglicher Effekt immanenter Relationen und Verweisungen.[16] Das Phänomen Bedeutsamkeit (dieses oder jenes Zeichen, Seiende, Ereignis, Schicksal, Leben etc. ist bedeutsam, weil und sofern es verweist auf...) verweist auf anderes als sich selbst, damit aber auf andere relationale Elemente, deren verweisendes Gesamt das fundamentalsemiologische Phänomen von Bedeutsamkeit überhaupt ausmachen.

Bedeutsamkeit kommt somit stets und zugleich doppelt vor: als das eine in sich selbst unterschiedene, als Element und als Horizont. Bedeutsame Verweisung überhaupt kann jedoch nur statthaben, wenn die einzelnen Zeit-, Sein- und Zeichen-Elemente endlich sind. Relational verweisend kann nämlich nur Endliches sein. Unendliches kann sich, da Erfahrung immer Erfahrung von etwas ist, schlechthin nicht und schon gar nicht als bedeutsam erfahren. Umgekehrt kann auch Endliches Unendliches nicht bedeutsam erfahren. Hölderlins Dichtung hat diese Einsicht immer erneut und mitunter in geradezu analytischer Klarheit umworben:

> Es haben aber an eigner
> Unsterblichkeit die Götter genug, und bedürfen
> Die Himmlischen eines Dings,
> So sinds Heroen und Menschen
> Und Sterbliche sonst. Denn weil

15 Auch die analytische Philosophie und die Modallogik haben erkannt, daß es kein »axiom of finitude« geben kann (G. Boolos/R. Jeffrey: Computability and Logic, p. 147) bzw. daß, wie Hasenjaeger im Anschluß an Mostowski formuliert, gilt: »Kein kodifizierbares System deduktiver Möglichkeiten erschöpft den Inhalt des intuitiven Begriffs der Endlichkeit« (Einführung, p. 155).

16 Cf. hierzu Heidgger: Sein und Zeit; J. Hörisch: Das Sein der Zeichen und die Zeichen des Seins sowie M. Wetzel: Verweisungen

Die Seeligsten nichts fühlen von selbst,
Muß wohl, wenn solches zu sagen
Erlaubt ist, in der Götter Namen
Theilnehmend fühlen ein Andrer,
Den brauchen sie.[17]

Ein Rätsel ist Reinentsprungenes[18], weil es der Hypostase eines ewigen Ursprungs entspringt. Hölderlin hat diese Einsicht auf die wohl dichteste Wendung gebracht: »Gottes Fehl hilft«.[19] Die Abwesenheit, der »Fehl« eines transzendentalen Signifikats[20], ist nicht die Implosion, sondern vielmehr die Ermöglichung von Bedeutsamkeit. Hölderlin hat diese poetische Einsicht durchaus argumentativ einzulösen vermocht. So heißt es in seinem bedeutenden Brief an Sinclair: »Es ist sogar die erste Bedingung allen Lebens und aller Organisation, daß keine Kraft monarchisch ist im Himmel und auf Erden«.[21] Der Mangel, der Fehl eines monarchischen, herrischen Sinn-Zentrums »im Himmel und auf Erden« ist die erste Bedingung allen Lebens und aller Organisation – und der von Bedeutsamkeit zumal.

Der zeitigende Dauerentzug von zentraler Präsenz – Hegel wird dieses Phänomen »die Furie des Verschwindens«[22] nennen – ist keine Bedrohung, sondern ein Geschenk, das das bedeutsame Spiel von Verweisungen stetig eröffnet und nie beschließt. Der Entzug von Seins-Präsenz ist zeitlicher Vollzug von Bedeutsamkeit. Und so liegt es nahe, der begriffsgeschichtlichen Überkomplexität des Problems ungeachtet eine schlichte Unterscheidung von Sinn und Bedeutung vorzuschlagen. Die folgende Differenzierung macht sich den grammatischen Umstand zunutze, daß eine Pluralbildung bei dem Wort »Bedeutung« unproblematisch, bei dem Wort »Sinn« hingegen nur um den Preis einer beachtlichen semantischen Verschiebung möglich ist. »Sinn« ist demnach der »monarchische« und singuläre Zentralbegriff von Weltbildern, die das Phänomen der Bedeutsamkeit von einem hypostasierten transzendentalen

17 Der Rhein; STA 2/1, p. 145, vv. 105-114

18 Nietzsche hat diese Hölderlin-Zeile exzerpiert (Nietzsche: Nachgelassene Fragmente, WW, edd. Colli/Montinari Bd. 7, p. 711)

19 Dichterberuf; STA 2/1, p. 48, v. 64

20 Cf. J. Derrida: Die Struktur, das Zeichen und das Spiel, der »die Abwesenheit des transzendentalen Signifikats als Entgrenzung des Spiels der Zeichen« bestimmt (p. 424).

21 STA 6/1, p. 300

22 WW 3, p. 436

und unerschütterlichen Signifikat herleiten (so werden Sätze möglich wie: Welt und Dasein sind sinnvoll, weil Gott sie geschaffen hat und erlösen wird / weil unhintergehbare Subjektivität der einheitsstiftende Grund aller Erfahrung ist / weil Kommunikation Letztbegründungen ermöglicht etc.). Auf monarchischen »Sinn« hin zentrierte Weltbilder haben in Gott, Subjektivität, Kommunikation etc. ihre feste semantische Burg, ihr erstes und letztes Fundament. »Bedeutung« aber stellt sich (gegen die Hypostasierung des Sinns) stetig ein, eben weil der Platz zentralen Sinns unbesetzt ist und deshalb das flottierende Spiel bedeutender und verweisender Elemente ermöglicht – weil die zeitliche Verfassung von Sein für den dauerhaften Entzug noch der vermeintlich festesten Fundamente sorgt.

»Das Zeichen an sich selbst (ist) unbedeutend = 0«[23] – wie nicht erst Saussure, sondern schon Hölderlin weiß. Semantischen Wert erhält es erst durch seine diakritische Ausdifferenzierung gegenüber anderen Zeichen. Die Bewegung der Verweisung aber weist über den Bereich des »bloß« Zeichenhaften hinaus, sofern die bedeutsamkeitskonstitutive Leerstelle semantischer Systeme ein Geschenk des zeitlichen Seins ist. Heidegger hat im Paragraphen 17 von *Sein und Zeit* diese Struktur angedeutet. Er hat sie aber, wohl aufgrund seiner Abneigung gegen alles Szientifische incl. Linguistik, nicht ausdrücklich entfaltet.[24] »Zeichen«, so heißt es da in kursivierter Hervorhebung, »ist ein ontisch Zuhandenes, das als dieses bestimmte Zeug zugleich als etwas fungiert, was die ontologische Struktur der Zuhandenheit, Verweisungsganzheit und Wirklichkeit anzeigt. Darin ist der Vorzug dieser Zuhandenen innerhalb der umsichtig besorgten Umwelt verwurzelt. Die Verweisung selbst kann daher, soll sie ontologisch das Fundament für Zeichen sein, nicht selbst als Zeichen begriffen werden.« Verweisung ist vielmehr die Grundbewegung von Sein, das bedeutsam ist um seiner Zeitlichkeit willen. Die Logik des Seins und die Logik der Zeichen sind immer schon verdichtet zu einer Ontosemiologie. Dasein, dem es in seinem Sein um dieses Sein geht, erfährt sein Sein als endliches, zeitliches und deshalb bedeutendes.

23 Hölderlin: Die Bedeutung der Tragödien, FA 14, p. 383. Cf. hierzu die Ausführungen von R. Nägele: Uneßbarer Schrift gleich, p. 79 sqq.

24 Daß eine prädikationslogische Rekonstruktion dieser Einsicht möglich ist, hat W. Hogrebe in seiner anspruchsvollen Schelling-Studie (Prädikation und Genesis) beeindruckend gezeigt.

Als bemerkenswerte Feier zeitlichen Seins, das als zeitliches Sein in sich bedeutsam ist, haben Hegel und Hölderlin das Abendmahl verstanden: es verzehrt vermeintlich real gegenwärtigen[25] Sinn und entbindet damit Aufmerksamkeit für die temporalontologische Möglichkeitsbedingung von Bedeutsamkeit. »Es fesselt / Kein Zeichen. / Nicht immer / (eine Leerzeile) / Ein Gefäß ihn zu fassen«[26], heißt es in einem Bruchstück Hölderlinscher Dichtung. Sinn hat (zumeist institutionelle) Fassungen; Bedeutung hingegen überbordet jedes Gefäß. Hegel, der sich in seinem *Eleusis*-Gedicht an Hölderlin früh (1796) der Aufgabe verschrieb, »der Bilder hohen Sinn« zu deuten und die »Hymnen bei der Götter Mahlen« sowie »die hohen Sprüche ihres Rats« recht zu vernehmen[27], Hegel hat in der *Phänomenologie des Geistes* die ihm und Hölderlin gemeinsame ursprüngliche Einsicht in den Verweisungszusammenhang von Sein und Zeit auf die Formel gebracht: »Was die Zeit betrifft, (...) so ist sie der daseiende Begriff selbst«.[28] Diese Wendung aus der Vorrede war ihm eine späte Wiederholung wert: »Die Zeit ist der Begriff selbst, der da ist.«[29] Und noch die *Wissenschaft der Logik*, die die Kategorie Zeit nicht explizit anführt, weil sie durch und durch Temporalontologie und als solche Fundamentalsemiologie ist, läßt schon kompositorisch in Erscheinung treten, daß es die Ontosemiologie, die *Logik des Begiffs* und die ihr eignende Bedeutsamkeit nur geben kann, weil Sein in Nichts immer schon übergegangen ist.

Zum Tiefsinn der Überlegungen Hegels und Hölderlins gibt es zumindest eine zeitgenössische heitere Variante. Diese Heiterkeit noch in ernstesten Kontexten ist angemessen, weil – nach einem ebenso witzigen wie tiefsinnigen Wort von Wolfram Hogrebe – die fundamentalsemiologischen Fragestellungen »Schichten erreichen, in denen kein Wesen mehr wurzelt, sondern alle Wurzeln verwesen:

25 Seltsamerweise geht G. Steiner in seiner bemerkenswerten Abhandlung *Von realer Gegenwart* auf das kultische Grundparadigma von Realpräsenz in der sog. abendländischen Kulturtradition, eben aufs Abendmahl, kaum ein (cf. pp. 57, 226). Um so gründlicher fragt er den poetischen Versuchen nach, das Verhältnis von »word and world« zu bestimmen (cf. pp. 57, 89, 119). In seiner umfangreichen Besprechung dieser Abhandlung stellt B. Strauß (Der Aufstand gegen die sekundäre Welt) hingegen das Abendmahl als Grundparadigma von Realpräsenz heraus.
26 Hölderlin: Pläne und Bruchstücke; STA 2/1, p. 325
27 WW 1, p. 231; cf. hierzu H. Anton: Eleusis
28 WW 3, p. 45 sq.
29 WW 3, p. 584. Der Fortgang des Zitats ermöglicht ambivalente Verständnisse.

sie erreichen einen Abgrund der Vernunft, der ebenso ihre Voraussetzung ist, wie sie sich gerade von dieser fernhalten muß.«[30] Die heitere Variante stammt aus Goethes Feder, die immer erneut das Lieblingswort des größten Dichters festhalten mußte: »bedeutend.«[31] »Laertes stand nachdenklich am Fenster und blickte, auf seinen Arm gestützt, in das Feld hinaus«, so heißt es im ersten Satz des vierten Buchs von *Wilhelm Meisters Lehrjahre.* »Philine schlich über den großen Saal herbei, lehnte sich auf den Freund und verspottete sein ernsthaftes Ansehen. / ›Lache nur nicht, es ist abscheulich, wie die Zeit vergeht, wie alles sich verändert und ein Ende nimmt! (...)‹ Philine fing an zu singen und zog ihren Freund zu einem Tanze in den Saal: ›Laß uns‹, rief sie, ›da wir der Zeit nicht nachlaufen können, wenn sie vorüber ist, sie wenigstens als eine schöne Göttin, indem sie bei uns vorüberzieht, fröhlich und zierlich verehren‹.«[32]

Erfolg war diesen tiefsinnigen und heiteren Ansätzen zu einer Ontosemiologie sui generis nicht beschieden – am wenigsten in Deutschland, wo feste und allerletzte Fundamente bis heute à tout prix gehandelt werden. Versuche einer institutionalisierten und neureligiösen Sinnsuche aber hat es auf breiter Front gegeben. Ihr rätselhaftestes und sicherlich anspruchsvollstes Manifest ist im ausgehenden 19. Jahrhundert Wagners Bühnenweihfestspiel *Parsifal*[33]: ein Werk von wahrhaft abgründiger Ambivalenz. Der frühe Wagner-Bewunderer Nietzsche verstand es bekanntlich als peinliche Zurücknahme, ja als Verrat des übergelaufenen Rebellen an den dionysisch-antichristlichen Impulsen seiner Kunst. »Richard Wagner (...) sank plötzlich, hilflos und zerbrochen, vor dem christlichen Kreuze nieder«.[34] Nietzsches scharfe Kritik am vermeintlichen Renegaten hat alle vordergründigen Evidenzen auf ihrer Seite und muß doch überraschen. Denn der ehemalige Bewunderer und nunmehrige Kritiker Wagners verstrickt sich gleich in einen doppelten Widerspruch. Zum einen kann Wagners Kapi-

30 W. Hogrebe: l.c., p. 127

31 Cf. hierzu J. Hörisch: Die Begierde zu retten – Zeit und Bedeutung in Goethes: Wahlverwandtschaften

32 Einen ähnlichen und argumentativ hochkomplexen Versuch, Zeit »fröhlich« zu erfahren, hat Novalis in seinem *Dialogen* unternommen.

33 Das folgende ist eine überarbeitete Fassung von J. Hörisch: Erlösung dem Erlöser – Zur Kritik von Theologie und Teleologie bei Wagner und Novalis; in: Programmheft der Bayreuther Festspiele 1985, Heft II – Parsifal, pp. 1-11

34 Nietzsche: Nietzsche contra Wagner, WW II, p. 1054

tulation vor dem christlichen Kreuze so »plötzlich« nicht sein, wenn das zentrale Thema des »Parsifal« nach Nietzsches eigener scharfsichtiger Diagnose das Grundthema des wagnerschen Gesamtwerks schlechthin noch einmal entschieden aufnimmt:

»Wagner hat über nichts so tief wie über die Erlösung nachgedacht: seine Oper ist die Oper der Erlösung. Irgendwer will bei ihm immer erlöst sein: bald ein Männlein, bald ein Fräulein – dies ist sein Problem. – Und wie reich er sein Leitmotiv variiert! Welche seltenen, welche tiefsinnigen Ausweichungen! Wer lehrt es uns, wenn nicht Wagner, daß die Unschuld mit Vorliebe interessante Sünder erlöst? (der Fall im Tannhäuser). Oder daß selbst der ewige Jude erlöst wird, seßhaft wird, wenn er sich verheiratet? (der Fall im Fliegenden Holländer). Oder daß alte verdorbene Frauenzimmer es vorziehn, von keuschen Jünglingen erlöst zu werden? (der Fall Kundry). Oder daß schöne Mädchen am liebsten durch einen Ritter erlöst werden, der Wagnerianer ist? (der Fall in den Meistersingern). Oder daß auch verheiratete Frauen gerne durch einen Ritter erlöst werden? (der Fall Isoldens). Oder daß »der alte Gott«, nachdem er sich moralisch in jedem Betracht kompromittiert hat, endlich durch einen Freigeist und Immoralisten erlöst wird? (der Fall im *Ring*). Bewundern Sie insonderheit diesen letzten Tiefsinn! Verstehn Sie ihn? Ich – hüte mich, ihn zu verstehn…«[35]

Tatsächlich hat Nietzsche sich gehütet, das dem *Ring* wie dem *Parsifal* gemeinsame Motiv einer Erlösung des »alten Gottes« durch einen immoralistischen Freigeist zu verstehn. Er hat es nämlich für sein eigenes Werk exklusiv in Anspruch nehmen wollen. Nietzsche widerspricht seiner Kritik des *Parsifal* ein zweites Mal, wenn er niemand anderen als Zarathustra, der nun wirklich unverdächtig ist, vor dem Kreuze niederzusinken, einsam (das ist denn doch die Differenz!) eben die Worte sprechen läßt, die »alle« im Schlußgesang des Bühnenweihfestspiels beglaubigen. Die Wendung »Höchsten Heiles Wunder: / Erlösung dem Erlöser!« findet in Zarathustras Worten eine (sicherlich vereindeutigende) Entsprechung: »Gefangene sind (die Priester) mir und Abgezeichnete. Der, welchen sie Erlöser nennen, schlug sie in Banden: – In Banden falscher Werte und Wahn-Worte! Ach, daß einer sie noch von ihrem Erlöser erlöste!«[36]

35 Nietzsche: Der Fall Wagner, WW II, p. 908
36 WW II, p. 349

Mit diesem Ruf nach einem, der vom Erlöser und von allen Erlösern erlöst, konterkariert Nietzsche nun nicht etwa den rituellen Schlußgesang des *Parsifal* – er trifft vielmehr dessen esoterischen und gleichwohl weltlichen Sinn. Den Erlöser derart zu erlösen, daß auch die, die sich erlösungsbedürftig glauben, von ihrer teleologischen Fixierung auf die stets aus- und anstehende Erlösung erlöst werden, ist nämlich das paradoxe Telos des *Parsifal.* Gerade um seiner rituellen Affinität zum Christentum willen ist es Wagners antichristlichstes Werk. Denn die Nähe seiner eigentlichen Zentralfigur zu Christus ist eine bis zur Travestie[37] verfehlte Nähe.[38] Amfortas ist wie Christus ein theologisch Leidender und ein seltsamer Herrscher – doch leidet er nicht etwa für die Schuld anderer, sondern als »einziger Sünder unter allen« aufgrund seiner Selbstverschuldung. Beide, Christus wie Amfortas, wurden von ein und derselben Lanze verletzt und leiden an der gleichen Seitenwunde – doch während Christus mit seinem Tod die Menschheit erlösen will, will Amfortas mit bemerkenswertem Vorrang zuallererst sich selbst vom Leiden erlösen. Weil ihm dies verwehrt ist, erfährt er – eine wahrhaft gewagte Wendung – Christus nicht als Erlöser, sondern als »gekränkten Gnadenreichen«:

> TITUREL Im Grabe leb' ich durch des Heilands Huld;
> zu schwach doch bin ich, ihm zu dienen:
> da büß' im Dienste deine Schuld!–
> Enthüllet den Gral!
> AMFORTAS (den Knaben wehrend).
> Nein! Laßt ihn unenthüllt! – Oh! –
> Daß keiner, keiner diese Qual ermißt,
> die mir der Anblick weckt, der euch entzückt!–
> Was ist die Wunde, ihrer Schmerzen Wut,
> Gegen die Not, die Höllenpein,
> zu diesem Amt verdammt zu sein!
> Wehvolles Erbe, dem ich verfallen,
> ich, einziger Sünder unter allen,
> des höchsten Heiligtums zu pflegen,
> auf Reine herabzuflehen seinen Segen!–
> Oh, Strafe! Strafe ohnegleichen
> des – ach! – gekränkten Gnadenreichen! – (297 sq.)[39]

37 Das ist Nietzsche auch nicht entgangen: »Der Parsifal ist ja ein Operettenstoff par excellence...« (WW II, p. 1052).

38 Darauf haben u.a. C. Dahlhaus: Wagners Musikdramen, pp. 141-143 und P. Wapnewski: Der traurige Gott, pp. 216, 257 aufmerksam gemacht.

39 Die eingeklammerten Seitenverweise beziehen sich hier und künftig auf den Parsifal-Text in R. Wagner: Dichtungen und Schriften Bd. 4

Amfortas und Christus sind jeweils von ihren Vätern in ihr Amt eingesetzt worden – doch Christus allein erfüllt (nach kurzer Irritation seines Vaterverhältnisses) den paternalen Gotteswillen, während Amfortas' Vater Titurel durch die Weigerung seines Sohnes stirbt, weiterhin den Gral zu hüten. Daß schließlich auch das von beiden verwaltete Sakrament gänzlich Gegensätzliches leistet, ist Wagner selbst durchaus bewußt gewesen. Anders als durch den Genuß des Abendmahls, so Richard zu Cosima Wagner, die um seinetwillen zum Protestantismus konvertierte, dürfen wir uns durch den Genuß des Gral-Sakraments »gestärkt der Erde (...) zuwenden, während die Wandlung des Weines in Blut uns von der Erde abzieht«.[40] Die Wandlungsformel des Grals ist denn auch auffallend mundan: »Nehmet vom Brot, / wandelt es kühn / zu Leibes Kraft und Stärke« bzw. »Nehmet vom Wein, / wandelt ihn neu / zu Lebens feurigem Blute.«

Diese letzte Gegenführung bündelt die vorhergehenden und gibt zugleich ihr gemeinsames Thema an. Im Bezirk des Grals dient das eucharistische Sakrament nicht wie in der christlichen Gemeinde der sinnlichen Vergewisserung des ausstehenden Eschaton. Es macht, da es Daseinskraft und -lust spendet, dieses Eschaton vielmehr entbehrlich. Ja, es desavouiert dieses Eschaton als jenen Schein, der die dionysische Kraft des Ja-Sagens zum Sein blendet. Darum führt Gurnemanz gegenüber dem aus Klingsors Reich zurückkehrenden Parsifal Klage nicht etwa über den Schwund einer Heilsgewißheit, sondern über das Versiegen von »unserer Helden Kraft«:

> Im Schrein verschlossen bleibt seit lang' der Gral: –
> so hofft sein sündenreu'ger Hüter,
> da er nicht sterben kann
> wann je er ihn erschaut,
> sein Ende zu erzwingen,
> und mit dem Leben seine Qual zu enden.
> Die heil'ge Speisung bleibt uns nun versagt;
> gemeine Atzung muß uns nähren;
> darob versiegte unsrer Helden Kraft:
> Nie kommt uns Botschaft mehr,
> noch Ruf zu heil'gen Kämpfen aus der Ferne;
> bleich und elend wankt umher
> die mut- und führerlose Ritterschaft. (324)

40 C. Wagner: Die Tagebücher, Bd. I, p. 1072 (26.9.1877)

Auf die Abwendung von erlösender Teleologie verweisen neben der esoterischen Schlußformel vom erlösten Erlöser auch die beiden weiteren Arkansprüche des *Parsifal*. Als Gurnemanz den tumben Toren erstmals zum Gral führt, charakterisiert er indirekt Parsifal als jenen, der allein ein angemessenes Verständnis des Gralsgeschehens hat, eben weil ihm die Kategorie des Verständnisses und also des Sinns (nicht aber der Bedeutung) fremd ist. Der Torheit Parsifals entspricht nämlich die durchaus unsymbolische, ja buchstäblich unsinnige Qualität des Grals. »Wer ist der Gral?«, so Parsifals Frage. »Das sagt sich nicht«, so Gurnemanz' Antwort (294). Der Gral instituiert demnach kein Sinngeschehen, das Kategorien des Aussagens freisetzte und auf ein transzendentales, teleologisch ausstehendes Signifikat bezogen wäre: er gehört nicht dem Register des Sinns, sondern dem der Kraft an. Und die Wandlung von transzendentem, sagbarem Sinn in die Kraft unsäglicher Seinsbejahung ist auch der Horizont des Arkanspruchs von der Zeit, die zum Raum wird.

> PARSIFAL Ich schreite kaum, –
> doch wähn' ich mich schon weit.
> GURNEMANZ Du siehst, mein Sohn,
> zum Raum wird hier die Zeit. (295)

Der Gral, zu dem der vaterlose, nicht zu Ende sozialisierte und nicht in die symbolische Ordnung initiierte Parsifal nunmehr verständnislos schreitet, stellt die Zukunftsunrast des Erlösungsglaubens zum räumlichen Tableau still. Das »prestissimo«, das in der Neuzeit noch die Sakramente erfaßt hat, verweigert das Bühnenweihfestspiel. Es ist einem Kultus der Langsamkeit verschrieben. Der Gral entbindet von einem Wissen, das in steter Beschleunigung auf ein ausstehendes transzendentales Signifikat zentriert ist, und ermöglicht die intensive Erfahrung des Raums, in dem endliches Dasein sich in enthusiastischer Gelassenheit einfindet.

Der Stillstellung von ruhelosen Erfüllungserwartungen verdankt auch die *Parsifal*-Partitur ihren unvergleichlichen Reiz. Wie der Text die Erlösung der Sehnsucht versagt, so verweigert die Partitur konsequent die Auflösung enharmonischer Verschränkungen. Durchgängig ist sie daran interessiert, Bipolaritäten – etwa die von Chromatik und Diatonik oder die von Dur und Moll – in die eine »unendliche Melodie« zurückzunehmen. Die melodische Inversion ist denn auch das Geheimnis der *Parsifal*-Musik. Nicht der

Kontrast (wie in der *Zauberflöten-* und *Fidelio*-Tradition), sondern die Inversion speist melodisch das Verhältnis der zentralen Motive zueinander. So ist z.B. das Sehnsuchtsmotiv in der ersten Periode von Kundrys Antwort auf Parsifals Verweigerung (Bist du Erlöser) eine in der Harmonik modifizierte Wiederkehr des *Tristan*-Anfangs und zugleich nichts anderes als eine Inversion des Leidensmotivs der zweiten Periode (des Heilands).[41] Erfüllte Sehnsucht ist nicht die Aufhebung, sondern die Inversion des Leidens.

Die Inversionsfigur ist noch für Parsifals Namen bestimmend: als »Fal parsi«, als »tör'gen Reinen«, spricht Kundry Parsifal, den reinen Toren an. Eine solche Inversionsfigur und das Verkehrungsverhältnis zwischen Leiden und Sehnsucht zumal charakterisiert auch den dritten Arkanspruch des *Parsifal*. Mit bemerkenswerter Ausschließlichkeit vertraut Wagners rätselhaftester Text die Heilung von Wunden nicht der futurischen Erlösung, sondern allein dem Eingedenken des Vergangenen an. Ein homerisches Motiv und eine Feier der Erinnerung, die fast an den Erinnerungskult des Judentums gemahnt, überformen deshalb die Bedeutung eines christlichen Requisits.

> PARSIFAL Nur eine Waffe taugt: –
> die Wunde schließt
> der Speer nur, der sie schlug. (330)

Eben der Speer, der den christlichen Erlöser dem Tod überantwortete, eben das Karfreitags- und nicht ein Ostersonntags- und somit Auferstehungssymbol, steht im Zentrum einer Handlung, die den und die vom Erlöser erlöst. Heilung ist demnach nicht von einem Außen oder Jenseits, sondern einzig in der gleichsam räumlichen Immanenz zeitlichen Seins zu erwarten. Als Zauber macht das Bühnenweihfestspiel deshalb den Tag erfahrbar, an dem der Erlöser nicht auferstand, sondern starb. Der Karfreitagszauber feiert wie Hegels »spekulativer Karfreitag, der sonst historisch war«, die Zurücknahme der Diesseits-Jenseits-Differenz durch den gestorbenen Gott. Parsifal ist nach eigener Auskunft denen »zum Heil gesandt«, die »dem Sehnen abgewandt« sind, die also nicht die spezifisch christliche »prinzipiell futurische«[42] Geschichtsperspektive teilen.

41 C. Dahlhaus: Die Musikdramen Richard Wagners, p. 152
42 K. Löwith: Weltgeschichte und Heilsgeschehen, p. 15

Mit der futurischen Erlösungsperspektive aber nimmt Wagners letztes Werk auch die Herrschaftstheologie und ihre mundanen Entsprechungen zurück. Der *Parifal* ist paradoxeste und artistischste Theologie der Befreiung – der Befreiung von der teleologischen Fixierung der christlichen Tradition und somit auch von dem hierarchischen Gefälle, das jeder Zweiweltenlehre innewohnt. Diese Befreiung aber wird – in strikter Komplementarität zur christlich kodifizierten Heilsgeschichte – nicht durch den Erlösung versprechenden Mund eines Sündenfreien, der Göttliches einsichtig macht, sondern durch den küssenden Mund einer Sündigen zuteil, die am Kreuz des Erlösers lachte und die nunmehr »welthellsichtig« macht. Wenn im *Parsifal* gleichwohl an mehreren Stellen ein positiver Begriff von Erlösung mitschwingt, so zielt er, wie in den anderen Musikdramen auch, auf Eigentümlichstes. Wagners Helden, vom Fliegenden Holländer bis zu Amfortas, leiden durchweg am Trauma, nicht sterben zu können, und sie hoffen deshalb darauf, zur Endlichkeit und nicht etwa zur Erlösung erlöst zu werden. Sie haben, so wird man metonymisch übersetzen dürfen, zeitlich zu sein und zu sterben nicht gelernt, und sie haben deshalb jene Formen psychotisch dimensionierter Zeitverdrängung ausgebildet, die Erlösungsreligionen so suggestiv machen. Davon erlöst sie Wagners Musik. Sie ist Zeitkunst, die in ihrer Lust an der Verausgabung bürgerlichem Umgang mit Zeit hohnspricht; und sie verspricht ein verdrängungsfreies Verhältnis zur Immanenz zeitlichen Daseins, das ohne futurische Erlösungshoffnung auskommt. An die Stelle dieser Erlösungshoffnung tritt das trauernde Eingedenken an den transmoralischen und transreligiösen »Schuldzusammenhang des Lebendigen«[43], das Klingsors Verblendungszauber verweigert.

> Parsifal (Nach Kundrys Mutter-Erzählung, J. H.) *trübe*.
> Die Mutter, die Mutter konnt' ich vergessen!
> Ha! Was alles vergaß ich wohl noch?
> Wes war ich je noch eingedenk? (312 sq.)

Das Geheimnis der erlösten Erlösung heißt Erinnerung und Eingedenken. Dieses profane Erleuchtungsgeheimnis aber hat im Bühnenweihfestspiel nicht das letzte Wort. Ihm folgen Passagen, die sich an der Unmöglichkeit versuchen, libertäre Einsichten in einen rituellen Rahmen zu bringen. Nietzsche hat eben nicht bloß un-

43 W. Benjamin: Goethes Wahlverwandtschaften; GS I/1, p. 138

recht, wenn er gegen den übergelaufenen Rebellen polemisiert. Tatsächlich verspielt der endende *Parsifal* geradezu leichtsinnig seine besten Einsichten.

Wagners Rätselspruch vom erlösten Erlöser zeugt von der Produktivität des Synkretismus. Dem Spruch des Viellesers Wagner mag die philologische Lust an der Vordatierung vermeintlicher Revolutionen auf langwierige Evolutionen eine Kombination der unterschiedlichsten Quellen nachweisen. Die geradezu abenteuerliche Aufnahme und Verschränkung der verschiedensten (z. B. christlichen, gnostischen, manichäischen, buddhistischen und scholastischen) Motive aus der religiösen Tradition weist das Bühnenweihfestspiel, seiner konstruktiven Einfachheit zum Trotz, als überkomplexes artistisches Spiel aus, das nicht auf die Eindeutigkeit einer philologischen oder philosophischen These abgebildet werden kann.

Wagners Denk- und Deutungshabitus war denn auch nicht der des Philologen, des Philosophen oder des Theoretikers, sondern der des synkretistischen Grüblers. Dem Grübler stellen sich Welt und Dasein als Rätsel dar – als Rätsel des »Reinentsprungenen«, das selbst der Gesang kaum enthüllen darf. Diese grüblerische Tendenz der Texte wird nun aber häufig von der rituellen Tendenz der Musik Wagners durchkreuzt. Als wollten sie erneut bündeln, was sich dem Grübelnden zerstreut, holen Wagners rituelle Musiksequenzen – paradigmatisch Siegfrieds Trauermarsch und die Gralsmusik – die Entspringenden in die Verbindlichkeit einer noch so äußerlichen Ordnung zurück.

Im Motiv der Initiation des wahrhaft individuierten Grüblers ins Gruppenritual manifestiert sich ein depressiver Habitus. Der Depressive hat die Schuld nicht begangen, die ihn trauern macht – er hat sie erfunden. Parsifals oder auch Siegfrieds und Tristans Schuld am Tod der Mutter ist eine imaginäre. Aber sie hat dennoch eine konstitutive Funktion: verstellt sie doch die Freiheitsperspektive, die das Motiv der Eltern- und Grundlosigkeit ursprünglich symbolisierte. Im Ritual und in der depressiven Schuldproduktion nimmt Wagners Werk seine libertären, seine erlösungserlösten Tendenzen zurück. Darin gründet die tiefe Ambivalenz seines gesamten Werkes. *Parsifal*, nach Nietzsches Wort ein Operettenstoff par excellence, ist der Pointe des Witzes von den drei Geistlichen nahe: ein katholischer Priester, ein protestantischer Pfarrer und ein Rabbiner beklagen in bester Übereinstimmung den üblen Stand und die gebrechliche Einrichtung der Welt. »Da bleibt uns nur die Hoffnung auf das andere Leben«, meint der Pfarrer. Der Priester nickt zustimmend; der Rabbiner aber sagt: »Ich würd' ja lachen, wenn's da auch mies wäre.« Das Bühnenweihfestspiel mag nicht witzig sein: sein forcierter Tiefsinn wird zum Ritual zurückbeordert.

13. Gesprengte Einbildungskraft: Das Ende der Vorstellung in Trakls Nachtmahl

»Heute geht es nach Galizien. In unsrer ursprünglichen Bestimmungsstation hatten wir kaum eine Stunde Aufenthalt. Die Fahrt war außerordentlich schön. Wir werden wahrscheinlich noch drei Tage auf der Bahn verbringen müssen.« Die lange und außerordentlich schöne Bahnfahrt transportierte mehrere tausend Soldaten der Zweiten und Dritten Österreichischen Armee den russischen Verbänden entgegen. Darunter auch den Medikamentenakzessisten des k.u.k. Feldspitals 7/14 Georg Trakl, der diese Feldpostkarte Ende August 1914 an Ludwig von Ficker richtete. Trakls letzte Bestimmungsstation war bald erreicht. In der grauenhaften Schlacht um Grodek (8.-11. September 1914) wurde Trakls kleine Sanitätskolonne erstmals eingesetzt. »In einer Scheune, nahe dem Hauptplatz des Ortes«, so berichtet Ludwig von Ficker in seinen *Erinnerungen* vom letzten Gespräch mit Trakl, »hatte er ohne ärztliche Assistenz die Betreuung von neunzig Schwerverwundeten übernehmen und machtlos, selber hilflos, diese Marter durch zwei Tage ausstehen müssen. Noch habe er das Stöhnen der Gepeinigten im Ohr und ihre Bitte, ihrer Qual ein Ende zu machen. Plötzlich, kaum hörbar in dem Jammer, sei eine schwache Detonation erfolgt: einer mit einem Blasenschuß hatte sich eine Kugel durch den Kopf gejagt, und unversehens klebten blutige Gehirnpartikel an der Wand. Da hatte er hinaus müssen. Aber so oft er in das Freie trat, immer habe ihn ein anderes Bild des Grauens angezogen und erstarren gemacht. Da standen nämlich auf dem Platz, der wirr belebt und dann wieder wie ausgekehrt schien, Bäume. Eine Gruppe unheimlich regungslos beisammenstehender Bäume, an deren jedem ein Gehenkter baumelte. Ruthenen, justifizierte Ortsansässige. (...) Tief habe er sich den Anblick eingeprägt: der Menschheit ganzer Jammer, hier habe er einen angefaßt.«[1]

Diesem realen Inferno war Trakl, der sich auf künstliche Paradiese und Höllen verstand, nicht gewachsen. Als inneres Erlebnis konnte er den Kampf, der eine Schlächterei war, nicht ästhetisie-

1 L. von Ficker: Erinnerung an Georg Trakl, p. 200 sq. Cf. O. Basil: Trakl, p. 150. Die letzten Wochen von Trakls Leben hat K. Lipínski: Mutmaßungen über Trakls Aufenthalt in Galizien, pp. 389-397 akribisch recherchiert.

ren. Ihm, den das »Bild des Grauens angezogen und erstarren gemacht«, schwanden bald »Kraft und Wille und Bewußtsein« und somit die Kompetenzen, die selbstbewußte Subjektivität ausmachen. »Eines Abends nun – erzählte Trakl weiter – irgendwo, noch auf dem Rückzug, sei es geschehen. Da sei er beim Nachtmahl, im Kreis der Kameraden, plötzlich aufgestanden und mit der angstgepreßten Erklärung, er könne nicht mehr weiterleben, man möge entschuldigen, aber er müsse sich erschießen, hinausgestürzt; worauf ihm Kameraden nacheilten und ihm, dem Kraft und Wille und Bewußtsein schwanden, die Pistole aus der Hand nahmen.«[2]

Wegen dieses Selbstmordversuchs, der ein »Nachtmahl« mit Kameraden unterbricht, wird Trakl im Oktober in die Psychiatrische Abteilung des Krakauer Garnisonsspitals Nr. 15 eingewiesen. Dort besucht ihn am 24. und 25. Oktober Ludwig von Ficker. Und dort stirbt der 27jährige Trakl am 3. November 1914 an einer Überdosis Kokain. »In Erledigung geehrter Zuschrift vom 11.XI.1914 wird Ihnen«, so das Garnisonsspital an Trakls Bruder Wilhelm, »mitgeteilt, daß Ihr Bruder Medik. Akzess. Georg Trakl im hiesigen Spitale wegen Geistesstörung (Dement. praec.) in Behandlung stand, am 2. November nachts einen Selbstmordversuch durch Coccainvergiftung (...) unternommen hat und trotz allermöglichen ärztlichen Hilfe nicht mehr gerettet werden konnte. Derselbe starb am 3. November um 9 ^{h} abends.«[3] So endete ein Dichterleben, das im damaligen Deutschland keine, im Frankreich des 19. Jahrhunderts hingegen zahlreiche Vorbilder und Entsprechungen hat. Trakl allein hat den Typus des poète maudit eben nicht in Deutschland, sondern im deutschen Sprachraum, genauer: in Österreich verkörpert. Dennoch ist die Analogisierung von Trakls Biographie etwa mit der des von ihm bewunderten Rimbaud hochproblematisch.[4]

Trakls Lebensgeschichte nämlich sind die Ästhetisierungen und Stilisierungen gänzlich fremd, die den poète maudit kennzeichnen. Sein kurzes Leben steht vielmehr im Zeichen von zwanghaften Tabubrüchen, die kaum als Effekt ästhetischer Dezisionen zu begrei-

2 L. von Ficker: l.c., p. 201 sq.
3 Trakl: Dichtungen und Briefe, Historisch-Kritische Ausgabe, Bd. 2, p. 736
4 Cf. u. a. M. Loidl: Arthur Rimbaud und Trakl; F. Pamp: Der Einfluß Rimbauds auf Georg Trakl; R. S. Furness: E. A. Poe et la poésie française dans l'œuvre de Trakl

fen sind. Mit Drogen ist Trakl frühzeitig vertraut. 1904 erlebt der 17jährige gleich mehrere Chloroform-Absenzen. Und schon 1907 verschafft er sich regelmäßig Zugang zu Morphium und Veronal und somit zu hochriskanten Möglichkeiten, sich selbst und der Welt abhanden zu kommen, absent zu sein. Als Pharmaziestudent, Magister der Arzneimittelkunde (Juli 1910), Praktikant (1905-1908) und später (Herbst 1911) Rezeptarius einer Apotheke in Salzburg, die den frommen Namen *Zum weißen Engel* trägt, verfügt Trakl über alle Möglichkeiten einer so exzessiven wie professionellen Drogenerfahrung.

Exzessiv ist nicht nur Trakls Drogen-, sondern auch seine Bordellerfahrung. Zum Paradefall einer psychiatrisch orientierten Literaturanalyse[5] wird Trakl jedoch erst durch die anhaltende Beziehung zu seiner Schwester Grete[6], die ihn zum Inzest und die er zum Drogenkonsum verführte. Nach Trakls Tod schrieb sie ihrer Schwester Mitzi: »Bitte auch nicht Georgs Schreibtisch zu öffnen, da möglicher Weise noch Curare da ist, das Gift das bei der geringsten Hautverletzung den Tod herbeiführt. Bitte – mir nichts anzutasten.«[7] Harte Drogen, sexuelle Exzesse, andauernder Geschwister-Inzest, Kriegstrauma im Oktober 1914, Selbstmord durch eine Überdosis Kokain: Trakls Lebensgeschichte markiert, nicht weil sie verlief, wie sie verlief, sondern durch ihre schiere Möglichkeit, den Zusammenbruch des Bildes vom Menschen, das das europäische neunzehnte Jahrhundert bestimmte. Es ist, um zurückhaltend zu formulieren, einfach unplausibel, Massen schreiender Schwerverwundeter, Drogensüchtige und zwanghafte Tabubrecher mit hermeneutischen oder kantischen Kategorien erfassen zu wollen. Daß die, die einmal emphatisch Subjekte genannt wurden, nicht erst im Geschoßhagel von 1914 und im Rausch, der allein jenem Sprengstoff standhielt, ihre Einbildungskraft verloren, daß schon das beginnende europäische 20. Jahrhundert überhaupt im Zeichen gesprengter Einbildungskraft steht, ist das Grunddatum von Trakls Erfahrung. Sie läßt einen an Kant orientierten Begriff von Erfahrung und von Einbildungskraft selbst zerspringen. Denn das Mannigfaltige, das Trakls Lyrik paradigmatisch verzeich-

5 Cf. u. a. die klassische Studie von Th. Spoerri: Georg Trakl
6 Cf. u. a. W. Schneditz: Georg Trakls Lieblingsschwester
7 zit. bei K. Lipínski: l.c., p. 396

net, wird von keiner synthetisierenden Kraft mehr in eins gebildet.[8]

In die eine Wendung von *Leben und Werk* läßt sich auch der Zusammenhang von Trakls Leben und Werk nicht mehr bannen. Denn Trakls Werk steht im schärfsten Kontrast zu den Daten dieses Lebens in Extremen, das als Leben in Extremen ein Schlaglicht auf die gesprengten Daseinsformen im zwanzigsten Jahrhundert wirft. Trakls Biographie ist in einem kynischen Sinne ihrer Zeit und ihrer poetischen Produktivität voraus. Trakls Dichtung greift hingegen thematisch wie formal auf alte, ja auf spezifisch vormoderne Bestände zurück. Trakl, der im trostlosesten Sinne modernste unter den deutschsprachigen Dichtern zwischen 1900 und 1914, markiert auch den literarhistorischen Krisenpunkt, an dem Poesie ihr avantgardistisches Selbstverständnis preisgeben muß. Denn Trakls Werk verdankt seinen Reiz nicht zuletzt der Einsicht, daß Dichtung mit der realen Ästhetik des Grauens (und ab und an auch des Schrecklich-Schönen), die die Ereignisse des 20. Jahrhunderts inszenieren, unmöglich mehr Schritt halten kann.

Trakl hat angesichts der gesprengten Einbildungskraft versucht, an prämoderne Formen der Erfahrung von Welt und Dasein zu erinnern und sie ästhetisch zu reaktivieren. Die prämoderne Weise der Ineinsbildung des Mannigfaltigen, der Synthesis und der Verdichtung zahlloser Ereignisse zu einem zentralen Sinn aber ist das Abendmahl. Auf Brot und Wein und somit auf die Elemente, die allen subjektiven Leistungen voraus die Synthesis von Sein und Sinn theologisch (und eben nicht subjektivitätstheoretisch) garantieren, ist Trakl eigentümlich fixiert. Trakls Biographen haben immer erneut darauf aufmerksam gemacht, daß seine religiöse Erziehung buchstäblich schizoid war. Sein Vater war Protestant, seine Mutter Katholikin, der Sohn Georg wurde in der katholischen Stadt Salzburg protestantisch getauft, hatte aber lange Jahre hindurch eine entschieden katholische Gouvernante. Diese Spaltung wurde in Trakls Schulalltag geradezu ritualisiert: vormittags besuchte er die k.u.k. katholische »Übungsschule«, nachmittags nahm er mehrmals wöchentlich am evangelischen Religionsunterricht teil. Alles spricht dafür, daß der schlechte Schüler und künf-

8 Cf. dazu J. Hörisch und G. Ch. Tholen (edd.): Eingebildete Texte und G. Ch. Tholen: Wunsch-Denken

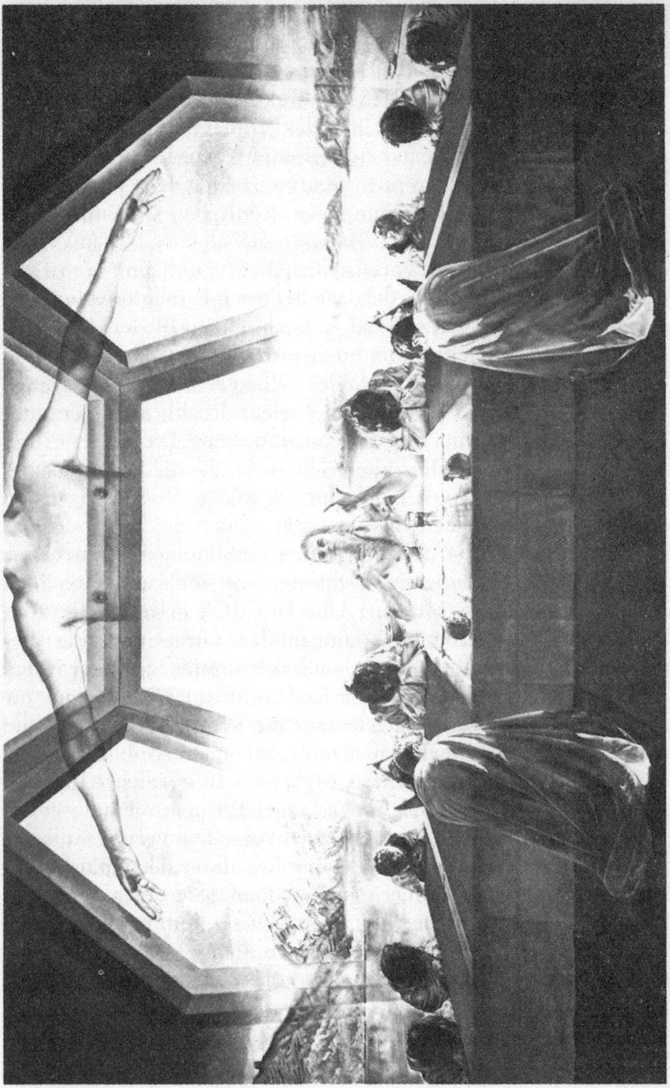

tige poète maudit dabei den konfessionellen Querelen über das Sakrament des Abendmahls aufmerksam folgte.

Im Nachlaß Trakls fand sich eine 1909 entstandene Sammlung von Gedichten. Der abschließende Text trägt den Titel *Die tote Kirche* und benennt somit das Ideal des Problems, das ausnahmslos alle Zeilen Trakls geradezu besessen umwerben. Denn dieses Gedicht beschwört in kaum mehr deutungsbedürftiger Klarheit die Krisis, deren heillose Erfahrung eins ist mit dem Geheimnis von Trakls poetischer Produktivkraft: die Krisis aller tradierten Versuche, den Ort als erfüllten vorzustellen, da Sein und Sinn in eins gebildet werden. Diejenigen, die da in der toten Kirche auf »dunklen Bänken ...gedrängt« sitzen und »die erloschnen Blicke auf / Zum Kreuz« heben, erblicken dort einzig »ein blutend Schmerzensantlitz«, das »sich in Dunkelheit hüllt«. Wenn es denn glückt, dieses Schmerzensantlitz an- und seinem Blick nachzublicken, so »starrt die Verzweiflung ihm aus vielen Augen nach ins Leere«.

Doch nicht nur der Blick derer, die in der toten Kirche versammelt sind, bleibt ziellos. Auch der »hinsterbende Gesang«, der dort erklingt, findet keinen Adressaten. Denn die Figur, der die Aufgabe anvertraut ist, Sein und Sinn in ihrer stolzen, kühnen und festlichen Ineinsbildung zu zelebrieren, ist von ganz vergeßner Völker Müdigkeiten gelähmt. Und mit dem Priester, der »die frommen Bräuche« nur noch »mit müdem Geist« und als »jämmerlicher Spieler« übt, verliert auch das zentrale Sakrament des Abendmahls die ihm anvertraute Kraft. »In seelenlosem Spiel mit Brot und Wein« wird das ungeheure Versprechen, das diese göttlichen Elemente verbürgen: daß nämlich Sein mehr ist als das, was es ist, weil ihm ein unermeßlicher Mehrwert an göttlicher Bedeutsamkeit innewohnt, verspielt. Was angesichts dieses enttäuschten Versprechens bleibt, stiftet allein eine schale »Erinnerung«, die »in toten Herzen schauert« – eine Erinnerung, die sich kaum mehr ihres Gegenstandes entsinnt. Es ist eine objektlose Erinnerung, der denn auch nicht das letzte Wort bleibt. Dieses kommt vielmehr einer Stimme zu, »die wie aller Stimmen klang«, und die ein von Grauen, von »Todesgrauen« gar, hervorgerufenes Aufschluchzen erklingen läßt.

Die tote Kirche

Auf dunklen Bänken sitzen sie gedrängt
Und heben die erloschnen Blicke auf

Zum Kreuz. Die Lichter schimmern wie verhängt,
Und trüb und wie verhängt das Wundenhaupt.
Der Weihrauch steigt aus güldenem Gefäß
Zur Höhe auf, hinsterbender Gesang
Verhaucht, und ungewiß und süß verdämmert
Wie heimgesucht der Raum. Der Priester schreitet
Vor den Altar; doch übt mit müdem Geist er
Die frommen Bräuche – ein jämmerlicher Spieler,
Vor schlechten Betern mit erstarrten Herzen,
In seelenlosem Spiel mit Brot und Wein.
Die Glocke klingt! Die Lichter flackern trüber –
Die Orgel rauscht! In toten Herzen schauert
Erinnerung auf! Ein blutend Schmerzensantlitz
Hüllt sich in Dunkelheit und die Verzweiflung
Starrt ihm aus vielen Augen nach ins Leere.
Und eine, die wie aller Stimmen klang,
Schluchzt auf – indes das Grauen wuchs im Raum,
Das Todesgrauen wuchs: Erbarme dich unser –
Herr! (150 sq.)[9]

Trakls Lyrik ist häufig ihrer geheimnisvollen Dunkelheit wegen gefeiert oder aber kritisiert worden. Deutlicher und klarer als diese Zeilen kann jedoch kaum ein Gedicht sein. Seinem trostlosen Gehalt wird es auch dadurch gerecht, daß es auf den Schönklang verzichtet, mit dem viele Texte Trakls ihre Leser und Hörer bannen. Schon die vier ersten Verse geben zu erkennen, daß Verhängnis und Mißlingen über dem Versprechen walten, von dessen Spätgeschichte das Gedicht berichtet. Scheint es doch gleich eingangs den Schönklang des Kreuzreims zu versprechen: »gedrängt« – »verhängt«. Mit diesem ersten aber sind die Reime des Gedichts bereits erschöpft. Was folgt, sind allenfalls noch Vokalassonanzen (wie »auf – Haupt« / »Gefäß – verdämmert«). Doch auch sie verklingen gegen Ende des Gedichts zusehends. In seiner Mitte aber steht die Wendung zu lesen, die Trakl – wie Novalis und Hölderlin, auf deren Abendmahlverse er unermüdlich anspielt – zum eigentümlichen Zentrum seiner Dichtung macht: Brot und Wein.

Eigentümlich muß dieses Zentrum heißen, weil es alle tradierten Ansprüche an Zentren außer Kraft setzt. Das »seelenlose Spiel mit Brot und Wein« stiftet keinen Zusammenhang – geschweige denn

9 Eingeklammerte Seitenangaben beziehen sich hier und fortan auf G. Trakl: Das dichterische Werk. Die Abendmahlthematik ist nicht bloß in Trakls Gedichten, sondern auch in seinen Prosatexten gegenwärtig.

die kosmische Erfahrung, die Trakls Generation, wenn überhaupt, im Krieg suchte.[10] Das Abendmahl der toten Kirche vereint nicht, wie die klassische Eucharistielehre es wollte, die Vergangenheit des Opfertodes Christi mit dem Heil seiner fleischlichen Gegenwart in der Gemeinde und dem Versprechen zukünftiger Erlösung. Es läßt auch nicht das Wort Fleisch und den absurden Glauben sinnliche Gewißheit werden. Und es strukturiert schon gar nicht die überkomplexe Vielheit aller disparaten Ereignisse und Sachverhalte auf jenes eine transzendentale Signifikat hin, das die Welt und somit den Inbegriff all dessen, was der Fall ist, mit Sinn und Bedeutung speist. Brot und Wein stehen im Zentrum der Dichtung Trakls, doch dieses disseminative Zentrum hält allenfalls die Botschaft bereit, daß es kein Zentrum des Sinns gibt. Es gibt kein Sinnzentrum, weil es keine Transsubstantiation von Sein in Sinn oder von Sinn in Sein gibt. Was auch besagt, daß das Sagen des Sagens nichts besagt, daß es keinen Metadiskurs gibt, daß kein Diskurs mehr anzugeben vermag, was die Bedeutung von Bedeutung sei.

Die Gabe der Bedeutsamkeit – und somit auch die Illusion, es gebe Sinn und Bedeutung im Modus des »es gibt (...)« Seiendes, galt seit jeher als ein Geschenk der Götter. Spätestens mit Kants Kritik am ontologischen Gottesbeweis durch das Argument, daß »Sein kein reales Prädikat« sei[11] (cf. K. 1 und 10), ist dieses Geschenk hinfällig geworden. Die Dichtung noch der Zeitgenossen Kants hat mit hoher Aufmerksamkeit auf die Verbindlichkeit des Nachweises reagiert, daß Rückschlüsse von noch so machtvollen Begriffen auf die Existenz dessen, was in und mit ihnen bezeichnet ist, schiere Trugschlüsse sind. Mit diesem Nachweis nämlich wurde nichts Geringeres gestürzt als eine, wenn nicht die Grundlage der vorkritischen Diskursordnung, die eine substantielle Übersetzung von Sein in Sinn noch beglaubigte.

Nicht umsonst ist das Abendmahl ein hartnäckiges Thema der gründlichsten Kant- und Fichte-Kenner unter den Dichtern um 1800: Novalis und Hölderlin (cf. Kap. 11). Wozu Dichter in semantisch so dürftiger Zeit wie der nachkantischen taugen, wurde ihnen zum Grundproblem ihrer Poetologie. Trakl hat dieses Thema ein Jahrhundert später erneut mit einer Entschiedenheit aufgegriffen, die den Versuchen des 19. Jahrhunderts durchaus gerecht wird,

10 Cf. Norbert Bolz: Abschied von der Gutenberg-Galaxis
11 Kant: Kritik der reinen Vernunft, B 626 sqq.

funktionale Äquivalente des Abendmahls und also leistungsfähigere Theorien und Institutionen der Transsubstantiation von Sein und Sinn zu entwickeln.

»Wo keine Götter sind, walten Gespenster.« Dieses Wort hatte die Geschichtsdiagnostik des Novalis dem 19. Jahrhundert an seine Eingangspforte geschrieben. Und mit diesem Wort hatte Novalis die komplexe Gegenwartsdiagnostik seiner *Europa*-Rede resümiert: die protestantische Neuzeit hat den heimlichen Polytheismus des Katholizismus den Erfordernissen der einen Vernunft (sie pluralisch zu bilden, ist nicht nur grammatisch unmöglich) kompatibel gemacht. Der eine Geist dieser einen Vernunft aber ist der Geist der Gutenberg-Galaxis. Ihr Monotheismus der Vernunft treibt die Götter ins ästhetische Exil.

Daß die Götter die Welt verlassen und die Dichtung zum Ort ihres Exils erkoren haben, wurde um 1800 zum kurrenten Wort: »was unsterblich im Gesang soll leben / muß im Leben untergehen.« Darüber waren sich so unterschiedliche Dichter wie Schiller, Chateaubriand und Heine einig: »Les dieux s'en vont«, heißt es 1809 am Schluß von Chateaubriands Roman *Les Martyrs ou le triomphe de la réligion chrétienne*, der auf Schillers geschichtsphilosophische Lyrik und zumal auf sein epochales Gedicht von 1788 *Die Götter Griechenlands* anspielt, und den wiederum Heine in frecher Ergänzung zitiert, wenn er 1833 in der *Romantischen Schule* feststellt: »Les dieux s'en vont, Goethe ist tot.« Soll heißen: der ästhetischen Kunstreligion geht es nicht besser als der religiösen Formation selbst, die sie kurzfristig zu beerben verstand. Ihr Plausibilitätsverlust bemißt sich nicht in Jahrtausenden, sondern allenfalls in Jahren.

Götter (und heißen sie Goethe), die noch sinnlich gewiß auf Erden zu erfahren waren, entschwinden mitsamt den ästhetischen Surrogatgöttern an der Schwelle des europäischen 19. Jahrhunderts. Fraglich blieb allerdings, ob der »Triumph der christlichen Religion« und ihres einen (wenn auch dreifaltigen) Gottes oder aber eben Gespenster an die verlassene Stelle der pluralen Götter treten. Vieles spricht dafür, daß die Monokultur des alphabetisierten 19. Jahrhunderts nach dem Bild des christlichen Monotheismus gestaltet ist: daß also etwa das eine Napoleonische Europa die vielen Staaten bzw. der eine Nationalstaat die vielen Kleinstaaten, daß der eine code civil die vielen Rechte, Vorrechte und Unrechte, daß die eine universalisierte Geld-Tauschform die vielen

Tauschweisen und -medien, daß die kleinfamiliale Liebeslogik die vielen Liebes(un)ordnungen usw. beerben.[12] Universal erfüllt hätte sich dann der christliche Monotheismus auch auf nichttheologischen Schauplätzen eben zu der Zeit, da er in seine größte Krise zu geraten scheint.

Vieles spricht aber auch für die Lesart, das 19. Jahrhundert gerade nicht (mit Max Weber) als das Zeitalter der zentralisierenden Ordnungsstiftung, der monokulturalen Entzauberung und des »stahlharten Gehäuses«[13], sondern vielmehr (mit Marx und Benjamin) als das Zeitalter universaler Verrätselung[14] zu begreifen. Als das Zeitalter der Gespenster eben – der Gespenster, die das Warenfetischismus-Kapitel des *Kapital* beschreibt. Wird doch »die Personifizierung der Sachen und (die) Versachlichung der Produktionsverhältnisse« in der Epoche der entfalteten Kapitalwirtschaft zur »Religion des Alltagslebens«. Des gespensterhaften Alltagslebens der »verzauberten, verkehrten, auf den Kopf gestellten Welt, wo Monsieur le Capital und Madame la Terre als soziale Charaktere und zugleich unmittelbar als bloße Dinge ihren Spuk treiben«.[15]

So alternativ, wie es auf den ersten Blick scheinen mag, sind diese beiden Lesarten dessen, was nach dem Verfall religiöser Verbindlichkeiten im 19. Jahrhundert geschieht, nicht. Gemeinsam ist ihnen nämlich, daß sie ihrerseits am Paradigma der Suche nach dem Ort, da Sein und Sinn in eins gebildet werden, festhalten. »Jede Wissenschaft hat ihren Gott, der zugleich ihr Ziel ist«[16], heißt es schon im *Allgemeinen Brouillon* des Novalis. Der Frühromantiker weiß, daß der Polytheismus bzw. Polyzentrismus der Meinungen, der Interessen und des Wissens im Zeitalter funktionaler Differenzierung das Revers einer Gesellschaft sein kann, die ihre Einheit eben nicht über intentionale Beglaubigungs- und Zustimmungsakte, sondern über Funktionszusammenhänge herstellt. Ob man (mit Max Weber) Institutionen oder (mit Marx) den Äquivalententausch als den Ort der funktionalen Synthesis von Gesellschaft

12 Cf. hierzu J. Hörisch: Gott, Geld und Glück

13 Max Weber: passim, Belege und Kommentar bei Norbert Bolz: Auszug aus der entzauberten Welt, p. 40 sqq.

14 Cf. zum folgenden J. Hörisch: Die Krise des Bewußtseins und das Bewußtsein der Krise

15 Marx: Das Kapital III, MEW 25, p. 838

16 Novalis: Schriften Bd. 3, p. 296

bestimmt, an dem les mots et les choses oder die Werte und die Sachen ihr Rendezvous haben und sich vereinen – gemeinsam ist diesen und anderen ambitionierten Theorien, nach plausibleren Äquivalenten für die Leistung zu suchen, die einst das Abendmahl erbrachte. Feuerbachs Verzicht auf diese Suche (cf. Kap. 12) konnte das letzte Wort in der ontosemiologischen Debatte nicht sein.

Funktionale Äquivalente für die substantielle Seins- und Sinnvergewisserung des Abendmahls suchte hingegen Kants Philosophie: Sie hat in bewußter Auseinandersetzung mit der theologischen Tradition Subjektivität und spezifischer deren genuine Leistung, eben die Einbildungskraft, als den topos noetos bestimmt, da Sein und Sinn zusammengebracht werden. »Die transzendentale Synthesis der Einbildungskraft«[17] kann Anschauungen und begriffliche Kategorien zusammenbringen, weil sie »ein Drittes« zu produzieren vermag, »was einerseits mit der Kategorie, andererseits mit der Erscheinung in Gleichartigkeit stehen muß, und die Anwendung der ersteren auf die letzte möglich macht. Diese vermittelnde Vorstellung muß rein (ohne alles Empirische) und doch einerseits intellektuell, andererseits sinnlich sein. Eine solche ist das transzendentale Schema.«[18] Die (vorkantische ontotheologische) Grundfigur dieses Schemas aber ist das Abendmahl. Ja, es ist das Schema des Schemas, weil es überhaupt das Intelligible und das Sinnliche in eins bildet. Das heißt nichts anderes als: Kant hat mit einem hohen Grad an konstruktiver bzw. destruktiver Bewußtheit die in jeder Weise transsubjektive Leistung des zentralen christlichen Sakraments von Brot und Wein subjektiviert.

Damit aber hat Kant empirische wie transzendentale Subjektivität rettungslos überfordert. Trakls Lyrik ist – nach einer gut hundert Jahre dauernden Ägide des aufgeklärten Subjekt- und Logozentrismus – der rätselhaft eindringliche Ausdruck dieser heillosen Überforderung. Auch deshalb umwirbt sie immer erneut Brot und Wein und somit das vorkritische, prämoderne Schema der Ineinsbildung von Sein und Sinn. Auffallend ist allerdings schon bei bloß kursorischer Lektüre, daß Trakls Dichtung Brot und Wein zugleich im sakralen wie im profanen Modus bemüht. Der *Gesang der Abgeschiedenen* feiert in deutlichem Anklang an das *Lied der Toten* des Novalis den »Frieden des Mahls; denn geheiligt ist Brot

17 Kant: Kritik der reinen Vernunft, B 151
18 Ibid., B 177

und Wein / Von Gottes Händen« (79), ohne aber das Sakrament in einen rituellen Kontext zu stellen. Das Gedicht *Die Bauern* hingegen nennt Brot und Wein als das profane Mittagsmahl, in dessen Beschreibung umgekehrt deutlich christliche Wendungen einfließen: »Und sie schenken den Wein und sie brechen das Brot« (20). Ähnlich im Gedicht *Helian*: Nicht in dem Sakralbau, der ihm gewidmet ist, sondern »in kahlen Gezweigen feiert der Himmel. / In reinen Händen trägt der Landmann Brot und Wein. / Und friedlich reifen die Früchte in sonniger Kammer« (41).

Daß die Abendmahlelemente nicht nur geistlich zu verstehen sind, gibt selbst ein Gedicht zu verstehen, das einen theologischen Titel trägt: *Geistliches Lied*. »Liebe segnet Brot und Wein« (19) steht genau in seiner Mitte zu lesen. Der bukolische Kontext und das deutliche Wiegenlied-Metrum dieser betörenden Zeilen lösen jedoch die vermeintliche theologische Eindeutigkeit der Abendmahlformel bald wieder auf. Am religiösen Sinn der Wendung scheint auch die zweite Fassung von *Herbstseele* keine Zweifel erstehen zu lassen:

Rechten Lebens Brot und Wein,
Gott in deine milden Hände
Legt der Mensch das dunkle Ende,
Alle Schuld und rote Pein. (61)

Doch steht außer Frage, daß die theologische Formel auch in diesen Zeilen ihrem sakramentalen Kontext entwendet ist. Das Gedicht evoziert nämlich deutlich die Szenerie einer herbstlichen Jagd, in der eben keine Priesterworte in der Kirche, sondern »Jägerruf und Blutgebell (...) über Stoppelfeld und Pfad« erklingen. Zum Element einer landschaftlichen Impression geraten Brot und Wein gleichermaßen im Gedicht *Spaziergang*. Doch auch hier sind religiöse Assonanzen nicht fern:

Und Brot und Wein sind süß von harten Mühn,
Nach Früchten tastet silbern deine Hand.
Die rote Rahel geht durchs Ackerland.
Mit friedlicher Geberde winkt das Grün. (27)

Eine ähnliche, Sakrales und Profanes zu einem Text verwebende Gestaltung findet das Motiv in den Zeilen aus *Frühling der Seele*:

Saftig grünen Brot und Wein,
Orgel tönt voll Wunderkraft;
Und um Kreuz und Leidenschaft
Glänzt ein geisterhafter Schein. (162)

Weitere Belege ließen sich reihen und ergäben doch immer denselben Befund: Trakl hat die Abendmahlelemente nicht nur auffallend, ja obsessiv häufig bemüht, sondern stets auch in der Ambiguität von Sakralem und Profanem belassen. Und er dichtet, er verdichtet derart, wie Heidegger gar nicht spekulativ, sondern sehr textnah gezeigt hat, eine »Vierung«, in der sich Himmel und Erde sowie die, die dort wohnen: die Göttlichen und die Sterblichen, begegnen. »Brot und Wein«, so heißt es in Heideggers Aufsatz, der wie Trakls Gedichte häufig auf Hölderlins Elegie unter diesem Titel anspielt, »Brot und Wein sind die Früchte des Himmels und der Erde, von den Göttlichen den Sterblichen geschenkt. Brot und Wein versammeln bei sich diese Vier aus dem Einfachen der Vierung.«[19] Diese Versammlung läßt sich problemgeschichtlich auf die »Versammlung« bzw. auf die schematisierenden Leistungen beziehen, die die Ontotheologie dem Abendmahl, die kritische Philosophie der Einbildungskraft der transzendentalen Subjektivität und das europäische 19. Jahrhundert den »stählernen Gehäusen« bzw. dem Äquivalententausch an- und zumuteten.

Zu versammeln – das ist die Aufgabe von Medien. Im *Historischen Wörterbuch der Philosophie* findet sich kein Artikel zu diesem Begriff. Auf »Meditation« folgt dort sogleich »Medizin«. Daß im zweifellos besten philosophischen Sachwörterbuch »Medien« einfach ausfallen, macht dennoch Sinn. »Medium« ist nämlich ein unphilosophischer, eben technischer Begriff. Auch allgemeinen Lexika z.Z. Trakls sind »Medien« noch nicht problematisch – und das aus gutem Grund. Gibt es doch im technischen Sinn um 1900 und also vor der Gründung von Rundfunk und UFA nur das eine und also selbstverständliche Medium des Buches. Es ist offenbar so selbstverständlich, daß es nicht eigens als Medium bestimmt und gedacht werden muß. Sub voce »Medium« heißt es denn auch im 13. Band von *Meyers Großem Konversations-Lexikon* aus dem Jahr 1906: »Medium (lat.), Mitte, Mittel, etwas Vermittelndes; in der griechischen Sprache ein eignes Genus des Verbums (s.d.); in der spiritistischen Weltanschauung jemand, der den Verkehr mit der Geisterwelt vermittelt (s. Spiritismus); flanellartiger Wollenstoff für Frauenjacken und dgl. mit 18-22 Fäden auf 1 cm aus Streichgarnen 14,000 auf 1 kg.«

Wer sich noch um 1910 an Problemen der Vermittlung und der

19 Heidegger: Die Sprache, p. 28

Medien interessiert zeigt, erfährt einiges über eine Eigenart der griechischen Grammatik, den Spiritismus und die Textilkunde – nichts hingegen darüber, daß die (eben noch alternativelose) Gutenberg-Galaxis dem Ende ihrer Monopolstellung entgegenstürzt. Trakls Lyrik ist ein Dokument der tiefen Krise des einen Mediums Buch sowie der ontotheologischen und bewußtseinstheoretischen Konzepte, die ihm liiert sind. Entstanden ist sie in einer Zwischenzeit, in der alte »Medien«, die den »Verkehr mit der Geisterwelt vermitteln«, mitsamt ihren ontosemiologischen Begründungsversuchen einen irreversiblen Plausibilitätsverlust erlitten haben, neue suggestive Medien aber noch nicht bereitstehen. Daß seine Abendmahl-Zeilen eine mediale Krise belegen, die mehr als eine bloß individuelle Sinnkrise ist, zeigt (neben Georges kunstreligiöser Leibverklärungs-Lyrik) Rilkes etwa gleichzeitig entstandenes Abendmahlgedicht aus der Sammlung der *Neuen Gedichte*:

> (...) das Abendmahl:
>
> wie sie sichs halten und wie sie sichs reichen
> und in der Handlung schlicht und schwer beruhn.
> Aus ihren Händen heben sich die Zeichen;
> sie wissen nicht, daß sie sie tun
>
> und immer neu mit irgendwelchen Worten
> einsetzen, was man trinkt und was man teilt.
> Denn da ist keiner, der nicht allerorten
> heimlich von hinnen geht, indem er weilt.[20]

Die da Brot und Wein teilen, sind nach den Worten des zuvor entstandenen Abendmahl-Gedichts, das den ersten Teil des *Buchs der Bilder* beschließt, »staunende Verstörte«.[21] Sie wissen nicht, daß sie die Zeichen »tun«, einsetzen und verzehren, die doch dieses Zeichenhandeln selbst erst einsetzen sollen. Hofmannsthals Chandos-Brief hat 1902 die in diesen und Trakls Zeilen epochentypisch festgehaltene medial-semiologische Krisenerfahrung auf den poetischen Begriff gebracht: »Mein Fall ist, in Kürze, dieser: Es ist mir völlig die Fähigkeit abhanden gekommen, über irgend etwas zusammenhängend zu denken oder zu sprechen. / Zuerst wurde es mir allmählich unmöglich, ein höheres oder allgemeineres Thema zu besprechen und dabei jene Worte in den Mund zu nehmen, de-

20 Rilke: Das Abendmahl; in: SW Bd. 1, p. 388
21 Rilke: Abendmahl; in: SW Bd. 2, p. 591 sq.

ren sich doch alle Menschen ohne Bedenken geläufig zu bedienen pflegen. Ich empfand ein unerklärliches Unbehagen, die Worte ›Geist‹, ›Seele‹ oder ›Körper‹ nur auszusprechen. (...) Die abstrakten Worte, deren sich doch die Zunge naturgemäß bedienen muß, um irgendwelches Urteil an den Tag zu geben, zerfielen mir im Munde wie modrige Pilze.«[22]

Trakl hat diese disseminative Erfahrung nicht nur in melancholische Poesie übersetzt, sondern auch als Reiz begriffen. Trakls Lyrik verdankt ihren rätselhaften Glanz gerade dem Umstand, daß sie auf die Leistung der schematisierenden Ineinsbildung von Sein und Sinn willig verzichtet. Seine Zeilen bezeugen eine schematismusferne Beziehungslosigkeit. Sie werfen einen erstaunten Kaspar-Hauser- bzw. Parsifal-Blick auf eine Welt, die, seitdem sie vom Schein göttlich-zentrierender Bedeutsamkeit abgefallen ist, einfach alles ist, was der Fall ist. Was den gleichzeitigen, noch so virtuosen Versuchen der Husserlschen Phänomenologie mißlingen muß, gelingt Trakls »großgeglückten«[23] Versen. Sie zeigen Welt und Dasein in dem vorschematischen Zustand, den die phänomenologischen Übungen der Epoche artistisch herstellen wollen. Und sie legen dadurch geradewegs die Vermutung nahe, daß Ontotheologie, Subjektivitätsphilosophie und die modernen großen Erzählungen von Marx bis Habermas mitsamt den Strukturen (des Tausches, der Institutionen, der Kommunikation), die sie auf den ausdrücklichen Begriff zu bringen versuchen, sich nur deshalb so versessen auf die Suche nach den Grundprinzipien schematisierender Ineinsbildung begeben, weil sie durch den Binarismus ihrer Weltauslegung allererst auseinanderbringen, was dann der Ineinsbildung bedarf.

In Trakls Versen sind hingegen Himmel und Erde, die Göttlichen und die Sterblichen, das Sakrale und das Profane unvordenklich immer schon versammelt, aber – wie wiederum Heidegger gezeigt hat – im unhintergehbaren Modus des »Unterschieds« und eben nicht der Identität von Ineinsbildung. Trakls poetisches Abendmahl sagt keine Einheit von Sein und Sinn aus. Vielmehr »wohnt in Brot und Wein ein sanftes Schweigen«, das als Schweigen den Mangel vermeintlicher Metasprache oder den unsagbaren Unterschied von Sein und Sinn aussagt.

22 Hofmannsthal: Ein Brief, p. 465
23 Heidegger: l.c., p. 17

Menschheit

(...)
Gewölk, das Licht durchbricht, das Abendmahl.
Es wohnt in Brot und Wein ein sanftes Schweigen
Und jene sind versammelt zwölf an Zahl.
Nachts schrein im Schlaf sie unter Ölbaumzweigen;
Sankt Thomas taucht die Hand ins Wundenmahl. (25)

Daß Trakls Verse Brot und Wein schon in der Urszene ihrer Einsetzung schweigen lassen, ist von eigentümlicher Doppeldeutigkeit. Kann das schweigende Abendmahl doch Anlaß des grauenhaften Schreis nach Erbarmen wie der Feier von Sein und Dasein sein, die vom Unter-Schied gelassen werden – von dem Unterschied, der Sein ist, sofern Sein selbst als Zeit verfaßt ist.[24] Und dieser Unterschied ist eins mit dem Geschenk der Bedeutsamkeit, das keinen Schenkenden mehr kennt, der als Subjekt oder Identität zu denken wäre. An der Stelle, da das Denken von Prinzipien der Einbildungskraft Zentren benennt, läßt Trakls Lyrik deshalb »Schwellen« erstehen.

Denn strahlender immer erwacht aus schwarzen Minuten des Wahnsinns
Der Duldende an versteinerter Schwelle
Und es umfängt ihn gewaltig die kühle Bläue und die leuchtende Neige des Herbstes,
Das stille Haus und die Sagen des Waldes,
Maß und Gesetz und die mondenen Pfade der Abgeschiedenen. (79)

An versteinerter Schwelle, so erklingt der *Gesang der Abgeschiedenen*, bemühen sich die tradierten Formen der Welt- und Daseinsauslegung um Vermittlungen und Ineinsbildungen dessen, was sie allererst in das Diesseits und Jenseits der Schwelle geschieden und diese dadurch zur Grenze versteinert haben. »Die Schwelle ist ganz scharf von der Grenze zu scheiden. Schwelle ist eine Zone, Wandel, Übergang, Fluten liegen im Worte ›schwellen‹ und diese Bedeutungen hat die Etymologie nicht zu übersehen.«[25] Trakls Dichtung hat diese Bedeutung gewiß nicht übersehen. Sie ist nicht etwa eine Poesie zackiger Demarkationslinien, sondern Schwellen-Dichtung im eminenten Sinn. Nicht die Grenzen, sondern die Schwellen zwischen Himmel und Erde, Göttlichen und

24 Cf. dazu J. Hörisch: Das Sein der Zeichen und die Zeichen des Seins
25 W. Benjamin: Das Passagen-Werk, GS V, p. 618. Cf. dazu W. Menninghaus: Schwellenkunde

Sterblichen, Wahn und Vernunft, Schlaf und Erwachen, Verbot und Gebot, Rausch und heiliger Nüchternheit, Tod und Leben, Sein und Sinn sind ihr Thema. Ihr Problem aber ist, daß »wir sehr arm geworden sind an Schwellenerfahrungen. ... Rites de passage – so heißen in der Folklore die Zeremonien, die sich an Tod, Geburt, an Hochzeit, Mannbarwerden etc. anschließen. In dem modernen Leben sind diese Übergänge immer unkenntlicher und unerlebter geworden.«[26]

Trakls poetisches Abendmahl ist der »Schwellenkunde«[27], ja dem »Schwellenzauber«[28] verschrieben. Denn es verdichtet die in der Moderne unkenntlich, wenn nicht unpassierbar gewordenen Übergänge zur Kenntlichkeit, ohne jedoch die Identität des durch Schwellen Unterschiedenen erpressen zu wollen. Vielmehr macht Trakls Lyrik den Unterschied von Sein, Zeit und Sinn als ursprünglichen Unter-Schied erfahrbar. Das unterscheidet sie vom alten Medium wie von den neuen Medien.

Ein Winterabend

Wenn der Schnee ans Fenster fällt,
Lang die Abendglocke läutet,
Vielen ist der Weg bereitet
Und das Haus ist wohl bestellt.

Mancher auf der Wanderschaft
Kommt ans Tor auf dunklen Pfaden.
Golden blüht der Baum der Gnaden
Aus der Erde kühlem Saft.

Wanderer tritt still herein;
Schmerz versteinerte die Schwelle.
Da erglänzt in reiner Helle
Auf dem Tische Brot und Wein. (58)

Die Schwelle, die alte und neue Erfahrungen des Zusammenhangs oder Auseinanderfalls von Sein und Sinn medial trennt, hat ein fiktiver Zeitgenosse Trakls überschritten, der wie dieser in den ersten Tagen des Ersten Weltkriegs sein Leben verliert: Hans Castorp. Wir können uns ihn als Hörer eines (dann freilich um 10 Jahre vorzudatierenden) Vortrags vorstellen, den Aby Warburg am

26 Benjamin: l.c., p. 617
27 Ibid., p. 147
28 Ibid., p. 283

21. April 1923 in der Heilanstalt Bellevue in Kreuzlingen gehalten hat. Er handelt von der Destruktion religiöser Schwellenerfahrungen durch neue Medien und schließt mit den Sätzen: »Den Überwinder des Schlangenkultes und der Blitzfurcht, den Erben der Ureinwohner und goldsuchenden Verdränger des Indianers, konnte ich auf der Straße in San Francisco im Augenblicksbilde einfangen. Es ist Onkel Sam im Zylinder, der voll Stolz vor einem nachgeahmten antiken Rundbau die Straße entlang geht. Über seinem Zylinder zieht sich der elektrische Draht (s. Abb.). In dieser Kupferschlange Edisons hat er der Natur den Blitz entwunden. (...) Der moderne Prometheus und der moderne Ikarus, Franklin und die Gebrüder Wright, die das lenkbare Luftschiff erfunden haben, sind eben jene verhängnisvollen Ferngefühl-Zerstörer, die den Erdball wieder ins Chaos zurückzuführen drohen. Telegramm

und Telephon zerstören den Kosmos. Das mythische und das symbolische Denken schaffen im Kampf um die vergeistigte Anknüpfung zwischen Mensch und Umwelt den Raum als Andachtsraum oder Denkraum, den die elektrische Augenblicksverknüpfung mordet.«[29] Der Ingenieur auf dem Zauberberg ist ein aufmerksamer Analytiker dieser medientechnischen Schwellenüberschreitung.

29 A. Warburg: Schlangenritual, p. 58 sq.

14. »Die deutsche Seele up to date«: Sakramente der Medientechnik auf dem Zauberberg

In den ersten Tagen des Ersten Weltkrieges endet die Zeit, die und von der im *Zauberberg* erzählt wird. Ein Jahrzehnt später, im Jahre 1924, erscheint dieser Roman, von dem Walter Benjamin und also keiner der professionellen Thomas-Mann-Bewunderer schrieb, er sei von »unglaublich souveräner Mache«.[1] Wiederum vier Jahre später (1928) entdeckt Alexander Fleming das Penicillin und damit jenes Pharmakon, das nicht nur die Therapie der Tuberkulose revolutionieren wird, sondern auch Lebensformen, wie sie auf dem Zauberberg statthaben, einfach abschafft. Was, wovon und wie Thomas Manns souveräner Roman erzählt, geschieht in geschichtsphilosophisch letztmöglicher Minute. Die sieben Jahre erzählter Zeit verrinnen – jeder Leser merkt und weiß es, zahllose germanistische Untersuchungen haben es stets erneut belegt – immer schneller. Denn die Jahre zwischen 1907 und 1914, denen Thomas Mann als einer Periode des Dazwischen huldigt, stürzen einer Zäsur entgegen, die sie im Rückblick als apokalyptische Spätzeit ausweisen.

Die »souveräne Mache« des Romans aber gönnt es dem Interpreten nicht, dies subtil zwischen den Zeilen zu lesen. Es steht vielmehr in aller Eindeutigkeit in den Zeilen gleich der ersten Seite selbst zu lesen – mitsamt dem Hinweis, daß dies in aller Eindeutigkeit zu lesen stehe: »Um aber einen klaren Sachverhalt nicht künstlich zu verdunkeln: die hochgradige Verflossenheit unserer Geschichte rührt daher, daß sie vor einer gewissen, Leben und Bewußtsein tief zerklüftenden Wende und Grenze spielt ...« (7)[2]. Diese Grenze scheidet Ereignisse, die, obwohl eben erst vergangen, bereits »mit historischem Edelrost überzogen« sind, von dem, was »in den alten Tagen (eben dieses Edelrostes, J. H.) begann (und) was zu beginnen wohl kaum schon aufgehört hat«.

Die geschichtsphilosophische Antithetik, auf der Thomas

1 Benjamin an Scholem am 19. Februar 1925

2 Eingeklammerte Seitenzahlen im laufenden Text beziehen sich auf die Ausgabe des Zauberbergs, ed P. de Mendelssohn, Frankfurter Ausgabe

Manns souveräner Roman leitmotivisch aufruht, könnte klarer nicht benannt sein. Und sie könnte deutlicher und artistischer kaum durchgeführt werden. Benennen doch gleich die ersten Kapitel die Bereiche, aus denen die geschichtsphilosophische Antithetik des *Zauberbergs* ihre Kräfte zieht: Technik und Kultus, spezifischer: Datenverarbeitungstechnik und sakramentaler Kultus. »Ankunft« ist der erste Absatz des ersten Kapitels überschrieben, dem einzig der zitierte selbstinterpretatorische »Vorsatz« voransteht. Dieses allererste Unterkapitel läßt keinen Zweifel daran erstehen, von wessen Ankunft da die anspielungsreiche Rede ist – von der Ankunft eines jungen Ingenieurs und seiner seltsamen Kunst. Er, ein Mann ohne Eigenschaften wie sein zur gleichen Zeit entworfener und handelnder Berufskollege aus Musils Roman, hat, wie dieser, Urlaub vom Leben genommen. Und er hat sich an einen Ort begeben, der topographisch präzise dem geschichtsphilosophischen Zeitpunkt des »Dazwischen« entspricht. Davos ist der Ort, da reizvoll veraltete Lebensformen und die Technik ihrer Revolutionierung bzw. das, was zu beginnen nicht aufgehört hat: moderne Aufzeichnungssysteme wie Röntgenphotographie und Grammophon ihr verzaubertes Rendezvous haben.

Zum Raum wird Hans Castorp die Zeit schon im Vollzug seiner Ankunft. Dieser Advent könnte technoider nicht sein. Der »Erzähler, der raunende Beschwörer des Imperfekts« (7), betreibt einigen Aufwand, um deutlich zu machen, wie standesgemäß der junge und doch schon ein wenig »schlaffe« Ingenieur, der bereits abgeklärt von seiner Jugend spricht – wovon dann der Erzähler spricht: »›Als ich in meiner Jugend‹ (in meiner Jugend, sagte er)« (22) – wie standesgemäß der junge Ingenieur, dessen Kopf »mit analytischer Geometrie, Differentialrechnung, Mechanik, Projektionslehre und Graphostatik« (53) so ziemlich ausgelastet ist, die Höhen des Zauberbergs erreicht. Er reist aus der norddeutschen Tiefebene recht zügig mit der »Eisenbahn« heran (9)[3], muß dann häufiger in immer langsamer vorankommende Züge umsteigen, um sich schließlich ab »Landquart, einer kleinen Alpenstation, wo man den Zug zu wechseln gezwungen ist«, einer »Schmalspurbahn« anzuvertrauen, die ihn in Davos aus ihrer ebenso verläßlichen wie langsamen Mechanik entläßt.

3 Zur Geschichte der Eisenbahnreise cf. W. Schivelbusch: Geschichte der Eisenbahnreise

Im Sanatorium aber geht es dank eines »Liftes (mit) elektrischem Triebwerk« (19) noch ein wenig höher hinaus. Kein Wunder bei so viel Technik, daß auch die ersten Gesprächsgegenstände zwischen den hanseatischen Vettern technischer Natur sind. Die segensreichen Wirkungen von »Methylaldehyd« bzw. »H^2CO« (20) und der »geplanten Elbregulierung« (25) sind nicht eben klassische Themen und Motive des Bildungsromans, wohl aber erster Mittelpunkt der Gespräche, die Hans Castorp auf dem Zauberberg führt. »›Ich bin Ingenieur, Herr Doktor‹, antwortet Hans Castorp« denn auch »mit bescheidener Würde« (28), als er von einem Arzt, dessen Spezialgebiet verdächtig technoid klingt: »Seelenzergliederung« (18)=Psychoanalyse, nach seinem Beruf gefragt wird. Mit sich aber führt der Reisende, der soeben sein ingenieurwissenschaftliches Studium abgeschlossen hat und nach dem Intermezzo im Hochgebirge »in die Praxis bei Tunder & Wilms (Schiffswerft, Maschinenfabrik und Kesselschmiede)« (11) einzutreten gedenkt – mit sich führt Hans Castorp als Reiselektüre nicht etwa einen Thomas-Mann-Roman, sondern ein gleich mehrfach erwähntes »broschiertes Buch namens ›Ocean Steamships‹« (10): im Aufzeichnungssystem Buch findet mechanische Technik ihre Entsprechung.

Was da im Jahr 1907 ankommt, was sich – wie die zum Schmalspurzug werdende Eisenbahn – so verlangsamt hat, daß es zum emblematischen Bildraum wird, dessen subscriptio der Buchtitel *Ocean Steamship* darstellt, ist die Technik des 19. Jahrhunderts. Sie ist von ebenso mäßiger Intelligenz wie der Ingenieur im viel zu frühen Ruhestand, der sie allegorisiert. Hans Castorp, der dreiundzwanzigjährige Ankömmling, ist »ein Mann des Weltverkehrs und der Technik« (54); genauer: er ist ein Mann der Technik des 19. Jahrhunderts auch deshalb, weil diese von einer mechanischen Dummheit ist, die ihm, dem Bequemen, einleuchtet. »Zu bedeutender, das Maß des schlechthin Gebotenen überschreitender Leistung aufgelegt zu sein, ohne daß die Zeit auf die Frage Wozu? eine befriedigende Antwort wüßte, dazu gehört entweder eine sittliche Einsamkeit und Unmittelbarkeit, die selten vorkommt und heroischer Natur ist, oder eine sehr robuste Vitalität. Weder das eine noch das andere war Hans Castorps Fall, und so war er denn doch wohl mittelmäßig, wenn auch in einem recht ehrenwerten Sinn.« (49 sq.)

In Settembrini wird Hans Castorp dem ebenso ehrenwerten wie gleichermaßen mit sympathischem Edelrost überzogenen Denker begegnen, der Technik als Ideologie[4] und spezifischer als Möglichkeitsbedingung sozialer und individueller Emanzipation feiert. Mit großer Konsequenz animiert er das eigenartige Weltkind Hans Castorp, das er stets mit dem nie praktizierten Berufstitel »Ingenieur« anspricht, immer wieder, der Technik, dem Buch und dem Effekt ihrer Verschränkung: dem Menschen und der Idee emanzipierter Menschheitsgeschichte treu zu bleiben. Wenn Settembrinis Antipode Naphta um so vieles faszinierender ist, dann auch um seiner abenteuerlichen Zeitgenossenschaft mit den Ungleichzeitigkeiten willen, die das 20. Jahrhundert kennzeichnen. Es ist die Zeitgenossenschaft derer, die mit Nietzsche wissen, daß die entfaltete Moderne die Einbildung, man könne humanistisch »an der Zeit sein«, kaum mehr zuläßt.

Deshalb ist Naphta, anders als Settembrini, vor den elementaren Verkennungen des Humanismus gefeit. Seine Diagnostik ist einfach präziser als die des Gegenspielers: wo Settembrini im Jahre 1908 »die großen Verhältnisse (...) insofern beifällig beurteilt, als die Dinge einen der Zivilisation günstigen Verlauf n(e)hmen«, entfaltet Naphta das, was der Humanist »Katastrophenphantasie« nennt und was doch bloß eine präzise, weil verkennungsferne Analyse ist. Möglich ist diese zynische Präzision – und Zynismus ist das Etikett von Settembrinis Standardvorwurf an den Gegenpart (cf. 543) –, weil Naphta im Modus der Ungleichzeitigkeit und genauer im futurum exactum der antizipierten Vergangenheit lebt, die sein Selbstmord unzweideutig in Szene setzt. Er weiß, daß er gelebt haben und daß die Zeit, die seine wäre, immer schon vergangen sein wird. Naphta ist so avanciert wie retrograd.

Das zeigt sich an einem eigentümlichen Umstand. Der militante Intellektuelle, »Professor der alten Sprachen« (527) und souveräner Kenner scholastischer Philosophie, ist als zum Katholizismus konvertierter Sohn eines »schochet, eines Schächters« an ältesten Schichten von Riten und philogenetischer Erfahrung ebenso interessiert wie an der Jetztzeit, die sich selbst präsent und durchsichtig nie sein kann. Wenn das, wofür Settembrini in jedem Sinne einsteht, im ersten Kapitel des Romans geschildert wird: die Ankunft mechanischer Technik in der Domäne des Humanismus, so benennt das zweite Kapitel das Reich, das in Naphta seine beredte Repräsentanz findet – das Reich kultisch-sakramentaler Erfahrung

4 Cf. dazu J. Habermas: Technik und Wissenschaft als Ideologie

und ihrer neuzeitlichen Äquivalente. »Von der Taufschale und vom Großvater in zwiefacher Gestalt« ist der erste Abschnitt des zweiten Kapitels überschrieben. Wie das erste die Technik des 19. Jahrhunderts, so hat das zweite jene Dimension vortechnischer, eben kultischer Riten zum Thema, die Thomas Mann so gerne mit der Vorsilbenreihe »Ur-Ur-Ur-Ur« (35) zu belegen liebte.

Wenn zwei sich streiten, so tun sie bekanntermaßen dasselbe: sie streiten sich. Auch die entschiedenen Antipoden Settembrini und Naphta haben mehr gemeinsam, als ihrem kontroversen Selbstverständnis lieb sein dürfte. Gemeinsam ist ihnen vor allem das Medium ihres Lebens: das des Buches. Hans Castorp hat dieses Medium bislang, so es ihm denn nicht Auskunft über Ozeanriesen und technische Kenntnisse überhaupt vermittelt, eher gemieden. Auf dem Zauberberg aber scheint er, der nun über ungewöhnlich viel Lebens- = Lesezeit verfügt, zum passionierten Leser auch von Zeitschriften, Enzyklopädieartikeln, populärwissenschaftlichen Abhandlungen zu werden. Doch die Zeit, da sein Liegestuhl stets »neben einem Stapel Bücher« (382) steht, geht schnell vorüber. So wie ihm »›Ocean steamships‹ (...) nichts mehr zu sagen hatte« (385), so hatte ihm auch bald der Stapel voll von Büchern über »Anatomie, Physiologie und Lebenskunde« nichts mehr zu sagen. Ihm aber bleibt noch bilanzierend zu sagen, »er sei Techniker ›gewesen‹. – Gewesen? – Gewesen (...)« (421).

Zuschanden nämlich werden die Hoffnungen Settembrinis und der humanistischen Thomas-Mann-Interpreten, Hans Castorp möge zu einem würdigen und allseits seine Persönlichkeit entfaltenden Nachfahren der imaginären Wesen werden, die von der Germanistik gemeinhin als Helden der Bildungsromane in diese hineinprojiziert wurden. Der ehemalige Ingenieur, der nie seinen Beruf ausgeübt haben wird, enttäuscht diese Hoffnungen. Er wendet sich von den Büchern ab und erfüllt derart einfach die Durchschnittsstatistik auf dem Zauberberg. »Es wurde nicht wenig gelesen auf den Liegehallen und Privatbalkons des internationalen Sanatoriums ›Berghof‹, – namentlich von Anfängern und Kurzfristigen« (383). Die Langfristigen aber lesen, der langen Weile ihres Aufenthaltes zum Trotz, nicht mehr. Und sie sorgen auch für glatte Abstimmungsniederlagen derer, die noch für Bücher votieren. Settembrini hatte, als wieder einmal die Art des Weihnachtsgeschenks für den Sanatoriumsdirektor zur Diskussion stand, einen originellen Vorschlag zu machen: ein Buch, ein Buch allerdings, das es noch nicht einmal recht gibt. »Die Schenkung eines angeblich in Entstehung begriffenen lexikographischen Werkes, genannt ›Soziologie des Leidens‹«, scheitert schlicht demokratisch daran, daß »ihm einzig (und ausgerechnet, J. H.) ein Buchhändler beifiel« (380).

Daß es um das Medium Buch so unzeitgemäß oder doch zumindest spätzeitlich bestellt ist wie um den Gegenstand, den der erste im Roman genannte Buchtitel erwähnt: um die klassische Technik, haben die Erfindungen zu verantworten, die beides, Technik und Buch vereinen – die neuen Aufzeichnungssysteme, die auf dem abgelegenen Zauberberg bereits heimisch sind. Ihnen wendet sich der Roman mitsamt seinen Protagonisten gegen Ende immer entschiedener zu. Der *Zauberberg* nämlich schildert die untergründige Geschichte dreier Transformationen: aus der Technik, die der Ingenieur Hans Castorp vertritt, wird die Datenverarbeitungstechnik, die in Form von Röntgenphotographie und Grammophon die Möglichkeiten auch des Buchmediums sprengt, das der klassischen Technik beigesellt war; aus den klassischen christlichen Sakramenten, deren sich der Erzähler eingangs erinnert, werden die befremdlichen und eigentümlichen Dionysien, die Mynheer Peeperkorn mit seinen Getreuen feiert; und aus dem Ingenieur Hans Castorp, der zuvor, wenn überhaupt, nur in seinem Umgang mit Drehbleistiften[5] der Technik kultische Dimensionen zu attestieren bereit war, wird ein Mystagoge moderner Aufzeichnungsmedien und ihrer lebensweltlichen Effekte.

Die Geschichte dieser drei Transformationen oder Metamorphosen hat Thomas Mann souverän ineinander verschränkt. »Im Roman«, so hält Thomas Manns Tagebuch im März 1921 fest, »kommt immer alles darauf an, das Geistige gegenwärtig zu halten, die feinen Fäden und Motive festzuhalten, kurz, nichts zu vergessen, was angesponnen« (T 487).[6] Das ist der souveränen Mache des

5 Cf. zum Leitmotiv des crayon bzw. des Drehbleistiftes J. Hörisch: Gott, Geld und Glück, Kap. 6: Liebe und Bedeutsamkeit auf dem Zauberberg.

6 Die Sigle T verweist künftig auf Thomas Manns Tagebücher 1918-1921. Das Tagebuch belegt die Gründlichkeit, mit der Thomas Mann sich z. Z. der Arbeit am Zauberberg mit »Lungenphotographie« (319), Kino und Grammophon vertraut machte. Das Tagebuch belegt auch auf trostlose Weise, daß hellwache Aufmerksamkeit für die Möglichkeiten der Jetztzeit grauenhafte Totschläger-Affekte nicht ausschließt. So lautet die Notiz am »Palmsonntag« (13.IV.1919 – Zur Zeit der Münchener Räterepublik): »Ich hätte nichts dagegen, wenn man sie (die Burschen der Rätebewegung) als Schädlinge erschösse.« Folgt die falsche Prognose: »was man zu

Romans geglückt. Stets nimmt er die feinen Fäden und Motive wieder auf, um sie zu einem roten Faden zusammenzuknüpfen. Schon kleine und peripher scheinende Bemerkungen wie die kaum je in der gewaltigen Sekundärliteratur interpretierte, der Ingenieur Hans Castorp habe »schon manchmal gedacht, daß (er) sehr gut auch Geistlicher hätte werden können« (530), verweisen darauf, daß die Technik und das Sakrament mehr miteinander zu tun haben könnten, als es der Schulweisheit träumt. So kann der Erzähler diese beiden »feinen Fäden und Motive« tatsächlich verknüpfen. Sie teilen sich nämlich das Problem, auf das sie durchaus unterschiedliche Antworten suchen.

Dieses Problem benennt eher beiläufig schon der Großvater, der Hans Castorp angesichts der Familientaufschale an dessen Initiation in die christliche Gemeinde erinnert: »du hattest vorher geschrien, so daß (Pastor) Bugenhagen es nicht leicht gehabt hatte mit seiner Rede, aber als das Wasser kam, da wurdest du still, und das war die Achtung vor dem heiligen Sakrament« (36). In der Stille dessen, der da im Namen eines großen Anderen von einem anderen benannt wird, begegnen sich sakramental die Dimensionen, um deren Verhältnisbestimmung sich Thomas Manns Roman unablässig bemüht: Sein und Bedeutung. Das zu taufende Kind ist auch deshalb still, weil es damit die Devise des Romans selbst erfüllt, danach es weniger um sein individuelles »Schicksal«, als vielmehr um »eine gewisse überpersönliche Bedeutung« geht (48), die im Leben Hans Castorps einen ihrer Schauplätze findet. Beliebte Thomas Mann doch, in seinem Tagebuch geistreich den Namen seines Helden zum H. C. der Initialen abzukürzen (z.B. T 254), die darauf aufmerksam machen, daß Hans Castorp eigentlich nur honoris causa große Einsichten zuzusprechen sind.

Sakramente aber sind die Kulte solch überpersönlicher Bedeutung, in der Sein und Sinn sich verschränken. Ob der Sinn von Sein und das Sein von Sinn überhaupt auszumachen sind und wie sie etwa ihr Rendezvous haben können, ist das Ideal des Problems, um dessen Lösung der *Zauberberg* sich bemüht. Wie bedroht diese Bemühung ist, macht schon anfangs der Tod des Großvaters deutlich, dessen sich Hans Castorp erinnert. Geblieben aber ist vor allem die Erinnerung an das Grauen beim Anblick der großväterli-

thun sich hüten wird.« (196) Die Aufzeichnung vom 5.5. korrigiert denn auch: »übrigens versicherte Löhr, daß standrechtlich nicht übel ›aufgeräumt‹ werde, was gewiß nicht zu beklagen« (227).

chen Leiche: sind in dieser doch Sein und Sinn auf bestürzende, ja geradezu »unanständige« Weise geschieden. »Was da lag, war (...) eine Hülle«, eine Hülle allerdings, die keinen Geist oder Sinn mehr umschließt. Bestand sie doch »aus ihrem eigenen Stoff; nur aus Stoff: das eben war das Unanständige« (43).

Eben in dem Jahr, da dieser Ausnahme-Roman erscheint, der die Erfahrung der Trennung von Stoff und Bedeutung zum Ideal des Problems macht, das er zu lösen sich anschickt, schreibt der eher widerwillige Thomas-Mann-Bewunderer Walter Benjamin an seiner Abhandlung über den Ursprung des deutschen Trauerspiels. In deren Mitte findet sich eine Wendung, die genau die barock-allegorischen Momente und emblematischen Bildfolgen des *Zauberbergs* bezeichnet, die Wendung nämlich von der »Leiche als dem obersten emblematischen Requisit«.[7] Diese Auszeichnung kommt der Leiche eben deshalb zu, weil sie scheidet, was Embleme unablässig zusammenbringen wollen: pictura und scriptio, Bild und Schrift, die ihrerseits Sein und Bedeutung allegorisieren. Wer aber Einheit sät, wird Differenz ernten. Unablässig scheiden Embleme, was sie doch vereinen wollen. Benjamin hat nichts Geringeres als das Gesetz der Scheidung entdeckt, von der auch Thomas Mann obsessiv umgetrieben wird: »Soviel Bedeutung, soviel Todverfallenheit, weil am tiefsten der Tod die zackige Demarkationslinie zwischen Physis und Bedeutung eingräbt.«[8]

Ob diese zackige Demarkationslinie unhintergehbar ist oder aber doch überbrückt werden kann, ist das Leitproblem des souveränen Romans. Es zählt zu dessen Qualitäten, daß er die Lösung nicht nur im Bereich grübelnden Tiefsinns und allegorischer Schwermut sucht. Analytischer dürfte ein Roman Probleme dieser Größenordnung kaum angehen können. Der *Zauberberg* nämlich erfüllt die »Funktion der Kunstform ...: historische Sachgehalte, wie sie jedem bedeutenden Werk zugrundeliegen, zu philosophischen Wahrheitsgehalten zu machen«.[9] Die historischen Sachgehalte des Romans aber sind keine anderen als die informationstechnischen Innovationen, denen Hans Castorp honoris causa ausgerechnet auf dem Zauberberg und nicht etwa in den Erfindungsmetropolen der damaligen Zeit begegnet.

7 W. Benjamin: Ursprung des deutschen Trauerspiels, GS I, p. 390.
8 Ibid., p. 343.
9 Ibid., p. 358.

Voraussetzung dieser Begegnung ist Hans Castorps Abschied vom Buch. Er trägt durchaus kultische Züge. Die letzte große Leseerfahrung, die Hans Castorp macht, ist einem bebilderten Lehrbuch der Biologie gewidmet. Die Lektüre dieser Bücher folgt dem Duktus des belletristischen Lesens. Unablässig imaginiert sich Hans Castorp in das Gewirr der Zeilen und Bilder hinein, bis er, der implizite Leser, bei der gründlichen Betrachtung eines dargestellten Frauenkörpers überhaupt die spezifische Frau seines Begehrens halluziniert und, mit ihr sich vereinend, schließlich gar in dem wissenschaftlichen Werk verschwindet. »Heiße Zartheit umschlang seinen Hals, und während er, vergehend vor Lust und Grauen, seine Hände an ihre äußeren Oberarme legte, dorthin, wo die den Triceps überspannende, körnige Haut von wonniger Kühle war, fühlte er auf seinen Lippen die feuchte Ansaugung ihres Kusses« (403).

Dieser »Ansaugung« eines Lesers im Buch in das Buch im Buche zum Trotz erzählt *Der Zauberberg* keine *Unendliche Geschichte*. Mit dem Kuß von einer und auf eine Buchseite wird vielmehr deutlich, daß die Literatur, medial gesehen, hoffnungslos veraltet ist. Nie und nimmer vermag sie, tatsächlich Sein und Bedeutung in einem Kusse, in einer Umarmung zu vereinen. Schmerzlich muß Hans Castorp erfahren, daß Bücherlesen und Halluzinieren eins sind und daß umgekehrt die Differenz von wirklicher und gelesener Welt unüberwindbar ist. Buchstaben sind Buchstaben sind Buchstaben, und Bilder sind Bilder sind Bilder, die nie und nimmer zu dem »transsubstantiieren« (837), wovon sie Bilder und Buchstaben sind. Das großartige Wort Goethes/Mignons »So laß mich scheinen, bis ich werde« ist ebenso großartig wie scheinhaft.

Den Schein des Lebens so intensiv scheinen zu lassen, daß Werden daraus zu entspringen scheint – das macht die Faszination und die Illusion auch des Kinofilms aus. Selbst mit diesem paradigmatisch modernen Medium wird Hans Castorp bereits auf dem Zauberberg vertraut. Besucht er doch zusammen mit seinem Vetter und der moribunden Karen Karstedt das »Bioskop-Theater von (Davos-) Platz«. Der Name des Lichtspielhauses mag Leben versprechen; die Überschrift des Kapitels, in dem von ihm gehandelt wird, dementiert jedoch dieses Versprechen: »Totentanz« ist es überschrieben. Und tatsächlich erfährt Hans Castorp das, was Settembrini eine »humanitätswidrige Darbietung« nennen würde, als eine Lebens-Illusion, die nicht weniger enttäuschend ist denn die des alten poetischen Mediums. »In der schlechten Luft des Kinosaales« flirrt eine Menge Leben, kleingehackt, kurzweilig und beeilt, in aufspringender, zappelnd verweilender und wegzuckender Unruhe, zu einer kleinen Musik, die ihre gegenwärtige Zeitgliederung auf die Erscheinungsflucht der Vergangenheit anwandte und bei beschränkten Mitteln alle Register der Feierlichkeit und des Pompes, der Leidenschaft, Wildheit und girrenden Sinnlichkeit zu ziehen wußte, auf der Leinwand vor ihren schmerzenden Augen vorüber« (445).

Thomas Manns Tagebuch läßt problemlos erschließen, welchen Film Hans Castorp in Davos in ähnlicher Stimmung wie sein Autor gesehen hat. »Abends mit P. im Lichtspieltheater a/Sendlingerthor: Sumurun. Ziemlich abgestoßen« (T 466), heißt es dort unter dem Datum des 24.IX.1920 und also eben zu der Zeit, da Thomas Mann am »Totentanz«-Kapitel arbeitet. Lubitschs Stummfilm-Klassiker, der die Geschichte des Buckligen aus *Tausendundeiner Nacht* verfilmt[10], mag Thomas Mann auch aus den Gründen abgestoßen haben, die Hans Castorps Reflexion benennt – daß der Kinofilm das Versprechen des Lebens und der universalen Präsenz ist, das gebrochen wird: »Man war zugegen bei alldem; der Raum war vernichtet, die Zeit zurückgestellt, das Dort und Damals in ein huschendes, gaukelndes, von Musik umspieltes Hier und Jetzt verwandelt.« (446) Doch diese Ver/Wandlung ist trügerisch: »Man starrte verlegen in das Gesicht des reizvollen Schattens, der zu sehen schien und nicht sah, der von den Blicken gar nicht berührt und dessen Lachen und Winken nicht die Gegenwart meinte, sondern im Dort und Damals zu Hause war, so daß es sinnlos gewesen wäre, es zu erwidern. Dies mischte, wie gesagt, der Lust ein Gefühl der Ohnmacht bei« (447). Einwände gegen das Medium Film, die – wie schnell ersichtlich – auch für die Dichtung gelten. Ihre Figuren schauen, winken und lächeln, wenn der Leser sie umwirbt, so wenig zurück, wie die Helden des Films.

»Ziemlich abgestoßen« dürfte Thomas Mann vom Medium des Films also vor allem deshalb gewesen sein, weil er eben aufgrund dieser Affinitäten (und sachlich zutreffend) schärfste Konkurrenz für das alte Medium der Dichtung fürchtet. Daß dem tatsächlich so ist, gibt eine frühere Tagebuchnotiz vom 11.1.1919 unverstellt zu erkennen. Sie bezieht sich auf die Lektüre von Wassermanns soeben erschienenen Roman *Christian Wahnschaffe*, der – nach

10 Cf. dazu Ch. Schmidt: Gejagte Vorgänge voll Pracht und Nacktheit

Thomas Manns hellsichtiger Kritik – Literatur an die Darstellungstechniken des Kinos verraten hat. »Abends Fortsetzung des Wassermann. Kostbar. Das Kino läuft, flirrt, zeigt alles und das Erdenklichste. Schon gab es einen tödlichen Automobil-Unfall, eine Dompteuse, von Löwen zerrissen, nächtliches Paris, eine unerhörte Tänzerin, russische Radikal-Politik etc. etc. Und ich halte erst S. 60. Alles in einem geläufigen, wohlgesetzten, konservativen, mundwässerig schwatzhaften Erzählstyl, der selbst sprachliches Kino ist. Nichts kann komischer sein« (T 133) als eine Literatur, die den Kinofilm mit dessen Mitteln überbieten will und doch ausschließlich auf die alten Möglichkeiten angewiesen ist, 26 Buchstaben zu kombinieren.

Ein Film vermag mehr. Doch auch er kann – welche Genugtuung für den Schriftsteller – unmöglich den Schein zu Sein werden lassen. Ohne direkte Konkurrenz für das Medium Belletristik fürchten zu müssen, kann Thomas Mann hingegen die Röntgenphotographie geradezu kultisch feiern. Denn sie gewährleistet engste Beziehungen zwischen Sein und diaphan bedeutendem Schein. Nicht zuletzt deshalb ist Hans Castorp so von ihr fasziniert. Als er, von einem »Techniker im weißen Kittel« (302) geleitet, erstmals das »Durchleuchtungslaboratorium« (297) betritt, ist er, der Dampfmaschineningenieur, sogleich fasziniert. Denn dieser Technik gelingt eben das, was dem Buch in jedem Sinn versagt bleibt und was auch der Film nur illusionär glauben machen kann: das Reale selbst zu registrieren. »Die Bruchstücke des Menschenleibes« (304), deren Hans Castorp auf dem Röntgenschirm gewahr wird, mögen weniger schön sein als die Bilder vom Menschen, die bildende Kunst und (ein)gebildete Literatur[11] entwerfen – sie sind jedoch einfach wahr und angemessen. Denn »mit Hilfe und auf Veranstaltung der physikalisch-optischen Wissenschaft« (308) wird nichts Geringeres als genau die Introspektion real, von der die Literatur nur träumen (machen) kann.

Diese Präzision aber schließt den geradezu sakramentalen Tiefsinn nicht aus, den die Literatur und der fromme Kultus versprechen. Der Erzähler ist akribisch darum bemüht, Innerlichkeit, Eingedenken, Sentimentalität und Bereitschaft zur theologischen Erfahrung des ganz Anderen nicht zum Gegenprinzip dieses »Triumphes der Neuzeit« (304) zu erklären. Hans Castorp sam-

11 Cf. J. Hörisch/Chr. Tholen (edd.): Eingebildete Texte

melt sich, bevor er durchleuchtet wird, »sozusagen im stillen Gebet« (306). »Andacht und Schrecken« (308) sind ebensowenig wie »Frömmigkeit« (309) schon überwunden, wenn moderne »Lichtanatomie« (304) ihr Werk tut. Da können selbst »Techniker im weißen Kittel« zu »Eingeborenen im weißen Kittel« werden (303). Vorweltlich und vormodern aber ist ja in der Tat die Erfahrung derer, die vom Chefarzt eben deshalb konsequent mit mythologischen Titeln angesprochen werden. Die »Dioskuren Castorp und Pollux« (303) erfahren »im Atelier eines Photographen, einer Dunkelkammer oder einer Erfinderwerkstatt und technischen Hexenoffizin« (303), was kein schauerromantisches Buch und keine noch so gloriose Messe eindringlicher vermitteln könnten: die »Spukhaftigkeit« (309) eines Blickes auf das »eigene Grab« und Skelett (309).

Keine Frage: moderne Aufzeichnungstechnik ist gerade nicht die Überwindung der sakramentalen Versprechungen alteuropäischer Kultur – sie ist ihre präzise Erfüllung (mitsamt der obligatorischen Melancholie der Erfüllung). Hans Castorp hat Grund, künftig eben nicht etwa ein Liebesgedicht an die Geliebte oder von der Geliebten mit sich zu führen, sondern ein Röntgenbild ihrer Brust. Ist dieses doch zweifellos genauer und nicht weniger tiefsinnig. Und so ist es auch von bewundernswürdiger Konsequenz und ein Dokument hellwacher Aufmerksamkeit dazu, wenn der Großschriftsteller Thomas Mann gleichermaßen die Aufzeichnung realer Lichtwellen und die Aufzeichnung der Schallwellen des Realen feiert. Eines Tages überrascht der Sanatoriumsleiter seine kranken Gäste mit »einem sinnreichen Spielzeug (...) von der Art des stereoskopischen Guckkastens, des fernrohrförmigen Kaleidoskops und der kinematographischen Trommel« (894). Hans Castorp macht sich schnell zum Mystagogen der »Fülle des Wohllauts«, die diesem Gerät entströmt. Und er läßt sich die Worte dessen gesagt sein, der den Apparat auf den Zauberberg brachte: »Da herrschen Resonanz- und Schwingungsverhältnisse vom ausgepichtesten Raffinemang! ›Polyhymnia‹ heißt die Marke, wie die Inschrift hier im innersten Deckel Sie lehrt. Deutsches Fabrikat, wissen Sie. Wir machen das mit Abstand am besten. Das treusinnig Musikalische in neuzeitlich-mechanischer Gestalt. Die deutsche Seele up to date« (895).

Knapper und präziser könnte es nicht gesagt und geschrieben werden. Mit Film, Röntgenphotographie und Grammophon geht die deutsche Seele ein in die Arsenale ihrer genauesten Aufzeichnung, Reproduktion und Produktion. Deutsche Seele kann sie dabei gleichwohl bleiben – die Technik ist nicht das andere der Innerlichkeit und der sakramentalen Erfahrung der Vereinigung von Sein und Sinn. Nicht umsonst ruhen die »zwölf Alben (...) zu je zwölf Platten« (899) in einem »Schrein« (898), der das Allerheiligste verwahrt. Und nicht umsonst faßt Hans Castorp seine Begegnung mit dieser potenzierten theologischen Zwölfzahl in ebenso mystische wie technische Begriffe: »Halt! Achtung! Epoche! Das kam zu mir!« (898) Nein: das andere des Kultus ist diese Technik nicht. Wohl aber ist sie die Einrichtung, die Literatur (fast) überflüssig macht. An die bemerkens- und buchenswerten Worte von der »deutschen Seele up to date« schließen sich deshalb auch sofort die nicht minder präzisen Worte an: »›Da haben Sie die Literatur!‹ sagte (Behrens) und wies auf ein Wandschränkchen, worin breitrückige Alben aufgereiht standen. ›Ich übermache Ihnen den ganzen Zauber zu freier Lust‹« (895). Literatur, die aus Papier bestand, das höchst unzuverlässig aufzeichnete, wird »Literatur«, die in Form von schwarzen Plattenrillen so präzis wie Lust bereitend das Reale der Schallschwingungen einfängt und wiedergibt.

Gegen den Zauber solcher Lust tritt im endenden Roman noch einmal an, was durch ebenso zauberhafte wie präzise Aufzeichnungstechnik verdrängt wurde: ein klassisches Mysterium. Daß es mit diesem Mysterium spät- wenn nicht gar endzeitlich bestellt ist, macht bereits die Art seiner Ankunft deutlich: sie wird ihrerseits »telegraphisch« (768) angekündigt. Der da in Begleitung von Madame Chauchat dem Kranken seinen Advent bereitet, ist »ein völlig anderer Mann« (768). Das aber, was an Mynheer Peeperkorn völlig anders (totaliter aliter) ist, ist sein grandioser Anachronismus. Mynheer Peeperkorn ist nicht auf der technischen Höhe seiner Zeit. Ist er doch – »mein Gott – eine Persönlichkeit!« (794). Die Mysterien, die er feiert, sind so vorzeitlich wie verwahrlost. In ihnen verschränken sich Momente des Dionysoskultes mit solchen des christlichen Abendmahls. Vergangenes also, so undeutlich verweht wie die göttliche Persönlichkeit, die das Abgetane noch einmal – und zwar unpräzise bis falsch – zitiert.

»Ein wenig Brot« und genauer »Gottesbrot« (773) mitsamt gutem »Rotwein« (778) – das sind die Elemente, die Mynheer Peeperkorn einsetzt, wenn er den Kultus »heiliger Verbindlichkeit« (773) zelebriert. »Zu zwölf Personen ließ man sich nieder« (786), um den

»zwingenden Kulturgebärden« Peeperkorns »mit gespannter Andacht« und bei »inbrünstiger Würdigung der Gottesgabe« (790) beizuwohnen. Kein Wunder, daß der seltsame Heilige unumwunden die Ereignisse in »Gethsemane« (798, 802, 838) beschwört, wenn er unablässig zum Genuß des »göttlichen Geschenkes an die Menschen« (796) animiert. Deutlich ist bei all diesen Anspielungen auf das christliche Sakrament dennoch, daß seine Feier in jedem Sinn verwahrlost ist. Als »bejahrter Priester eines fremden Kultus« (802) stellt sich Mynheer Peeperkorn dar. Er, der doch in zwingenden Kulturgebärden Sein und Sinn zusammenbringen will, bringt alles durcheinander: das Abendmahl und das »Bacchanal, (das er) mit lanzenspitzen Kulturgebärden« leitet (800), das Heilige »im christlichen wie im heidnischen Sinn« (801), das platonische »Gastmahl« (803) und die »gehörige alkoholische Verschleimung« (769), die »die Grenzen abendländischer Vernunft« (776) sprengt.

So hält Mynheer Peeperkorn synkretistisch zu vielem Kontakt. Dabei aber verwickelt er sich in die Abgründe aller breit angelegten Begründungsversuche, wie sie Clemens Brentano in der IX. *Romanze vom Rosenkranz* paradigmatisch in Szene setzt: »Ein Geschenk mit diesem Buche / Mach' ich dir, wenn du gelobest, / Mir zu stellen diese Stunde, / Ja jetzt gleich, die Horoskope. // Mir gab's eilig meine sel'ge Mutter, / Die drum einen Mönch ermordet, / Der es in dem Sarg gefunden / Eines zauberischen Mohren, // Der von einem alten Juden / Es getauscht um heil'ge Brote / Wahren Leibs und wahren Blutes, / Die er vom Altar gestohlen.«[12] Und so geht es unendlich zirkulär gerade bei dem Versuch weiter, eine festeste Burg von Sein und Sinn zu bestimmen.

Unablässig ist auch Peeperkorn um letztgültige »Transsubstantiation« (837) bemüht. Doch die Verwandlung von Sein in Sinn mißlingt ihm, der stets redet und doch »nichts gesagt« hat (772)[13],

12 C. Brentano: Werke 1, p. 762. Es ist schon auffallend, daß gerade religiös inspirierte Abendmahl-Lyrik häufig eine Drift ins Perverse aufweist. So auch das Fronleichnamsgedicht von Droste-Hülshoff aus dem *Geistlichen Jahr*, dessen vierte Strophe lautet: »Wohl ist es furchtbar, seinen Gott / Zu einen mit dem sündgen Leib; / Es klingt wie Spott! / O Herr, ich bin ein schwach und wirres Weib, / Und stärker als die Seele ist der Leib!« (Sämtliche Werke 1, p. 639). Cf. dazu die radikale Studie von H. Heinz: Die schuldverseuchte Unterwelt

13 Das Mißlingen der Transsubstantiation ist auch ein roter Faden in Thomas Manns Roman *Doktor Faustus*. Adrian Leverkühn vertont frühzeitig »Worte von Blake, die von einer goldenen Kapelle träumen, vor welcher Weinende, Trauernde, Betende stehen, ohne zu wagen, sie zu betreten. Es erhebt sich nun das Bild einer

immer erneut. Peeperkorn mag ein Mysterium sein. Doch eben ein torkelndes, ein bodenloses Mysterium. Dieser Priester vermag nicht mehr, das Wort Fleisch und transzendentale Signifikate sinnlich gewiß werden zu lassen. Daß das »torkelnde Mysterium« (828) mit den Wundern der Technik nicht mehr mithalten kann, gibt der Roman in geradezu verletzender Direktheit zu verstehen. Im Disput zwischen Naphta und Settembrini wird der, dem die »Manneskraft versagt« (847) und der also nicht einmal »das Sakrament der Wollust« (829) beherrscht, dessen Hohepriester er doch zu sein scheint, um seine Meinung gefragt. »Revolution und Erhaltung, – man blickte auf Peeperkorn, man sah ihn daherstapfen, nicht besonders großartig zu Fuß, mit seinem seitwärts nickenden Tritt und den Hut in der Stirn; sah seine breiten, unregelmäßig zerrissenen Lippen und hörte ihn sagen, indem er scherzhaft mit dem Kopf auf die Disputanten deutete: ›Ja-ja-ja! Cerebrum, cerebral, verstehen Sie! Das ist – Da zeigt sich denn doch –‹ : und siehe, der Steckkontakt war mausetot!« (827)

Das ist nicht sehr liebenswürdig, aber doch sehr präzise gesagt. Der *Zauberberg* zeigt auf, welche »Steckkontakte« zu Beginn des 20. Jahrhunderts mausetot sind und welche beste Aussichten auf Erfolg in industriellem Maßstab haben. In Peeperkorn erleidet das klassische Mysterium seine torkelnde Niederlage; durch Settembrini wird der klassische Humanismus zum bloß anachronistischen Zitat (cf. 783); mit Hans Castorp fällt in den ersten Tagen des Ersten Weltkrieges der klassische Ingenieursgeist; und mit Naphta scheitern auch die subtilsten Versuche, theokratisch-substantialistische Ordnungen wiederherzustellen. Die Antiquiertheit des/Des Menschen ist das oberste Thema des ›Zauberbergs‹. Deshalb ist er »up to date«.

Daß der Schwanengesang auf den gebildeten Leser, das Buch und den Menschen und daß umgekehrt auch die Begrüßungsrede auf die neuen Medien im alten Printmedium erfolgt, ist gewiß hintersinnig. Aber auch eine Notwendigkeit, die mit den technischen

Schlange, die mit zäher Mühe Eingang in das Heiligtum zu erzwingen weiß, die schleimige Länge ihres Leibes über den kostbaren Fußboden zieht und den Altar gewinnt, wo sie Brot und Wein mit ihrem Gift bespeit.« (223) Kein Wunder, daß diesem Komponisten während seines Aufenthaltes in Palestrina trotz der wiederholten Aufforderung seiner Wirtin »Trinkt! Trinkt! Fa sangue il vino« (288-294) das Abendmahl nicht munden will. »Die Szene mit den Schülern« hat Thomas Mann nach Auskunft seiner Arbeitsnotizen ausdrücklich »als Abendmahl konzipiert.«

Anfangsschwierigkeiten dessen zu tun hat, was damals zu beginnen nicht aufgehört hat. Souverän, wie der Roman ist, verzeichnet er auch die wenigen Gegenbewegungen, die aus der Antiquiertheit des Menschen eine Produktivkraft machen zu können glauben. Etwa die Psychoanalyse. Wenn Penicillin die Behandlungsdauer der Tuberkulose um Jahre verkürzt, so verlängert die psychoanalytische Kur alle Heilungsbemühungen ins Unabsehbare. Nötig ist dieser ungeheure Aufwand auch deshalb, weil die Psychoanalyse (jedenfalls in ihren militanten Anfängen) Ungeheures verspricht: als »talking cure« arbeitet sie daran, das alte und zu groß geratene Versprechen, das Wort Fleisch werden zu lassen, in kleiner Münze einzulösen.

Bekanntlich war der frühe Freud primär an Konversionshysterien interessiert – und vor allem daran, die körperlichen Symptome durch ihre Transsubstantiation in Sprache schwinden zu machen. Als »maladie par représentation« hatte Janet die Konversionshysterie gekennzeichnet. Freud hat diese Formel übernommen und buchstäblich begriffen. Ein Modell von großartiger Schlichtheit: was ausgesprochen wird, braucht nicht länger körperliches Symptom zu sein. Die in jedem Sinne eingebildete und also auch in den Körper hineingebildete Krankheit schwindet im Maße ihrer sprachlichen Symbolisierung. Diese Konversion von Sein und Sinn ist bei aller Aufwendigkeit (und zumal im Vergleich mit dem theologischen Konversionsmodell) von bemerkenswerter Bescheidenheit. Doch ab und an soll sie sogar gelingen.[14] Wer im 20. Jahrhundert noch diesseits oder jenseits der Medientechnik Sein und Sinn, Fleisch und Wort, soma und sema wirklich verstehen will – so deutet Thomas Manns Roman der »Seelenzergliederung« zart an –, der braucht zumindest zweierlei: viel Geld und viel Zeit. Eben das also, was die ephemeren Gäste des Zauberbergs auch (ver)brauchten. Was aber bleibet, stiften die neuen Aufzeichnungsmedien.

14 Zu Freuds These, die manifesten Phänomene stünden »anstelle« des Ausgesprochenen, würden also Nichtgesagtes manifestieren, cf. A. Stephan: Sinn als Bedeutung. – Wie buchstäblich noch in Renaissance-Zeiten die heilige Kraft von Brot und Wein als heilende Kraft verstanden wurde, belegt mit reichem (italienischen) Material (Naphta wird es eher als Settembrini vertraut gewesen sein) P. Camporesi: L'enfer et le fantasme de l'hostie, K. XI und XII. Darunter auch aufschlußreiche Hinweise auf die damaligen Auflagen für Priester, die Wandlungsworte skrupulös zu sprechen, da sonst das göttliche Versprechen scheitere, das Wort Fleisch werden zu lassen.

59¢
Dove

15. Ein Schwanken geht durch die Welt: Der aleatorische Choral von Sinn und Sein im 20. Jahrhundert

Auf dem Zauberberg wurden Hans Castorp mit ritueller und doch auch alltäglicher Verläßlichkeit hohe kulinarische Genüsse zuteil. Die Küche des »Berghofs« ist ganz ausgezeichnet; und die gemeinsame Mahlzeit ist für die Gemeinschaft der Lungenkranken über Jahre hinweg das eigentliche Ereignis des Tages. Verdichtet sich im gemeinschaftlichen Essen doch eine grundlegende Einsicht des Romans zu geradewegs somatischer Direktheit: daß Sein und Sinn in einem von jeher heiklen, weil schon ursprünglich gestörten Verhältnis zueinander stehen. Bei den kommunikativen Mahlzeiten tritt nämlich in aller Direktheit zutage, daß der Mund als das Organ des Verzehrs zugleich auch die Kunst der Konversation gewährleistet. Die Aufgaben dieser Kopföffnung sind damit aber noch nicht einmal vollständig aufgezählt. Der Mund dient – wie die Lungenkranken drastisch verdeutlichen – auch zum Atmen. Und zum Küssen überdies. Eine bemerkenswerte Überbeanspruchung charakterisiert dieses körperlich-geistige, somatisch-semantische, verzehrend-amouröse Organ, das gleichermaßen (wenn auch nicht zugleich!) zum Essen, Reden, Atmen und Küssen taugt.

Ein später Bildungsroman ist *Der Zauberberg* nicht zuletzt deshalb, weil er, der Roman der Krise, kaum mehr Selbstverständlichkeiten kennt. Eben deshalb muß er seinen Protagonisten mit den vielen scheinbar selbstverständlichen Funktionen des Mundes und d. h.: mit einem rechten Verhältnis zu Sein, Bedeutsamkeit, Dasein und Liebe erst vertraut machen. Kaum vertraut ist der frühe Waise auch mit Grundfiguren lebensweltlicher Intersubjektivität. Auf dem Zauberberg aber erfährt Hans Castorp schon vor der Ankunft des Dionysikers Mynheer Peeperkorn die gemeinschaftsbildende Kraft des Essens. Genossen einer Gemeinschaft (und sei es die eines Sanatoriums) »sind eigentlich diejenigen, die miteinander gemeinsam etwas besitzen und genießen, ursprünglich ganz wörtlich dasselbe Brot, dieselbe Speise – gotisch gahlaiba, Genosse, ist von hlaifs, Brot, abgeleitet«.[1] Die Gemeinschaftsbildung durch Mahlzeiten – kein Geringerer als Georg Simmel hat ihr eine veritable ›Soziologie der Mahlzeit‹[2] gewidmet – findet mit Hans Castorps Einberufung in den Ersten Weltkrieg ein abruptes Ende. »Im Felde« wird, der euphemistisch-bukolischen Bezeichnung zum Trotz, schlecht gegessen. Reiche Ernte hält und ekstatischen Verzehr erlebt dort allein der Tod. Die Gemeinschaftsbildung, die auf den Schlachtfeldern stattfindet, hat mit Schlachten in jedem Wortsinn zu tun.

Der spätere fürchterliche Nazidichter Hanns Johst hat in seinem ersten, gegen Ende des Jahres 1914 erschienenen Drama *Die Stunde der Sterbenden* dieses Schlachten als karges und perverses Abendmahl phantasiert. »Dritte Stimme: Wir liegen alle zerschmettert, fest gekreuzigt an fremde Erde. / Der Irre: Mich dürstet! / Vierte Stimme: Keiner von uns hat Wasser. Blutest du? / Der Irre: Aus meinem Leibe tropft Blut. / Vierte Stimme: Nimm die Hand als Becher. Sammle die Tropfen (...) und trink (...) ich tat es so. Und es kühlte (...) / Dritte Stimme: Seltsames Abendmahl, sein eigen Blut vergießen für sich selbst (...) / Erste Stimme: Oh (...) daß ich nicht müde wäre (...) hinter schwacher Tür steht jetzt das Wahre (...) Sein Blut vergießen für sich selbst (...) / Da steht das Wahre (...) Nicht Opfer sein (...) sondern Wille sein ... aber die Müdigkeit (...) die Müdigkeit verdunkelt die Erlösung.«[3]

Thomas Mann, dem die (prä)faschistische Form der Todesverliebtheit (»Viva la muerte« war später bekanntlich der Schlachtruf der spanischen Falangisten) durchaus vertraut war, hatte allen Grund, einen Satz seines *Zauberberg*-Romans kursiv zu setzen: »Der Mensch soll um der Güte und Liebe willen dem Tode keine Herrschaft einräumen über seine Gedanken.« Hans Castorp ist nicht zuletzt durch die dionysische Weisheit Peeperkorns vor der Beglaubigung von tödlichen Sätzen wie »Da steht das Wahre« gefeit. Im 20. Jahrhundert wird geradezu überdeutlich, daß Sätze wie »es gibt bzw. da steht das Wahre« hochproblematisch sind. Wahr-

1 Cf. M. Berghaus: Von der Tischgemeinschaft zur Konsumgesellschaft; die Etymologie nach Kluges Wörterbuch. Cf. in historischer Perspektive auch die Studie von P. Camporesi: L'enfer et le fantasme de l'hostie

2 G. Simmel: Soziologie der Mahlzeit. Mittlerweile sind Essenssitten zu einem regelrechten Modethema geworden; cf. u.a. die Darstellungen von R. Tannahill: Kulturgeschichte des Essens, A. Wierlacher: Essen; P. Camporesi: Das Brot der Träume

3 H. Johst: Die Stunde der Sterbenden, p. 29. Für den Hinweis danke ich Peter Rau.

heit ist (nach dem Ende einer verbindlichen Ontotheologie wird dies apokalyptisch deutlich) nicht im Modus des »es gibt« vorhanden. Denn das Subjekt der Gabe (von Sein und Sinn) ist offenbar nicht (mehr) auszumachen. Die ontosemiologische Gabe hat (spätestens seit 1914) keinen Absender und allenfalls gründlich desorientierte Empfänger. Wer zu Beginn des 20. Jahrhunderts noch eine Begegnung mit kosmischen Kräften sucht, wird sie mit Hans Castorp und Ernst Jünger im Zeichen ihrer Zerstörung, nämlich in den Materialschlachten des Ersten Weltkrieges finden und verfehlen.

Es spricht jedoch für die bedeutende Kraft von Brot und Wein, daß sie noch ihr Ende zu codifizieren vermag. Nach dem Ende selbst der letzten Formen einer substantialistischen Ontosemiologie haben deshalb Abendmahlmotive in der Dichtung keineswegs ein abruptes Ende gefunden. Es scheint vielmehr, als sei Literatur in genau jenem Maße dem Anachronismus des verspäteten Abendmahls verpflichtet, in dem sie selbst medientechnisch altert, in dem sie nach dem Ende der Gutenberg-Galaxis neben den neuen Medien alt aussieht. Zwischen dem alten Medium des Buches, dem antiquierten Menschen und der in jeder Weise überholten eucharistischen Ontosemiologie herrscht eine kaum geheim zu nennende Allianz. Der Mensch, die (heilige) Schrift und das Abendmahl sind eben Elemente ein und derselben Formation.

Deshalb ist es schon auffallend, daß gerade die avantgardistische Literatur des 20. Jahrhunderts bei aller geistesgegenwärtigen Distanzierung vor dem alten Kult um Brot und Wein himmlischen Respekt hat. Dem Abendmahl erweist die große Literatur des 20. Jahrhunderts eine auffallend verläßliche Reverenz. Selbst der Erzzyniker Bloom beginnt seine Dubliner Odyssee, die ihn anschließend in eine Drogerie und in eine Badewanne führen wird, in einer Kirche, wo er nach langer Abstinenz wieder einmal einer Transsubstantiation beiwohnt. »Frauen knieten in den Bänken, karminrote Halfter um den Hals, die Köpfe gesenkt. Ein Schub kniete an den Altarschranken. Der Priester ging an ihnen entlang, murmelnd, das Ding in Händen. Bei jeder blieb er stehen, nahm eine Hostie heraus, schüttelte einen oder zwei Tropfen (ja, liegen die denn in Wasser?) davon ab und schob sie fein säuberlich in den aufgesperrten Mund. Hut und Kopf senkten sich. Dann die nächste: eine kleine alte Frau. Der Priester beugte sich nieder, es ihr in den Mund zu schieben, murmelnd die ganze Zeit. Latein. Die nächste.

Augen zu, Mund auf. Was? Corpus. Leib. Leichnam. Guter Einfall, das Latein. Betäubt sie zuerst einmal. Hospiz für die Sterbenden. Sie scheinen es gar nicht zu kauen: schluckens bloß runter so. Wunderlicher Einfall: Stückchen von einem Leichnam zu essen, wird den Kannibalen sicher schnell einleuchten.«[4]

Blooms analytischer Blick feit ihn jedoch nicht vor der Bewunderung der Messe-Ästhetik und -Semantik. Denn sie garantiert ihm das Gewicht der Welt, das er nur zu gerne auf sich lasten fühlt. Und so kann Bloom seine Wahrnehmung der Messe mit einem vollkommen zustimmenden Kommentar beschließen. Ihn ironisch zu nennen, entspräche einer bloßen literaturwissenschaftlichen Konvention, die genau die Provokation unterschlüge, die eben in der Zustimmung zu einer überwundenen Formation der Ontosemiologie liegt. »Der Priester schwenkte den Kelch aus: dann kippte er den Bodensatz flink hinunter. Wein. Macht das Ganze irgendwie aristokratischer, als wenn er zum Beispiel bloß tränke, was sie gewohnt sind, Guiness-Porter oder irgendeinen Temperenzler-Gebräu, Wheatley's Dubliner Hopfenbitter oder Cantrell und Cochrane's Ginger Ale (mit Geschmack). Gibt ihnen aber keinen Tropfen davon ab: Schauwein: bloß das andre. Dürftiger Trost. Frommer Betrug imgrunde, aber ganz richtig: sonst hätten sie dauernd die alten Saufköpfe auf dem Hals, einer schlimmer als der andere, Schnorrer, bloß einen winzigen Schluck. Verrückt, die ganze Atmosphäre dieser naja. Ganz richtig an sich. Vollkommen richtig alles.«[5] Lebensweltliche Klugheit zeichnet das Abendmahl noch in Zeiten aus, da seine transzendente Begründungskraft geschwunden ist. »Selig sind die Zeiten, für die der Sternenhimmel die Landkarte der gangbaren und zu gehenden Wege ist und deren Wege das Licht der Sterne erhellt.«[6] So lautet bekanntlich der Eingangssatz der *Theorie des Romans* von Georg Lukács, in deren diagnostischem Mittelpunkt die »transzendentale Obdachlosigkeit« als das Geschichtszeichen der Neuzeit steht.

Vom eucharistischen Akt, der Sein und Sinn ein transzendentales Obdach bietet, ist unverkennbar auch Oskar Matzerath fasziniert. Zwanghaft zitiert er Messe- und Wandlungsworte, wenn er unter der vermeinten Sinnferne »banalster Vorgänge« zu leiden an-

4 J. Joyce: Ulysses, p. 112 sq. – Cf. zuvor schon p. 57 sq.
5 Ibid., p. 114 sq.
6 G. Lukács: Theorie des Romans, p. 21

hebt. »Oft ertappte ich mich während banalster Vorgänge, etwa beim Zähneputzen, selbst beim Stuhlgang, Kommentare zur Messe reihend, wie: In der heiligen Messe wird die Blutvergießung Christi erneuert, damit es fließe zu deiner Reinigung, das ist der Kelch seines Blutes, wird der Wein wirklich und wahrhaftig, sooft das Blut Christi vergossen wird, das wahre Blut Christi ist vorhanden, durch die Anschauung des heiligen Blutes, die Seele wird mit dem Blut Christi besprengt, das kostbare Blut, mit dem Blut gewaschen, bei der Wandlung fließt das Blut, das blutbefleckte Korporale, die Stimme des Blutes Christi dringt durch alle Himmel, das Blut Christi verbreitet einen Wohlgeruch vor dem Angesichte Gottes. / Sie werden zugeben müssen, daß ich mir einen gewissen katholischen Tonfall bewahrt habe«.[7]

Ernsthafter noch als Oskar Matzerath weiß Joachim Mahlke (in der Novelle *Katz und Maus*) die Vorzüge der Eucharistie zu schätzen. Ihm, dem Taucher in tiefen Elementen, ist es (wie der Erzähler betont) mit Brot und Wein ernst. »Dieses alles soll nur gesagt sein, damit mein Platz vor dem Hauptaltar beschrieben ist, denn vom Hauptaltar aus gelang es mir (dem Ministranten), Mahlke zu beobachten, wenn er vor dem Marienaltar kniete. Und beten konnte er! Sein Kalbsblick. Immer glasiger wurde sein Auge. Sein Mund säuerlich und ohne Interpunktion in Bewegung. Auf den Strand geworfene Fische schnappen so regelmäßig nach Luft. Dieses Bild mag beweisen, wie rücksichtslos Mahlke beten konnte: Wenn Hochwürden Gusewski und ich die Kommunionbank abklapperten und wir zu Mahlke kamen, der immer, vom Altar aus gesehen, links außen kniete, kniete dort einer, der alle Vorsicht, den Shawl und die riesige Sicherheitsnadel fallen gelassen hatte, der starre Augen machte, der den Kopf mit Mittelscheitel in den Nakken legte, der die Zunge ausfahren ließ und in dieser Haltung jene lebendige Maus freigab, die ich mit der Hand hätte fangen können, so schutzlos war das Tierchen unterwegs.«[8] Nach der eucharistischen Gabe giert der rückhaltlose Beter Mahlke wie ein gestrandeter Fisch nach Luft. Ein kühnes Bild – ist der Fisch doch eines der ältesten Christussymbole. Christus ist demnach zu Mahlkes Verzweiflung seinem eigentlichen Element, der Welt und sich selbst

7 G. Grass: Die Blechtrommel, p. 128; Anspielungen auf und Erwähnungen von Brot und Wein durchziehen den gesamten Roman.

8 G. Grass: Katz und Maus, p. 64

abhanden gekommen. Vom Abendmahl, das er gestiftet hat, ist er ausgeschlossen. Mahlkes Adamsapfel, stets erneut »Maus« geheißen und als Apfel des Adam auf die urszenisch mißglückte Paradiesesgeschichte verweisend, läßt den Fisch passieren und kann doch selbst gefangen und zur Beute werden. Das Bestiarium der frühen Romane von Günter Grass ist durch und durch theologisch: ein *Physiologos* im Zeitalter der transzendentalen Obdachlosigkeit. Quid comedit mus? Was verzehrt die Kirchenmaus, die an konsekrierte Hostien gelangt? So lautete eine scholastische Streitfrage (cf. Kap. 5). Die Maus des späten Adams ist keine Bedrohung des Heiligen; sie ist vielmehr die einzig fromme Teilnehmerin am Abendmahl.

So subtil wie in *Katz und Maus* sind die eucharistischen Passagen des *Butt* gewiß nicht. Das wollen sie durch Drastik wettmachen. Poetische Drastik aber läuft spätestens im 20. Jahrhundert Gefahr, selbst zur Konvention zu werden. »So hat die Äbtissin Margarete Rusch die todernste Streitfrage ihres (des 16., J. H.) Jahrhunderts, wie nun Brot und Wein, das Abendmahl zu reichen sei, auf ihre Weise, also bettgerecht beantwortet, indem sie ihr Fötzchen turnerisch senkrecht stellte und als Kelch bot, dem eingeschenkt wurde. Roter Wein schwappte darin. Brot wollte getunkt werden. Oder geweihte Oblaten. Da erhob sich nicht die Frage: Dieses ist tatsächlich oder bedeutet nur Fleisch und Blut. Nichtsnutz wurde der papierne Theologenstreit. Keine Zweideutigkeiten mehr. Nie habe ich andächtiger kommuniziert.«[9]

»Keine Zweideutigkeiten mehr«: poesieferner könnte ein Satz kaum sein. Denn das System Literatur ist auf die Probleme von Zwei-und Vieldeutigkeiten geradezu spezialisiert. Zu diesen Vieldeutigkeiten gehört auch, daß in unserem seltsamen endenden Jahrhundert der Verzicht auf Avantgarde und Provokation als unzeitgemäße Provokation erfahren werden kann. Im Hinblick auf den Motiv- und Problemkreis *Brot und Wein* heißt das: Sakrilege werden (ob in milder Form wie etwa in Hesses *Demian*, in Max Frischs *Biedermann und die Brandstifter*, in den Romanen von Heinrich Böll und Ignazio Silone oder in militanter Schärfe wie paradigmatisch in der Prosa von Georges Bataille und Thomas Pynchon[10]) zum literarischen Standard, noch so subtile und verhaltene

9 G. Grass: Der Butt, p. 264
10 Um zumindest einen Teil des betreffenden Zettelkastens auszuschütten: cf. H. Hesse: Demian, sechstes Kapitel – Jakobs Kampf; M. Frisch: Biedermann, Szenen

Formen von (Seins-)Frömmigkeit lösen hingegen Aggressionen aus. Handkes Prosa ist häufig genug das paradigmatische Objekt dieser literaturkritischen Aggression. Auffallend ist in der Tat, daß diese Prosa fromme Allusionen (und zumal solche aufs Abendmahl) nicht scheut. Doch sie arrangiert sie präzise: nämlich in einer historisch-transzendentalen Konstellation mit den neuen ontosemiologischen Mächten Geld und elektronischen Medien. Die Einsicht, daß Sinn und Bedeutsamkeit in der (Post-)Moderne exzentrische Kategorien sind, ist Handkes prosaischer Neoromantik geläufig.

»›Wo gehn wir denn hin?‹ ›Immer nach Hause.‹«[11] Der Aphorismus von Novalis ist so prägnant wie irritierend. Stets erneut ist er als Lob des Her- und Zurückkommens an den Ort der Eigentlichkeit mißverstanden worden. Eine kaum haltbare Deutung. Wer, wohin auch immer er geht, nach Hause geht, kann nämlich keinen topographisch präzise identifizierbaren Ort sein Zuhause nennen. Vielmehr muß er auf produktiv paradoxe Weise im Schweifen[12] – neudeutsch gesprochen: in der Bewegung der Deterritorialisierung; mit Hölderlin gesprochen: in der Liebe zur exzentrischen Bahn, zur »Kolonie«, die fern der zehrenden Heimat ist – seinen exzentrischen Ort finden.

Am Ende des Weges der *Langsamen Heimkehr*, der immer nach Hause führt, steht eine Kirche. Sie ist unverdächtig, etwaige kunsthandwerkliche Heimatgefühle des aus Kanada nach Österreich zu-

1 und 5; H. Böll: Gesamtwerk, bes. aufschlußreich u. a.: Und sagte kein einziges Wort (Beginn); ders.: Gruppenbild mit Dame, pp. 33-35, 40-46, 389-391 (mit bemerkenswerter Aufmerksamkeit für die Verdauung der Hostie; eine Aufmerksamkeit mit langer Vorgeschichte – cf. P. Camporesi: L'enfer, K. XII: Au fond de l'estomac; cf. auch den Anfang von Sacher-Masoch: Wanda); F. J. Degenhardt: Zündschnüre, p. 50 sqq.; G. Bataille: Geschichte des Auges; Th. Pynchon: Die Versteigerung von No. 49, p. 58 (de Sade-Adaption); ders.: Die Enden der Parabel, pp. 296, 372 sq., 871, 1159 sq.: »Wir tranken das Blut unserer Feinde. Das ist der Grund, aus dem man auch die Gnostiker stets so verfolgt sieht. Das Sakrament der heiligen Eucharistie bedeutet nichts anderes, als das Blut des Feindes zu trinken.« – Selbst der hilflose Versuch, poetische Abendmahlallusionen einigermaßen vollständig aufzuzählen, hätte dieses Buch zu einer Art motivgeschichtlichem Telefonbuch gemacht.

11 Novalis: Ofterdingen, p. 161. Das folgende ist die überarbeitete Fassung meines Vortrages: Ein Schwanken ging durch die Welt – Peter Handkes poetisches Abendmahl; in: Vorträge des Germanistentages Berlin 1987, ed. N. Oellers. Bd. 3, pp. 41-47.

12 Raimar Zons hat diesen Grundzug romantischer Literatur paradigmatisch an Eichendorffs Prosa nachgezeichnet: Schweifen

rückkehrenden Landschaftsvermessers Sorger zu nähren. Denn sie steht in New York bzw. am Ende eines Buches, das endet, bevor es seinen Protagonisten in die Heimat geführt hat. Dennoch betritt Sorger diese (wie sich alsbald zeigt) so normale wie exzentrische Kirche: »Sorger ging noch in eine Kirche und nahm, von einem schwarzgekleideten Mann mit weißer Nelke im Knopfloch (›Wo wünschen Sie zu beten?‹) eigens zur Bank hinbegleitet, an der Sonntagsmesse teil. (...) Vom Kupferblech an den Opferbeuteln leuchteten die Antlitze der Gläubigen, und der mitspendende Sorger erlebte sich in der Gemeinschaft des Geldes, indes die Hände der Einsammelnden an den Stangen Geräusche von Bäckern machten, die Brot aus dem Ofen fischten. Ein Schwanken ging durch die Welt, als das Brot in den göttlichen Leib und, ›simili modo‹, der Wein in das göttliche Blut verwandelt wurde. / ›In ähnlicher Weise‹ ging das Volk zur Kommunion. In ähnlicher Weise stolperte ›ich, Sorger‹ wieder als Ministrant über den Teppichrand. Entschlossen kniete der Erwachsene nieder. In ähnlicher Weise wurde er von Unbekannten gegrüßt; ging auf der vormittagshellen Straße an einer fröhlichen Begräbnisgesellschaft vorbei (...).«[13]

Sonderlich fromm ist dieser Text Handkes, dem Kritiker immer erneut vorwerfen, er sei auf peinliche Weise zum poetischen Frömmler geworden, sicherlich nicht. Zu übersehen sind die ironischen, ja sarkastischen Signale dieser Schilderung der frommen Szene schlechthin nur für diejenigen, die fest entschlossen sind, den späteren Handke als Renegaten der Avantgarde zu kritisieren anstatt seine Texte zu lesen. Die seltsame Meßfeier in der so krisengeschüttelten wie prosperierenden Metropole der Moderne ist von einem Restaurant-, Bank- oder Kinobesuch kaum zu unterscheiden. Ein Kirchendiener, der in ähnlicher Weise wie ein Kellner, ein Portier oder ein Platzanweiser den Eintretenden mit der Frage »Wo wünschen Sie zu beten / zu speisen / Einzahlungen zu leisten?« zur Bank bzw. zum Tisch (des Herrn) geleitet, eröffnet die Szene. Kein Wunder, daß Sorger sich alsdann nicht in einer Gemeinschaft der Gläubigen, sondern in einer »Gemeinschaft des Geldes« erlebt, und daß die Kommunion alle Anzeichen eines, wenn auch recht dürftigen, profanen Mahles trägt. »Die meisten Priester sind geistlose Arrangeure, die da vorn am Altar ordinäre

13 P. Handke: Langsame Heimkehr, p. 195 sq.

Haushaltsgeräusche vollführen«, heißt es denn auch in der *Geschichte des Bleistifts*.[14]

Verschroben, obgleich nicht wirklichkeitsfern ist nun aber nicht nur die sichtbare Szenerie des Geschehens. Verschoben, dezentriert ist auch das sakramentale Ereignis, das Sorger in dieser Eucharistiefeier erfährt. Von geheimnisvoller Teilhabe an der Realpräsenz Christi in den gewandelten Elementen kann die Rede sicher nicht sein. Denn Sorger erfährt die Kommunion vielmehr als Feier eines universalen Analogiezaubers. Die Bezüglichkeiten seiner vormals häufig genug einsinnigen Erfahrung von Welt und Dasein vervielfältigen sich durch das eigentümliche Abendmahl in kaum mehr überschaubare Dimensionen. Doch – seltsame Paradoxie – diese Vervielfältigung dankt sich keiner entwertenden Inflationierung. Sie geht vielmehr mit der Intensivierung von Erfahrung einher.

Und diese Intensivierung – ihr Schibboleth heißt »Entschlossenheit«: »entschlossen kniete der Erwachsene nieder« – beruht auf den durchaus ernsten Textelementen, ohne die auch die ironischen nicht wären. Sein textuelles Scharnier hat der Umschwung von ironischen zu ernsten Bildwelten in der kunstvoll unscheinbaren Wendung, daß »die Hände der Einsammelnden an den Stangen (der Opferbeutel) Geräusche von Bäckern machten, die Brot aus dem Ofen fischten«. Von der Gemeinschaft des Geldes über das halbreligiöse Bildfeld des finanziellen Minimalopfers zu dem alltäglichen Tun des Bäckers läuft die metonymische Kette, die in der urchristlichen Metapher des Fischens ihren vorläufigen Endpunkt findet. Haben doch die Apostel ihre Mission nicht bloß in Analogie zum Fischen begriffen, sondern im griechischen Wort »Fisch / ichthys« auch ein Anagramm Jesu Christi entdeckt.

In der Schilderung einer versch(r)obenen eucharistischen Wandlung wandeln sich so auch schnell, ja plötzlich die leitenden Bildfelder und gleichermaßen die maßgeblichen Stilebenen. Kaum mehr entscheidbar ist dann allerdings der Status des ebenso zentralen wie dekonstruktiven Satzes, der im Indikativ die Wandlung aussagt: »Ein Schwanken ging durch die Welt, als das Brot in den göttlichen Leib und, ›simili modo‹, der Wein in das göttliche Brot verwandelt wurde.« Wenn die Welt schwankt, schwankt auch die Darstellung; und wenn die Darstellung bebt, bebt auch der Ster-

14 p. 162

nenhimmel, an dem stabile semantische Zentren zu Hause zu sein scheinen[15] und den das »nächtliche Flugzeug nach Europa«[16] streift, das Sorger immer nach Hause trägt.

Handkes 1979 erschienenes Buch mit dem programmatischen Titel *Langsame Heimkehr* ist aus gutem Grund von vielen Interpreten als ausschlaggebende Kehre des Gesamtwerks begriffen worden. Nicht umsonst scheiden sich gerade an und seit diesem Text die Geister der Leser (und häufig genug auch der Nichtleser). Und nicht umsonst macht sich (von der Kritik kaum beachtet) in diesem Werk erstmals ein Motiv unübersehbar deutlich geltend, das in den früheren Texten allenfalls kryptisch zur Geltung kam: eben das Abendmahlmotiv. Von einem vielfach gebrochenen Abendmahl ist zwar schon im *Kurzen Brief zum langen Abschied* die Rede, der von Allusionen und direkten Zitaten auf den *Grünen Heinrich* durchwebt ist. Dort heißt es von der Lektüre-Erfahrung des Protagonisten: »(...) und als ich an die Stelle kam: ›Fröhlich und zufrieden aßen wir zusammen im Herrenstübchen des Gasthauses ›Zum goldenen Stern‹‹, mußte ich wegschauen, um nicht zu weinen.«[17] Dieses gleichermaßen profane wie poetische und zitierte Abendmahl, das Handkes Leser im Buch erlebt, erfüllt eine Erwartung und einen Mangel, von dem zuvor schon die ebenso klare wie wunschintensive Rede war.

»Das alles (was scheinbar bedeutungslos der Fall ist, J. H.) bemerkte ich mit einer Ehrerbietung, mit der ich früher in der Kirche geweihte Gegenstände und Heiligenbilder angeschaut hatte. Als ob dieser seltsame Zustand von Frömmigkeit wieder ein Zeichen dafür sei, daß ich mich noch immer nur in den Anblick von Gegenständen, nicht aber in andre Menschen versenken könnte! (...) In der Kirche nahm ich die Sonnenbrille und den Strohhut ab. Es war später Nachmittag, der Rosenkranz wurde gerade gebetet. Einige Frauen standen in einer Reihe vor den Beichtstühlen. Als ich zum Altar hinschaute, sah ich in der Erinnerung davor eine Schwalbe fliegen. Wieder versank ich in jenen Anblick. Die Religion war mir seit langem zuwider, und trotzdem spürte ich auf einmal eine Sehnsucht, mich auf etwas beziehen zu können. Es war unerträglich, einzeln und mit sich allein zu sein. Es mußte eine Beziehung

15 Cf. die brillante Lektüre des *Erdbeben in Chili* durch W. Hamacher: Das Beben der Darstellung

16 Langsame Heimkehr, p. 199

17 P. Handke: Der kurze Brief, p. 172

zu jemand anderem geben, die nicht nur persönlich, zufällig und einmalig war, in der man nicht durch eine immer wieder erpreßte und erlogene Liebe zueinandergehörte, sondern durch einen notwendigen unpersönlichen Zusammenhang.«[18]

Dieser touristische Kirchenbesuch hat in keiner Kommunion sein Finale. Wohl aber läßt er den Wunsch nach »Zusammenhang« unstillbar aufkommen. Der gängige Vorwurf, Handkes Prosa erpresse einen solchen versöhnten Zusammenhang, ist, wenn man die inkriminierten Texte auch nur ansatzweise zur Kenntnis nimmt, anstatt sie sogleich der Wut des Verstehens auszuliefern, kaum zu halten. Der Grund dafür ist schnell genannt: Handkes Prosa ist, wenn nicht exzentrisch, so doch azentrisch; sie universalisiert in schöner Paradoxie das Versprechen, das die Eucharistie ausschließlich auf die gewandelten Elemente zentriert; und so bringt sie eben nicht einem exklusiven semontologischen Zentrum, das Sinn und Sein in eins zu bilden verspricht, sondern (fast) »allem (...) die Ehrerbietung (entgegen), mit der (...) früher in der Kirche geweihte Gegenstände (...) angeschaut« wurden.

Nichts ist Handkes Prosa deshalb fremder und ferner als die Feier eigentlicher, gar personal benennbarer Zentren von Zusammenhängen. Der gesuchte und gefeierte Zusammenhang ist vielmehr ausdrücklich ein »unpersönlicher«. Unpersönlich, und d.h.: nicht nach dem anthropomorphen und anthropozentrischen Bilde des konstitutiv sprechenden Menschen[19] geformt, ist auch die eigentümliche imago des Gottes gestaltet, den Handkes Texte als reinentsprungenen Gott einer apersonalen analogia entis suchen: »Die in der Religion so schön Verzückten erschienen doch in einer veralteten Geborgenheit: für ihn jedenfalls würde diese nie wiederkommen. Er glaubte nicht an die Menschengeschichte als Wiederkehr. Auf der Plakatwand gegenüber las er statt ›Schweigt Gott wirklich?‹: ›Schweigt Gott endlich?‹«[20]

Ein endlich schweigender Gott würde die Geschichte der Suche nach Zentren des Sinns und damit auch paradigmatisch für alle Supplementärgottheiten das Zeitalter der großen Erzählungen (Lyotard) und der »Universal-Pictures« beenden. Handkes Journal *Das Gewicht der Welt* hat diesem Zeitalter einen Nekrolog ge-

18 Ibid., p. 164 sq.
19 Cf. K. Heinrich: anthropomorphe
20 Geschichte des Bleistifts, p. 110

schrieben. »Was es, für mich, vor zehn Jahren noch für Einschüchterungen gab: ›Die konkrete Poesie‹, ›Andy Warhol‹ und dann Marx und Freud und der Strukturalismus, und jetzt sind all diese Universal-Pictures verflogen, und nichts soll irgendeinen mehr bedrücken als das Gewicht der Welt.«[21] Dem Gewicht der Welt aber kann nur eine Literatur entsprechen, die den phantasmagorischen Paradigmata zentrischen Sinns entsagt hat. Handkes ebenso bündige wie frappante Bezeichnung für geglückte Literatur lautet deshalb: »Literatur: die noch nicht vom Sinn besetzten Orte ausfindig machen.«[22] Wenn der, der im Medienzeitalter zerstreute Notate zur Geschichte des veralteten Aufzeichnungsinstruments Bleistift niederschreibt, sich dennoch »manchmal (als) ein religiöser Mensch« erfährt, so hat diese Erfahrung eine eigentümliche Implikation: der Ort, an den religiöse Empfindungen eines Zusammenhangs adressiert werden könnten, ist leer und unbesetzt: »Ich bin manchmal ein religiöser Mensch, weil ich das Bedürfnis habe, dankbar zu sein, und weiß nicht, wem.«[23]

Diese Notiz nimmt sich wie eine prosaische Paraphrase von Celans berühmtem Gedicht »Psalm« aus, dessen Zeilen gleichermaßen Sein, Dasein und Bedeutsamkeit als zu preisendes »Geschenk ohne Schenkenden«[24] begreifen:

> Niemand knetet uns wieder aus Erde und Lehm,
> niemand bespricht unsren Staub.
> Niemand.
>
> Gelobt seist du, Niemand.
> Dir zulieb wollen
> wir blühn.
> Dir entgegen.
> Ein Nichts
> waren wir, sind wir, werden
> wir bleiben, blühend:
> die Nichts-, die
> Niemandsrose.
>
> Mit
> dem Griffel seelenhell,

21 p. 234
22 Ibid., p. 276
23 Geschichte des Bleistifts, p. 102
24 Eine Formulierung Herbert Antons

dem Staubfaden himmelswüst,
der Krone rot
vom Purpurwort, das wir sangen
über, o über
dem Dorn.

Diese Zeilen und auch Handkes Prosa haben eine eigentümliche Pointe, die in dem Paradox des adressatenlosen Danks ihren rätselhaft beredten Ausdruck findet. Gehen sie doch davon aus, daß der Entzug eines Sinnzentrums (mit Derrida zu schreiben: eines transzendentalen Signifikats) keineswegs schlechthinnige Bedeutungslosigkeit mit sich bringt, sondern daß der bedeutsame Vollzug von Zusammenhängen und Verweisungen sich vielmehr eben der Abwesenheit zentrischen Sinns schuldet bzw. verdankt. Daß zeitliches Sein und Dasein überhaupt bedeutsam sind, verdanken sie deshalb nicht einem ersten unbewegten Beweger, keinem wie immer auch zu bestimmenden Ziel der Geschichte und keinem quasitranszendentalen Letztfundament, sondern den ontosemiologischen Leerstellen, die das verweisende und bedeutsame Spiel der Zeichen und dessen, was weltlich der Fall ist, allererst ermöglichen. Jedes Sinn-Integral, das keine Leerstellen im Reich der Zeichen und des Seins mehr zuließe, würde dieses Spiel sofort beenden. Ohne noise kein System, ohne leere Felder auf dem Spielbrett kein Spiel, ohne das Weiß des Papiers keine bedeutenden schwarzen Lettern: Im Zeitalter, da Hermeneutik und Kommunikationstheorie, aber auch funktionale Systeme wie Verwaltung und Geld flächendeckende Sinnansprüche errichten, im Zeitalter also, da nichts mehr nicht verstanden, kommuniziert, verwaltet oder getauscht werden kann, fällt der Literatur die notwendigerweise unzeitgemäße Aufgabe zu, die noch nicht vom Sinn besetzten Orte ausfindig zu machen.

Heidegger hat alle Formen von Metaphysik destruiert, die nach solchen Integralen des Sinns suchten; und er hat (mit Hölderlin) das Zauberwort der Leerstelle benannt, die das bedeutsame, nicht aber sinnvolle Spiel der Welt ermöglicht: (den stillen Gott der) Zeit. Derrida hat eine Zeichentheorie dekonstruiert, die nach semiologischen Supplementen metaphysischer Leerstellen (heißen sie unhintergehbares Subjekt, intersubjektive Verständigung, Bedeutung von Bedeutung oder ideale Sprache) suchte; und er hat der Unmöglichkeit solcher Theorien ein Kunstwort eingeschrieben: différance. Handke hat eine Dichtung verabschiedet, die glaubte, mit vereinzelten Geschichten die unmögliche eine große Erzählung stützen oder ihr gar, aufs Erzählen verzichtend, avantgardistisch vorauseilen zu können. Und er hat – eine aufschlußreiche Paradoxie – seine Dichtung, die eine späte (und nicht immer verläßlich gelingende) Rede »über dem Dorn« und jenseits der »Universal-Pictures« pflegt, nach dem verschobenen Bild eben des Geschehens eingerichtet, das allerdings Universales versprach: nach dem Bild des Abendmahls.

Dies ist – angesichts der poetologischen Programmatik von Handkes Texten – erstaunlich. Denn das Abendmahl ist ja (im Rahmen der sog. abendländischen Kulturtradition) geradezu das Urbild zeit- und flächendeckenden Sinns. Verspricht es doch als präsentischer Nachvollzug eines Erinnerungsmahls, das zugleich ein eschatologisches ist, eine Synthesis der Zeitdimensionen. Und stellt es doch noch darüber hinaus Ungeheures in Aussicht: daß sich Sein und Sinn zueinandergesellen. Die rituelle Eucharistie feiert immer erneut das Rendezvous von Sein und Sinn und ist deshalb ein »Bild der Bilder« und das Zeichen der Zeichen. Eben dies fasziniert Handkes Prosa. Eben dies veranlaßt sie aber auch zu einer Umschrift an diesem Urbild der Synthesis von Sein und Sinn: »Beschäftigte mich denn nicht schon länger der Gedanke, ›nur mit einem Glauben könnten die Dinge auch auf die Dauer wirklich bleiben‹? Was war dieses Geheimnis des Glaubens, das die Dorfrichter zu kennen schienen? Ich hätte mich nie als gläubig bezeichnen können, das Kind von einst noch weniger als mich jetzt: aber hatte es nicht schon ganz früh ein Bild der Bilder für mich gegeben? / Ich will es beschreiben, denn es gehört hierher. / Dieses Bild war ein Ding, in einem bestimmten Behältnis, in einem großen Raum. Der Raum war die Pfarrkirche, das Ding war der Kelch mit den weißen Oblaten, die geweiht Hostien heißen, und sein Behältnis war der in den Altar eingelassene, wie eine Drehtür zu öffnende und zu schließende vergoldete Tabernakel. – Dieses sogenannte ›Allerheiligste‹ war mir seinerzeit das Allerwirklichste. / Das Wirkliche hatte auch seinen wiederkehrenden Augenblick: so oft nämlich die durch die Worte der Wandlung sozusagen Gottes Leib gewordenen Brotpartikel mitsamt ihrem Kelch im Tabernakel geborgen wurden. Der Tabernakel drehte auf; das Ding, der Kelch, wurde, schon unter Tüchern, in die Farbenpracht seiner Stoffhöhle gestellt; der Tabernakel drehte sich wieder zu – und jetzt der strahlende Goldglanz der verschlossenen konkaven Wölbung.«[25]

25 P. Handke: Die Lehre der Sainte-Victoire, p. 83

Sachlicher als diese Passage aus der *Lehre der Sainte-Victoire* dürfte eine Beschreibung des eucharistischen Geschehens kaum ausfallen können. Deutlich ist Handkes Text an der heilig nüchternen Beschreibung eines Geschehens interessiert, das vor allem wegen der ihm eigenen Alternanz von Präsenz und Absenz, Offenbaren und Verbergen, Vollzug und Entzug äußerste Aufmerksamkeit verdient. Auffallend ist zumal, daß der nüchterne Text allein dort emphatisch wird, wo er von der »verschlossenen konkaven Wölbung« handelt, die das Allerheiligste und Allerwirklichste und somit das, worin Sein und Sinn sich kreuzen, verbirgt: nur in dem Augenblick, »jetzt«, da der phantasmagorische Augenblick göttlicher Präsenz zugrunde und in seinen absenten Grund zurückgegangen ist, liegt »strahlender Goldglanz« über der Szene.

Dieses »Bild der Bilder« kann sinnvollerweise keinen Universalitätsanspruch mehr stellen. Denn Geld und neue Medien haben die ontosemiologische Vorherrschaft des Abendmahls gebrochen. Es zählt zu den analytischen Qualitäten von Handkes Texten, daß sie diese Überformungen nicht einfach nur melancholisch quittieren. Wie Hans Castorp, so ist dem radikalen Autobiographen Handke bewußt, daß Geld und Medien in der Neuzeit deshalb so erfolgreich sind, weil sie die Metaphysik und Ontotheologie nicht einfach nur beenden, sondern komplex beerben. An einem seltsamen Apparat hat der junge Handke offenbar eine profane Erleuchtung erlebt – an einem Apparat, der (wie Hans Castorps Plattenschrein) einem Altar ähnelt, der Münzen verschlingt, der viele Götter und Priester kennt: an einer Jukebox. »Die Box spielte, aber er wartete wie immer auf die von ihm selbst gedrückten Nummern; dann erst war es richtig. Auf einmal, nach der Plattenwechselpause, die mitsamt ihren Geräuschen – dem Klicken, dem Suchsurren, hinwärts und herwärts durch den Gerätbauch, dem Schnappen, dem Einrasten, dem Knistern vor dem ersten Takt –, gleichsam zum Wesen der Jukebox gehörte, scholl von dort aus der Tiefe eine Musik, bei der er zum ersten Mal im Leben, und später nur noch in den Augenblicken der Liebe, das erfuhr, was in der Fachsprache ›Levitation‹ heißt, und das er selber mehr als ein Vierteljahrhundert später wie nennen sollte? ›Auffahrt‹? ›Entgrenzung‹? ›Weltwerdung‹?«[26]

Diese Weltwerdung meint gewiß keine erneute Weltwerdung

26 P. Handke: Versuch über die Jukebox, p. 87 sq.

des Göttlichen, durch die die Differenz von Immanenz und Transzendenz nur noch schärfer akzentuiert würde. Vielmehr schärft sie die Geistesgegenwart und Aufmerksamkeit für das Gewicht der Welt selber. »Da kam es nun, im Verein mit der Jukebox, zusammen mit dem Dahinphantasieren (...) oft zu einem Sich-verstärken, oder eben Gegenwärtigwerden, auch der anderen Anblicke. Und was sich an ihnen vergegenwärtigte, waren weniger die Auffälligkeiten oder die Reize als die Üblichkeiten, auch nur die gewohnten Formen oder Farben, und solche verstärkte Gegenwart erschien ihm dabei als etwas Wertvolles – nichts Kostbareres und Überlieferungswürdigeres als sie; eine Art des Gewärtigwerdens wie sonst nur bei einem Bedachtsamkeit weckenden Buch. Es besagte dann etwas, einfach, wenn ein Mann ging, ein Strauch sich bewegte, der Obus gelb war und zum Bahnhof abbog, die Straßenkreuzung ein Dreieck bildete, die Kellnerin an der Tür stand, die Kreide auf dem Rand des Billardtisches lag, es regnete, und, und, und. Ja, das war es, der Gegenwart wurden die Gelenke eingesetzt!«[27]

Keine Frage: Handkes poetisches Abendmahl ist, um den vielgeschmähten Terminus zu bemühen, ein dekonstruktives. Und ein eminent modernes zumal. Mit Plattenschreinen, Jukeboxen, Kinos, Radio- und Fernsehgeräten (um von Computern zu schweigen) ist das Ende der traditionellen Vorstellung von Himmel und Erde und damit auch das Ende der substantialistischen Ontosemiologie gekommen. »Der große Choral von Sinn und Sein« klingt heute notwendig dissonant und aleatorisch; er hat keinen Komponisten und keinen Autor mehr: »Was sagte er? Ich bin deiner Schönheit / müde. Deiner Sprache, die das tägliche Gift / verwandelt in Brot und Wein.«[28] Das Ende dieses großen Chorals kulturkonservativ nur zu betrauern, hieße, die trostlosen Effekte der tradierten Metaphysik und Ontosemiologie hemmungslos zu verklären. Auch sind Technik und Medientechnik zumal ja nicht etwa das alternative Andere dieser Metaphysik, sondern ihre funktionalen Produkte. Wer hingegen umgekehrt die Zerstreuung semontologischer Zentren durch die neuen, pluralistisch wuchernden Medien enthusiastisch feiert, verkennt die tiefe Ambivalenz jeder Zerstreuung (mitsamt ihrem offenbar obligatorischen Revers: der fundamentalistischen Sehnsucht). Adressatenlose Dankbarkeit für

27 Ibid., p. 102 sq.
28 M. Krüger: Idyllen und Illusionen, pp. 46, 55

Sein, Dasein und Bedeutsamkeit ist auch und zumal in der medientechnisch mobilisierten Moderne möglich. Geschichtsphilosophisch geboten, so will es das gelassene Pathos von Handkes Texten, ist diese Dankbarkeit und Aufmerksamkeit für Zerstreuungen und Disseminationen mehr denn je.

Ein Schwanken geht durch die Welt und ihre Darstellung, wenn Handkes Texte eben das Geschehen bemühen, das Sein und Sinn fest zu fundieren verspricht. Gerade dadurch aber macht Handkes Prosa darauf aufmerksam, daß ja auch das Abendmahlgeschehen selbst von eigentümlicher, ja von verzehrender Ambivalenz ist: verzehrt es doch, was Gegenstand der Huldigung sein soll. Das Ende des christlichen Abendlandes beginnt an seinem Anfang. Handkes Prosa feiert dieses Verzehren als Geschenk der Bedeutsamkeit, die ihr Sein Abwesenheiten und nicht etwa einer Anwesenheit dankt. Ohne Verabschiedung des intimsten Feindes von Bedeutsamkeit, ohne Abschied vom Sinn ist dieses bedeutende Geschenk ohne Schenkenden nicht zu haben, geschweige denn zu genießen.

Tenebrae

Nah sind wir, Herr,
nahe und greifbar.

Gegriffen schon, Herr,
ineinander verkrallt, als wär
der Leib eines jeden von uns
dein Leib, Herr.

Bete, Herr,
bete zu uns,
wir sind nah.

Windschief gingen wir hin,
gingen wir hin, uns zu bücken
nach Mulde und Maar.

Zur Tränke gingen wir, Herr.

Es war Blut, es war,
was du vergossen, Herr.

Es glänzte.

Es warf uns dein Bild in die Augen, Herr.
Augen und Mund stehn so offen und leer, Herr.
Wir haben getrunken, Herr.
Das Blut und das Bild, das im Blut war, Herr.

Bete, Herr.
Wir sind nah.[29]

29 P. Celan: Gedichte I, p. 163

Bibliographie

Adam, A.: Grundriß Liturgie. Freiburg/Basel 1985
Adorno, Th. W.: Gesammelte Schriften, ed. R. Tiedemann. Ffm 1970 sqq.
–/M. Horkheimer: Dialektik der Aufklärung; GS 3. Ffm 1981
Albertus Magnus: De corpore Domini, ed. H. Jorissen. Münster o.J.
Anton, H.: Der Raub der Proserpina – Literarische Tradition eines erotischen Sinnbildes und mythologischen Symbols. Heidelberg 1967
–: Mythologische Erotik in Kellers ›Sieben Legenden‹ und im ›Sinngedicht‹. Stuttgart 1970
–: Jacobi und Goethe; in: G. Kurz (ed.): Düsseldorf in der deutschen Geistesgeschichte (1750-1850). Düsseldorf 1984, pp. 139-154
–: Eleusis – Hegel an Hölderlin; in: Hölderlin-Jahrbuch 1975-1977, pp. 285-302
Arendt, D.: Der ›poetische Nihilismus‹ in der Romantik. Tübingen 1972
Aristophanes: Die Frösche, in: Komödien, ed. L. Seeger/O. Weinreich. Bd. II. Zürich/Stuttgart 1953
Attali, J.: L'Ordre cannibale. Paris 1979
Augustinus: Confessiones / Bekenntnisse (lat.-dt.), ed. J. Bernhart. München 1955
–: De doctrina christiana; Sermo; Epistolae ad Romanos; De Genesi ad litteram; alle in: MPL 32-47, ed. J. P. Migne. Paris 1861

Baader, F. X. von: Über das heilige Abendmahl; in: Sämtliche Werke in 16 Bdn. Berlin 1851-1860 (Bd. VII)
–: Über eine Äußerung Hegels über die Eucharistie; in: SW Bd. VII (l.c.)
Bärsch, Cl.-E.: Joseph Goebbels – Erlösung und Vernichtung. München 1987
Bachofen, J. J.: Das Mutterrecht – Eine Untersuchung über die Gynaikokratie der alten Welt nach ihrer religiösen und rechtlichen Natur, ed. H.-J. Heinrichs. Ffm 1975
Balmes, J.: Kommentar, in: Novalis, Werke, Bd. 3
Basil, O.: Trakl. Reinbek 1968
Bataille, G.: Histoire de l'œil; in: Œuvres complètes I, ed. M. Foucault. Paris 1970
Baudrillard, J.: Der symbolische Tausch und der Tod. München 1982
Beissner, F.: Hölderlins Götter. Stuttgart 1969
Benjamin, W.: Gesammelte Schriften, ed. R. Tiedemann. Ffm 1974 sqq.
Berghaus, M.: Von der Tischgemeinschaft zur Konsumgesellschaft – Gemeinschaftsbildung durch Essen und Wandlungen in der sozialen Be-

deutung des Essens; in: Matreier Gespräche – Otto König 70 Jahre. Wien/Heidelberg 1984, pp. 243-259
Bloch, E.: Atheismus im Christentum – Zur Religion des Exodus und des Reichs. Ffm 1973
Blumenberg, H.: Matthäuspassion. Ffm 1988
– : Die Lesbarkeit der Welt. Ffm 1981
Bohrer, K.-H.: Das Böse – eine ästhetische Kategorie, in: K.-H. B.: Nach der Natur. München 1988
Böll, H.: Gruppenbild mit Dame. Köln 1971
– : Und sagte kein einziges Wort. Ffm/Berlin 1976
Böschenstein, B.: Frucht des Gewitters – zu Hölderlins Dionysos als Gott der Revolution. Ffm 1989
Bolz, N.: Auszug aus der entzauberten Welt – Philosophischer Extremismus zwischen den Weltkriegen. München 1989
– : Abschied von der Gutenberg-Galaxis – Medienästhetik nach Nietzsche, Benjamin und McLuhan; in: J. Hörisch/M. Wetzel (edd.): Armaturen der Sinne – Literarische und technische Medien 1870 und 1920. München 1990, pp. 139-156
Boolos, G./Jeffrey, R.: Computability and Logic. New York/London 1974
Brentano, C.: Werke 1, ed. W. Frühwald et al. München 1978[2]
Brinkmann, R.: Zu Brochs Symbolbegriff, in: German Life and Letters – Special Number: Hermann Broch XL/3/April 1987, pp. 224-234
Buchrucker, A. E.: Die Geschichte des Abendmahlliedes, 2 Bde. Göttingen 1951/52
Burdach, K.: Der Gral. Darmstadt 1974
Burkert, W.: Homo Necans – Interpretationen altgriechischer Opferriten und Mythen. Berlin/New York 1972
– : Antike Mysterien – Funktion und Gehalt. München 1990
– : Violent Origins – On ritual killing and cultural formation, ed. R. G. Hamerton-Kelly. Stanford 1987

Camporesi, P.: L'enfer et le fantasme de l'hostie – Une théologie baroque. Paris 1989
– : Das Brot der Träume – Hunger und Halluzinationen im vorindustriellen Europa. Ffm/New York 1990
Celan, P.: Gedichte in 2 Bdn. Ffm 1975
Cervantes: Der sinnreiche Junker Don Quijote von der Mancha, übers. L. Braunfels. München 1970
Chadwick, H.: Die Kirche in der antiken Welt. Berlin/New York 1972

Dahlhaus, C.: Richard Wagners Musikdramen. Velber 1971
Degenhardt, F. J.: Zündschnüre – Roman. Reinbek 1975
Derrida, J.: Die Stimme und das Phänomen. Ffm 1979

– : Die Struktur, das Zeichen und das Spiel im Diskurs der Wissenschaft vom Menschen; in: ders.: Die Schrift und die Differenz. Ffm 1972, pp. 422-442

– : La carte postale – De Socrate à Freud et au-dela. Paris 1980

Diodorus Siculus: (Diodor's von Sicilien) Geschichtsbibliothek, übers. A. Wehrmund. Stuttgart o.J.

Dostojewski, F.: Die Brüder Karamasow, übers. K. Nötzel; in: Die großen Romane Bd. 6. Ffm 1981

Droste-Hülshoff, A.: Sämtliche Werke I, edd. G. Weydt/W. Woesler. München 1975

Eco, U.: Das Foucaultsche Pendel. München 1989

Edwards, J.: Religious Faith and Doubt in Late Medieval Spain, in: Past and Present Nr. 120/August 1988

Eissler, K. R.: Goethe – Eine psychoanalytische Studie. Basel/Ffm 1983

Enzensberger, H. M.: Das Nullmedium, in: H. M. E.: Mittelmaß und Wahn – Gesammelte Zerstreuungen. Ffm 1988

Epiphanius: (Ancoratus und Panarion), in: Die griechischen christlichen Schriftsteller der ersten drei Jahrhunderte, hg. von der Kirchenväter-Commission der königl. preuß. Akademie der Wissenschaften – Epiphanius, erster Bd. Leipzig 1915

Erasmus von Rotterdam: Opera omnia I-XI, ed. J. Clericus. Leiden 1703-06 (Reprint Hildesheim 1961/62)

Erikson, E. H.: Der junge Mann Luther – Eine psychoanalytische und historische Studie. Ffm 1975

Euripides: Die Bakchen, in: Tragödien griech.-dt., ed. D. Ebener, Bd. 6. Berlin (DDR) 1980

Evangelisches Gesangbuch für Rheinland und Westfalen. Dortmund 1965

Feld, H.: Das Verständnis des Abendmahls. Darmstadt 1976

Feuerbach, L.: Das Wesen des Christentums. Werke in sechs Bänden, ed. E. Thies, Bd. 5. Ffm 1976

Ficker, L. von: Erinnerung an Georg Trakl. Salzburg 1966[3]

Flasch, K.: Einleitung zu: Kann Gottes Nicht-Sein gedacht werden? Die Kontroverse zwischen Anselm von Canterbury und Gaunilo von Marmoutiers, lat.-dt., übers. und ed. von B. Mojsisch. Mainz 1989

Foucault, M.: Die Ordnung der Dinge. Ffm 1971

– : Archäologie des Wissens. Ffm 1973

– : Raymond Roussel, übers. R. Hörisch-Helligrath. Ffm 1989

– : Überwachen und Strafen – Die Geburt des Gefängnisses. Ffm 1986

Fox, R. L.: Pagans and Christians. London 1987

Frank, M.: Der kommende Gott – Vorlesungen über die Neue Mythologie. Ffm 1982

– : Gott im Exil – Vorlesungen über die Neue Mythologie. II. Teil. Ffm 1989
Freud, S.: Totem und Tabu – Einige Übereinstimmungen im Seelenleben der Wilden und der Neurotiker (1912/13), in: Studienausgabe Bd. IX. Ffm 1974
– : Über den Gegensinn der Urworte (1910), in: Studienausgabe Bd. IV. Ffm 1970
Fried, J.: Die Symbolik des Realen. Über alte und neue Mythologie in der Frühromantik. München 1985
Frisch, Max: Biedermann und die Brandstifter. Ffm 1976
Fuchs, H.: Der Bericht über die Christen in den Annalen des Tacitus, in: V. Pöschl (ed.): Tacitus – Wege der Forschung. Darmstadt 1969, pp. 558-604
Furness, R. S.: E. A. Poe et la poésie française dans l'œuvre de Trakl, in: Sud 73/74/1987, pp. 115-136

Genette, G.: Mimologiques – Voyage en Cratylie. Paris 1976
Giesecke, M.: Die ›Grundfragen der Allgemeinen Sprachwissenschaft‹ und die alternativen Antworten einer systematischen Kommunikationstheorie, in: D. Baecker et al. (edd.): Theorie als Passion – Niklas Luhmann zum 60. Geburtstag. Ffm 1987, pp. 269-297
Ginzburg, C.: Hexensabbat – Entzifferung einer nächtlichen Geschichte. Berlin 1990
Girard, R.: La Violence et le Sacré – dt: Das Heilige und die Gewalt. Zürich 1987
Goethe, J. W. von: Werke – Berliner Ausgabe in 22 Bdn. Berlin (Ost) 1973 sqq.
– : Werke – Hamburger Ausgabe in 14 Bdn., ed. E. Trunz. München 1981
– : Briefe in 4 Bdn., Hamburger Ausgabe, ed. K. R. Mandelkow. Hamburg 1968
Gottfried von Straßburg: Tristan – Text und kritischer Apparat, edd. K. Marold/W. Schröder. Berlin 1969
Grass, G.: Die Blechtrommel – Roman. Ffm 1982
– : Katz und Maus – eine Novelle mit Illustrationen von G. Stiller. Ffm/Wien/Zürich 1977
– : Der Butt – Roman. Neuwied 1977
Grill, J.: Untersuchungen über die Entstehung des vierten Evangeliums. Tübingen 1923
Grimmelshausen: Der abenteuerliche Simplicissimus. Darmstadt 1970
Grötzinger, E.: Luther und Zwingli. Zürich 1980

Haas, A. M.: Ichthys – Fischsymbolik im frühen Christentum; in: NZZ vom 19.1.1990, p. 40
Habermas, J.: Technik und Wissenschaft als ›Ideologie‹. Ffm 1970
Habig-Bappert, I.: Eucharistie im Spätbarock – Eine kirchliche Bild-Allegorese im deutschsprachigen Raum. Münster 1983

Hahn, F.: Zum Stand der Erforschung des urchristlichen Abendmahls; in: ders.: Exegetische Beiträge zum ökumenischen Gespräch – Gesammelte Aufsätze I. Göttingen 1986, pp. 242-252
Hamacher, W.: Pleroma – zu Genesis und Struktur einer dialektischen Hermeneutik bei Hegel; in: ders (ed.): Hegel, Der Geist des Christentums – Schriften 1796-1800. Berlin 1978
–: Das Beben der Darstellung; in: D. Wellbery (ed.): Positionen der Literaturwissenschaft – Acht Modellanalysen am Beispiel von Kleists ›Das Erdbeben in Chili‹. München 1985, pp. 149-173
Handke, P.: Versuch über die Jukebox. Ffm 1990
–: Langsame Heimkehr. Ffm 1979
–: Geschichte des Bleistifts. Salzburg 1982
–: Der kurze Brief zum langen Abschied. Ffm 1972
–: Die Lehre der Sainte-Victoire. Ffm 1980
–: Das Gewicht der Welt – Ein Journal (November 1975-März 1977). Ffm 1977
Hardt, T.G.A.: Venerabilis et adorabilis Eucharistia – Eine Studie über die lutherische Abendmahllehre im 16. Jahrhundert. Göttingen 1988
Hasenjaeger, G.: Einführung in die Grundbegriffe und Probleme der modernen Logik. Freiburg/München 1962
Haym, R.: Hegel und seine Zeit. Berlin 1857
Hegel, G. W. F.: Werke in 20 Bdn., edd. Michel/Moldenhauer. Ffm 1970 sqq.
Heidegger, M.: Unterwegs zur Sprache. Pfullingen 1971[4]
–: Sein und Zeit. Tübingen 1967[11]
–: Nietzsche 2 Bde. Pfullingen 1961[2]
Heine, H.: Religion und Philosophie in Deutschland, in: Sämtliche Schriften 5, ed. K. Briegleb. München 1974
Heinrich, K.: anthropomorphe – Dahlemer Vorlesungen. Basel/Ffm 1986
Heinrichs, A. (ed.): Die Phoinikika des Lollianos – Fragmente eines neuen griechischen Romans. Bonn 1972
Heinz, H.: Die schuldverseuchte Unterwelt – Zu Annette von Droste-Hülshoffs Geistlichem Jahr II. Essen 1989
Heinz, R.: Pathognostische Studien – Historie/Psychopathologie/Schrift/Tausch/Opfer. Essen 1986
–: Libera nos de ore leonis – Über die beiden ersten Kapitel des Proslogion des Anselm von Canterbury, in: Die Eule Nr. 9/1983, pp. 15-114
–: Vom schwindenden Jenseits der Götter – Programmatische Überlegungen zur Ontologie-Genealogie, in: Die Eule Nr. 6/1981, pp. 37-128
Henkel, A.: Iphigenie auf Tauris; in: A. H.: Kleine Schriften 1 – Goethe-Erfahrungen. Stuttgart 1982, pp. 61-83
–: Die ›verteufelt‹ humane Iphigenie; in: Kleine Schriften, l.c., pp. 85-101
Henkel, A./Schöne, A. (edd.): Emblemata – Handbuch zur Sinnbildkunst des XVI. und XVII. Jahrhunderts. Stuttgart 1978

Henrich, D.: Der ontologische Gottesbeweis. Tübingen 1967
Hesse, H.: Demian; in: GW in 12 Bdn. Bd. 5. Ffm 1970
Heubach, J.: Die Ordination zum Amte der Kirche – Arbeiten zur Geschichte und Theologie des Luthertums. Bd. II. Berlin 1956
Hillebrandt, B. (ed.): Nietzsche und die deutsche Literatur, 2 Bde. Tübingen 1978
Hippolyt: Traditio Apostolica, ed. B. Botte. Münster 1963
Hölderlin, F.: Sämtliche Werke – Frankfurter Ausgabe, ed. D. E. Sattler. Ffm 1977 sqq.
– : Sämtliche Werke – Stuttgarter Ausgabe, ed. F. Beißner. Stuttgart 1943-72
Hörisch, J.: Das Sein der Zeichen und die Zeichen des Seins – Marginalien zu Derridas Ontosemiologie = Vorwort des Übersetzers zu J. Derrida: Die Stimme und das Phänomen. Ffm 1979, pp. 7-50
– : Das Leben war ihnen ein Rätsel – Das Rätselmotiv in Goethes Romanen; in: Euphorion 78/1984, pp. 111-126
– : Die Wut des Verstehens – Zur Kritik der Hermeneutik. Ffm 1988
– : Gott, Geld und Glück – Zur Logik der Liebe in den Bildungsromanen Goethes, Kellers und Thomas Manns. Ffm 1983
– : Die Krise des Bewußtseins und das Bewußtsein der Krise – Zu Sohn-Rethels Luzerner Expose = Vorwort zu A. Sohn-Rethel: Soziologische Theorie der Erkenntnis. Ffm 1985
– : /G. Chr. Tholen (edd.): Eingebildete Texte – Affairen zwischen Literaturwissenschaft und Psychoanalyse. München 1985
– : ›Die Begierde zu retten‹ – Zeit und Bedeutung in Goethes ›Wahlverwandtschaften‹; in: Hörisch/Tholen: l.c., pp. 78-90
Hofmannsthal, H. von: Jedermann – Das Spiel vom Sterben des reichen Mannes, in: Gesammelte Werke – Dramen III, ed. B. Schoeller. Ffm 1979
– : Ein Brief, in: Gesammelte Werke – Erzählungen, Erfundene Gespräche und Briefe, Reisen, ed. B. Schoeller. Frankfurt 1979
Hogrebe, W.: Prädikation und Genesis – Metaphysik als Fundamentalheuristik im Ausgang von Schellings ›Die Weltalter‹. Ffm 1989
Holtze, M.: Infektionsherd Abendmahl? In: Deutsches Pfarrrerblatt Bd. 86, Nr. 2/1986, p. 63 sqq.
Homerischer Hymnos, ed. L. Radermacher. Wien 1931
Hyginus: Griechische Sagen, ed. L. Mader/L. Rüegg 1963

Janz, C. P.: Friedrich Nietzsche – Biographie, 3 Bde. München 1981
Jean Paul: Komischer Anhang zum Titan; WW 3, ed. N. Miller. München 1975
Jeremias, J.: Die Abendmahlsworte Jesu. Göttingen 1967[4]
Jorissen, H.: Die Entfaltung der Transsubstantiationslehre bis zum Beginn der Hochscholastik. Münster 1965

Johst, H.: Die Stunde der Sterbenden. Leipzig 1914
Joyce, J.: Ulysses, übers. H. Wollschläger. Ffm 1979
Jung, W.: Liturgisches Wörterbuch. Berlin 1964

Kafka, F.: Sämtliche Erzählungen, ed. P. Raabe. Ffm 1970
Kalb, F.: Grundriß der Liturgik – Eine Einführung in die Geschichte, Grundsätze und Ordnungen des lutherischen Gottesdienstes. München 1982[2]
Kamper, D./Wulf, Ch. (edd.): Das Heilige – Seine Spur in der Moderne. Ffm 1987
Kant, I.: Die Religion innerhalb der Grenzen der bloßen Vernunft; WW, ed. Weischedel, Bd 7. Darmstadt 1964
–: Kritik der reinen Vernunft; WW, l.c., Bd. 3 und 4
Kaufmann, C. M.: Handbuch der altchristlichen Epigraphik. Freiburg i.B. 1917
Keller, G.: Der grüne Heinrich, erste Fassung – Sämtliche Werke Bd. 2, edd. Th. Böning/G. Kaiser. Ffm 1985
Kerényi, K.: Die Mysterien von Eleusis. Zürich 1962
Kersten, Paul: Der Leib ist ein Laib; in: Es muß sein – Autoren schreiben über das Schreiben. Köln 1989, pp. 79-90
Kirch, C./Ueding, L. (edd.): Enchiridion fontium historiae ecclesiasticae antiquae. Barcinone 1965
Kirchlicher Anzeiger für die Erzdiözese Köln – Amtsblatt des Erzbistums Köln, Stück 17/116. Jg.
Kittler, F.: Grammophon, Film, Typewriter. Berlin 1986
Klauck, H.-J.: Herrenmahl und hellenistischer Kult – Eine religionsgeschichtliche Untersuchung zum ersten Korintherbrief. Münster 1982
Kleinspehn, Th.: Warum sind wir so unersättlich? Über den Bedeutungswandel des Essens. Ffm 1987
Kott, J.: Gott essen – Interpretationen griechischer Tragödien. München/Zürich 1975
Krüger. M.: Idyllen und Illusionen – Tagebuchgedichte. Berlin 1989
Kurzke, H.: Ästhetische Betrachtungen zur Liturgiereform, in: FAZ, 3.9.1988

Lacan, J.: Schriften, ed. N. Haas, 3 Bde. Olten/Freiburg 1973 sqq.
Landgraf, A. M.: Dogmengeschichte der Frühscholastik, III. Teil: Die Lehre von den Sakramenten, Bd. II. Regensburg 1955
Lauenstein, D.: Die Mysterien von Eleusis. Stuttgart 1987
Le Goff, J.: Wucherzins und Höllenqualen – Ökonomie und Religion im Mittelalter. Stuttgart 1988
Lessig, H.: Die Abendmahlsprobleme im Lichte der Neutestamentlichen Forschung seit 1900. Bonn 1953
Lessing, G. E.: Werke, ed. H. G. Göpfert. München 1970 sqq.

Lipínski, K.: Mutmaßungen über Trakls Aufenthalt in Galizien, in: W. Methlagl/E. Sauermann/S. P. Scheichl (edd.): Untersuchungen zum ›Brenner‹ – Festschrift für Ignaz Zangerle. Salzburg 1981, pp. 389-397
Lipowatz, Th.: Technik des Genusses oder Ethik des Begehrens – Kant mit Sade, zwei Zeugen der französischen Revolution; in: Fragmente 31/Oktober 1989, pp. 109-118
Loidl, M.: Arthur Rimbaud und Trakl. Linz 1955
Lorenzer, A.: Das Konzil der Buchhalter. Ffm 1981
Löwith, K.: Weltgeschichte und Heilsgeschehen. Stuttgart 1973
Luhmann, N.: Soziale Systeme – Grundriß einer allgemeinen Theorie. Ffm 1984
–: Das Kunstwerk und die Selbstreproduktion der Kunst, in: Delfin III/1984, pp. 51-69
–: Die Wirtschaft der Gesellschaft. Ffm 1988
Lukács, G.: Die Theorie des Romans – Ein geschichtsphilosophischer Versuch über die Formen der großen Epik. Neuwied 1971
Luther, M.: Ausgewählte Schriften in sechs Bdn., edd. K. Bornkamm/G. Ebeling. Ffm 1982
–: Kritische Gesamtausgabe (Weimarer Ausgabe). Weimar 1883 sqq.
–: Martin Luther und die Reformation in Deutschland – Ausstellung zum 500. Geburtstag Martin Luthers, veranstaltet vom Germanischen Nationalmuseum in Nürnberg, ed. G. Bott. Ffm 1983
Lyotard, F.: Der Widerstreit. München 1987

Maler, A.: Versepos, in: R. Grimminger (ed.): Hansers Sozialgeschichte der deutschen Literatur, Bd. 3/II: Deutsche Aufklärung bis zur Französischen Revolution 1680-1789. München 1980, pp. 365-422
Mann, Th.: Der Zauberberg. Frankfurter Ausgabe, ed. P. de Mendelssohn. Ffm 1981
–: Doktor Faustus. Frankfurter Ausgabe, ed. P. de Mendelssohn. Ffm 1980
–: Tagebücher 1918-1921, ed. P. de Mendelssohn. Ffm 1979
Marquard, O.: Abschied vom Prinzipiellen. Stuttgart 1981
Marx, K.: Das Kapital III. MEW 25. Berlin 1962
Masuccio: Novellino – Renaissancenovellen aus Neapel und dem Süden Italiens, Einl. G. Celati, Nachwort A. Vollenweider. Berlin 1988
Matt, Peter von: Liebesverrat – Die Treulosen in der Literatur. München/Wien 1989
Mayer, C. P.: Die Zeichen in der geistigen Entwicklung und in der Theologie des jungen Augustinus. Würzburg 1969
–: wie zuvor, II. Teil.: Die antimanichäische Epoche. Würzburg 1974
Menninghaus, W.: Schwellenkunde – Walter Benjamins Passage des Mythos. Ffm 1986

Meyer, E.: Ursprünge und Anfänge des Christentums. Bd. 3. Leipzig 1923
Milburn, D.: Kindesmord. Berlin/Schlechtenwegen 1982
Moser, T.: Gottesvergiftung. Ffm 1980

Nägele, R.: Literatur und Utopie – Versuche zu Hölderlin. Heidelberg 1978
– : Text, Geschichte und Subjektivität in Hölderlins Dichtung – »Uneßbarer Schrift gleich«. Stuttgart 1985
Nietzsche, F.: Werke in drei Bdn., ed. K. Schlechta. München 1966
– : Kritische Studienausgabe in 15 Bdn., edd. Colli/Montinari. Berlin 1980
Novalis: Werke, Tagebücher und Briefe Friedrich von Hardenbergs. Zwei Bde., edd. H.-J. Mähl/R. Samuel und ein Kommentarband, ed. H. J. Balmes. München 1978-88
– : Heinrich von Ofterdingen, ed. J. Hörisch. Ffm 1982
– : Schriften, Bd. 3, ed. R. Samuel. Stuttgart 1968

O'Connor-Vissor, E. M. E.: Aspects of human sacrifice in the tragedies of Euripides. Amsterdam 1987
Odin, C.-A.: Aus Angst vor Aids immer seltener zum Abendmahl? in: FAZ vom 2.9.1988
Otto, R.: Das Heilige. Breslau 1917
Ovid: Metamorphosen, ed. und übers. E. Rösch. München 1972 (5).

Pamp, F.: Der Einfluß Rimbauds auf Georg Trakl, in: Revue de littérature comparée 32/1958/Nr. 3
Pape, H.: Klopstocks Autorenhonorare und Selbstverlagsgewinne. Ffm 1969
Pausanias: Perihegese Griechenlands, ed. F. Spiro. o.O. 1903
Pfister, F.: Herakles und Christus, in: Archiv für Religionswissenschaft 34/1937, pp. 42-60
Praz, O.: Liebe, Tod und Teufel – Die schwarze Romantik, 2 Bde. München 1970
Pynchon, Th.: Die Enden der Parabel – Gravity's Rainbow. Reinbek 1981
– : Die Versteigerung von No. 49. Reinbek 1989

Quasten, J. (ed.): Monumenta Eucharistica et Liturgica vetustissima Bd. I. Bonn 1935

Rad, G. von: Das Opfer des Abraham – Mit Texten von Luther, Kierkegaard, Kolakowski und Bildern von Rembrandt. München 1976
Reik, Th.: Der eigene und der fremde Gott – Zur Psychoanalyse der religiösen Entwicklung. Ffm 1972
Reitz, E./Steinbach, P.: Heimat – Eine deutsche Chronik. Nördlingen 1981

Rilke, R. M.: Sämtliche Werke, ed. E. Zinn. Ffm 1975
Rosset, C.: Das Reale – Traktat über die Idiotie. Übers. von R. Hörisch-Helligrath. Ffm 1988
Rothacker, E.: Das ›Buch der Natur‹ – Materialien und Grundsätzliches zur Metapherngeschichte, ed. W. Perpeet. Bonn 1979

de Sade, D. A. F.: Die Geschichte der Juliette; in: Ausgewählte Werke, ed. M. Luckow, Bd. III. Ffm o.J.
Schelling, F. W. J.: Grundlegung der positiven Philosophie, Münchener Vorlesung Wintersemester 1832/33 und Sommersemester 1833, ed. H. Fuhrmans. Turin 1972
Schiller, F.: Werke in drei Bdn., ed. H. G. Göpfert. München 1966
Schivelbusch, W.: Geschichte der Eisenbahnreise. München 1977
Schlaffer, H.: Faust Zweiter Teil – Die Allegorie des 19. Jahrhunderts. Stuttgart 1981
Schlegel, F.: Kritische Ausgabe, edd. E. Behler/J.-J. Anstett/H. Eichner. Paderborn etc. 1959 sqq.
Schleiermacher, F.: Über die Religion – Reden an die Gebildeten unter ihren Verächtern, ed. H.-J. Rothert. Hamburg 1970
Schmid, Karl: Brot und Wein – Gedanken über Gottfried Kellers Weltfrömmigkeit. Zürich/Stuttgart 1976
Schmidt, Ch.: »Gejagte Vorgänge voll Pracht und Nacktheit« – Eine unbekannte kinematographische Quelle zu Thomas Manns Roman ›Der Zauberberg‹; in: Wirkendes Wort Heft 1/1988
Schneditz, W.: Georg Trakls Lieblingsschwester, in: Welt und Wort 7.Jg./1952
Schneider, C.: Geistesgeschichte der christlichen Antike. München 1978
Schneider, M.: Liturgien der Erinnerung, Techniken des Vergessens, in: Merkur 8/41. Juli 1987, pp.676-685
– : Luther mit McLuhan – Zur Medientheorie und Semiotik heiliger Zeichen, in: F. Kittler/M. Schneider/S. Weber (edd.): Diskursanalysen 1 – Medien. Opladen 1987, pp. 13-25
Schöne, A.: Säkularisation als sprachbildende Kraft. Göttingen 1958
Schweizer, E.: Das johanneische Zeugnis vom Herrenmahl, in: Evangelische Theologie 12/1953, pp. 341-363
Simmel, Georg: Soziologie der Mahlzeit; in: ders.: Brücke und Tor, ed. M. Landmann. Stuttgart 1957, pp. 243-250
Simson, G.: Bibel und Börse – Die religiösen Wurzeln des Kapitalismus; in: Archiv für Kulturgeschichte, ed. E. Boshof, 66. Bd. Köln/Wien 1984, pp. 87-115
Sloterdijk, P.: Kritik der zynischen Vernunft. 2 Bde. Ffm 1983
– : Eurotaoismus – Zur Kritik der politischen Kinetik. Ffm 1989
– : Michel Foucaults strukturale Theorie der Geschichte, in: Philosophisches Jahrbuch 10/1972

Smith, J. H.: The Spirit and Its Letter – Traces of Rhetoric in Hegel's Philosophy of ›Bildung‹. Cornell 1988
Sohn-Rethel, A.: Geistige und körperliche Arbeit – Zur Theorie der gesellschaftlichen Synthesis. Ffm 1972
Sonnemann, U.: Negative Anthropologie – Vorstudien zur Sabotage des Schicksals. Reinbek 1969
Sölle, D.: Realisation – Studien zum Verhältnis von Theologie und Dichtung nach der Aufklärung. Neuwied 1973
Sörensen, B. A.: Symbol und Symbolismus in den ästhetischen Theorien des 18. Jahrhunderts und der deutschen Romantik. Kopenhagen 1963
Spoerri, Th.: Georg Trakl – Strukturen in Persönlichkeit und Werk – Eine psychiatrisch-anthropographische Untersuchung. Bern 1954
Steiner, G.: Real presences – Is there anything in what we say? London/Boston 1989 (dt. 1990)
Stephan, A.: »Sinn als Bedeutung« – Bedeutungstheoretische Untersuchungen zur Psychoanalyse Sigmund Freuds. Berlin/New York 1989
Strauß, B.: Die Widmung – Eine Erzählung. München 1977
– : Der Aufstand gegen die sekundäre Welt – Anmerkungen zu einer Ästhetik der Anwesenheit; in: ZEIT Nr. 26 /22. Juni 1990, p. 57 (auch in der dt. Ausgabe von G. Steiner: Von realer Gegenwart. München 1990)

Tacitus: Annalen, dt. von A. Hornheffer, Einl. von J. Vogt, Anmerkungen von W. Schnur. Stuttgart 1957
Tannahill, R.: Kulturgeschichte des Essens – Von der Eiszeit bis heute. Wien/Berlin 1976
Taubes, J. (ed.): Religionstheorie und Politische Theologie (3 Bde.). München 1983-87
Theunissen, M.: Hegels Lehre vom absoluten Geist als theologisch-politischer Traktat. Berlin 1970
Theweleit, K.: buch der könige 1 – orpheus und eurydike. Ffm 1989
Tholen, G. Chr.: Wunsch-Denken – Versuch über den Diskurs der Differenz. Kassel 1986
– /Scholl, M. (edd.): Zeit-Zeichen – Aufschübe und Interferenzen zwischen Endzeit und Echtzeit. Weinheim 1990
Thomas von Aquin: Opera omnia, 34 Bde. Paris 1871-90
– : Opusculum omnium Bd. IV. Paris o.J.
Timm, H.: Das ästhetische Jahrzehnt – Zur Postmodernisierung der Religion. Gütersloh 1990
– : Ex Oriente Vox – Das ›Abendland‹ bei Novalis und Hölderlin; in: Dänische ›Guldaer‹-Literatur und Goethezeit – Text&Kontext Sonderreihe Bd. 14. München 1982, pp. 135-159
Tolstoi, L. N.: Anna Karenina, 2 Bde., ed. G. Drohla. Ffm 1978
Trakl, G.: Dichtungen und Briefe. Historisch-kritische Ausgabe, edd. W. Killy/H. Szklenar. Salzburg 1969

– : Das dichterische Werk – Aufgrund der historisch-kritischen Ausgabe von W. Killy/H. Szklenar. München 1972
Trottmann, R.: Die Eucharistische Liturgie in den Diözesen Basel, Konstanz und Chur seit dem Konzil von Trient bis zum Ende der napoleonischen Herrschaft – Eine liturgiegeschichtliche Untersuchung aufgrund kirchenamtlicher Publikationen (3Bde.). Aachen 1987

Vaget, H. R.: Goethe – Der Mann von sechzig Jahren. Ffm 1982
Veyne, P.: Glaubten die Griechen an ihre Mythen? Ein Versuch über die konstitutive Einbildungskraft. Ffm 1986
Virilio, P.: Krieg und Kino – Logistik der Wahrnehmung. München 1986
– : Dromoskopie – Geschwindigkeit und Politik. Berlin 1980
Vloberg, M.: L'eucharistie dans l'art. Grenoble/Paris 1946
Voss, Liselotte: Die Entstehung von Thomas Manns Roman Doktor Faustus. Tübingen 1975

Wagner, Cosima: Die Tagebücher, edd. Dellin/Mack, Bd. I: 1869-77. München 1976
Wagner, F.: Geld oder Gott? Zur Geldbestimmtheit der kulturellen und religiösen Lebenswelt. Stuttgart 1984
Wagner, Richard: Dichtungen und Schriften, ed. D. Borchmeyer. Ffm 1981
Waltzing, J.-P.: Le crime rituel reproché aux chrétiens du IIe siècle. Brüssel 1925
Wapnewski, P.: Der traurige Gott – Richard Wagner in seinen Helden. München 1978
Weber, Lothar: Arznei der Unsterblichkeit – Die Eucharistielehre von Antiochien und im Johannes-Evangelium. Münster 1987
Weber, Max: Asketischer Protestantismus und kapitalistischer Geist; in: M. W.: Soziologie, Weltgeschichtliche Analysen, Politik, ed. J. Winckelmann. Stuttgart 1968
Wegmann, H. A. J.: Geschichte der Liturgie im Westen und Osten. Regensburg 1979
Werlen, I.: Ritual und Sprache – Zum Verhältnis von Sprache und Handeln in Ritualen. Tübingen 1984
Wetzel, M.: Verweisungen – Der semiologische Bruch im 19. Jahrhundert; in: F. A. Kittler/G. Ch. Tholen (edd.): Arsenale der Seele – Literatur- und Medienanalyse seit 1870. München 1989, pp. 71-96
Wierlacher, A.: Vom Essen in der deutschen Literatur. Stuttgart 1987
Wilamowitz-Moellendorff, U.: Glaube der Hellenen, 2 Bde. Berlin 1931/32
Wilkens, M.: Gescheiterte Schöpfung, in: FAZ, 22.3.1989
Winkels, H.: Ermunterung zum Verzehr – Gott, Hegel und Hölderlin, in: Die Eule 1983, pp. 3-14
Wolfram von Eschenbach: Parzival, übers. von D. Kühn. Ffm 1986

Zimmermann, R. Ch.: Das Weltbild des jungen Goethe – Studien zur hermetischen Tradition des deutschen 18. Jahrhunderts. 1. Bd.: Elemente und Fundamente. München 1969 / 2. Bd.: Interpretation und Dokumentation. München 1979

Zons, R.: Schweifen – Eichendorffs ›Ahnung und Gegenwart‹; in: H.-G. Pott (ed.): Eichendorff und die Spätromantik. Paderborn 1985, pp. 39-68

Nachweise

Vorabdrucke von folgenden Kapiteln (in z. T. erheblich modifizierter Form) finden sich in:

Kapitel 1: monographisch im Verlag Bettina Wassmann/Bremen 1989

Kapitel 2: G. Treusch-Dieter/W. Pircher/H. Hrachovec (ed.): Denkzettel Antike – Texte zum kulturellen Vergessen. Berlin 1989, pp. 139-149

Kapitel 9: A. Assmann/D. Harth (ed.): Kultur als Lebenswelt und Monument. Ffm 1991, pp. 233-254

Kapitel 13: J. Hörisch/M. Wetzel (edd.): Armaturen der Sinne – Literarische und technische Medien 1870 bis 1920. München 1990, pp. 201-216

Kapitel 14: F. A. Kittler/G. Ch. Tholen (edd.): Arsenale der Seele. Literatur- und Medienanalyse seit 1870. München 1989, pp. 13-24

Im Kapitel 12 sind Überlegungen und Formulierungen eingegangen aus meinem Beitrag zum Programmheft *Parsifal* der Bayreuther Festspiele 1985; Kapitel 8 und 11 nehmen Überlegungen meines Essays *Dichtung als Eucharistie* wieder auf (in: H. Anton [ed.]: Invaliden des Apoll – Motive und Mythen des Dichterleids. München 1982, pp. 52-77); und das 15. Kapitel schließt an Thesen meines Vortrages auf dem Germanistentag 1987 in Berlin an (Bd. 3 der Vorträge des Germanistentages Berlin 1987. Tübingen 1988, pp. 41-47).

Abbildungsnachweis

Abb. S. 27	Aus: E. Reitz/P. Steinbach, Heimat	© WDR/SFB/Reitz
Abb. S. 36	Jörg Rathgeb, Herrenberger Altar, Abendmahl (linker Außenflügel)	
Abb. S. 48	Leonardo da Vinci, Das letzte Abendmahl	
Abb. S. 49	Albrecht Dürer, Abendmahl	
Abb. S. 96	Karikatur aus *taz*	© Elisabeth Kmölniger Berlin 1991
Abb. S. 133, S. 134	Entnommen aus: A. Henkell/ A. Schöne (Hg.), Emblemata, Stuttgart 1978	
Abb. S. 150/51	Das Güldene Schatzkästlein der Mutter J. W. Goethes	© Nationale Forschungs- und Gedenkstätte Weimar
Abb. S. 172	Judy Chicago, Dinner Party	© Judy Chicago, 1979 Foto: Donald Woodman
Abb. S. 197	Harald Duwe, Abendmahl	© VG Bild-Kunst, Bonn, 1991
Abb. S. 232	Salvatore Dali, Das letzte Abendmahl	© VG Bild-Kunst, Bonn 1991/Demart pro Arte B. V.
Abb. S. 245	»Onkel Sam«. Aus: Aby Warburg, Schlangenritual, Berlin 1988	
Abb. S. 263	Andy Warhol, Das letzte Abendmahl	© ARS/The Estate and Foundation of Andy Warhol/New York 1991
Abb. S. 280	Matthias Koeppel, Abendmahl	© VG Bild-Kunst, Bonn, 1991

Literaturwissenschaft in der edition suhrkamp

Aufklärung und literarische Öffentlichkeit. Herausgegeben von Christa Bürger, Peter Bürger und Jochen Schulte-Sasse. Hefte für Kritische Literaturwissenschaft 2. es 1040

Bachtin, Michail M.: Die Ästhetik des Wortes. Herausgegeben und eingeleitet von Rainer Grübel. Aus dem Russischen übersetzt von Rainer Grübel und Sabine Reese. es 967

Barthes, Roland: Elemente der Semiologie. Aus dem Französischen von Eva Moldenhauer. es 1171

– Kritik und Wahrheit. Aus dem Französischen übersetzt von Helmut Scheffel. es 218

– Kritische Essays. Band III. Aus dem Französischen von Helmut Bekker. es 1367

– Leçon/Lektion. Französisch und deutsch. Antrittsvorlesung im Collège de France. Gehalten am 7. Januar 1977. Übersetzt von Helmut Scheffel. es 1030

– Literatur oder Geschichte. Aus dem Französischen übersetzt von Helmut Scheffel. es 303

– Mythen des Alltags. Deutsch von Helmut Scheffel. es 92

– Das Reich der Zeichen. Aus dem Französischen von Michael Bischoff. es 1077

– Semiologisches Abenteuer. Aus dem Französischen von Dieter Hornig. es 1441

– Die Sprache der Mode. Aus dem Französischen von Horst Brühmann. es 1318

Benjamin, Walter: Das Passagen-Werk. 2 Bde. Herausgegeben von Rolf Tiedemann. es 1200

– Versuche über Brecht. Herausgegeben und mit einem Nachwort versehen von Rolf Tiedemann. es 172

Bertaux, Pierre: Hölderlin und die Französische Revolution. es 344

Bildlichkeit. Herausgegeben von Volker Bohn. es 1475

Boal, Augusto: Theater der Unterdrückten. Übungen und Spiele für Schauspieler und Nicht-Schauspieler. Aus dem Brasilianischen von Henry Thorau und Marina Spinu. es 1361

Bohrer, Karl Heinz: Die Kritik der Romantik. es 1551

– Plötzlichkeit. Zum Augenblick des ästhetischen Scheins. es 1058

Bovenschen, Silvia: Die imaginierte Weiblichkeit. Exemplarische Untersuchungen zu kulturgeschichtlichen und literarischen Präsentationsformen des Weiblichen. es 921

Brackert, Helmut: Bauernkrieg und Literatur. es 782

Brecht, Bertolt: Über Politik auf dem Theater. Herausgegeben von Werner Hecht. es 465

310/1/1.90

310/2/1.90

Literaturwissenschaft in der edition suhrkamp

Krippendorff, Ekkehart: Politische Interpretationen. Shakespeare, Stendhal, Balzac, Wagner, Hašek, Kafka, Kraus. es 1576
– »Wie die Großen mit den Menschen spielen.« Goethes Politik. es 1486
Kristeva, Julia: Geschichten von der Liebe. Aus dem Französischen von Dieter Hornig. es 1482
– Die Revolution der poetischen Sprache. Aus dem Französischen übersetzt und mit einer Einleitung versehen von Reinold Werner. es 949
– Schwarze Sonne – Depression und Melancholie. es 1594
Kropotkin, Petr: Ideale und Wirklichkeit in der russischen Literatur. Autorisierte Übersetzung von B. Ebenstein. Neu herausgegeben von Peter Urban. es 762
Kultur und Konflikt. Herausgegeben von Jan Assmann und Dietrich Harth. es 1612
Literatur der DDR in den siebziger Jahren. Herausgegeben von P. U. Hohendahl und P. Herminghouse. es 1174
Literatur ist Utopie. Herausgegeben von Gert Ueding. Mit Beiträgen von Burghart Schmidt, Rolf Grimminger u. a. es 935
Literatur und Literaturtheorie in der DDR. Herausgegeben von Peter Uwe Hohendahl und Patricia Herminghouse. es 779
Literatur und Politik in der Volksrepublik China. Herausgegeben von Rudolf G. Wagner. es 1151
Lüdke, W. Martin: Anmerkungen zu einer »Logik des Zerfalls«: Adorno – Beckett. es 926
Lyon, James K.: Bertolt Brecht und Rudyard Kipling. es 804
Mahony, Peter: Der Schriftsteller Sigmund Freud. Aus dem Englischen von Helmut Junker. es 1484
de Man, Paul: Allegorien der Lektüre. es 1357
Mayer, Hans: Anmerkungen zu Brecht. es 143
– Das Geschehen und das Schweigen. Aspekte der Literatur. es 342
Über Hans Mayer. Herausgegeben von Inge Jens. es 887
Meckel, Christoph: Von den Luftgeschäften der Poesie. Frankfurter Vorlesungen. es 1578
Menninghaus, Winfried: Paul Celan. Magie der Form. es 1026
– Schwellenkunde. Walter Benjamins Passage des Mythos. es 1349
»Mit uns zieht die neue Zeit«. Der Mythos der Jugend. Herausgegeben von Thomas Koebner, Rolf-Peter Janz und Frank Trommler. es 1229
Moser, Tilmann: Romane als Krankengeschichten. Über Handke, Meckel und Martin Walser. es 1304
Mythos und Moderne. Begriff und Bild einer Rekonstruktion. Herausgegeben von Karl Heinz Bohrer. es 1144

310/3/1.90

Literaturwissenschaft
in der edition suhrkamp

310/4/1.90

Literaturwissenschaft in der edition suhrkamp

Wagner, Nike: Geist und Geschlecht. Karl Kraus und die Erotik der Wiener Moderne. es 1446

Willett, John: Erwin Piscator. Die Eröffnung des politischen Zeitalters auf dem Theater. Aus dem Englischen von Peter Keller. es 924

»Zerstörung, Rettung des Mythos durch Licht«. Herausgegeben von Christa Bürger. es 1329

Zimmermann, Hans Dieter: Der babylonische Dolmetscher. Zu Franz Kafka und Robert Walser. es 1316

– Vom Nutzen der Literatur. Vorbereitende Bemerkungen zu einer Theorie der literarischen Kommunikation. es 885

Zum Funktionswandel der Literatur. Herausgegeben von Peter Bürger. Hefte für Kritische Literaturwissenschaft 4. es 1157

Zur Dichotomisierung von hoher und niederer Literatur. Herausgegeben von Christa Bürger, Peter Bürger und Jochen Schulte-Sasse. Hefte für Kritische Literaturwissenschaft 3. es 1089

310/5/6.90

121–